Understanding Exceptional Children

제3판

특수아동의 이해

Understanding Exceptional Children

제3판

특수아동의 이해

조홍중 · 조주희 · 박선희 · 김경열 · 강정화 · 정광조

일문사
ILMOONSA

PREFACE | 머리말

최근 한국의 특수교육계는 많은 변화에 직면하고 있다. 제도적 측면에서 보면 「특수교육진흥법」이 폐지되고 「장애인 등에 대한 특수교육법」이 제정되어 2008년 5월부터 시행되었고, 제7차 교육과정이 2008년 개정교육과정으로 바뀌어 2009년부터 적용되었으며, 이후 다시 수시 개편체제로 변화되었다.

이와 같이 특수교육 관련법과 국가 수준의 교육과정 개정뿐만 아니라, 특수교육 교원 양성대학 교육과정의 근간이 되는 특수학교 교사자격 취득을 위한 세부기준도 개정되어 2009년부터 시행되었으며, 2009년도 신규교원 임용시험부터는 기존의 시험 체제와는 다른 새로운 방식이 적용되다가 최근 또다시 새로운 방식으로 바뀌었다. 2000년 변경된 특수교육 교원자격증 제도는 특수교육 교원양성 대학교의 교육과정 운영을 장애영역 중심의 심화교육과정으로 운영되었던 과거와는 달리 모든 장애아동을 지도하기 위한 기본이수과목 중심의 교육과정으로 운영되고 있다.

한편 특수교육 실태 측면에서 보면 2014년 4월 현재 우리 나라의 특수교육 대상아동은 총 87,278명으로 총 166개 특수학교와 9,617개의 특수학급, 14,671개의 일반학급에 배치되어 있다. 특수교육 대상자 중 70.4%에 해당되는 61,451명은 통합교육, 즉 일반학교에 배치되어 있으며, 나머지 29.6%만의 학생이 분리교육의 형태로 교육을 받고 있다. 이와 같은 특수아동의 통합교육 추세는 일반교육을 전공하는 교사들에게도 특수아동에 대한 직접적인 관심과 피할 수 없는 지도의 대상이 되고 있다.

이 책은 제3부 제14장으로 구성되어 있다.

제1부 특수교육과 통합교육의 이해에서는 제1장 특수교육의 기초, 제2장 장애이해 교육, 제3장 통합교육으로 구성되어 있다.

제2부 특수아동의 교육에서는 제4장 시각장애아동 교육, 제5장 청각장애아동 교육, 제6장 정신지체아동 교육, 제7장 지체장애 및 건강장애아동 교육, 제8장 정서 · 행동장애아동 교육, 제9장 의사소통장애아동 교육, 제10장 자폐성장애아동 교육, 제11장 학습장애아동 교육, 제12장 영재아동 교육으로 구성되어 있다.

제3부 특수아동 교육의 실제에서는 제13장 보조공학, 제14장 전환교육으로 구성되어 있다.

본서에서는 예비 특수교사는 물론 예비 일반교사들이 특수아동을 지도하기 위해 필요한 특수교육에 대한 기본적인 내용을 가급적 쉽고 명확하게 전달하고자 노력하였다. 초판은 2013년 출판하여, 그동안 2회에 거쳐서 개정하였다. 미진한 부분은 앞으로 지속적인 개정작업을 통해 채워나가고자 한다.

마지막으로 기획단계에서부터 오랜 시간을 기다려 주신 일문사 문일중 대표님을 비롯하여 편집부에 진심으로 감사를 드린다.

2015년 2월

저자 일동

CONTENTS | 차례

제1부 특수교육과 통합교육의 이해

제2부 특수아동의 교육

CONTENTS | 차례

CONTENTS | 차례

CONTENTS | 차례

제3부 특수아동 교육의 실제

Part 1

Understanding Exceptional Children

특수교육과 통합교육의 이해

⊃제1장 특수교육의 기초

⊃제2장 장애이해 교육

⊃제3장 통합교육

Understanding Exceptional Children

Chapter 01

특수교육의 기초

❖제1절 특수교육의 정의

❖제2절 특수교육의 대상

❖제3절 특수교육의 정체성과 특수교육의 변화

❖제4절 특수교육 대상자의 선정 및 배치

❖제5절 특수교육의 실태

❖제6절 특수교육의 과제 및 전망

최근 한국의 특수교육계는 많은 변화에 직면하고 있다. 「특수교육진흥법」이 폐지되고 「장애인 등에 대한 특수교육법」으로 제정되어, 2008년 5월부터 시행되었으며, 제7차 교육과정이 2008년 개정교육과정으로 바뀌어 2009년부터 적용되어졌으며, 이후 다시 수시 개편체제로 변화되었다. 특수교육 관련법과 국가 수준의 교육과정 개정뿐만 아니라, 특수교육 교원 양성대학 교육과정의 근간이 되는 특수학교 교사자격 취득을 위한 세부기준이 개정되어 2009년부터 시행되며, 2009년도 신규교원 임용시험부터는 기존의 시험 체제와는 다른 새로운 방식이 적용되었다. 2000년을 기준으로 변경된 특수교육 교원 자격증제도는 특수교육 교원양성 대학교의 교육과정 운영을 장애영역 중심의 심화교육과정으로 운영되었던 과거와는 달리 모든 장애아동을 지도하기 위한 기본이수과목 중심의 교육과정으로 운영되고 있다. 즉 2000년도부터 시행된 특수교육 교원 자격증 표기 유형의 변화는 특수교육 교원 양성대학교의 교육과정이 대폭 수정되는 계기를 제공하였다. 과거의 장애아동 중심의 교육과정보다는 학교 급별에 따른 자격증 표기가 주요 변화이다.

이 장에서는 특수교육의 정의, 특수교육의 대상, 특수교육의 정체성과 특수교육의 변화, 특수교육 대상자의 선정 및 배치, 특수교육의 실태, 특수교육의 과제 및 전망 등을 중심으로 살펴보고자 한다.

Paragraph 01 특수교육의 정의

특수교육은 특별한 교육적 요구를 지닌 아동을 대상으로 하는 교육으로, Smith(2004)에 의하면 특수교육이란 “특별한 요구를 지닌 개별 아동에게 적합한 맞춤식 개별화교육을 제공하는 것”을 말한다. Heward(2009)는 특수교육이란 “개별적으로 계획하고, 특별히 고안하고, 집중적으로 제공하고, 목표지향적인 성격을 지닌 교수”로 정의하고 이러한 특수교육을 위해서 예방과 교정,

그리고 보상의 역할을 제시하고 있다. 즉 특수교육을 개별적으로 계획한다는 것은 개별 아동의 진단 결과에 따라서 그 아동의 교수목표나 교수방법이 결정된다는 뜻이며, 특별히 고안한다는 것은 아동의 필요에 따라 일반교육에서 잘 사용하지 않는 독특한 또는 수정된 교재 및 교구나 교수방법이 사용될 수 있다는 것을 의미한다. 집중적으로 제공한다는 것은 아동을 교수할 때 상세하고 정확하고 분명하게 또한 반복적으로 제공한다는 것을 의미한다. 그리고 목표지향적인 교수란 아동이 자신의 현재와 미래 환경에서 개인적인 자기 충족감과 성취감을 최대한으로 달성하도록 도와주는 것을 의미한다.

〈표 1-1〉 특수교육의 정의

연구자	특수교육의 정의
Rosenberg, Westling, & McLeskey(2011)	특수교육이란 “특별한 요구를 지닌 학생의 좀 더 나은 삶의 성과를 위해서 개별화된 교수와 지원을 제공하는 것”을 말한다.
Heward(2009)	특수교육이란 “개별적으로 계획하고, 특별히 고안하고, 집중적으로 제공하고, 목표지향적인 성격을 지닌 교수”로, 이러한 특수교육을 위해서 (1) 예방(장애로부터 발생하는 문제나 장애가 심해지는 것을 막음), (2) 교정(독립적이고 성공적으로 기능하게 하기 위하여 학업, 사회성, 직업 등의 기술을 교수함), (3) 보상(장애를 지니고 있으면서도 성공적으로 기능하기 위하여 기술 및 도구 사용을 교수함)이 필요하다.
Smith(2004)	특수교육이란 “특별한 요구를 지닌 개별 아동에게 적합한 맞춤식 개별화교육을 제공하는 것”을 말한다.
Queensland Department of Education(2000)	특수교육이란 “초등학교 혹은 중등학교에서 일반적으로 이용할 수 있는 것에 부가한 것으로서 일반교육 혹은 특수교육 환경에서 전달될 수 있는 교육”을 말한다.
UNESCO(1997)	특수교육이란 “아동의 최적의 진보를 저해하는 다양한 이유 때문에 학교에서 실패하는 아동들에 대해 부가적인 자원을 제공하는 교육”을 말한다.
Heward & Orlansky(1992)	특수교육은 “특수아동이 최대한으로 발달하고 현재와 미래 환경에 성공할 수 있도록 도와주는 개별적으로 계획하고 체계적으로 실행하고 신중히 평가하는 교수”이다.
Kirk & Gallagher(1979)	특수교육은 “특수아동이 잠재력을 개발하고 장애를 교정하기 위해서 제공되는 일반학교 프로그램 이상의 보충적인 서비스”이다.

우리 나라에서 특수교육의 정의는 "특수교육이란 특수교육 대상자의 교육적 요구를 충족시키기 위하여 특성에 적합한 교육과정 및 제2호에 따른 특수교육 관련서비스 제공을 통하여 이루어지는 교육을 말한다."(「장애인 등에 대한 특수교육법」 제2조 제1항). 여기서 적합한 교육과정이란 교수적합화(instructional adaptation, curricular adaptation)를 말하는 것으로 Udvari-Solner(1992)는 "교수적합화란 어떤 활동에 부분적으로 참여하거나, 개인의 수행능력을 강화하기 위해 교육과정 내용, 환경, 교수 그리고 학습 자료를 조정하거나 수정하는 것"으로 보았다. 즉 교수적합화란 다양한 교육적 요구를 지닌 학생들의 수행 향상과 수업참여의 범위와 양을 확장시키기 위하여 (1) 교수환경, (2) 교수집단, (3) 교수내용, (4) 교수방법, (5) 평가 방법을 포함하는 교육의 전반적인 환경을 조절하고 수정하는 과정이며, 이러한 교수적합화의 단계는 첫째, 같은 활동, 같은 교수목적, 같은 교수자료를 사용 단계, 둘째, 같은 활동, 수정된 교수목적, 같은 교수자료 사용 단계, 셋째, 같은 활동, 수정된 교수목적, 수정된 교수자료 사용 단계, 넷째, 같은 주제, 다른 과제, 다른 교수목표 사용 단계, 다섯째, 다른 주제, 다른 활동 단계로 구분한다(박승희, 1999).

〈표 1-2〉 교육과정 수정 전략 요소

연구자 / 수정 전략요소	Munson (1987)	Udvari-solner (1996)	Wood (1997)	Hoover & Patton(1998)
교육과정 수정 전략 요소	(1) 교수 수준 (2) 교육과정 내용 (3) 교수자료 (4) 지시와 과제 유형 (5) 교수전략 (6) 교사의 input mode (7) 학생의 반응 방법	(1) 교수집단 또는 배열 (2) 교수 형태 (3) 환경 조건 (4) 교육과정 목표와 학습성과 (5) 교수자료 (6) 개인적인 도움의 수준 또는 유형 (7) 대안적인 활동	(1) 환경수정 ① 사회 · 정서적 ② 행동적 환경 ③ 물리적 환경 (2) 교수환경 수정 : 계획과 교수 ① 교수안 ② 방법 ③ 내용 형태 ④ 미디어	(1) 내용 (2) 교수전략 (3) 환경 (4) 학생 행동

	(8) 개별적 교수 (9) 시험 관리 (10) 성적		(3) 평가 수정 ① 학생 평가 ② 성적 산정	

Hoover, J. J., & Patton, J. R.(1998). Curriculum adaptations for students with learning and behavior problems: Principles and practices. Austin, TX: Pro-ed.

Munson, S. M(1987-87). Regular education teacher modifications for mainstreamed mildly handicapped students. The Journal of Special Education, 20, 490-499.

Wood, J. W.(1998). Adapting instruction to accommodate students in inclusive settings(3rd ed.) NJ: Prentice-Hall.

Udvari-solner, A.(1996). Examining teacher thinking: Constructing an process to design curricular adaptations. Remedial and Special Education, 17(4), 245-254.

한편 "특수교육 관련서비스"란 특수교육 대상자의 교육을 효율적으로 실시하기 위하여 필요한 인적 서비스 네 가지, 물적 자원을 제공하는 서비스 네 가지를 말하는 것으로 상담지원 · 가족지원 · 치료지원 · 보조인력지원 · 보조공학기기지원 · 학습보조기기지원 · 통학지원 및 정보접근지원 등을 말한다(「장애인 등에 대한 특수교육법」 제2조 제2항).

특수교육의 법적 정의는 〈표 1-3〉과 〈표 1-4〉와 같이 특수교육의 대상자의 변화나 특수교육 대상자의 요구의 변화에 따라 특수교육의 정의도 변하게 되었다.

〈표 1-3〉 우리 나라 특수교육 정의의 변천

1977년 「특수교육진흥법」의 정의	1994년 「특수교육진흥법」의 정의	2007년 「장애인 등에 대한 특수교육법」의 정의
특수교육기관에서 특수교육 대상자에게 점자 · 구화 및 보장구 등을 사용하여 교육 교정(요육) 직업 보도하는 것	특수교육 대상자의 특성에 적합한 교육과정 · 교육방법 및 교육매체 등을 통하여 교과교육 · 치료교육 및 직업교육 등을 실시하는 것	특수교육 대상자의 교육적 요구를 충족시키기 위하여 특성에 적합한 교육과정 및 제2호에 따른 특수교육 관련 서비스 제공을 통하여 이루어지는 교육
제정 1977. 12. 31 법률 제3053호	전문개정 1994. 1. 7 법률 제4716호	제정 2007. 5. 25 법률 제8483호

출처 : 조홍중(2012). 발달장애아동의 법적지원 방안. 2012년도 한국발달장애학회 춘계학술대회 발표 논문집. pp. 1-27.

Paragraph 02

특수교육의 대상

1. 특수교육 대상자의 확대

특수교육 대상자는 특수교육을 필요로 하는 사람으로 선정된 아동을 말한다. 이들은 신체적 특성이나 지적 특성 혹은 적응 능력이 일반아동과 달라 개별화된 특수교육을 필요로 하는 아동들을 말한다. 특수교육 대상자는 일반적으로 장애를 가지고 있는 경우가 많지만 반드시 장애아동은 아니다. 실제로 특수교육을 제공받고 있는 아동들을 지칭하는 대명사로 특수교육 대상자와 장애아동을 일반적으로 혼용하여 사용할 때가 많다. 특수교육 대상자로 학습장애는 등록장애인은 아니지만 특수교육 대상자인 것처럼 정신장애(정신분열증)는 등록장애인이라 할지라도 특수교육 대상자는 아니다. 특수교육연차보고서에 의하면 특수학교의 학생 중 장애인의 등록률은 97.9%이며, 특수학급 학생 중에서는 67.2%가 장애인 등록이 된 상태이다(박승희, 2005). 또한 특수교육 대상자에 포함되는 장애는 10종류인데 반하여, 이 학생들이 장애인 등록을 할 수 있는 장애 종류는 15종류가 되어서 특수교육 대상자로 선정될 때의 장애유형과 장애인 등록 시의 장애 유형명은 동일할 수도 그렇지 않을 수도 있다(박승희, 2005).

〈표 1-4〉 특수교육 대상자의 확대

1977년 「특수교육진흥법」 6개 장애영역 동법 제3조	1994년 「특수교육진흥법」 7개 장애영역 동법 제10조	2005년 「특수교육진흥법」 8개 영역 동법 제15조	2007년 「장애인 등에 대한 특수교육법」 10개 장애영역 동법 제15조
1. 시각장애자 2. 청각장애자	1. 시각장애 2. 청각장애	1. 시각장애 2. 청각장애	1. 시각장애 2. 청각장애

3. 정신박약자 4. 지체부자유자 5. 정서장애자 6. 언어장애자 7. 기타 심신장애자	3. 정신지체 4. 지체부자유 5. 정서장애(자폐성 포함) 6. 언어장애 7. 학습장애 8. 기타 교육부령이 정하는 장애	3. 정신지체 4. 지체부자유 5. 정서장애(자폐성을 포함한다) 6. 언어장애 7. 학습장애 8. 심장장애, 심신장애, 간장애 등 만성질환으로 인한 건강장애〈개정 2005. 3. 24〉 9. 기타 교육인적자원부령이 정하는 장애〈개정 2005. 3. 24〉	3. 정신지체 4. 지체장애 5. 정서 · 행동장애 6. 자폐성장애 7. 의사소통장애 8. 학습장애 9. 건강장애 10. 발달지체 11. 그 밖에 대통령령으로 정하는 장애
제정 1977. 12. 31 법률 제3053호	전문개정 1994. 1. 7 법률 제4716호	2005. 3. 24 개정 법률 제7395호	2007. 5. 25 제정 법률 제8483호

출처 : 조홍중(2012). 발달장애아동의 법적지원 방안. 2012년도 한국발달장애학회 춘계학술대회 발표 논문집. pp. 1-27.

장애의 정의는 국가마다 그 나라의 정치, 경제, 사회적 제반 여건과 복지 수준에 따라 상이한 장애 기준을 가지고 있는데 대체로 선진국의 경우는 그 범위가 넓게 나타나고 있는 경향을 보이고 있다. 그러나 문제는 장애의 기준이 얼마나 협소한가 관대한가보다는 황수경(2004)의 지적처럼 어떠한 정책적 지향 하에서 장애를 정의하고 있으며 장애의 기준이 얼마만큼 그 정책적 목표에 충실한가에 달려있다고 할 것이다. 우리 나라에서도 1989년 「장애인복지법」 제정 당시에는 주로 지체장애, 시각장애, 청각장애, 언어장애, 정신지체장애 등의 다섯 가지 장애 유형만 법적 장애로 인정하다가 1998년 장애인복지 발전 5개년 계획의 수립에 따라 1999년 제1단계 장애 범주 확대를 통해 뇌병변장애, 정신장애, 발달장애(자폐), 신장장애, 심장장애가 새롭게 추가되었다. 2003년에 다시 제2단계 장애범주 확대가 이루어져 호흡기장애, 간질환장애, 장루 및 요루장애, 중증 간질장애, 안면기형 등의 장애가 추가되어, 장애의 범주가 현재의 15종류에 이르게 되었다(보건복지부, 2003). 그러나 이러한 장애 범주의 확대는 세계적인 흐름으로 볼 수 있지만 그 이면에는 기본적으로 여전히 의학적 정의에 의한 장애의 판단이 근간을 이룬다는 한계를 가지고 있으며, 한편 장애 범주의 확대는 다른 측면으로는 중증장애인의 정책적 수혜의 기회가 상대적으로 줄어드는 것에 대한 문제를 초래하게 되고 이와 동시에 장애인을 대상으로 하는 복지정책의 다원화로 인한 각각의 정책 대상과 정책 목표가 불분명하다는 문제 등이 제기되고 있다는 점이다. 이러한 측면에서도 우리사회가 장애의 개념을 보다 합리적으로 그리고 체계적으로 재구성할 필요성이 제기되고 있다고 볼 수 있다.

〈표 1-5〉 장애인복지법상 장애인 종류의 확대

1982년 「심신장애자복지법」 시행령(5개 장애영역)	1999년 「장애인복지법」 시행령 (10개 장애영역)	2003년 「장애인복지법」 시행령 (15개 영역)	2008년 「장애인복지법」 시행령 (15개 영역)
지체장애자, 시각장애자, 청각장애자, 언어장애자, 정신지체장애자	지체장애인, 시각장애인, 청각장애인, 언어장애인, 정신지체장애인, 뇌병변장애인, 정신장애인, 발달장애인(자폐성장애인), 신장장애인, 심장장애인	지체장애인, 시각장애인, 청각장애인, 언어장애인, 정신지체장애인, 뇌병변장애인, 정신장애인, 발달장애인(자폐성장애인), 신장장애인, 심장장애인, 호흡기장애인, 간질환장애인, 장루요루장애인, 중증 간질장애인, 안면기형장애인	지체장애인, 시각장애인, 청각장애인, 언어장애인, 지적장애인, 뇌병변장애인, 정신장애인, 자폐성장애인, 신장장애인, 심장장애인, 호흡기장애인, 간질환장애인, 장루요루장애인, 중증 간질장애인, 안면기형장애인
제정 1982. 2. 17. 대통령령 제10730호	전문개정 1999. 12. 31. 대통령령 제16682호	일부개정 2003. 5. 1. 대통령령 제17976호	일부개정 2008. 2. 29. 대통령령 제20679호

출처 : 조홍중(2012). 발달장애아동의 법적지원 방안. 2012년도 한국발달장애학회 춘계학술대회 발표 논문집. pp. 1-27.

2. 장애인 관련 법률의 적용연령

장애인 관련법으로 「장애인복지법」 외에 「장애인고용촉진 및 직업재활법」(이하 직업재활법), 「장애인 등에 대한 특수교육법」, 「장애인 · 노인 · 임산부 등의 편의증진보장에 관한 법률」(이하 편의증진법), 「교통약자의 이동편의증진법」이 있다. 그 외에 「건축법」, 「의료보험법」, 「국민연금법」 등에서 장애인과 기존의 관련된 규정을 두고 있다. 이러한 장애인관련 법률의 주요 대상은 개별법의 기능과 목적에 따라 규정하고 있으나 그 근간이 되는 대상은 「장애인복지법」에 따른 장애분류를 기초로 하고 있다. 「직업재활법」의 경우 법률 제2조를 통해 장애인이란 신체 또는 정신상의 장애로 장기간에 걸쳐 직업생활에 상당한 제약을 받는 자로 대통령령으로 정한다고 명시되어 있으며 「직업재활법」 시행령 제3조에는 「장애인복지법」 시행령 제2조에 따른 장애인 기준에 해당하는 자로 명시하고 있다.

장애인 관련 법률의 적용대상을 연령별로 분류하면 「장애인복지법」이나 「장애인차별금지 및 권리구제 등에 관한 법률」은 발달장애인의 전 생애에 적용되는 법률인 반면, 「장애아동복지지원법」 제2조에서는 "장애아동이란 18세 미만의 사람 중 「장애인복지법」 제32조에 따라 등록한 장애인을 말한다. 다만, 6세 미만의 아동으로서 장애가 있다고 보건복지부장관이 별도로 인정하는 사람을 포함한다."고 규정하고 있다.

「장애인 등에 대한 특수교육법」은 장애유아는 물론 학령기 아동 및 고등교육과정을 포괄하고 있어 일반적으로 만 25세까지를 주요 대상으로 하고 있으며 「직업재활법」은 특수학교 내 설치된 전공과 과정에 대한 지원에서부터 정년까지의 과정을 포괄적으로 담고 있어 주로 16세 이상 60세 이하를 주요 대상으로 하고 있다. 반면, 「장애인차별금지 및 권리구제 등에 관한 법률」과 「장애인복지법」은 장애유형이나 연령에 관계 없이 장애인의 모든 생애에 걸쳐 지원하고 있다(조홍중 · 이미정, 2012).

Paragraph 03

특수교육의 정체성과 특수교육의 변화

1. 특수교육의 특수성과 일반성

특수교육대상 아동들은 학습에 어려움을 보인다. 따라서 특수교육은 효과적인 교육을 위하여 일반교육에 비해 보다 ① 명확하고, ② 집중적이며, ③ 구조화되어야 하고, ④ 적절하게 통제되어야 한다. 그리고 ⑤ 특수교육 교육과정은 지식과 기술의 습득을 촉진하기 위하여 전략과 내용을 수정하고, ⑥ 보조도구 등을 이용하여 일반교육과정을 보강해야 한다. Kauffman과 Hallahan(2005)이 특수교육이 특별해야 한다고 주장한 점은 다음과 같다.

첫째, 속도이다. 즉 특수교육에서는 개별학생의 학생능력에 따라 가르치는 속도를 조절할 필요가 있다.

둘째, 강도이다. 특수교육에서는 가르치는 강도를 조절한다. 즉 개별 학생에 따라 복잡한 개념과 연산과정을 가르치는 단계를 조절하고, 직접 가르치고 연습시키는 데 소요되는 시간의 양을 조절할 필요가 있다.

셋째, 집요함과 인내심이다. 특수교육에서는 집요함과 인내심이 더 필요하다. 이는 특수교육대상 아동이 배우는 내용 중 중요한 요소들을 습득하는데 어려움이 있을 경우 계획된 일정에 따라 진도를 나가기보다 어떻게 해서든지 그 부분을 습득하도록 다양하게 접근하고 시도해 보는 것이 필요하기 때문이다.

넷째, 구조화이다. 특수교육에서는 학습에 어려움이 있는 아동들에게 일반학생들에게 필요한 것보다 더 직접적이고 구조화되어 있으며 명확하고 예측가능한 학습조건이 필요하다.

다섯째, 강화이다. 특수교육에서는 학습에 필요한 기술과 행동을 보다 빨리 습득하는 데 도움이 되도록 실제적인 강화물이나 긍정적 강화물을 자주 제공할 필요가 있다.

여섯째, 교사 당 학생 수가 적어야 한다. 특수교육에서는 집중적이고도 집요하게 가르쳐야 하고, 구조화 정도가 높아야 하므로 특수교육대상 아동 수가 적어야 한다.

일곱째, 교육과정 수정이 필요하다. 비록 많은 장애아동들에게 일반교육과정이 적용되고 있지만, 그들 중 대부분의 아동에게는 특별한 지원과 특별한 자료 접근을 위한 수정이 필요하다. 보다 심한 장애가 있는 아동의 경우에는 기본적인 생활기술이나 보완 대체의사소통 기술, 사회적 기술 교수를 위한 특별한 교육과정이 필요하다.

여덟째, 개별적인 모니터링과 평가가 필요하다. 「장애인 등에 대한 특수교육법」에서는 학생의 진도를 기록하기 위한 구체적인 절차를 규정하고 있다. 아동 수행에 대한 잦은 평가를 개별적으로 실시하고, 이를 기반으로 현재 사용하는 교수방법이 그 아동에게 적절한지 여부를 확인하여야 한다.

아홉째, 각 전문가와의 협력이 필요하다. 특수교육에서는 장애아동의 삶에 영향을 미치는 각 전문 분야 전문가의 참여와 협력을 필요로 하고 있다.

반면에 김병하(2006)는 특수교육이 특수하지 말아야 할 이유, 즉 특수교육의 일반성을 다음과 같이 제시하고 있다.

첫째, 특수교육은 상위이론 체계로서 사회학문의 전체적 패러다임 틀 속에서의 위상을 정립해야 한다는 것이다. 즉 상위의 보편적 이론 틀 속에 특수교육학이 정립될 수밖에 없다는 점이다.

둘째, 특수아동의 진단과 분류에서 '차이'로서의 특수성보다 모든 다른 아동과의 '공통성'에 주목하는 장애아동관의 정립이나 교육의 전문성이라는 것이 교육의 보편적 요구에 상응할 수밖에 없다는 점이다.

셋째, 실천문제로서 특수교육은 분리된 '2원 구조체제'로 존재하지 않고 '일원화된 교육공동체' 속에서 정립되어야 한다는 점이다.

2. 특수교육 정체성의 변화

우리 나라 특수교육 정체성의 변화는 다음과 같다.

첫째, 특수교육 목표는 특수성에서 보편성으로 변화해 왔다고 볼 수 있다. 즉 교과교육의 강조이다. 교과교육은 보편적 교육목적 달성을 위해 필요한 보편적 지식과 경험 요소를 교과로 편성하여 지도하는 활동으로, 학교교육의 가장 핵심과정이자 가장 중요한 교육활동이다. 장애아동 역시 일반아동과 동일한 보편적 교육목표 도달을 위해 특수한 지원 하에 일반교과교육이 필요하다. 따라서 특수교육의 목표는 특수성보다 보편성에 목적을 두고 있다고 볼 수 있다. 전인적 발달에서 볼 때, 특수아동이 지닌 '특수성'은 상대적이고 계량적이고 국부적이다. 그러므로 특수아동의 특수성은 절대적 · 질적 · 총체적인 것이 아니다고 볼 수 있다(김병하, 2006). 법적관점에서 보면 「교육기본법」 제2조에 의하면 "교육은 홍익인간의 이념 아래 모든 국민으로 하여금 인격을 도야하고 자주적 생활능력과 민주시민으로서 필요한 자질을 갖추게 함으로써 인간다운 삶을 영위하게 하고 민주국가의 발전과 인류공영의 이상을 실현하는 데에 이바지하게 함을 목적"으로 하고 있다(전문개정 2007. 12. 21). 또한 「초 · 중등교육법」 제55조에서 "특수학교는 신체적 · 정신적 · 지적 장애 등으로 인하여 특수교육을 필요로 하는 자에게 초등학교, 중학교 또는 고등학교에 준하는 교육과 실생활에 필요한 지식 · 기능 및 사회적응 교육을 하는 것을 목적"으로 한다고 규정하고 있다(개정 2004. 1. 29). 즉 국가표준교육과정 편성의 필연성을 의미하고 있는 것으로 볼 수 있다. 초 · 중등교육은 국민이면 누구나 도달하여야 할 보편성에 중점을 둔 교육과정을 운영해야 한다는 것이다(김병하, 2006). 「장애인 등에 대한 특수교육법」 제2조 제1항에 의하면 "특수교육"이란 특수교육 대상자의 교육적 요구를 충족시키기 위하여 특성에 적합한 교육과정 및 제2호에 따른 특수교육 관련서비스 제공을 통하여 이루어지는 교육을 말한다고 규정하고 있다(2007. 5. 25 제정). 즉 특수교육 대상자의 교육적 특성에 적합한 교육과정 및 특수교육 관련서비스 제공을 통하여 이루어지는 교육을 말한다. 한편 사회적 관점에서 보면 1970년대 이후 최소제한환경(Least Restrictive Environment: LRE)은 장애를 가진 아동들이 비장애 또래 아동들과 최대한 상호작용을 할 수 있는 최소로 제한된 환경을 의미하며, 이 원리가 특수교육 대상자 배치의 기본 원리가 된다. 1980년대에는 최소제한환경의 원리에 기초하여 주류화(mainstreaming)의 개념이 등장하여, 학교의 교육프로그램을 재구조화하여 장애를 가진 아동들이 가능한 최대한 비장애 또래와 함께 일반학교와 학급에서의 교육이 강조되었다. 또한 2000년대 이후에는 어떻게 하면 장애를 가진 아동을 포함한 모든 아동을 일반학교에 완전히 참여(full participation)시켜 의미 있는 혜택(meaningful benefit)을 부여할 것인지에 대한 고민과 노력이 이루어지고 있다.

둘째, 특수교육 관련법 변화는 특별법에서 일반법으로 변화했다. 즉 우리나라의 특수교육은 「헌법」, 「교육기본법」, 「유아교육법」, 「유아교육법」 시행령, 「초 · 중등교육법」, 「초 · 중등교육법」 시행령, 「장애인 등에 대한 특수교육법」, 「장애인 등에 대한 특수교육법」 시행령, 「장애인 등에 대한 특수교육법」 시행규칙, 「특수학교시설 · 설비기준령」, 「특수교육담당교원 및 교육전문직 인사관리기준」, 「장애인 차별금지 및 권리구제 등에 관한 법률」 등의 법령을 기반으로 이루어지고 있다고 볼 수 있다. 이상의 법령들 중에서 특수학교 교원의 자격기준은 「초 · 중등교육법」에 명시되어 있으며, 특수학교 교원의 배치기준을 포함한 특수교육 전반에 관한 사항은 「장애인 등에 대한 특수교육법」에 주로 규정되어 있다(김운종, 2009).

〈표 1-6〉 "특수교육 목적"의 변화

「특수교육진흥법」	「장애인 등에 대한 특수교육법」
제1조 (목적) 이 법은 특수교육을 필요로 하는 사람에게 국가 및 지방자치단체가 적절하고 고른 교육기회를 제공하고, 교육방법 및 여건을 개선하여 자주적인 생활능력을 기르게 함으로써 그들의 생활안정과 사회참여에 기여함을 목적으로 한다.	제1조 (목적) 이 법은 「교육기본법」 제18조에 따라 국가 및 지방자치단체가 장애인 및 특별한 교육적 요구가 있는 사람에게 통합된 교육환경을 제공하고 생애주기에 따라 장애유형 · 장애 정도의 특성을 고려한 교육을 실시하여 이들이 자아실현과 사회통합을 하는데 기여함을 목적으로 한다.
전문개정 1994. 1. 7 법률 제4716호	제정 2007. 5. 25 법률 제8483호

〈표 1-6〉에 나타난 바와 같이 "특수교육의 목적"의 변화는 「특수교육진흥법」이 "특수교육을 필요로 하는 사람"을 대상으로 한 것과 달리 「장애인 등에 대한 특수교육법」은 "장애인 및 특별한 교육적 요구가 있는 사람"을 그 대상으로 확대 규정하고 있다. 「특수교육진흥법」은 법률의 목적이 "교육기회의 제공과 교육방법 및 자주적 생활능력을 기르게 함으로써 생활안정과 사회참여에

기여함"에 두어 수동적 시혜적 의미가 내포되었으나 「장애인 등에 대한 특수교육법」에서는 "자아실현과 사회통합 기여"로 규정하면서 보다 적극적인 의미로 개선되었다. 즉 영아기부터 성인기까지 장애인의 생애주기에 따라 장애유형과 장애 정도의 특성을 고려한 교육실시를 명시함으로써 법률 대상이 학령기 중심에서 전 생애로 확대되고 개별적인 접근을 통한 교육의 질적 향상을 추구하고 있다(김원경 외, 2009).

특히 「장애인 등에 대한 특수교육법」은 기존의 「유아교육법」, 「초 · 중등교육법」, 「고등교육법」, 「평생교육법」 등 교육 관련 법률들을 보완하고, 장애학생 교육지원에 관한 특별한 사항을 별도로 규정하는 특별법으로서의 성격을 가지면서 「장애인복지법」 등 장애인 관련 법률들 중 교육과 관련된 사항을 보완하는 내용으로 구성되어 있기 때문에 특별법으로 보는 견해도 있다(김기룡, 2010). 그러나 「장애인 등에 대한 특수교육법」은 형식상 법 제정의 근거가 명시됨에 따라 「특수교육진흥법」과는 달리 특별법의 성격은 없어졌지만 내용상으로는 타법에서 규정하고 있지 않은 조문들로 구성된 유일한 특수교육 관련 법령이므로 내용상으로는 특별법적인 성격을 유지하고 있다고 볼 수는 있다. 즉 「장애인 등에 대한 특수교육법」은 모든 교육체계법의 기본법인 「교육기본법」 제18조(특수교육)에 법률 제정의 근거를 두고 있다. 1997년 12월 13일 법률 제5437호로 제정된 「교육기본법」은 1949년 12월 31일 법률 제86호로 제정된 구 「교육법」이 폐지되고 「교육법」 단일체제 하에서 「교육기본법」, 「초 · 중등교육법」, 「고등교육법」 체제로 분화되었고, 여기서 특수교육, 영재교육, 유아교육, 직업교육, 과학기술교육, 교육의 정보화, 학술문화의 진흥, 사학의 육성, 국제교육 등 여러 분야 교육의 진흥을 추구하고 있으며 그 중 한 분야로 제18조에 특수교육을 규정하고 있다. 따라서 「장애인 등에 대한 특수교육법」은 종전의 「초 · 중등교육법」은 기본법, 「특수교육진흥법」은 특별법이라는 관계에서 벗어나 교육에 대한 여러 일반적인 기본법 중 하나로 볼 수 있다(김원경 외, 2009).

셋째, 특수교육 형태의 변화 관점에서 보면 분리교육에서 통합교육 형태로 변화하고 있다. 즉 통합교육 지지자들은 장애를 가진 학생들이 일반교실에 통합되었을 경우에 일반교사들이 약간만 준비를 하면 잘 가르칠 수 있다고 주장한다. 그러나 통합교육을 성공적으로 실천하기 위해서는 일반교사와 특수교사가 모두에게 장애학생과의 의사소통, 팀티칭, 문제해결, 교육과정 구성에 있어서 깊이 있는 재교육이 요구된다. 또한 학생의 측면에서도 일반학급에 속에 있는 장애학생들은 기본적인 수업만을 받기 때문에 교육적으로 영양결핍상태에 빠질 수 있다. 일반교사들은 일반학생들에게 더 집중할 수밖에 없고 장애학생들에게는 기본적인 수업 내용만을 제공할 것이다. 따라서 장애학생들은 전통적인 일반교사의 수업에 잘 적응하지 못하게 된다. 통합교육은 특수교육이 더 일반적인 교육이 되기를 원하며, 모든 학생이 교육적 요구에 부응하는 교육 프로그램을 개발하려 노력하고 있다. 이것은 특수교육의 전문성을 더 위축시켜 더 일반성을 가지고자 하는 것이라고 할 수 있다. 일반교사와 특수교사의 초점은 교수방법, 교육과정 구성, 학습자료 개발, 학생에 대한 기대 등에 있어서 많은 차이가 있다. 특수교육의 본질은 집중적이며, 목표지향적이며, 개별화된 수업에 있다. 일반교육에 비해 특수교육은 더 긴급하고, 집중적이며, 더 높게 구조화되고, 더 직접적이고, 더 통제적이어야 한다는 것이다(이신동, 2005).

일반교육이 통합교육을 담당할 수 있을 것인가의 문제는 미국에서 일반교육 주도의 통합교육(REI) 운동 이후로 꾸준히 제기되어 오고 있다. 이 문제는 크게 두 가지 차원에서 생각해 볼 수 있다. 첫째, 일반교육 담당자들이 통합교육을 제대로 실천하려는 의지와 전문성을 갖추고 있는가의 여부이다. 둘째, 일반교육의 전반적인 구조나 풍토 혹은 시스템이 통합교육을 성공적으로 실천하는 데 적합한가의 여부이다. 이 두 가지 측면에서 별다른 지원체제나 시스템적인 변화 없이 일반교육에서 통합교육을 '제대로' 담당하기란 매우 어렵고, 이는 일반교사 개인의 태도나 인식과 관련된 문제라기보다는 일반교육 자체의 구조나 문화와 더 밀접하게 연관되어 있다고 볼 수 있다. 성공적인 통합교육을 위한 변인으로 많은 연구들은 무엇보다도 다양하고 강도 높은 지원의 요소를 꼽고 있다. 특히 협력교수 실행에 있어 제기될 수 있는 문제로는 교사들 간의 권한에 대한 평등성 확보와 의사소통기술의 부족, 특수교육 대상학생들의 교육에 대한 결정 권한 부족, 자료공유 거부, 공동의 목표를 추구하는데 있어서 유연성 부족, 수업계획에 필요한 시간과 작업량의 증가, 권한 부족 등이다

(Bauwens et al., 1989; Cook & Friend, 1995). 또한 협력교수 시 우려되는 사항은 협력교사들 간의 정체성 상실, 비용효과 등이 포함된다. 또 다른 연구에 의하면 협력교수는 일반학생들에게 미칠 수 있는 학습효과와 학습 분위기에서의 역효과가 쟁점화 될 수 있다. 즉 학생들의 수행수준이 하향 조정될 수 있으며, 오히려 일반학생에 대한 교수적 관심이 줄어드는 경향을 보일 수 있다는 우려가 있다. 또한 협력교수의 수행에 따라 야기될 수 있는 주변 교육환경의 급변에 대한 염려도 있다. 즉 교사와 학부모, 교육관련 서비스전문가 그리고 준전문가, 학교 행정가 등은 완전통합 학습 분위기에 대한 새로운 환경 적응, 관련 서비스의 상실에 따른 직장 고용상태의 변화, 기존과는 상이한 역할의 변화 등 때문에 오히려 거부감을 나타낼 수 있다. 그리고 협력교수 수행에 따른 계획 및 준비를 위한 공동작업에 소요되는 시간의 추가 문제가 쟁점이 될 수 있다(Friend & Bursuck, 1996; Meyen, Vergason, & Whean, 1996).

Paragraph 04 특수교육 대상자의 선정 및 배치

특수교육 대상자로 선정된 아동들은 장애유형 및 장애정도, 인지적 · 정서적 · 정의적 특성, 특수교육적 요구 등을 종합적으로 고려하여 교육적 배치가 이루어진다.

특수교육 대상자 선정과정은 「장애인 등에 대한 특수교육법」에서 특수교육 대상자의 선정에 대하여 규정하고 있는데, 동법에서는 장애아동 및 장애발생의 위험성이 높은 아동을 조기에 발견하기 위하여 보건소와 병 · 의원에서 선별검사를 무상으로 실시하도록 규정하고 있다(동법 제14조 제1항). 또한 아동의 보호자나 각급학교의 장은 장애를 가지고 있거나 장애를 가지고 있다고 의심되는 아동을 교육장이나 교육감에게 진단 · 평가를 의뢰하여야 한다(동법 제14조 제3항). 진단 · 평가를 의뢰받은 교육장 또는 교육감은 각 시 · 도 및 시 · 군 · 구에 설치되어 있는 특수교육지원센터에 즉시 회부하여 진단 · 평가를 실시하여야 한다(동법 제14조 제4항).

보호자 또는 각급 학교의 장	• 장애가 있거나 장애가 있다고 의심되는 영 · 유아 및 학생 발견시 진단 · 평가 의뢰 • 학교장이 진단 · 평가를 의뢰할 때는 보호자 동의
↓	
교육장/교육감	• 특수교육지원센터에 진단 · 평가 의뢰
↓	
특수교육 지원센터	• 30일 이내에 진단 · 평가 실시 • 선정여부 및 필요한 교육지원 내용에 대한 최종 의견서 작성하여 교육장 또는 교육감에게 보고 • 보호자의 의견 진술 기회 충분히 보장
↓	
교육장 또는 교육감	• 최종 의견을 통지 받은 때부터 2주일 이내에 특수교육 대상자로의 선정여부 및 교육지원 내용을 결정하여 보호자에게 통보 • 특수교육운영위원회에서 대상 선정 및 학교 지정 · 배치에 관한 심사 - 시 · 군 · 구특수교육운영위원회 : 유 · 초 · 중학생 - 시 · 도특수교육운영위원회 : 고등학생 • 특수교육 대상자의 선정 결과 및 학교 지정 · 배치를 신청인에게 서면으로 통지

[그림 1-1] 특수교육 대상자의 선정과정

특수교육지원센터는 진단 · 평가가 회부된 후 30일 이내에 진단 · 평가를 실시하여야 하고, 특수교육 대상자로의 선정여부 및 필요한 교육지원 내용에 관한 최종 의견을 작성하여 교육장 또는 교육감에게 보고하여야 한다. 그러면 교육장이나 교육감은 2주일 이내에 특수교육 대상자로의 선정여부 및 제공할 교육지원 내용을 결정하여야 한다(동법 제16조). 이를 위해 고등학교 과정은 교육감이 시 · 도특수교육운영위원회에서 중학교 과정 이하의 각급학교는 교육장이 시 · 군 · 구특수교육운영위원회에서 심사를 실시한다(동법 제15조). 특수교육지원센터의 진단 · 평가 결과와 시 · 도특수교육운영위원회나 시 ·

군 · 구특수교육운영위원회의 심사결과는 부모에게 통지되어야 하며, 보호자의 충분한 의견진술기회가 보장되어야 한다(동법 제14조, 제15조). 이상의 과정은 [그림 1-1]과 같다.

Paragraph 05 특수교육의 실태

2014년 4월 현재 우리 나라의 특수교육 대상 아동은 총 87,278명으로 총 166개 특수학교와 9,617개의 특수학급, 14,671개의 일반학급에 배치되어 있다. 특수교육 대상자 중 70.4%에 해당되는 61,451명은 통합교육, 즉 일반학교(특수학급 45,803명, 일반학급 15,648명)에 배치되어 있으며, 나머지 29.6%의 학생은 분리교육의 형태로 교육을 받고 있다. 즉 특수학교에 25,288명이, 특수교육지원센터에 539명의 학생이 배치되어 있다(교육부, 2014).

〈표 1-7〉 연도별 특수교육 대상학생 배치 현황 단위 : 명(%)

연 도	특수학교 및 특수교육지원센터	일반학교(특수학급 및 일반학급)	전 체
2005	23,449(40.2)	34,913(59.8)	58,362(100)
2006	23,291(37.2)	39,247(62.8)	62,538(100)
2007	22,963(34.8)	42,977(65.2)	65,940(100)
2008	23,400(32.7)	48,084(67.3)	71,484(100)
2009	23,801(31.7)	51,386(68.3)	75,187(100)
2010	23,944(30.1)	55,767(70.0)	79,711(100)
2011	24,741(29.9)	57,924(70.1)	82,665(100)
2012	24,932(29.3)	60,080(70.7)	85,012(100)
2013	25,522(29.3)	61,111(70.5)	86,633(100)
2014	25,827(29.6)	61,451(70.4)	87,278(100)

출처 : 교육부(2014). 2014 특수교육 통계. 교육부. p. 4.

순회교육 대상자는 전체 특수교육 대상자의 7.2%, 즉 6,483명으로 구체적으로 살펴보면 ① 가정순회(1,293명), ② 시설순회(1,510명), ③ 병원순회(28명), ④ 일반학교 순회(3,652명)의 형태로 순회교육이 실시되고 있다(교육부, 2014).

〈표 1-8〉 특수교육 주요 현황

배 치 별		특수학교	일반학교: 특수학급	일반학교: 일반학급(전일제 통합학급)	특수교육 지원센터	합 계
특수교육 대상학생		25,288 (29%)	45,803 (52.5%)	15,648 (17.9%)	539 (0.6%)	87,278 (100%)
학생수 (장애영역별)	시각장애(Visual Impairment)	1,380(64.8)	333(15.6)	411(19.3)	6(0.3)	2,130(100)
	청각장애(Hearing Impairment)	976	808	1,779	18	3,581
	정신지체(Mental Retardation)	15,235	28,452	3,912	68	47,667
	지체장애(Physical Disabilities)	3,615(32.3)	4,251(37.9)	3,180(28.4)	163(1.4)	11,209(100)
	정서 · 행동장애 (Emotional & Behavioral Disorder)	217	1,685	703	–	2,605
	자폐성장애 (Autistic spectrum Disorder)	3,531	5,113	678	12	9,334
	의사소통장애 (Communication Disorders)	76	931	958	1	1,966
	학습장애(Learning Disabilities)	23	2,321	1,018	–	3,362
	건강장애(Health Impairment)	29(1.42)	280(13.8)	1,719(84.73)	1(0.05)	2,029
	발달지체(Developmental Delay)	206	1,629	1,290	270	3,395
	계	25,288	45,803	15,648	539	87,278
학교 및 센터수		166	7,148	6,740	197	10,730
			10,367			
학급수		4,396	9,617	(14,671)	62	14,075
특수학교(급) 교원수		7,741	9,880	–	301	17,922
특수교육보조원 배치수		2,884	6,758	511	–	10,153

출처 : 교육부(2014). 2014 특수교육 통계. 교육부. p. 3.

특수교육 담당교원의 1인당 학생수는 〈 표 1–9〉에 나타난 바와 같이 2005년 5.60 : 1에서 2014년 4.87 : 1로 꾸준히 감소 추세를 보이고 있다.

〈표 1-9〉 특수교육 교원이 담당하는 1인당 학생수 변화

구 분	2005	2006	2007	2008	2009	2010	2011	2012	2013	2014
특수교육 대상 학생 수	58,362	62,538	65,940	71,484	75,187	79,711	82,665	85,012	86,633	87,278
특수교육 교원수	10,429	11,259	12,249	13,165	13,997	15,244	15,934	16,727	17,446	17,922
비 율	5.60 : 1	5.54 : 1	5.38 : 1	5.43 : 1	5.37 : 1	5.23 : 1	5.19 : 1	5.08 : 1	4.97 : 1	4.87 : 1

출처 : 교육부(2005~2014). 2005~2014 특수교육 통계. 교육부.

「장애인 등에 대한 특수교육법」 시행령 제22조

법 제27조 제3항에 따라 배치하는 특수교육 담당 교사는 학생 4명마다 1명으로 한다. 다만, 도시와 농촌 · 산촌 · 어촌 교육의 균형발전, 특수교육지원센터의 운영현황 및 특수교육 대상자의 지역별 분포 등을 고려하여 특별시 · 광역시 · 도 · 특별자치도별 교사는 교육과학기술부장관이, 단위 학교 · 학급별 교사는 해당 교육감 또는 교육장이 배치 기준의 40퍼센트의 범위에서 가감하여 배치할 수 있다.

〈표 1-10〉 장애 영역별 특수학교의 수

계	장애 영역별 학교수				
	시각장애	청각장애	정신지체	지체장애	정서장애
166	12	15	112	20	7

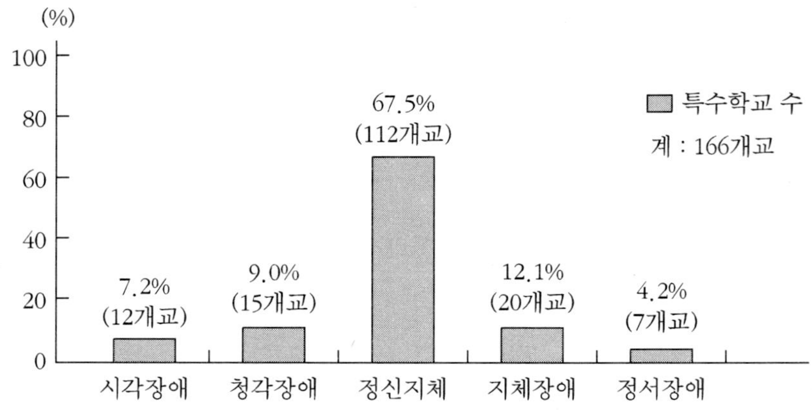

출처 : 교육부(2014). 2014 특수교육 통계. 교육부. p. 5.

「장애인 등에 대한 특수교육법」 제27조(특수학교의 학급 및 각급학교의 특수학급 설치 기준), 동법 시행령 제22조(특수학교 및 특수학급에 두는 특수교육교원의 배치 기준)에 따라 특수학교의 학급 또는 일반학교 내의 특수학급 설치 및 교사 배치 기준이 상향 조정되었다. 즉 「특수교육진흥법」에 따르면 1인 이상 12인 이하인 경우 1학급을 설치할 수 있도록 규정되었는데 「장애인 등에 대한 특수교육법」에서는 유 · 초 · 중 · 고별로 각각 4명, 6명, 6명, 7명 기준으로 1학급을 설치할 수 있도록 하여 특수교육 대상자 개개인의 특성과 능력을 따른 개별화된 교육을 제대로 실행할 수 있게 되었다. 이제까지 특수교육 담당교사의 배치기준은 특수학교에 대해서만 규정되어 있어서 특수학급 또는 일반학급에 배치된 특수교육 대상자에 대한 특수교육교원수급계획을 수립하는데 어려움이 있었다. 「장애인 등에 대한 특수교육법」에서는 특수교육 담당 교사의 총 정원을 학생 4명당 1인 기준으로 정하도록 하고, 시 · 도별 교사는 교육과학기술부장관이, 단위학교, 학급 급별 교사는 교육감 또는 교육장이 도시와 농촌, 산촌, 어촌 교육의 균형발전, 특수교육지원센터 운영 현황 및 특수교육 대상자의 지역별 분포 등을 고려하며 배치기준의 40퍼센트의 범위 내에서 가감하여 배치할 수 있게 되었다.

「장애인 등에 대한 특수교육법」은 특수교육 대상자에 대한 유치원 및 고등학교 과정의 의무교육을 도입하고, 장애의 조기발견 체제를 구축하면서 장애발견 즉시 만 3세 미만인 영아에 대해서도 조기에 무상교육 기회를 부여하고 있다. 따라서 특수교육 대상자들은 유치원 과정부터 고등학교 교육과정까지 의무교육을 받아야 하고, 만 3세 미만의 영아와 고등학교 이후의 전공과 과정은 무상교육을 받게 된다. 의무교육 대상 특수교육 대상자의 수요 파악, 학급 증설, 교원확보 등 교육 여건을 마련할 수 있는 기간이 필요하므로 2010년부터 2012년까지 연차적으로 의무교육 연한을 확대하게 되었다.

2010년에 만 5세 이상 장애유아와 고등학교 과정, 2011년에 만 4세 이상, 그리고 2012년부터는 만 3세 이상의 모든 장애유아가 의무적으로 교육을 받게 되었다. 한편 영아기부터 전공과 과정까지 무상교육 및 의무교육에 드는 비용은 국가 또는 지방자치단체가 부담하게 되는데 동법의 제정으로 기존의 입학금, 수업료, 교과용 도서대금 외에 학교 급식비가 추가되었다. 그 외 학교운영

지원비, 통학비, 현장 체험 학습비 등 그동안 학부모가 부담해 오던 교육활동 관련 비용은 국가 또는 지방자치단체가 예산 범위에서 부담 또는 보조할 수 있도록 하였다(김운종, 2009).

〈표 1-11〉 초 · 중 · 고의 의무교육 확대

연 도	의무교육 대상
2010	만 5세 이상의 유치원과정, 고등학교 과정
2011	만 4세 이상의 유치원 과정
2012	만 3세 이상의 유치원 과정

출처 : 고영현(2011). 한국 특수교육의 정책방향과 과제. 2011년 한국특수교육학회 추계학술대회 기조강연 p. 1-11.

한편 모든 시 · 군 · 구 교육청에 특수교육지원센터를 설치하여 지역 중심의 교육서비스가 원활하게 제공될 수 있도록 규정하고 있다. 특수교육지원센터가 설치된 시 · 군 · 구 교육청 180개 중 관할지역 내 특수학급 수가 20개 이하인 지역 교육청은 89개(49%)이다. 이처럼 지역마다 그 규모는 매우 상이하므로 모든 센터의 설치 규모나 배치할 전문인력의 수를 일률적으로 규정하기보다는 시 · 도별로 정하도록 하고 있다. 또한 센터의 업무는 해당 분야의 전문인력을 배치할 수도 있고, 지역에 따라서는 장애인 복지관, 장애인 고용촉진공단 등 유관기관과 연계하여 수행하는 것도 효율적일 수 있으며, 부모의 희망에 따라 바우처 제도를 활용하는 것이 만족도를 높일 수 있으므로 시 · 도별로 수요를 조사하여 세부 운영계획을 수립하도록 하고 있다(김운종, 2009).

Paragraph 06 특수교육의 과제 및 전망

한국의 특수교육계는 그동안 많은 변화가 있었다. 특수교육의 제도적 측면에서 보면 가장 특징적인 변화는 분리교육에서 통합교육으로의 변화 추세이다. 특수교육의 본질은 집중적이며, 목표 지향적이며, 개별화된 수업에 있다. 따라서 일반교육에 비해 특수교육은 더 긴급하고, 집중적이며, 더 높게 구조화되고, 더 직접적이고, 더 통제적이어야 한다(이신동, 2005). 그러므로 통합학급 내에서의 수업의 성패는 교수적 수정 노력에 달려 있지만, 일반교사가 실제로 적용할 수 있는 교수적 수정 사항은 극히 제한적이다. 그럼에도 불구하고 우리 나라의 통합교육 현황은 외형적으로 많은 성장과 발전을 거듭해 왔다. 이러한 발전에는 교육당국의 정책적 의지가 반영되는 것으로 보인다. 그러나 다른 한편으로는 특수학교도 계속 증설되고 있는 것도 사실이다. 결국 어디까지를 통합교육으로 볼 것인가와 통합의 시대에 매년 증설되고 있는 특수학교의 새로운 역할에 대해서도 고민이 필요하다.

특수교육 현장의 측면에서 보면 통합교육의 추세에 따라서 중도 · 중복장애아동의 교육의 문제가 있다. 중도 · 중복장애아동은 특수교육 교사들에게 늘 새롭고 낯설기만 하는 대상이다. 이숙정(2011)의 지적처럼 중도 · 중복장애아동의 교육의 문제점은 교육 현장이 지나치게 치료나 기능훈련에 치중하고 있다는 점이며, 구체적인 중도 · 중복장애아동 교육을 위한 교육과정이나 교육지침의 부재, 즉 현장 교육의 이정표가 되는 교육과정이 제대로 정립되지 않는 상태이기 때문에 학교교육이 부실해지고 치료적 행위가 난무하고 있다는 점이다. 교수 적합화, 교육과정 수정을 위한 노력이 시급하다. 왜냐하면 교육과정 수정은 개별화 교육은 물론 통합교육의 전제조건이기도 하기 때문이다. 중도 · 중복장애아동을 위한 교육과정 수정이 제대로 이루어지지 않아 교육내용을 더 이상 따라가지 못한다면 성공적인 통합교육은 요원해질 수밖에 없다.

참고문헌

고영현(2011). 한국 특수교육의 정책방향과 과제. 2011년 한국특수교육학회 추계학술대회 기조강연. 1-11.

교육과학기술부(2011. 9). 특수교육연차보고서. 교육과학기술부.

교육부(2014). 2014 특수교육 통계. 교육부.

교육인적자원부(2006. 9). 특수교육연차보고서. 교육인적자원부.

권택환 · 강대식 · 김상선 · 김은주 · 서혜정 · 신재한 · 신재훈 · 이점조 · 임문택 · 정경렬 · 하미애(2010). 특수교육 교과교육론. 양서원.

권택환 외(2010). 특수교육 교과교육론. 양서원.

김기룡(2010). 장애인 관련 주요 법률의 이해. 함께해냄. 통권 21. 10-22.

김병하(2002). 특수교육의 역사와 철학. 대구대학교출판부.

김병하(2006). 특수교육교사론. 대구대학교출판부.

김운종(2009). 특수교육교원 양성 및 수급의 문제점과 개선방안. 2009 한국 특수교육학회 춘계학술대회 자료집. 79-100.

김원경 · 이석진 · 김은주 · 권택환(2010). 특수교육법 해설. 교육과학사.

김원경 · 조홍중 · 허승준 · 추연구 · 윤치연 · 박중휘 · 이필상 · 김일명 · 문장원 · 서은정 · 유은정 · 김자경 · 이근민 · 김미숙 · 김종인(2009). 최신 특수교육학. 학지사.

박승희(1999). 일반학급에 통합된 장애학생의 수업의 질 향상을 위한 교수적 수정의 개념과 실행방안. 특수교육학연구. 34(2). 29-71.

박승희(2005). 장애인 등록제도에 대한 특수교사의 인식 및 활용. 특수교육학연구. 40(2). 1-31.

박승희 · 나수현(2006). 특수교육대상 자녀의 장애인 등록에 대한 부모의 인식 및 개선요구. 정서행동장애연구. 22(3). 1-33.

박승희 · 장혜성 · 나수현 · 신소니아(2007). 장애관련 종사자의 특수교육 입문. 학지사.

보건복지부(2003). 법정 장애인 등록범위 확대. 보건복지부.

이소현 · 박은혜(2011). 특수아동 교육. 학지사.

이숙정(2011). 인간학적 사유를 여는 중도 중복장애 교육학. 집문당.

이신동(2005). 통합교육의 최근의 이슈와 동향, 한국통합교육학회 창립총회 및 학술대회. 한국통합교육학회. 41-59.

장애인 등에 대한 특수교육법. 제정 2007. 5. 25 법률 제8483호 제2조.

정동영 · 김주영 · 김형일 · 김희규 · 정동일(2010). 특수아동의 이해. 교육과학사.

조홍중(2012). 발달장애아동의 법적지원 방안. 2012년도 한국발달장애학회 춘계학술대회 발표 논문집. 1-27.

조홍중 · 이미정(2012). '발달장애'의 개념에 관한 고찰–관련 법률과의 관계를 중심으로–, 발달장애연구. 16(3). 1-21.

특수교육진흥법. 전문개정 1994. 1. 7 법률 제4716호 제2조.

특수교육진흥법. 제정 1977. 12. 31 법률 제3053호 제2조.

한국장애인고용공단고용개발원(2014). 2014 장애인 통계.

황수경(2004). WHO의 새로운 국제장애분류에 대한 이해와 기능적 장애 개념의 필요성. 노동정책연구. 4, 2, 127-148.

Bauwens, J., Hourcade, J., & Friend, M.(1989). Cooperative teaching: A Model for general and special education integration. Remedial and Special Education, 35(4), 19-24.

Cook, L., & Friend, M.(1995). Co-teaching: Guidelines for creating effective practices. Focus on Exceptional children, 28(3), 1-16.

Friend, M., & Bursuck, W.(1996). Including students with special needs: A practical guide for classroom teachers. Boston, MA: Allyn and Bacon.

Heward & Orlansky(1992). 정동영 · 김주영 · 김형일 · 김희규 · 정동일(2010). 특수아동의 이해. 교육과학사.

Heward, W. L.(2009). *Exceptional children: An introduction to special education(9th ed.) Upper Saddle River*, NJ: Merrill/Prentice-Hall.

Hoover, J. J., & Patton, J. R.(1998). Curriculum adaptations for students with learning and behavior problems: Principles and practices. Austin, TX: Pro-ed.

Kauffman, J. M., & Hallahan, D. P.(2005). Special Education: What it is and why we need it. Boston: Allyn & Bacon.

Kirk, S., A. & Gallagher. J. J.(1979). *Educating exceptional children(3rd ed.)* Boston: Houghton Mifflin.

Meyen, E., Vergason, G. A., & Whelan, R. J.(1996). Strategies for teaching exceptional students in inclusive settings, Denver: Love

Munson, S. M(1987-87). Regular education teacher modifications for mainstreamed mildly handicapped students. The Journal of Special Education, 20, 490-499.

Queensland Department of Education(2000). The provision of special education programs and services to students with disabilities. http://education.glu.gov.au..

Rosenberg, M. S., Westling, D. L., & McLeskey, J.(2011). Special education for today's teachers: An itroduction. Boston: Pearson.

Smith, D. D.(2004). *Introduction to special education: Teaching in an age of opportunity(5th ed.).* Boston: Allyn and Bacon.

Udavari-Solner, A.(1992). Curricular adaptations: Accommodating the instructional needs of diverse in the context of general education. Monograph. Kansas State Board of Education.

Udvari-solner, A.(1996). Examining teacher thinking: Constructing an process to design curricular adaptations. Remedial and Special Education, 17(4), 245-254.

UNESCO(1997). *International standard classification of education.* ISCED. UNESCO. Paris.

Wood, J. W.(1998). Adapting instruction to accommodate students in inclusive settings(3rd ed.) NJ: Prentice-Hall.

생각해 볼 문제

01 교수적합화의 정의 및 5단계를 설명하시오.

02 특수교육 대상자와 법적 장애의 차이점을 설명하시오.

03 장애범주의 확대의미를 설명하시오.

04 특수교육의 특수성 및 일반성을 설명하시오.

05 특수교육의 정체성의 변화에 대해서 세 가지 관점에서 설명하시오.

06 특수교육 대상자의 선정과정을 「장애인 등에 대한 특수교육법」에 근거하여 단계적으로 설명하시오.

07 「장애인 등에 대한 특수교육법」에서 제시하고 있는 특수학교의 학급 및 각급학교의 특수학급 설치 기준을 설명하시오.

Chapter 02

장애이해 교육

❖제1절 장애 관련 용어의 변천

❖제2절 장애 명칭사용의 장·단점

❖제3절 장애인에 대한 태도와 장애이해 교육

❖제4절 장애인에 대한 편견의 원인 및 장애이해 단계

❖제5절 장애이해 교육의 과제 및 전망

장애이해 교육의 목적은 비장애아동이 '장애'의 특성을 바르게 이해하고 '장애아동'을 수용하며 긍정적인 관계를 갖도록 교육하는데 있다. 따라서 장애이해 교육은 각 학년이나 연령의 수준에 맞게 그리고 가능한 빠를수록 효과적이고, 내용과 방법도 체계적으로 지도해야 올바른 장애인관이 형성된다. 그러므로 장애이해 교육은 학교의 모든 교육활동을 통해 지속적이며, 일관되게 지도함으로써 장애아동에 대한 편견 형성을 사전에 예방하고, 편견이 없는 긍정적인 학교 환경을 만들어서 장애아동이 자신감을 가지게 하는 것이다.

이 장에서는 장애 관련 용어의 변천, 장애 명칭사용의 장 · 단점, 장애인에 대한 태도와 장애이해 교육, 장애인에 대한 편견의 원인 및 장애이해 단계, 장애이해 교육의 과제 및 전망 등을 중심으로 살펴보고자 한다.

Paragraph 01 장애 관련 용어의 변천

장애란 개념은 전반적인 범주로 논의하기에는 매우 복잡하고 다차원적인 개념이다. 왜냐하면 장애라는 문제의 성격 자체가 매우 광범위한 다양성을 가지고 있기 때문에 모든 상황에 적합한 전반적인 장애의 정의를 정립한다는 것은 어려움이 있다(Slater, Vukmanovic, Macukanic, Prvulovic & Cutler, 1974, 1974; 박승희, 2004).

장애를 나타내는 대표적인 말로는 질병(disease), 기능장애(impairment), 능력장애(disability), 사회적 불리(handicap) 등이 있으며 이상아(abnormal children), 문제아(problem children), 특수아(exceptional children)에 대한 용어가 종종 사용되고 있다. 그 외의 장애와 관련된 용어로는 결핍 또는 결여(deficit), 지체(delay, retardation), 혼란(disturbance, disorder), 문제(problem, trouble) 등의 용어가 다양한 상황에서 다양하게 사용되고 있다. 실제로 특수교육 및 재활 분야에서 시각장애(visual impairment), 청각장애(hearing impairment),

정신지체(mental retardation) 혹은 지적 장애(intellectual disability), 지체장애(physical disabilities), 정서 및 행동장애(emotional and behavioral disorder), 자폐성 범주성 장애(autistic spectrum disorder), 의사소통장애(communication disorder), 학습장애(learning disabilities), 건강장애(health impairment), 발달지체(developmental delay) 혹은 발달장애(developmental disability), 중복장애(multiple disability) 등의 용어가 사용되고 있다(조홍중 · 최은영, 2010).

최근 경향으로는 장애, 장애인의 개념 사용은 점차 특정한 손해로서 결과와의 관계에서 장애를 정의하는 경향을 보이고 있으며(차선자, 2007), 또한 People First 운동, 즉 the mentally retarded, retardates, the blind, the deaf, the autistic, the cripple 등과 같이 정관사를 붙여 복수를 나타내는 표현은 바람직하지 않기 때문에 person with mental retardation, person with visual impairment, person with hearing impairment, child with autism, child with mobility impairment 등으로 표현하는 것이 바람직하다는 주장도 있다(富安芳和, 1995).

이와 같이 용어는 시대에 따라 자연스럽게 변화하기도 하지만 다른 한편으로는 관련 분야의 철학을 반영하여 만들어지기도 한다(Sherrill, 1988). 그리고 개인에 대한 장애 용어의 의미는 문화 · 사회적 요인에 의해서 명확해지기도 하고, 다른 한편으로 사회 경제 정치적 상황이 장애인의 지위에 영향을 미치기도 한다. 즉 장애에 대한 용어가 장애인에 대한 태도를 형성하기도 하며, 동시에 태도가 장애에 대한 용어를 규정하게 하는 요인으로 작용하기도 한다(조홍중 · 최은영, 2010).

일반적인 장애인에 대한 사회적 태도는 비호의적인 경우가 많으며, 이러한 비호의적 태도에는 무지에 기인한 편견인 경우가 많다(Stephan & Stephan, 1984). 일반적인 편견에는 태도의 대상과 상호작용이 없이 일어나는 무지로 인한 편견과 구체적인 갈등을 포함한 편견이 있는데 장애인에 대한 편견은 전자이고 인종편견은 후자에 해당된다(山内隆久, 1996). 따라서 장애인에 대한 태도를 개선하기 위해서는 접촉이 직접적이고(Donaldson, 1976), 구조화되어야 하며(Voeltz, 1982; 山内隆久, 1982), 나아가 지식을 적절히 조합하는 것이 가장 효과적이다.

세계보건기구(WHO)가 2001년에 새로 도입한 ICF 체계(International Classification of Functioning, Disability and Health)는 사회정책의 문맥에서 장애 개념을 재정립하고자 한 시도로 볼 수 있다. 세계보건기구의 새로운 장애개념인 ICF의 체계를 중심으로 장애에 대한 전 세계적 인식의 변화, 장애 정책과의 연관성 등에 초점을 두고 그 변화의 의의를 살펴보면 다음과 같다.

국제사회에서 오랫동안 세계보건기구의 ICIDH(International Classification of Impairment, Disability, and Handicap)가 장애의 보편적인 정의와 기준을 제시해 왔다. ICIDH는 1970년에 개발되어 1980년에 처음으로 WHO에 의해 공인되었는데 그 동안 장애를 질병이나 신체의 이상과 같이 의학적 관점에서만 바라보았던 것이 사회적 관점에서 장애를 총체적으로 이해하는 관점으로 바뀌게 되었다(황수경, 2004).

즉 장애라는 개념의 주요 요소인 질병(disease) → 기능장애(impairment) → 능력장애(disability) → 사회적 불리(handicap)의 개념은 병인(病因, etiology) → 병리(病理, pathology) → 증상(症狀, manifestation)으로 설명하던 종전의 의학적 모형(medical model)을 확대하고 이를 질병(disease) → 기능장애(impairment) → 능력장애(disability) → 사회적 불리(handicap)의 사회적 모형과 연결한 생물 심리 사회적 모형(biopsychosocial model)을 제시하고 있다. 종전 모형의 문제점은 첫째, 정상과 이상의 명확한 구분이 불분명하고, 둘째, 일반아동이 가지는 일반성, 정상성과 평균성에 대해 장애아동이 가지는 특수성, 이상성, 편차성은 상대적이고, 양적인 개념이기 때문에 엄밀하게 구분되지 않는 것들이 있다고 지적되었다. 이에 따라 WHO는 1980년의 정의를 확대하여 1997년 ICIDH-2에서 '활동'과 '참여'를 강조하였고, 2001년에는 이를 토대로 장애와 보건에 관한 국제기능분류의 장애개념으로 통용될 수 있도록 승인하였다(나운환, 2008). 이는 [그림 2-1]에 나타난 바와 같이 신체기능과 구조에 관한 요소, 활동과 참여의 결합요소, 그리고 환경요인의 결합요소로 구분하여 제시하고 있다. ICF는 신체적 장애 측면보다는 기능적 장애의 측면을 강조하고 보편적인 시각에서 접근하여 장애 그 자체보다는 그로 인한 건강과 활동수준에 역점을 두도록 설계되었다. 그러나 무엇보다도 ICF의 가장 중요한 측면은 사회 정책적 관점을 강조하여 건강관리시스템, 사회보장제도,

직업재활 및 고용촉진정책, 기본권 보장 등 다양한 목적으로 활용할 수 있도록 구체적인 측정방법과 지표를 제시하고 있다는 점에서 그 의의를 찾을 수 있다(황수경, 2004).

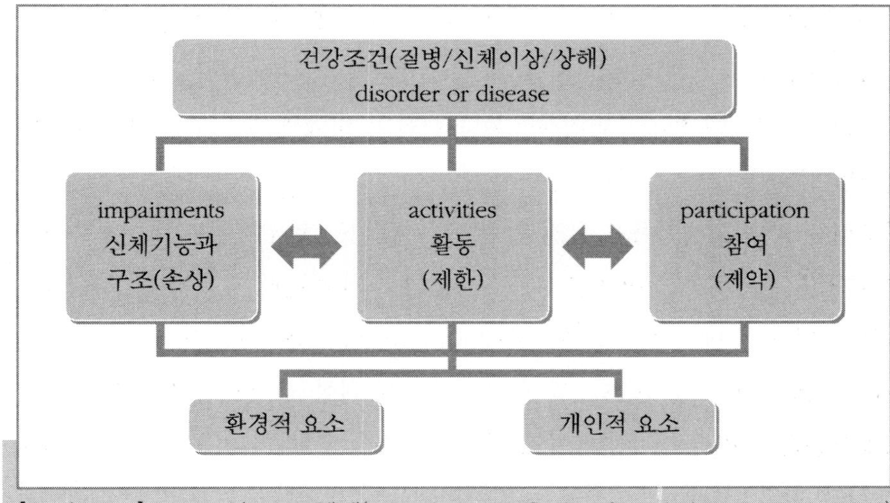

[그림 2-1] WHO의 ICF 체계(International Classification of Functioning, WHO, 2001, p. 18)

Paragraph 02 장애 명칭사용의 장 · 단점

장애 명칭사용에 대해 부정적인 연구자들은 장애명칭을 사용함으로 인해 장애인임을 낙인(stigmatization) 찍는 결과라고 비난한다(Danforth & Rhodes, 1997; Kliewer & Biklen, 1996). 즉 장애 명칭사용에 대한 부정적인 근거로는 첫째, 명칭사용은 주로 장애, 손상 및 수행결함에 초점을 두기 때문에 장애아동이 할 수 있는 것보다 할 수 없는 것에 초점을 맞추게 된다는 점, 둘째, 명칭사용은 장애아동에게 낙인을 찍음으로서 또래들로부터 놀림을 받게 할 가능성이 높다는 점, 셋째, 명칭사용은 아동의 자존감에 부정적 영향을 준다는 점, 넷째, 명칭사용은 다른 사람이 아동에 대해 낮은 기대를 갖게 할 뿐 아니라 다른 아동과 다르게 대하도록 함으로서 아동이 새로운 기술을 습득하고 발달시키는 것을 저해한다는 점, 다섯째, 명칭사용은 아동의 수행결함을 묘사하기 위해 사용된 명칭이 아동의 모든 행동특성을 설명하는 근거가 될 수 있다는 점, 여섯째, 명칭사용은 특정 장애범주에 속하는 모든 아동들이 모든 면에서 동일하다고 간주하게 함으로써 각 아동의 특성을 간과하게 될 수 있다는 점, 그리고 마지막 이유로는 명칭사용은 교사들의 비효과적 교수에 대한 핑계를 제공할 수 있다는 점 등이다.

그러나 장애 명칭사용을 긍정적으로 받아들이는 연구자들은 장애범주에 따라 아동을 분류하는 것이 특수교육 서비스를 제공하는데 필요한 전제조건이기 때문에 반드시 필요하다고 주장한다(Kauffman, 1998; MacMillan, Gresham, Bocian, & Lambros, 1998). 장애 명칭사용에 대한 긍정적인 근거로는 첫째, 명칭사용은 오히려 장애영역별로 학습이나 행동의 의미 있는 차이를 인식할 수 있게 한다. 둘째, 명칭사용은 일반또래들이 장애아동의 비전형적 행동을 보다 긍정적으로 수용할 수 있게 한다. 셋째, 명칭사용은 전문가들이 특정 장애영역의 연구에 관해 명확하게 의사소통 하도록 도울 수 있게 한다. 넷째, 명칭사용은 특정 장애영역을 위한 프로그램을 개발하고 법적 조치를 취하기 위한 옹호집단을 구성할 수 있게 한다. 그리고 마지막으로 명칭사용을 통해 정책수립자나 비장애인들이 특수아동의 요구를 쉽게 알 수 있다는 점 등을 그 근거로 제시하고 있다.

이상과 같이 장애 명칭사용에 대한 의견은 특수교육 등과 같은 특정학문 분야에서만 문제가 되고 있는 것은 아니다. 특수교육이나 재활분야와 같이 학문의 성격상 역사적으로 수입 학문적인 성격이 강한 학문이나 학문분야의 특성상 학제적이며 응용학문의 성격이 강한 학문 분야에서의 관련 용어 문제는 더욱 심각한 문제를 안고 있다. 왜냐하면 의학, 교육, 복지 등의 각기 다른 전문 분야의 전문가가 의사소통을 하기 위해서 장애 개념에 대해서 공통의 공유된 관점을 가지기는 쉽지 않기 때문이다. 이러한 문제의 해결을 위해서는 개인 차원의 연구도 중요하지만 후술하는 일본 특수교육학회의 사례처럼 학회 차원에서 충분한 기간을 두고 학제간 의견에 대한 차이를 확인하는 절차를 거치는 것이 문제 해결을 위한 합리적인 접근방법의 하나로 생각해 볼 수 있다(조홍중 · 최은영, 2010).

이와 같이 장애에 관한 용어는 장애인에 대한 처우와 함께 변화되어 왔고, 동시에 그 용어가 나타내는 의미에 따라 대상의 존엄이나 권리를 민감하게 반영하여 왔다. 전통적으로 속담 등의 문헌에 나타난 장애인에 대한 명칭은 차별적이고 비하적인 용어로 묘사되는 경우가 적지 않다. 그러나 미국에서 브라운 등으로 대표되는 장애인으로 살아가는 것에 긍지를 가지자는 운동, 즉 장애문화라는 형태로 장애를 자신의 최대의 정체성으로 보자는 움직임이 일어나고 있다(Linton, 1998). 樋口恵子(1998)도 장애를 최고의 은혜로 받아 드려야 한다고 주장하고 장애인인 자신을 소중히 하는 것, 즉 장애인이 아닌 자신은 있을 수 없다고 주장한다.

1996년 초의 시각장애와 청각장애를 동시에 가지고 있는 福島智(1995, 1996a, 1996b)와 작가 山口泉(1996)가 『세계』라는 잡지에서 "장애인의 개념"에 대한 논쟁은 우리에게 많은 시사점을 제공하고 있다. 작가 山口泉는 "나는 원래 장애인이라는 말을 쓰지 않는다. 또 그것이 가리키는 개념도 인정하지 않는다. 이 세상에는 장애인이라는 범주로 묶어지는 한정적인 집단은 존재하지 않는다고 생각하기 때문이다. 거기에는 한 인간이 있을 뿐이다." 여기에 대해서 福島智는 불분명하다고 반론을 제기한다. 즉 장애라는 속성으로 인해 받는 차별과의 싸움에서 그 장애라는 개념을 부정한다는 전략은 있을 수 없다고 반론을 제기한다. 福島智의 주장은 작가 山口泉의 주장에는 Minow(1990)가 말하는 차이의 딜레마에 빠져 있다는 것이다. 즉 차이의 딜레마는 다른 것에 착안한 차별이 있는데 그 차별에 대처하기 위해서는 그 차이에 착안할 수밖에 없다는 것이다. 왜냐하면 그 차이를 무시하는 것은 차별을 더욱 악화시켜 버리기 때문이다. 그렇다고 차이에 착안하게 되면 차이의 고정화에 결부되고 마는 딜레마에 빠지게 된다는 것이다. 인간이 있을 뿐이라는 작가 山口泉의 보편주의 관점은 출발점이자 도달점이기도 하다. 그렇지만 안이하게 거기에 안주하는 것은 태만이다는 것이다. 그러한 의미에서 福島智는 장애인을 차별적 범주로만 파악하고 있지만 다른 한편으로 杉野昭博(1997)와 같이 장애인을 고유문화를 가진 존재로 보는 적극적인 관점도 있다. 차이를 우열로 환원해

버리기 쉬운 토양 속에서 '차이'와 '다름'을 쉽게 주장하기는 어려움이 따른다. 그러나 같은 인간이라는 주장에 앞서 생각하지 않으면 안 되는 것이 많이 있다. 그러한 부분을 안이 하게 건너뛰고 같은 인간인 것에 매달리는 것은 오히려 평등과 멀어지는 것이 된다(조원일 역, 2009).

Paragraph 03 장애인에 대한 태도와 장애이해 교육

1. 장애인에 대한 태도

최근 장애인을 위한 법률의 정비나 물리적인 장벽에 관한 개선은 현저하게 진전되고 있으며, 사회복지나 교육의 분야에서도 정상화(normalization)의 이념이 강조되고 있다. 장애인의 사회에 완전한 참가와 평등(full participation and equality)을 실현하기 위해서는 의식상의 장벽에 대한 개선이 필요하다. 즉 사회에 장애인의 완전한 참가를 실현하기 위해서는 비장애인의 장애인에 대한 이해와 협력이 불가결하다. 따라서 비장애인이 장애인을 어떻게 보고 있는가는 가장 중요한 요인이며 비장애인의 태도는 장애인의 사회 수용범위를 결정하는 극히 중요한 요인이 된다. 실제로 비장애인의 장애인에 대한 거부적인 태도가 장애인에 대한 태도의 중심을 이루고 있으며, 이러한 태도는 장애인의 사회참가를 저해하는 원인이 되고 있다(河内清彦, 1990).

일반적으로 개인의 신체적 특성은 대인인지에 있어서 제1차적인 단서가 되지만 장애인의 경우는 그것이 한층 심각한 의미를 가지게 된다. 그리고 장애인은 단지 동작이 부자연스럽다든가 행동이 제한을 받는다는 객관적인 사실 이상으로 인관관계, 즉 비장애인과의 관계에서 정신적인 부담을 느끼게 된다.

태도(attitude)는 사회 심리학의 기본적 개념의 하나로 인간의 사회적 행동을 예측하고, 설명하기 위해 고안된 구성 개념으로써 Rosenberg & Hovland (1960)에 의하면 특정 대상에 대해 일정한 방식으로 반응하는 경향(predisposition)이라고 정의하고 있다.

태도구조에 관한 연구는 세분하면 1960년대 이후 태도 간 구조(inter-attitude organization)와 태도 내 구조(intra-attitude organization)의 연구로 대별된다. 태도 간 구조에 관한 연구는 복수 대상에 대한 복수의 태도가 어떻게 관련하는가에 대한 접근법이고, 태도 내 구조에 관한 연구는 하나의 대상에 대한 태도구조를 밝히는 접근법이다(中村和彦, 1993).

어떤 하나의 대상에 대한 태도를 구성하는 요소나 배경을 문제로 하는 접근법인 고전적인 태도 내 구조 연구는 Rosenberg and Hovland(1960)에 의해 1960년대부터 연구되었다. 태도는 다차원으로 [그림 2-2]와 같이 인지적 요소, 감정적 요소 그리고 행동적 요소의 3요소로 구성되어 있다. 인지적 요소란 사람들이 태도 대상에 대하여 가지는 생각이나 지식이며, 감정적 요소는 대상자에 의해 이끌어지는 정서적 반응을 말한다. 그리고 행동적 요소는 대상에 대한 신념이 행동적인 의도나 실제 행동으로 나타나는 것을 말한다. 이처럼 태도는 3요소로 이루어져 있으며 이 요소는 서로 깊이 관련을 가지면서 행위의 근거가 된다. 심리학적인 관점에서 볼 때 인지적 혹은 지식적 요소는 하나의 대상에 대한 개인의 의식, 사고, 믿음, 고정관념, 가치를 동반하는 판단에서 나타나며, 정서적 요소는 한 대상에 대해 주관적으로 평가하는 경향 속에서 긍정적 혹은 부정적 감정에 의해 규정된다. 가치관과 관련하여 정서적 측면이 가장 본질적인 요소라는 것이 심리학 분야에서의 일반적인 견해다. 이 정서적 요소는 가장 변화되기 힘든 요소이다. 그리고 행동적 요소는 먼저 행동하거나 반응하는 경향을 의미한다. 어떤 대상에 대한 자신의 행동의도가 여기에 속한다. 어떤 사람에게 그가 무엇을 하려고 생각했는지를 물어보거나, 혹은 그가 실제로 행하는 것을 관찰할 수 있다는 점에서 이 요소는 조작화와 과학적인 접근이 가능하다(Krech et al. 1962; Herkner 1981).

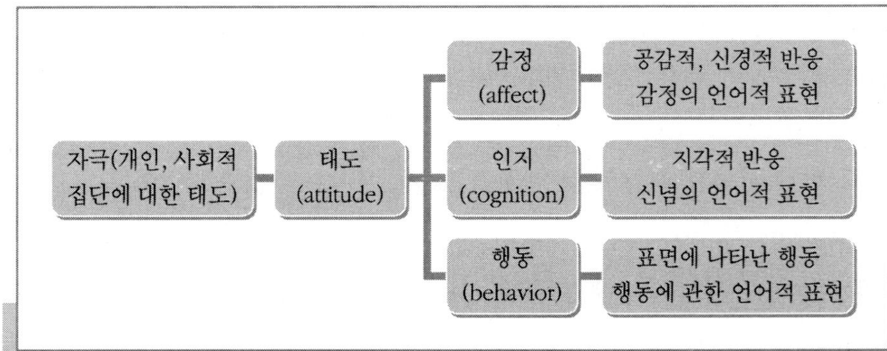

[그림 2-2] 태도의 개념도식

출처 : Rosenberg, M., & Hovland, C. I.(1960). Cognitive, affective, and behavioral components of attitudes. In C. I. Hovland, & M. J. Rosenberg(Eds.) Attitude organization and change. New Haven: Yale University Press, 1-14.

Wilson, Dunn, Bybee, Hyman and Rotondo(1984)는 인지적 요소와 감정적 요소의 존재를 가정하면서 그것이 다르다는 것은 상정하지 않았다. 즉 감정에 근거한 태도는 감정적 요소만으로 성립하지만 인지에 근거한 태도는 인지적 요소와 감정적 요소의 양 요소로 구성되어 있다고 주장하였다. 이러한 점에서 보면 이들은 1차 원론적 입장을 취하고 있다. 그리고 그들은 시간의 경과에 따라 사람들의 행동은 감정적으로 움직이게 된다고 보았다.

한편 Zajonc(1980)는 평가나 판단에 있어서 인지와 감정의 2개 시스템의 독립성을 주장하였다. 그는 먼저 종래의 사회심리학이나 인지심리학에서 선호(preference)는 인지적 과정을 거쳐서 형성되는 것이지만, 실제는 그렇지 않는 경우도 있다고 주장하고, 인지는 감정보다는 반드시 선행한다고 하는 견해를 비판했다. 그는 Kunst-Wilson and Zajonc(1980)의 "단순접촉효과(mere exposuree effect)"의 실험에 의거하여 (1) 감정적 반응(좋아하고 싫어하는 반응)은 반응잠시(反應潛時)가 빠르고, 반응에 대한 자신도 크다는 점, (2) 감정적인 평가를 한 경우는 재인(再認)하기 쉬운 점, (3) 재인되지 않아도 감정적인 변별은 가능한 점 등의 결과에서 감정과 인지는 상호 영향을 미치면서, 서로 독립된 시스템을 가지고 있다고 보았다. 즉 형태를 변별 할 수 있는 인지적 처리가 없어도 최소한의 자극의 입력으로 감정적인 변별이 일어날 수 있는 가능성을 주장하고 그것을 "감정 선행성 가설(affective primacy hypothesis)"이라고 하였다.

인지와 감정이 독립한 메커니즘으로서 Zajonc(1980)는 인지와 감정은 표상 형태가 다르고, 인지적 성분은 언어 및 의미적으로 표상되지만, 감정적인 성분은 비언어적이며 비명제적(nonpropositional)인 표상이라고 주장하였다.

2. 장애이해 교육과 장애인에 대한 태도

장애인의 완전한 참가와 평등을 실현하기 위해서는 비장애인의 장애이해와 장애인에 대한 협력이 불가결하다. 왜냐하면 비장애인의 태도는 장애인을 사회에 받아드려지는 범위를 결정하는 극히 중요한 요인의 하나이기 때문이다. 따라서 장애인의 성공적인 사회통합을 위해서는 이러한 태도를 개선하는 것은 물론, 장애인 자신도 이러한 비호의적 상황을 극복할 수 있는 능력을 갖추도록 노력하지 않으면 안 된다. 일반적으로 개인의 신체적 특성은 대인인지에 있어서 1차적인 단서가 되고 있다. 비장애인이 장애인과 우연히 마주친 경우 강한 불안이나 긴장을 하게 된다. 즉 자신의 태도를 감추고자 하는 행동을 보이게 된다. 이러한 현상은 장애인의 사회적 통합을 저해하는 요인의 하나이다.

특히 장애인에 대한 비장애인의 태도를 측정할 때 자주 나타나는 것은 장애인에 대한 각 개인의 솔직한 태도를 숨기고 그것과는 다른 사회적으로 바람직하다고 생각되는 일반적인 기준에 일치하는 대답을 하게 되는 위험성이 있다. 각 개인에 대한 장애의 의미는 문화 · 사회적 요인에 의해서 명확해지고 있다. 즉 정치 및 사회와 경제적인 상황이 장애인의 지위에 영향을 미치고 있다. 따라서 장애인 개인의 생활이 주위의 장애에의 태도나 사회제도에 의해서 영향을 받고 있으며, 동시에 장애에 관련하는 제도가 그 나라의 장애에 대한 태도에 영향을 미칠 수 있다. 즉 태도가 제도를 만들며 동시에 제도가 장애에 대한 태도를 규정하게 하는 요인으로 작용하고 있는 것이다. 장애인에 대한 비장애인의 태도 개선을 위한 장애이해 교육의 대상은 유아에서부터 노인까지의 모든 대상이 포함된다. 특히 유아의 가치관 형성에 큰 영향력을 가지고 있는 어머니나 교사에 대한 장애이해 교육은 매우 중요하다.

Paragraph

04 장애인에 대한 편견의 원인 및 장애이해 단계

1. 편견의 원인 및 장애이해 단계

장애인에 대한 사회적 태도는 일반적으로 비호의적이다. 이러한 비호의적 태도에는 무지에 기인한 편견인 경우가 많다. 편견에는 태도 대상과의 상호작용이 없고 무지로 인한 편견과 구체적인 갈등을 포함한 편견이 있다. 장애인에 대한 편견은 전자이고 인종편견은 후자에 속한다.

York(1992)에 의하면 편견은 다음과 같이 5단계를 거치며 형성된다고 한다.

제1단계는 인식의 단계로 사람들 사이의 차이점에 관해 인식하기 시작하는 단계이다.

제2단계는 정체성을 가지게 되는 단계로 제1단계에서 자신이 인식하기 시작한 차이점에 근거해서 사람들을 명명하고 분류하여 나누기 시작하게 된다. 이러한 명명의 단계는 자신이 인식한 세계에 대한 이해를 돕기 위한 과정이라고 볼 수 있다.

제3단계는 다른 사람이나 그들이 살아가는 방식에 대한 견해를 형성하는데 기초가 되는 생각이나 느낌 등의 태도를 형성하는 단계이다.

제4단계는 선호도를 발달시키는 단계로서 이시기에는 공통점이나 차이점에 근거해서 한 개인의 신체적 특성, 속성, 삶의 방식을 다른 것에 비해 더 가치를 두기 시작한다.

제5단계에서는 편견이 자리 잡는 단계로 한 개인이나 인종, 삶의 방식 등에 정확한 지식이 없는 상태에서 미리 자리 잡은 적대적인 감정, 태도, 견해 등을 갖게 된다. 이와 같은 편견은 여러 영역에서 나타난다.

2. 비장애인의 장애인에 대한 이중적 태도

비장애인의 장애인에 대한 태도는 이념적 차원에 대해서는 상당히 호의적이나 현실적 차원에서는 비호의적이며, 언어화된 태도는 호의적이다. 그 이유로 비호의적 표현은 사회적인 금기이기 때문에 표현하지 않는 경향이 있다. 반면에 비언어적인 태도는 감정과 관계가 있고 이러한 감정적인 태도가 문제이다. 지식이나 접촉경험이 많을수록 장애인에 대한 역할 기대도 크고, 장애인에 대한 태도도 호의적이다.

이와 같이 비장애인의 장애인에 대한 태도는 이중적인 성격을 지니고 있다. Lewin(1948)에 의하면 소수자(minority)의 문화는 다수자(majority) 문화의 가치에 동화된다고 한다. Allport(1954)는 장애인에게 갖는 비장애인의 편견은 공동의 목표를 추구하는 다수자 집단과 소수자 집단과의 접촉에 의해 감소한다고 지적하고, 접촉에 의한 물리적 거리의 접근은 심리적 거리의 접근을 촉진한다고 하는 접촉이론을 주장하였다. 그러나 현실적으로 반드시 장애인에 대한 진실 된 이해가 단순히 시간과 장소를 함께 공유하는 것만으로 형성된다는 것을 의미하지는 않는다. 오히려 표면적인 우연의 접촉은 고정관념을 확고하게 하는 기호로 지각하는 인간의 특성으로 인하여 편견을 개선하기보다는 오히려 증대시킬 수 있는 위험적 요소도 함께 가지고 있다. 바로 이러한 점은 오늘날 통합교육의 실패를 가져오는 원인이라고도 볼 수 있다.

장애에 대한 이해는 자연스럽게 알게 되는 것이므로 아이들 나름대로의 인식을 중요하게 여기고 특별히 지도할 것은 없다는 생각은 바람직하지 않다. 또 이와 같은 의식은 인권의식이나 가치관에 근거하는 것으로 대부분은 가정교육에 의해 형성된다는 생각도 아주 소극적이다. 물론 체험을 통해 피부로 느끼고 남을 배려하는 마음이나 타인을 존중하는 마음을 갖게 하는 것은 필요하지만 장애인과의 접촉체험이 늘 준비되어 많은 아이들에게 같은 체험을 시키는 것은 현실적으로 어렵다. 따라서 학교 교육이나 평생 교육을 통해 교재나 행동으로서 준비되지 않으면 안 된다.

장애 그 자체는 부정적인 내용을 가지고 있지만 개인의 일부로서의 장애를 하나의 개성으로서 받아들이는 경우는 그 부정성이 배제된다고 한다. 따라서 장애 이외의 정보가 주어지지 않는 비장애인에게는 부정적인 태도를 보이는 것은 당연한 결과라고 할 수 있다.

장애인이 행한 자신에의 평가는 사회면, 심리면, 학업 면에서의 성장에 영향이 있을 뿐만 아니라 궁극적으로 사회에서의 수행 능력에도 영향을 미친다. 이러한 자기평가는 주위와의 관계에 크게 의존하고 있고, 주위의 장애인관이 긍정적인 경우 장애인의 의욕도 증가하고, 상호교류도 증가하게 된다. 이와 같이 장애인관은 태도개선의 기본 문제로써 비장애인이 그 사회의 저류에 있는 기존의 관념적인 기준에 준거하여 장애인을 보는 것이 아니라, 현실의 인간으로서의 장애인과 접하는 기회를 확보하고, 심신의 이상을 일반 생물에게도 있을 수 있는 자연 현상으로 수용하도록 하게 하는 노력이 필요할 것이다.

3. 장애이해의 단계

장애이해의 단계는 다음과 같은 5단계를 거친다(德田克己, 水野智美, 2005). 제1단계는 인식의 단계이다. 즉 장애인이 이 세상에 존재하고 있다는 것을 인식하는 단계이다. 특히 아동기에는 차이를 깨닫고, 그것에 흥미를 갖는 것은 당연하다. 이때 부정적인 이미지를 갖게 하거나, 부모 등 주위의 어른이 아동의 깨달음을 무시하지 않도록 하는 배려가 필요하다. 이 단계에서는 장애나 장애인에 대한 친근감(famility)의 향상이 중요하다.

제2단계는 지식화의 단계이다. 즉 차이가 갖는 의미를 아는 단계, 그렇기 위하여, 자신의 신체의 기능을 알고 또 장애의 원인, 증상, 장애인의 생활, 장애인을 대하는 방법, 에티켓 등의 광범위한 지식이 필요하다.

제3단계는 정서적 이해의 단계이다. 즉 제2단계의 지식화의 단계와 병행되는 정서적 이해의 단계로써, 장애인과 직접적인 접촉(통합보육, 통합교육, 지역에 행하여지는 이벤트, 거리에서 우연히 만나는 것 등)이나 간접적인 접촉(TV나 영화 등의 영상, 주위의 이야기 등)을 통해, 장애인의 기능장애(impairment), 능력장애(disability) 및 사회적 장애(handicap)를 마음으로 느끼는 단계이다. 여기서는 연민이나 동정, 불안 등의 부정적인 이미지의 감정도 포함된다. 또 그와 같은 감정을 가졌다 해도 특별히 문제될 것은 없다. 더욱더 다양한 체험을 통해 장애인을 보다 가깝게 느낄 수 있도록 하는 교육이 필요하다.

제4단계는 태도 형성의 단계이다. 즉 충분한 제2단계의 학습과, 제3단계의 체험을 가진 결과, 적절한 인식(체험을 경험한 지식 및 장애인관)이 형성되어 장애인에 대한 적절한 태도가 형성되는 단계이다.

제5단계는 수용적 행동의 단계이다. 생활에서의 수용, 지원행동의 발현의 단계, 즉 자신들이 생활하는 사회적 집단(학교, 직장, 지역 등)에 장애인이 참가하는 것을 당연하게 받아들이며, 또 장애인에 대한 지원행동이 자연스럽게 나타나는 단계이다.

4. 장애인에 대한 편견의 해소방안

지금까지의 장애인에 관한 편견해소를 위한 대인 접촉의 효과 연구나 실천은 대부분 개별 방법의 효과 검토가 주목적이었기 때문에 편견해소의 양적 분석이 중심이 되었다. 따라서 거기서 세워진 많은 가설도 주로 독립 변수인 접촉형태와 종속변수인 태도변용 양과의 관계에 관한 것이었다.

태도의 행동적 측면의 접근법인 협동접촉은 태도의 인지적 측면의 접근법인 정보제시 접근법보다도 태도구조를 변화시키는 영향력이 강하기 때문에 태도변용 효과가 높다. 장애인 편견에 대한 대인접촉에 관한 연구는 접촉형태와 태도변용 양과의 관계뿐만이 아니라 피험자(被驗者)의 태도의 질적 변화에 관한 가설 검증에 관한 연구도 필요하다. 장애인에 대한 편견해소에 관한 연구에서 중요한 것은 무엇이 인간의 편견을 해소시키는 것인가, 어떻게 해서 편견이 해소되는가에 관한 그 과정에 관계되는 심리적 개념이며, 그의 심리적 과정의 전체를 통해서 해명하는 모델이다.

접촉이론에 의한 편견해소 연구의 배경에는 그 설명 모델로써 태도변용 대표적 이론의 하나인 인지적 불협화이론이 이용되는 경우가 많다. 인지적 불협화이론은 접촉에 의해서 발생한 인지 요소간의 불협화의 해소의 조합에 의해 편견이 해소된다는 견해이다.

장애인에 대한 편견이 대인접촉에 의해서 해소되는 과정을 설명하기 위해서는 어떠한 심리적 요인에 의해서 태도가 변화하는가, 대상 대 태도와 대집단 태도가 어떻게 서로 영향을 미치는가를 확인할 필요가 있다. 그렇지만 인지적 불협화이론에서는 왜 어떤 태도는 변화하기 힘들고, 다른 어떤 태도는 변화하기 쉬운가, 혹은 대상 대 태도와 대집단 태도의 차원이 다른 태도 간에 상호영향 과정이 어떻게 해서 일어나는가에 대한 설명이 없다.

인간은 상호작용에 있어서 비용(cost)보다도 보수(reward)가 많은 경우에 상호작용을 하는 상대의 매력을 높게 평가한다고 하는 상호의존이론을 제창하고 있다. 매력을 호의적 태도라고 한다면 비장애인이 보수가 많은 상호작용을 통해 특정의 장애인에 대한 태도를 긍정적인 방향으로 변용하게 된다. 그러나 이 이론에서 설명한 것은 상호작용을 하는 당사자 간의 매력에 관한 것으로 비장애인의 상호작용을 하는 상대(특정의 장애인)에 대한 긍정적인 태도가 장애인 일반에 대한 태도를 일반화하고 장애인 일반에 대한 태도도 긍정적으로 변용된다는 설명은 없다.

장애인의 편견은 다음과 같은 과정을 통해서 해소된다(山內隆久, 1996). 첫째, 비장애인이 특정의 장애인과 분담의 명료성과 대등성이 높은 상호작용으로 접촉하고, 둘째, 그 접촉상대와 상호작용을 체험적이고 주체적으로 행함으로서 상호작용의 보상성을 가지며, 셋째, 장애인 비장애인에게도 긍정적인 상호작용의 보상성을 예측하게 되고, 넷째, 장애인을 이해하는 새로운 범주를 갖는 것이 가능하게 되는 과정이다.

이와 같이 장애인에 대한 편견이 해소되기 위해서는 비장애인이 장애인과의 접촉에 있어서 위의 네 가지 과정을 경험 가능하도록 하는 접촉을 중심으로 한 접촉프로그램의 개발과 실천이 필요하다.

인지적인 측면에의 작용인 음성정보를 제시한 접촉은 접촉 이전에 시각장애인의 일반에 대한 태도가 대단히 부정적인 자에게 그 태도를 편견 해소에는 미치지 못하지만 긍정적인 방향으로 변화하게 된다고 한다. 동시에 접촉이전에 시각장애인에 대한 대집단 태도가 상대적으로 긍정적인 자에 대해서는 그의 태도를 전혀 변화되지 않거나, 오히려 긍정적인 태도가 감소되는 경향이 보였다고 한다. 이것은 교육 현장이나 공공방송에서 행해지고 있는 시청각에 의한 편견해소에 중요한 문제를 제기하고 있다. 즉 정보제시 접촉인 시청각 교재는 접촉 전에 부정적인 태도가 강했던 자의 태도 변용은 어느 정도 유효하지만 상대적으로 긍정적인 태도를 가진 자에 대해서는 효과가 기대되기 힘들다는 점이다. 따라서 시청각에 의한 정보 교환의 반복은 편견해소의 효과

면에서 한계가 있다.

장애인에 대한 편견해소에 상호작용이 유효하지만 장애인에게 강한 편견을 가지고 있는 자는 장애인과의 상호작용에 대해서 강한 불안을 가지며, 최초의 상호작용의 참가에 저항을 나타내는 경우가 많다. 그래서 지식제공에 의한 작용과 상호작용에 의한 작용을 조합한 접촉 프로그램을 제시하는 것이 바람직하다. 즉 시청각 정보를 통한 장애인의 특성이나 상호작용의 의의를 이해시키고 그 후에 상호작용으로 유도하는 프로그램이 바람직하다는 것이다. 또한 지속적이고 장기적인 접촉에 관한 연구의 시사점은 학교의 인종 통합정책은 단기적으로는 인종 간에 갈등을 일으키는 등 부정적이지만 장기적으로는 긍정적이라고 한다.

이와 같이 장애인에 대한 태도를 개선하기 위해서는 접촉이 직접적이고 구조화되어야 하며, 나아가 지식을 적절히 조합하는 것이 가장 효과적이다는 것이다. 그 외에 강의, 장애인에 의한 강연, 장애의 시뮬레이션, 비디오 시청, 독서, 교재작성, 계몽활동에 참가 등이 있다.

Paragraph 05 장애이해 교육의 과제 및 전망

장애인의 사회에 완전한 참가와 평등을 실현하기 위해서는 장애인에 대한 긍정적인 태도가 중요하다. 태도는 보통 인지적 요소, 감정적 요소 그리고 행동적 요소로 구성되어 있다. 태도의 특징은 인지적 복잡성, 감정적 단순성, 감정 변화의 어려움, 감정이 행동에 미치는 영향, 태도와 행동의 양방적 인과관계의 다섯 가지 특징을 가지고 있다(한덕웅 외, 2005). 태도의 특징을 구체적으로 설명하면 첫째, 인지적으로 복잡하다. 왜냐하면 사람들은 태도 대상에 대해서 대개 많은 생각들과 신념들을 지니고 있기 때문이다. 둘째, 태도의 특징은 감정적으로는 매우 단순한 경향이 있다. 즉 어떤 대상에 대한 생각이나 신념은 여러 가지 있을 수 있지만 그에 대한 감정은 좋다 혹은 나쁘다는 식으로 비교적 단순하다. 그러나 감정적 요인이 단순하기는 하지만 태도에서 중요한 것은 행동을 예측하는 데 크게 영향을 미치기 때문이다. 셋째, 태도에서 감정적 요인이 중요하지만 감정적 요인을 변화시키는 것은 어렵다는 특징이 있다. 즉 감정과 인지를 대비시켜 볼 때, 조건이 동일하다면 태도 대상에 대한 감정이 인지보다 변화시키기 더 어렵다. 넷째, 감정 선행성, 즉 감정이 선행하며, 감정이 행동에 미치는 영향은 인지적 요소보다 더 크다. 다섯째, 태도와 행동은 양방적 인과관계를 가지고 있다. 보통은 태도가 원인으로 작용하여 행동이 결정되는 경우도 있지만 반대의 경우도 있다. 즉 행동이 원인으로 작용하여 태도가 결정될 수도 있다.

이상과 같이 장애인의 사회적 통합을 위해서 장애인에 대한 비장애인의 태도 특성에 대한 이해가 필요하다. 현실에서 장애인들에 대한 부정적인 태도에서 기인한 사회적 편견은 장애인의 사회 참여를 막는 심리적 장벽이 되고 있다. 이러한 사회적 편견은 어떤 집단이나 거기에 속한 사람들에 대한 긍정적 혹은 부정적 감정이 강조된다. 그것은 일반적으로 사회화 과정에서 습득된 문화, 사회, 경제, 정치적 요소 및 그 대상이 되는 사람들의 성격에 의해 좌우되는 상투적이며 정형화된 시각이며, 이성적인 논증과 증거 제시에 의해 쉽게 영향을 받지 않는다(Horn 1969). 편견은 주로 감정적이며 부정적으로 각인된 가치관의 특별한 형태라고 볼 수 있다.

따라서 장애이해 교육은 비장애아동이 '장애'의 특성을 바르게 이해하여 장애인에 대한 불합리한 편견을 가지지 않도록 사전에 예방하고, 편견이 없는 환경을 조성하기 위한 교육이다. 그러므로 장애이해 교육은 모든 교육활동을 통해 지속적이며 일관되게 지도하여야 한다.

참고문헌

김성애 · 홍은숙공 역(2004). 특수교육심리학. 양서원.

김진우(2007). 장애에 대한 사회적 모델의 의의와 한국사회에의 함의. 한국장애인복지학. 6. 183-209.

나운환(2008). 장애학–통합재활적 접근. 나눔의 집.

박승희(2004). 장애개념화의 진전이 장애인 지원 구축에 지니는 함의. 특수교육학 연구. 38(4). 27-65.

조원일 역(2009). 石川准 · 永瀬修編著. 장애학에의 초대. 청목출판사.

조홍중(2004). 장애이해의 단계와 편견해소방안. 에이블뉴스 2004-08-12.

조홍중 · 최은영(2010). 장애관련 용어의 변화와 그 의의에 대한 검토. 재활심리연구, 17(3), 155-178.

차선자(2007). 장애의 개념에 대한 독일 법학의 논의–기본법 장애인 조항의 출현을 중심으로–. 인권법 평론. 1. 189-210.

한덕웅 · 성한기 · 강혜자 · 이경성 · 최훈석 · 박군석 · 김금미 · 장은영(2005). 사회심리학. 학지사.

황수경(2004). WHO의 새로운 국제장애분류에 대한 이해와 기능적 장애 개념의 필요성. 노동정책연구. 4. 2. 127-148.

德田克己 · 水野智美(2005). 障害理解. 誠信書房.

福島智(1995). 渡辺荘の宇宙人. 素朴社.

福島智(1996a). 理念は現実とともに,世界, 3, 324-325.

福島智(1996b). 概念を否定したところに差別との闘いは成り立つか？世界, 5, 376-377.

富安芳和(1995). 特殊教育關係用語の和譯と英譯上の問題, 日本特殊教育學會第33回大會發表論文集. 120.

山口泉(1996). 虹の野帖(第3回)障害者とは誰のことか？世界, 1, 1.

山内隆久(1996). 偏見解消の心理. ナカニシヤ.

山内隆久(1982). 協同事態における対人的態度の研究-晴眼者と盲人の協同事態による検討-心理学研究, 53(4), 240-244.

杉野昭博(1997). 障害の文化と共生の課題.岩波講座文化人類学第８巻異文化の共存

岩波書店.

中村和彦(1993). 態度構造研究の最近の傾向と問題點, Bulletin of the School of Education, Nagoya University, 40, 183-202.

樋口恵子(1998). エンジョイ自立生活-障害を最高の恵みとして. 現代書館

河内清彦(1990). 肢体不子由者(児)に対する大学生の態度構造とその形成要因としての專攻学科および性別の役割について. 特殊教育学研究, 28(3), 25-35.

Allport. G. W.(1954). The nature of prejudice. Cambridge MA: Addison Wesley.

Danforth, S., & Rhodes, W. C.(1997). On what basis hope? dern progress and postmodern possibilities. Remdical and Special Education, 18, 357-366.

Donaldson, J.(1976). Channel variations and effects on attitudes toward disavled persons. Audio-Visual Communication Reveiw, 24, 135-143.

Donaldson, J.(1980). Changing attitudes toward handicapped persons: A review and analysis of research. Exceptional Children, 46, 504-513.

Herkner, W.(1981): Einführung in die Sozialpsychologie. Huber, Bern (4. Aufl. 1988), 213.

Horn, H.(1969). Vorurteile, soziale. In: Heese/Wegener, 3743-3748.

Kauffman, J. M.(1998). Commentary: Today's special education and its messages for tomorrow. Journal of Special Education, 32(3), 127-137.

Kliewer, C., & Biklen, D.(1996). Labeling: Who wants to be retarded? In W. Stainbcak & S. Stainback(Eds.), Controversial issues confronting(Eds.), Controversial issues confronting special education: Divergent perspectives(pp. 83-95). Boston: Allyn & Bacon).

Krech, D., Crutchfield, S., Ballachey, E. L.(1962): Individual in Society. A Textbook of Social Psychology. Mc Graw-Hill, New York.

Kroeger, P. S., and Schuck, J.(1993). Assuring access for students with disablities. Jossesy-Bass.

Kroeger, Sue(1997). Conceptualizing and Defining Disability, 障害學生の高等教育, 多賀出版株式會社, 23-32.

Kunst-Wilson, W. R., & Zajonc, R. B.(1980). Affective discrimination of stimuli that cannot be recognized. Science, 207, 557-558.

Lewin, K.(1948). Resolving social conflicts. New York: Harper and Row.

Linton, S.(1998). *Claiming Disability*. New York. University Press.

MacMillan, D. L., Gresham, F. M., Bocian, K. M., & Lambros, K. M.(1998). Current plight of borderline students: Where do they belong? *Education and Training in Mental Retardation and Developmental Disabilities*, 33, 83-94.

Minow, M.(1990). Making All the Difference. Cornell University Press.

Rosenberg, M., & Hovland, C. I.(1960). Cognitive, affective, and behavioral components of attitudes. In C. I. Hovland, & M. J. Rosenberg(Eds.) Attitude organization and change. New Haven: Yale University Press, 1-14.

Sherrill. C.(1988). Adapted Physical education as a specialization. In C. Sherrill(ed.), Leadership training in adapted physical education, Champaign, IL:Human Kinetics, 2-22.

Slater, S. B., Vukmanovic, P. Macukanic, T. Prvulovic, T., & Cutler, J. L.(1974). The definition and measurement of disability. Social Science and Medicine, 8, 305-308.

Stephan, W. G., and Stephan C, H.(1984). The Role of ignorance in intergroup relation. In N. Miller, & M, Brewer(Eds) Group in contact. New York: Academic Press, 229-255.

Voeltz, L, M.(1982). Effects of structured interactions with severely handicapped peers on children's attitudes. American Journal of mental Deficiency. 86, 380-390.

WHO(1980). International Classification of Impairments, Disabilities, and Handicaps.

WHO(2001). International classification of functioning, disability and health.

Wilson, T. D., Dunn, D, S., Bybee, J. A., Hyman, D. B., & Rotondo, J. A.(1984). Effects of analyzing reasons on attitude-behavior consistency. Journal of Personality and Social Psychology, 47, 5-16.

York, S.(1992). Developing root and wings. Redleaf Press.

Zajonc, R. B.(1980). Feeling and thinking, Preference need no inferences. American Psychologist, 35, 151-175.

생각해 볼 문제

01 세계보건기구의 새로운 장애개념을 설명하시오.

02 장애명칭 사용의 장 · 단점을 설명하시오.

03 Minow(1990)의 '차이의 딜레마'에 대해서 설명하시오.

04 태도의 3요소의 특성에 대해서 설명하시오.

05 York(1992)가 제시한 편견이 형성되는 5단계를 설명하시오.

06 장애이해의 5단계를 설명하시오.

07 장애인에 대한 편견의 해소 방안을 설명하시오.

Chapter 03

통합교육

Understanding Exceptional Children

특수교육은 장애 종별로 대상아동을 분류하여 비슷한 장애를 지닌 아동들이 함께 일반교육 장소와는 다른 장소에서 따로 교육하면서 발전하였다. 이런 과정에서 장애 종별에 따른 특성과 적절한 교육방법 등의 지식이 축적되었다. 이른바 분리교육으로 불린 이런 교육 형태에서 장애학생에 대한 특수교육의 목적은 사회통합과 공동체의 구성원으로 양성하는 것이었다. 그럼에도 불구하고 세계적으로 특수교육이 시작된 지 200여 년의 경험 동안 그 목적 달성에 회의를 가지게 되었다. 분리된 교육이 장애인들의 분리된 삶과 관련이 있다는 논의가 시작되었다.

통합교육론은 기존의 특수교육 비판에서 시작되었다고 볼 수 있다. 장애인이 공동체의 진정한 구성원이 되기 위해서는 어린 시절부터 장애아(인)도 통합된 교육환경에서 함께 교육해야 한다는 통합교육론이 나오게 되었다. 그러나 통합교육론의 통합이란 의미의 애매모호함과 사회 전체의 변화를 필요로 한다는 점에서 그 실천의 어려움을 겪고 있는 것도 사실이다. 동시에 통합교육에 대해서는 찬반양론이 분분한 상황이다.

그러나 세계적 흐름은 통합교육으로 향하고 있는 것은 어김없는 사실이다.

이 장에서는 통합교육의 정의, 통합교육의 용어, 통합교육의 배경, 통합교육의 과제 등을 중심으로 살펴보고자 한다. 그리고 통합교육론이 나오게 된 배경을 고찰함으로써 통합교육에 대한 가치관의 정립을 돕고자 한다.

Paragraph 01 통합교육의 정의

통합교육은 논의되기 시작한 초기와 그 이후의 정의가 조금씩 변해가고 있으며, 각국의 관련법과 연구자마다 약간씩 다르다. 이는 그만큼 통합교육의 의미를 통일되게 정립하는 일이 어렵다는 것을 의미한다. 통합교육을 어떻게 정의하느냐의 문제는 통합교육의 실천과 밀접한 관련성을 갖는다.

통합교육 논의가 시작된 초기의 대표적인 정의로 Kauffman 등(1975)의 진술을 들 수 있다. 그는 통합을 시간적 통합, 교수활동적 통합, 사회적 통합의 세 가지로 나누어 설명하였다. 시간적 통합(temporal integration)은 일정시간 동안 비장애학생과 동일한 환경에 배치하는 것을 의미하며, 교수활동적 통합(instructional integration)은 일반학교의 학업활동에 장애학생이 의미 있게 참여하는 것을 말한다. 마지막으로 사회적 통합(social integration)은 교실 내의 다른 구성원들이 장애학생을 수용하고 장애학생은 다른 구성원을 수용하는 것을 일컫는다.

우리 나라에서는 2007년 제정된 「장애인 등에 대한 특수교육법」 제2조 제6항에서 다음과 같이 정의하고 있다.

「장애인 등에 대한 특수교육법」 제2조 제6항

> 통합교육이란 특수교육 대상자가 일반학교에서 장애유형 장애정도에 따라 차별을 받지 아니하고 또래와 함께 개개인의 교육적 요구에 적합한 교육을 받는 것을 말한다.

이 「장애인 등에 대한 특수교육법」은 통합교육의 이념이나 방향성은 나와 있지 않다. 통합교육에 대한 정의들은 다양하며 약간씩 차이가 있으나 이들을 종합해 보면, 통합교육이란 장애아와 비장애아가 같은 장소에서 함께 교육을 받는 것을 일컫는다. 즉 통합교육은 장애학생이 일반학교와 일반학급에서 특별한 지원을 받으며 함께 교육받는 것을 원칙으로 한다.

Paragraph 02 통합교육의 용어

통합교육에 대한 논의가 서구사회에서 시작되었기 때문에 여러 다른 의미를 가지는 영어 단어가 우리말로는 '통합'이라는 한 가지로 번역되는 경우가 자주 있다. 이로 인해 통합에 대한 여러 문맥상의 오류와 오해를 낳기도 하였다. 통합교육에 대한 논의가 증가할수록 이러한 오해와 오류도 함께 증가하는 경향이 있다. 의미의 애매모호함과 오해는 그 실천에도 그대로 영향을 미치기도 한다. 여기에서는 '통합'을 의미하는 용어에 대해 그 공통점과 차이점을 알아본다.

먼저 '통합'과 반대의 의미를 가진 '격리'라는 용어를 살펴봄으로써 '통합'의 의미를 보다 명확하게 파악할 수 있다. 격리(segregation)란 '특별한 교육적 요구'를 지닌 모든 연령의 장애학생이 특수학교나 일반교육 환경 안에서 특별하게 분리된 과정이나 학교(대학) 안에서 분리교육의 환경 하에 놓여있는 경우를 말한다. 이런 분리교육의 환경이 장애인과 비장애인의 분리된 삶을 살게 하는 원인이 되기도 한다.

다음은 대부분 '통합'으로 번역되곤 하는 대표적인 용어인, 메인스트리밍(mainstreaming), 인테그레이션(integration) 그리고 인클루젼(inclusion)에 대해 그 의미의 차이를 살펴본다. 이들 용어는 종종 같은 의미를 갖는 것으로 혼용되며, 이들을 항상 구별가능한 것도 아니다. 그러나 이들 용어의 구별은 통합교육을 이해하는 과정에 필수적이다.

메인스트리밍은 주류화로 변역된다. 이는 다수를 차지하는 일반교육과정에 장애아동이 함께 교육 받는 것이다. 장애아동들을 학교생활의 일부시간 동안 일반학급에 통합시키는 것에 목적을 두었다.

인테그레이션은 모움과 합침 개념의 통합교육을 일컫는다. 장애아동과 비장애아동으로 각각 구성된 서로 다른 두 개의 집단을 합친다는 개념이다. 장애아와 비장애아의 관계성을 이원론으로 본 것이다. '특별한 교육적 요구'를 지닌 모든 연령의 장애학생은 어느 정도 적응과 자원을 지닌 메인스트림 교육적 환경에 놓여 있지만, 그 상황은 '특별한 요구'를 지닌 장애인이나 학습자가 이전에 존재하는 구조, 태도와 바뀌지 않은 환경에 맞추어야 함을 의미한다. 이는 인크루젼의 전제조건이지만 해결책은 아니다.

인클루젼은 포함과 포괄 개념의 통합교육을 의미한다. 다양한 배경을 지닌 모든 아동이 같은(하나의) 교육 환경에 배치해야 한다는 주장이다. 이 주장은 장애아동이라는 용어를 사용하는 대신 '특별한 요구를 지닌 아동'이라는 장애아동을 포함한 민족적, 언어적, 종교적, 사회경제적 소수자를 모두 포함하고 있다. 통합학교에서는 이들에게 '특별한 지원'을 한다. 하나의 학교에서 다양한 학생들에게 지원을 함으로써 사회적 통합을 꾀한다.

통합교육은 인테그레이션이나 인클루젼이나 모두 '특별한 교육적 요구'를 지닌 모든 연령의 장애인과 학습자가 비장애인 동료에 둘러싸인 메인스트림 교육 환경에서 교육받는 것이다. 그러나 인테그레이션과 인클루젼은 근본적으로 그 의미가 다르다. 인테그레이션에서 장애학생은 스스로 일반학교에 적응하기 위해 여러 노력을 해야 하지만, 인클루젼은 학교가 이들을 위해 할 수 있는 지원을 찾아 교육에 충실을 기하는 것을 말한다. 인클루젼은 가치의 평등과 각자의 개성을 지닌 모든 이들의 완전참여를 위해 모든 장벽을 없애고자 하는 사회적 합의가 존재한다. 이것이 통합교육의 이상이다.

Paragraph 03 통합교육의 배경

특수교육이 분리 형태로 성립 · 발전된 초기 단계에서 통합교육의 논의가 나타났다. 이는 장애학생을 사회통합과 공동체의 구성원으로서 역할을 할 수 있는 일원을 만든다는 특수교육의 목적을 실현하기 위한 여러 방안 중의 하나였다. 그러나 통합교육에 대한 본격적인 논의는 최근 반세기 동안 활발하게 일어나고 발전하였다. 오늘 날 통합교육의 이념과 실천의 배경이 된 철학적, 사회적, 교육적 논의를 살펴봄으로써 통합교육의 발전과정을 이해할 수 있다. 여기에서는 정상화 원리, 탈수용시설화 운동, 최소제한환경, 일반교육주도, 살라망카 선언을 중심으로 살펴본다.

1. 정상화 원리(principle of normalization, 1959년)

1950년대 덴마크에서 지적장애인 부모회와 뱅크 미켈센이 중심이 되어 처음으로 만든 개념이다. 정상화는 장애를 가진 사람들의 일상생활조건과 삶의 패턴을 가능한 정상적인 환경과 비슷하거나 동일하게 만들 것을 의미한다.

1975년 미국 전 「장애아동교육법」의 6대 원리 중 최소제한환경(LRE) 개념 탄생의 계기가 되었다. 복지에서 정상화의 역사는 거의 50년 전의 덴마크에서 일어난 지적장애아시설의 처우개선운동이 그 기원이다. 이 이후 세계의 모든 나라에서 정상화 이념과 운동이 널리 퍼졌다. 뒤에 나온 배리어프리나 유니버설 디자인은 정상화의 생각을 구체화하는 행동으로 발전하여 현재에 이른다.

1) 정상화의 의미

normalization은 일반적으로 '정상화'로 번역되지만, 정상화라는 말이 무엇을 의미하는지 명확하지 않아 약간의 오해를 낳기도 한다. 정상화란 장애인들에게 다른 시민에게 제공되는 것과 같은 환경을 제공하는 것이다. 비장애인의 일상(노말한) 리듬—하루, 일 주, 일 년, 생애주기와 같은 보통의 리듬, 보통의 생활환경 포함—집, 학교, 고용, 운동, 레크리에이션, 선택의 자유 등이 그것이다. 이는 장애인의 보호를 강조하기 보다는 "위험을 당할 수 있는 위엄"을 포함한다.

정상화 이념의 출현에 도움을 준 뱅크 미켈센(Nis Bank-Mikkelsen, 1945~)은 정상화에 가장 가까운 의미는 '보통' 정도가 아닐까라고 말한다.

그는 정상화를 다음과 같이 정의한다. "장애가 있는 사람들에게 장애가 없는 사람들과 같은 생활 조건을 만들어 주는 것을 정상화라고 한다. 정상(nomal)의 생활조건이란 그 나라 사람들이 생활하는 통상의 생활조건을 말한다."

이러한 북유럽 방식의 정상화원리를 단적으로 표현하는 말은 "분리되어 있지만 정상적인 삶을 살 수 있다."(normal but segregate)는 말일 것이다. 이는 시설에서의 생활도 정상적 삶을 살 수 있도록 원조가능하다는 입장을 말한다. 개인이 최소 공간을 확보하고, 자신의 취향이 반영된 인테리어, 외부와의 교류가 장애로 인해 저해되지 않은 것 등이 이에 해당된다. 따라서 북유럽 방식의 정상화원리는 시설이 가정집과 크게 다르지 않을 경우 그들이 이방인으로 취급되는 것이 최소화될 수 있다고 주장한다.

처음으로 정상화 원리를 주창한 니르제(Bengt Nirje, 1924~)는 지적장애인의 일상생활 리듬과 패턴을 중요시했다. 그는 장애인도 비장애인처럼 1일, 1주, 1년 그리고 일생이라는 단위에서 일상적인 생활 리듬을 가지고 생활할 필요가 있다고 생각했다. 예를 들면 하루의 생활 리듬이란 아침에 일어나 일터나 학교에서 낮 시간을 보내고 저녁에 집으로 돌아와 잠을 자는 것이다. 이러한 일과가 일주일, 한 달 그리고 1년의 생활에서 비장애인과 가능한 한 같은 생활양식이 되어야 한다고 주장했다.

다만, 북유럽 방식의 정상화원리는 말하는 사람에 따라 다르게 정의되고 이론적으로 확립되지 않은 한계를 가지고 있었으며, 지역생활 보다는 기본적으로 시설 내 생활 개선을 염두에 둔 것이었다. 다만 시설을 일종의 불가피한 선택으로 가정에서 보호되지 못할 경우에 선택되는 것으로 이해한다.

이런 북유럽 방식의 한계를 인식하고 북미식 정상화원리를 고도로 이론화시킨 이가 울펜스버거(Wolfensberger, 1934~2011)이다. 북유럽 방식의 정상화원리가 기본적으로 시설생활을 전제로 한 것에 비해, 북미에서는 지역에서의 재택생활을 중시했다. 북미식 정상화원리는 사회적으로 가치절하된 것으로 평가받는 개인(들)이 의미 있는 사회적 지위와 가치를 인정받기 위한 다양한 기술과 규범들을 제시한 것이라 할 수 있다.

그는 일상적인 생활양식과 주류 문화에 대해 설명하면서, 장애인의 생활을 평균적인 사람들과 같이 생활 상태(수입, 주거, 보건 서비스)나 장애인의 기능이나 능력을 높이는 것을 중시했다. 이는 장애인이 지역사회에서 생활할 수 있는 이념적 근거가 되었다. 그 뿐 아니라, 그는 장애인이 가치가 낮게 보이는 것은 본인의 능력이나 발달 자체보다도 그 사회적인 의미부여라고 보고, 이를 논의의 출발점으로 삼았다. 울펜스버거는 이런 생각을 북유럽방식의 정상화원리와 구별하기 위해 정상화란 말 대신에, 사회적 역할의 가치화(social Role Valorization)이라고 바꿔 불렀다.

울펜스버거는 정상화의 실현을 위한 수단으로 '문화적으로 통상적인' 것을 중시했다. 특히 걷는 모습 등의 움직임이나 복장과 같은 장애인의 외관이 사회에서 장애인의 이미지에 크게 영향을 미친다고 보고 그 외관을 가능한 한 비장애인과 같이 할 것을 강조했다. 다시 말하면, 각 문화마다 정상적인 것으로 간주되는 관점과 방식에 따라 장애인(일탈적 개인)은 정상적으로 또는 가능한 정상적으로 행동하도록 하는 것, 즉 정상적인 이미지를 습득해야 한다고 주장한다.

이 두 방식의 정상화원리는 두 가지 실천 방식을 보여준다. 하나는 탈시설수용화나 시설의 소규모화(대표적으로 그룹홈), 시설의 사회화와 같은 물리적 통합의 정상화원리이며, 다른 하나는 일탈적이고 가치절하적인 개인에 대한 직업훈련이나 일상생활훈련, 성(性)재활, 예절교육과 같은 사회적 통합의 정상화 원리이다.

정상화는 장애인과 비장애인이 나뉘지 않고 보통으로 공존하는 사회야 말로 노말(정상)한 상태라는 이념 하에 그런 정상인 사회를 적극적으로 만들어 가는 활동이나 시책 또는 그 추진을 위한 운동을 의미한다. 일반적으로는 장애인이나 고령자 등 사회적으로 불리를 당하기 쉬운 사람들이 사회 안에서 다른 사람들과 함께 생활하고, 활동하는 것이 사회의 본래 모습이라는 생각이다.

2) 정상화 원리의 출현 배경

발단은 1950년대 덴마크의 지적장애인의 부모모임이 거대한 지적장애인 시설 안에서 많은 인권침해가 일어난다는 것을 알게 되고, 그 상황을 개선하려는 운동에서 시작되었다. 원래 장애인생활시설은 장애인의 치료와 사회적 보호라는 명분하에 일반 사회에서 멀리 떨어진 곳에 세워져왔다. 시설수용이 장애인대책의 중심이 되면서 점차적으로 시설의 수가 증가하고 규모도 커졌다. 1950년대의 덴마크 입소시설은 격리 · 보호적 색채가 농후하여, 1,500명이 넘는 입소시설까지 존재하였다. 이웃 나라 스웨덴도 사정은 비슷했다.

1951년부터 1952년에 걸쳐 '덴마크 지적장애인 부모회'가 발족하였다. 부모회는 자신들의 아이를 지키고, 부모 간의 친목을 도모하고, 정보를 교환하고, 상호협력과 상호부조를 목적으로 설립했다. 생활시설에서 생활하고 있는 혹은 생활하게 될 자신들의 아이를 생각하며, 생활시설의 대응 방식에 대해 부모들이 문제를 제기하였다. 부모나 가족이 협력하여 시설을 개선하려는 의지가 거세지고 정부에 대해 요구를 하기 시작하였다. 사회복지부의 지적장애인복지 담당자인 뱅크 미켈센(Bank-Mikkelsen)은 '부모회'의 요구에 공감하고 협력하게 된다. 제2차 대전 중 나치의 강제수용소 생활 경험이 있었던 뱅크 미켈센은 대형 수용 시설에서 생활하는 지적장애인들의 비인간적 상황이 자신의 수용소 생활과 다르지 않다는 것을 알게 되었다. 이런 과정에서 정상화(nomalization)라는 이념이 출현하였고 마침내 덴마크에서 1959년 「복지법」이라는 결실을 맺게 되었다. 이 법률은 세계에서 최초로 '정상화'라는 말을 사용하여 「정상화 법」이라고도 한다. 이 법은 조문 중에 "지적장애인의 생활조건을 가능한 한 정상적인(노말한) 생활 조건에 가깝게 한다."는 정상화 이념이 세계에서 처음으로 사용된 법률이 되었다.

3) 정상화 이념의 세계적 확산

덴마크에서의 부모회 활동은 스웨덴에도 커다란 영향을 미쳤다. 많은 부모나 전문가가 국제회의를 열고, 활발하게 경험의 교류나 의견 교환을 하고, 덴마크에서의 활동내용이 점차적으로 공감을 얻게 되었다. 마침내 니르제(Nirje)는 스웨덴 지적장애인 육성회(FUB)에서 많은 사람들과 교류하면서 정상화에 대한 생각을 정리하고 출판한다. 이것이 "정상화의 원리(1966)"이다. 이후 이는 장애인 생활 변혁의 지표가 되었다.

울펜스버거는 덴마크와 스웨덴의 정상화의 정의를 미국의 문화적 상황에 맞춰 재구성하였다. 뱅크 미켈센과 니르제가 환경조건에 중점을 둔 정상화 이론을 전개한 것에 대해, 울펜스버거는 환경정비와 함께 대인원조시스템화를 강조했다. 이 원리는 1970년대의 미국의 탈시설수용화운동이나 자립생활운동 등과 관련하여 발전하였다.

정상화 이념은 1971년 유엔에서 채택한 "지적장애인권리선언"에 반영되고, 지적장애인의 권리보호의 공통의 기초 혹은 지침으로 사용되도록 가맹국에 요청하였다. 또한 미국 정부의 "지적장애인에 관한 대통령위원회"가 간행하는 문서 중에 북유럽에서 실천한 정상화 이념을 소개하였다.

정상화 이념이 세계적으로 영향을 미친 것은 '완전 참가와 평등'을 주제로 한 1981년 '국제장애인의 해' 이후이다. 이것은 유엔이 장애인 문제를 세계적인 규모로 다루고 계몽활동을 한 세계 최초의 공동 행동이었다.

미국에서는 1960년대의 공민권운동에서 인종차별, 여성차별철폐 운동이 일어나 그런 움직임은 1990년의 ADA(장애가 있는 미국인법)의 성립으로 연결되어, 세계적으로 인권의 글로벌 스탠더드로써 정상화의 이념을 뿌리내리고 있다.

2. 탈시설수용화(deinstitutionalization) 운동

1960년대 초반 미국에서 지역사회정신보건운동의 일환으로 시작되었다. 정신장애인을 시설에 격리수용하는 것에 대한 강한 비판이 제기되었고, 정신장애인을 비롯한 다른 장애인의 시설수용에 대한 비판은 계속되는 법정 판결과 시민운동의 결과로 점차 확산되었다. 중심개념은 장애인을 "가장 제약이 적은 환경과 지역사회에 통합된 생활"이라고 한다.

1) 탈시설수용화 운동의 배경

탈시설수용화(deinstitutionalization)는 20세기 초부터 점진적으로 시도되어온 운동으로서 사회문제를 수용시설을 통해 해결하기보다 좀 더 바람직한 해결책을 개발하기 위한 노력에서 나왔다. 따라서 탈시설수용화는 사회복지시설의 전통적인 격리 수용 방식에 반대하여 시설입소보다는 필요한 서비스를 제공하여 지역사회에서의 생활을 강조한다.

미국에서 탈시설수용화 운동은 1960년대 초반 지역사회정신보건운동(Community Mental Health Movement)에서 본격적으로 시작되었다. 이후 지역사회를 중심으로 각종 정신사회재활서비스를 적극적으로 제공하는 지역사회정신보건서비스가 보편적인 모델로 정착하게 되었다. 그래서 많은 환자들을 병원에 장기간 수용하는 것을 지양하고, 환자의 생활거점인 지역사회 내에서 다양한 재활치료를 통해 사회적 기능을 회복하여 사회에 복귀시키려는 접근법이 보편적인 정신보건정책이자 실천방향이 되었다. 그리고 이러한 정신보건제도의 변화는 장애의 종류와 정도에 상관없이 진행되었다. 그 결과 장애인도 시설의 수용보호 생활을 떠나 지역사회에 복귀할 수 있도록 허용되었다. 탈시설수용화의 중심개념은 '가장 제약이 적은 환경'과 '지역사회에 통합된 생활'이다. 이는 현대적 장애인 복지가 추구하는 제반 이념과 운동을 포괄한다.

2) 탈시설수용화의 부작용

탈시설수용화는 '지역사회로의 이행'이라는 현상적인 면에서 정상화 원리와 동일하지만 근본적인 지향은 다르다. 탈시설수용화는 시설수용의 비인도주의적인 측면에서 출발하였지만 시설의 재정 측면을 보다 강조한 흐름이다. 즉 탈시설수용화는 시설유지에 따른 비합리적인 재정투입에 반대하여 복지예산 삭감의 정치적 이유를 제공하는 기능을 하였다. 반면, 정상화는 시설수용에 반대한다는 측면에서는 탈시설수용화와 동일하지만 재정투입의 대폭적인 증대를 통한 서비스 질의 향상을 주장하며 근본적으로 정상화원리를 위해서는 시설수용 보다 훨씬 많은 예산이 투입되어야 함을 강조한다. 미국의 경우 탈시설수용화운동은 복지비용의 절감을 위해 추진된 경향이 있었다.

미국에서는 1960년대는 '탈시설수용화의 시대'라고 할 정도로 그 이념이 도그마화 되어 탈시설이 진행되었다. 그러나 탈시설수용화의 폐해 또한 심각했다. 탈시설수용화 과정에서 보다 나은 환경에서 주거 지원과 치료가 이루어지지 않았다. 또한 시설폐쇄와 거주 이전 과정에서 시설생활인의 의견을 반영하지 않는 등 몇 가지 문제가 발생하였다. 예를 들면 중증장애인의 경우, 탈시설수용화를 위한 건축물이나 지역사회 환경의 보완과 수정 그리고 장애인과 비장애인이 더불어 살 수 있는 사회통합에 대한 시민태도와 인식의 성숙이 우선되어야 함에도 불구하고, 이러한 조건이 갖춰지지 않은 상태에서 이루어진 탈시설수용화 정책은 많은 장애인의 삶의 질을 더욱 떨어뜨리는 결과를 낳게 되었다. 따라서 충분한 대책과 더 나은 환경을 마련하지 못한 상황에서 졸속으로 탈시설을 추진할 경우, 지역 내에서 탈시설은 '거주지원이 필요한 사람들을 방임' 하거나 '가족의 책임'으로 떠넘기는 것으로 이해되는 경우가 많아 탈시설운동에 대한 비판이 제기되기도 하였다.

미국은 막대한 국가 재원으로 운영되는 국공립 시설이 많아서 탈시설수용화가 재정 감축에 영향을 주리라고 생각했지만, 한국은 90% 이상이 사립 시설이며 빈약한 정부보조금을 받고 있는 실정과 비교하면 한국에서의 탈시설수용화 논쟁은 재정 감축과는 별 상관이 없다.

3) 탈시설수용화 개념의 변화

1970년대 후반 이후에는 '과도한 주장과 실천이 의심을 받기 시작'하여, 80년대 들어서면 장 · 단점과 문제점을 총 점검하기 시작한다. 이후의 탈시설수용화에 대한 개념정의는 초기의 그것과 약간의 차이를 보인다.

1977년 미국 회계 감사원 원장이 의회에 제출한 보고서의 탈시설수용화 개념 정의는 "탈시설수용화란 (1) 시설에의 불필요한 수용이나 감금을 방지하는 과정, (2) 시설에 수용되어 있을 필요가 없는 정신장애인들을 위한 주거나 치료, 훈련, 교육 및 재활을 위한 지역사회 내에서 적절한 대안을 마련하거나 개선시키는 과정, (3) 시설보호가 필요한 이들을 위한 생활조건, 보호 및 치료를 개선하는 과정이다."

루빈과 바비(Allen Rubin & Earl R. Babbie)는 『사회복지조사방법론』(Research Methods for Social Work, the 3rd edition, 2005)에서 "탈시설수용화란 사회복지시설 내 장애인의 재활, 사회복귀, 자립생활을 위하여 적절한 사회복지서비스를 시설과 지역사회에서 제공하기 위한 방안으로 대두된 개념"으로 정의하였으며, "시설유형별로 대상자를 입소시키는 시설중심의 획일적인 수용의 개념이 아니라 다양한 욕구를 가진 복지수요자들에게 서비스 선택권을 주는 것을 의미한다."고 하였다.

이와 같이 오늘날의 탈시설수용화는 일차적으로 시설보다 지역사회생활이 가능하도록 하는 것을 강조하고 있지만, 동시에 시설의 개선을 통해 시설 이용 장애인의 삶의 질을 향상시키는 과정도 탈시설수용화의 한 요소로 인정하고 있다. 즉 시설을 이용하는 장애인들의 시설의존을 줄이기 위해 가정이나 가급적 가정 상황에 가까운 환경에서 비시설적인 방법으로 서비스를 제공하는 것이며, 거주서비스가 필요한 장애인에게 서비스 선택권을 부여하고, 복지수요자에게 가장 적절한 형태의 거주환경을 제공함과 동시에, 생활에 필요한 적절한 서비스를 행함으로써 장애인의 인권을 보장하는 일련의 과정이라고 본다. 따라서 탈시설수용화운동은 장애인생활시설의 개선에도 일조하였다.

이제 탈시설수용화에 대한 논의의 초점은 시설의 긍정이냐 부정이냐의 문제를 떠나서, 이를 진전시키기 위한 방법에 있다. 지역에서 생활을 하느냐 마느냐의 문제가 아니라 어떻게 지역생활을 하게 하는가라는 지원의 질과 방법을 검토하는 것을 의미한다.

3. 최소제한환경(Least Restrictive Education : LRE, 1975)

미국에서 1975년 전장애아교육법이 제정되었다. 미국에서는 「재활법」 하에 존재하던 장애아교육 관련법이 독립하게 된 것이다. 이 전장애아교육법에서 '통합원칙'으로 '최소제한환경'이 명시되었다. 전장애아교육법이 발전한 미국 「장애인교육법」(2004)에는 최소제한환경을 다음과 같이 제시하고 있다.

미국 「장애인교육법」

> 장애아동을 장애가 없는 또래, 가정, 지역사회로부터 가능한 한 최소한으로 분리시켜야 한다는 개념이다. 즉 장애를 가진 아동이 최대한 비장애아동과 함께 교육받아야 한다는 것이다. 이들에게 필요한 다양한 보충적 지원이나 서비스를 제공했음에도 교육적 성취가 어려운 경우에만 일반학급으로부터 분리할 수 있다.

Yell(1995)은 최소제한환경 결정시 고려할 다섯 가지 사항을 다음과 제시하였다.

① 최소제한환경은 개별 아동의 필요(need)를 근거로 결정
② 일반학급에서 분리를 결정하기 전에 통합 환경 배치를 위한 진정한 노력을 기울여야 함

③ 개별 아동에게 적합한 특수교육 서비스를 제공할 수 있는 연계적인 특수교육 서비스 체계가 운영되어야 함(현재 배치가 유일한 선택이어서는 안 됨)
④ 최소제한환경을 결정함에 있어서 대상 아동의 또래(일반아동)도 함께 고려
⑤ 더 제한된 환경에 배치될 때에는 가능한 한 최대한 통합교육 제공

4. 일반교육주도(regular education initiative : REI, 1980년대)

일반교육주도(REI)는 미국에서 특수교육을 받는 아동들을 통합하기 위한 방안으로 제안되었다. 1986년 전 교육차관보인 윌(Madeleine C. Will)과 그의 동료(Wang, Reynolds, Walberg)가 처음 공식적으로 소개하였다. REI는 "일반교육과 특수교육을 하나의 교육체계로 통일함으로써 교육적인 개혁을 시도하겠다."는 주장이다. 이는 일반교육과정과 구별된 시스템인 특수교육의 타당성에 회의를 가지며, 일반학교가 특수한 요구 아동에 대해 보다 책임감을 가질 것을 강조하였다. 일반교육주도 주장은 1990년대 장애아동 교육을 계획하는 과정에서 특수교육과 일반교육의 역할에 대한 치열한 논쟁을 불러일으켰다.

먼저 일반교육주도 주장을 찬성하는 입장은 일반교육과 특수교육의 이중구조를 지닌 장애학생을 위한 현행의 교육 제도가 비기능적이고 비경제적이라는 주장이다(Lilly, 1986; Stainback & Stainback, 1984; Reynolds & Wang, 1983; 이소현 · 박은혜, 2011 재인용). 그러나 일반교육주도의 장점에도 불구하고 그 실행의 문제점도 적지 않게 제기되었다(Crockett & Kauffman, 1999, 2001; Fuchs, 1994; Mock & Kauffman, 2002; 이소현 · 박은혜, 2011 재인용). 무엇보다 일반교사의 장애학생 지도를 위한 준비도에 대한 의문과 장애아동의 종류와 정도에 관계없이 일률적으로 일반학급으로 이동하는 것의 타당성에 대한 실증연구의 미비, 또한 여러 특성을 지닌 학생을 일반학급에서 교육시킬 수 있는 효과적인 방법이 아직 없다는 현실적인 문제들이 지적되었다.

일반교육주도 움직임은 행정관의 '탁상공론'이라는 비난을 받기도 하였지만, 찬반양론에 대한 활발한 논의를 통하여 일반교육과 특수교육 간의 동등한

협력을 강조하는 통합교육(inclusion) 운동의 활성화에 기여하였다.

5. 살라망카 선언(Salamanca Statement and Framework for Action, UNESCO, 1994)

새로운 통합교육의 패러다임을 제시한 '인클루젼'이라는 말이 국제적으로 떠오른 것은 1994년 6월 유네스코의 살라망카 선언 이후라고 할 수 있다. 살라망카 선언의 배경은 다음과 같다. 이 선언에 이르기까지 장애아동과 장애인에 관하여 유엔은 여러 행동과 선언, 결의를 냈다. 세계장애인의 해(1981년), 세계장애인의 10년(1983~1992), 아동권리조약(1989), "만인을 위한 교육" 국제회의(1990), 아시아 장애인 10년(1993~2002) 등이 그것이다.

1994년 스페인의 살라망카에서 열린 유네스코 회의는 92개국을 대표하는 참가자와 25개 국제조직 등 300여명이 참가하였다. 이 회의에서 '인클루젼'을 정책 기반으로 할 것을 결정하고, '특별한 요구 교육'의 새로운 지평을 열었다.

- 모든 아동은 교육받을 기본 권리를 가지며 학습의 수용 레벨을 획득하고 유지할 기회가 주어져야 한다.
- 모든 아동은 독특한 특성, 관심, 능력, 학습적 요구를 가진다.
- 교육 시스템은 다양한 특성과 요구를 참작하여 계획하고 교육적 프로그램을 수행해야 한다.
- 일반학교는 특별한 교육적 요구를 지닌 아동을 이러한 요구에 부응하는 아동중심의 교육을 바탕으로 그들을 받아들여야 한다.

이 선언은 1948년 유엔 인권선언에 명시되어 있는 모든 개인의 교육의 권리를 재확인하고, 1990년의 개인의 차이와 관계없이 모든 이를 위한 권리를 확인하는 모든 이를 위한 교육에 대한 1990년 세계회의에서 세계커뮤니티에 의해 서약되었다. 또한 이 선언은 1993년 기회평등에 관한 유엔 표준 룰을 언급하였으며, 이는 장애아동의 교육이 교육시스템의 필요불가결한 부분이 되어야 한다고 주장하였다.

인클루젼의 대상은 장애인만이 아니라 일반교육의 틀 안에서 소외되기 쉬운 다른 많은 아동들을 포함한다. 이는 장애아동과 영재아동을 포함하여 신체적, 지적, 사회적, 환경적, 언어적 소수자들도 통합교육의 대상이 된다. 여기에서 '특수한 요구 교육'은 인간은 각자 차이가 있는 것이 당연하다는 것을 가정한다. 학교는 모든 아이들에게 공간을 제공해야 하며, 학습 요구와 속도가 다른 이들에게 맞추어야 함을 제시하였다.

Paragraph 04 통합교육의 과제

장애학생의 통합교육에 관한 관심은 비교적 최근에 시작되었다. 정상화 원리, 탈시설수용화, 최소제한환경, 일반교육주도, 유엔의 살라망카 선언 등을 통해 개념이 진전되고 정립되어 왔다. 현재 통합교육은 살라망카 선언에서 채택하여 제시한 포함적 통합교육, 즉 인클루젼을 강조한다. 이제 통합교육은 개인의 문제가 아니라 사회의 문제로 본다. 특별한 요구가 있는 아동이 기존의 시스템에 맞추기 위해 변화되고 재활해야하는 것이 아니라, 학교와 교육시스템이 전체적으로 모든 학습자의 개인적 요구에 부응하기 위해 변화해야 한다는 사고의 전환을 필요로 한다.

그런데 여기에서 한 가지 주목해야 할 점은, 통합교육의 대상으로 언급되는 '특별한 요구' 개념은 장애학생의 문제보다 오히려 일반학급에 재적한 학습곤란아에 대한 대응에서 나왔다는 점이다. 이런 의미에서 이제까지 '통합교육'을 지지해 온 특수교육 관계자의 주장과는 다른 차원이다. 그 '특별한 요구'의 대상에는 장애학생만이 아니라 민족적, 언어적, 종교적, 사회경제적 소수자가 모두 포함된다. 따라서 통합교육은 단순한 장애아동 교육론이 아니다. 통합교육은 다양한 이민, 민족, 문화, 빈부, 종교 등의 문제에서 파생한 '사회적 배제'라는 현실을 의식한 서구 국가들이 그 해소와 사회적 통합을 위해 교육 · 사회

개혁의 최종적인 목표로 설정한 것이다.

따라서 지금 세계적인 흐름으로 자리 잡은 통합교육은 자칫 '장애'라는 '특별한 교육적 요구'가 있는 학생에게 맞는 적절한 지원이 힘든 상황이 벌어질 수도 있다. 이런 점에서 장애학생의 통합교육에 관한 찬반양론과 신중론들이 제기되고 있는 실정이다. 일부 서구 국가가 분리적 특수교육을 대신하여 통합교육을 채택한 사회적 배경과 이론적 배경을 무시한 채, 한국 사회가 서구의 통합교육을 그대로 차용하는 것은 좀 더 신중해야 한다. 통합교육에 대한 충분한 이념적 · 역사적 · 실천적 고찰을 해야 할 필요성이 여기 있다.

또한 통합교육의 문제는 필연적으로 특수교육 보다는 일반교육의 개혁과 밀접한 관계가 있다. 통합교육은 '특별한 교육적 요구'를 지닌 모든 연령의 장애인이 비장애인 동료에 둘러싸인 교육 환경에서 적절한 지원과 함께 교육받는 것이다. 그곳에는 가치의 평등과 각자 개성을 지닌 이들의 완전참여를 위한 모든 장벽을 없애고자 하는 사회적 합의가 존재해야 한다.

통합교육은 고정된 상태가 아니라 끊임없이 변화하는 과정이다. "한 사람 한 사람 개성을 살리고, 갖고 있는 능력을 최대한으로 끌어내어 발휘"하게 한다는 특수교육의 이념은 통합교육의 이념이기도 하며 동시에 교육의 보편적인 이념이기도 하다. 일반교육 분야에서 잊혀지고 경시되어 온 이 교육의 '기본'을 통합교육을 통하여 새롭게 정립하는 기회가 될 것이다.

참고문헌

권요한 외(2010). 특수교육학개론. 학지사.

김동일 · 손승현 · 전병운 · 한경근 공저(2010). 특수교육학개론. 학지사.

김원경 외(2010). 최신특수교육학. 학지사.

송준만 · 유효순(2011). 특수교육학개론. 교문사.

이소현 · 박은혜 공저(2011). 특수아동교육. 제3판. 학지사.

한국통합교육학회(2005). 통합교육. 학지사.

Wolfensberger, W.(1972). The principle of Normalization in human services. Toronto: National Institute on Mental Retardation.

Wolfensberger, W.(1980) The definition of normalisation: update, problems, disagreements and misunderstandings. In R. J. Flynn & K. E. Nitsch(Eds). Normalization, social integration and human services. Baltimore: University Park Press.

UNESCO(1995). Final Report, World Conference on Special Needs Education: Access and Quality.

생각해 볼 문제

01 통합교육의 용어 중 인테그레이션(integration)과 인클루젼(inclusion)의 차이점을 기술하시오.

02 북유럽과 북미식 정상화 원리의 차이점을 설명하시오.

03 정상화 원리의 출현 배경을 설명하시오.

04 탈시설화의 중요 개념 두 가지를 기술하시오.

05 최소제한환경(Least Restrictive Education: LRE)이 최초로 명시된 법률을 기술하시오.

06 일반교육주도(regular education initiative: REI) 주장의 찬반양론의 논리를 기술하시오.

07 통합교육의 패러다임을 제시한 '인클루젼'이라는 말이 국제적으로 떠오른 계기를 기술하시오.

Part 2

Understanding Exceptional Children

특수아동의 교육

Understanding Exceptional Children

Chapter 04

시각장애아동 교육

Understanding Exceptional Children

시각장애아동의 신체 발달은 정안아동과 큰 차이가 없으나 시각장애가 신체 발달에 간접적인 영향을 미친다. 즉 시각적 자극의 제한, 모방학습의 제한, 환경적 요인 등이 발달에 중요한 장애 요인이 된다. 대체로 앉거나 서기와 같은 정적 운동 기능은 정상적인 연령에서 대부분 획득되지만, 기기, 걷기와 같은 역동적 기능은 가끔 지체된다. 대근육 협응이 빈약하고 부적절한 평형 반응을 나타내어 한 발로 서기, 균형잡기, 점프하기, 발끝으로 걷기 등이 어려울 때가 많다.

이 장에서는 시각장애아동 교육의 역사, 시각장애의 정의, 시각장애의 원인 및 출현율, 시각장애의 진단과 판별, 시각장애의 특성, 시각장애아동의 교육방법, 시각장애아동의 점자지도, 시각장애아동의 보행지도, 시각장애아동 교육의 과제 및 전망 등을 중심으로 살펴보고자 한다.

Paragraph 01 시각장애아동 교육의 역사

1. 외국의 시각장애아동 교육

시각장애 교육은 디드로(Denis Diderot)가 점화했고, 아우이(Valentin Haüy)는 실천했으며, 브라이유(Louis Braille)는 그 수단을 제공했다고 할 수 있다. 서양에서 최초의 맹학교는 프랑스의 아우이(Valentin Haüy, 1745~1822)가 1784년 세운 파리 맹학교이다. 아우이는 처음으로 프랑수아 르수에르(François Lesueur)를 개인적으로 가르치기 시작했으며, 1784년에 14명의 학생을 데리고 맹학교(L'Institution Nationale Des Jeunes Aveugles: 후에 파리 맹학교라 함)를 설립했다. 아우이는 일반학교의 교육방법과 교육과정을 그대로 맹교육에 적용하였으며, 르수에르가 부고장에 인쇄된 'O'자를 손가락으로 식별하는 것을 보고 양각 선문자를 만들어 문자로 사용하였다. 파리 맹학교에서는 쓰기, 수학, 지리, 음악 그리고 직업교육을 가르쳤으며, 직업교육에는 방적, 직조, 뜨개질, 바구니, 책제본, 인쇄술 등이 포함되었다.

2. 한국의 시각장애아동 교육

우리 나라에서 시각장애인의 교육은 세종 27년인 1445년에 관학인 서운관(세조 12년에 관상감으로 개칭됨)에서 시작되었다. 이는 프랑스에서 1784년 Valentin Haüy에 의해 형식교육으로서 처음 시작된 시각장애인 교육보다 339년이나 앞선 기록이다(김승국, 1993). 서운관에서는 영리한 맹인 10명을 선발하여 훈도 4~5명에게 3일에 한 번씩 서운관에 모여 점복교육을 하도록 하였으며, 이 제도는 갑오경장(1894) 때까지 계속되었다. 서운관에서는 스승이 제자에게 핵심이 되는 내용을 이해시키고, 그것을 절구로 만들어 외우게 하며, 그 다음날 어제 배운 것을 스승 앞에서 하나도 틀리지 않고 외우게 한 다음 새로운 학습을 하게 하는 방법으로 교육을 해왔다(임안수, 1987). 근대적 교육 형식을 갖추고 시각장애인 교육을 시작한 사람은 미국 감리교 선교사였던 홀(Rosetta Sherwood Hall) 여사였다. 그녀는 1890년 의료 선교사로 내한하여 1892년 같은 의료 선교사인 홀(William S. Hall)과 결혼하여 평양에서 의료활동을 하였으며, 그러던 중 진료소 조수로 일하던 오석형의 딸인 맹소녀 오봉래에게 1894년에 처음으로 점자교육을 시작했다. 그 후 1897년에 휴가를 얻어 뉴욕맹학교에 가서 맹교육에 관한 자료를 수집하여 평양으로 돌아와 1900년 평양의 정진 소학교에 맹여아를 위한 특수학급을 신설하였다. 이것이 장애아를 위한 특수학교의 효시이다. 홀여사는 우리 나라 최초의 한글점자(평양점자, 4점형 점자)를 만들어 학생들을 교육하였으며, 한국말 초보, 십계명, 성경책을 출판하는 등 한글점자 보급에도 많은 노력을 하였다(임안수, 2006). 그 후 1903년에 평양여자맹학교는 정진소학교(1896년 설립)에 특수학급을 설치하여 두 명의 맹여아를 입학시켜 부분적으로 통합교육을 실시함으로써 동양에서 최초의 통합교육을 시작했다(문교부, 1981). 저시력아동을 위한 특수학급은 1969년에 서울 월계국민학교에 설치되었다.

맹인 명칭은 소경, 봉사, 참봉, 당주, 명과맹인, 태사, 맹과니, 관현맹인 등과 같이 관직명에서 유래된 명칭도 있고 장님, 판수, 맹복, 맹격 등과 같이 그들의 직업에서 유래된 명칭도 있으며 고자, 맹인, 시각장애자와 같이 단순히 보지 못하는 데서 유래된 명칭도 있다. 맹인 명칭의 어원을 살펴보면 경멸이나 조롱을 나타내는 명칭이 비교적 적었으나, 존경을 나타내는 명칭이라도 세월이 흘러가고, 맹인의 사회 · 경제적 신분이 향상되지 않으면 다시 그 명칭의 의미는 장님, 소경, 봉사 등과 같이 경멸과 조롱의 상징으로 바뀌게 된다. 따라서 맹인을 지칭하는 명칭은 단순한 호칭의 문제가 아니라 사회학적 문제가 될 수 있다(임안수, 1997).

Paragraph 02 시각장애의 정의

시각장애의 정의는 일반적으로 목적에 따라 의학적 정의, 법적 정의, 교육적 정의로 구분할 수 있다.

의학적 정의는 국제보건기구(WHO, 1992)의 ICD-10(International Classification of Diseases 10th edition)에 의하면, 맹은 시력이 3/60(0.05) 미만이거나 동시에 교정한 상태에서 좋은 쪽 눈의 시야가 상실된 상태로 정의하였고, 저시력은 시력이 6/18(0.3) 미만이지만 교정한 상태에서 좋은 쪽 눈이 3/60(0.05) 이상으로 정의하고 있다.

법적 정의는 특수교육을 목적으로 하는 「장애인 등에 대한 특수교육법」 시행령 제10조 관련 별표(제정 2008. 5. 26. 제20790호)에 의하면 시각장애를 지닌 특수교육 대상자는 다음과 같다.

시각계의 손상이 심하여 시각기능을 전혀 이용하지 못하거나 보조공학기기의 지원을 받아야 시각적 과제를 수행할 수 있는 사람으로서 시각에 의한 학습이 곤란하여 특정의 광학기구 · 학습매체 등을 통하여 학습하거나 촉각 또는 청각을 학습의 주요 수단으로 사용하는 사람을 말한다.

시각장애인의 복지를 목적으로 하고 있는 「장애인복지법」 시행령(제2조 관련 별표 1 일부개정 2008. 2. 29 대통령령 제20679호)의 규정에 의한 시각장애인의 기준은 다음과 같이 규정되고 있다.

가. 나쁜 눈의 시력(만국식 시력표에 따라 측정된 교정시력을 말한다. 이하 같다)이 0.02 이하인 사람
나. 좋은 눈의 시력이 0.2 이하인 사람
다. 두 눈의 시야가 각각 주시점에서 10도 이하로 남은 사람
라. 두 눈의 시야 2분의 1 이상을 잃은 사람

교육적 맹의 정의는 대상 아동이 시력을 학습의 주된 수단으로 사용하는 능력에 초점을 두고 내린 것이다. 따라서 시력을 사용하지 않고 청각과 촉각 등 다른 감각으로 학습하는 아동은 교육적 맹에 해당한다. 따라서 교육적 측면에서 시각장애를 정의할 때는 아동의 보유시력에 유의하고, 아동의 연령, 시력 손상 시기, 성취수준, 지적능력, 현재의 다른 장애 상태, 시력손상의 원인, 정서상태 등의 요인을 고려하여 결정해야 한다.

시각장애의 분류는 다양한 분류방법이 있으나 보통 맹과 저시력으로 분류한다. 법적 맹은 좋은 쪽 눈을 교정하고 측정한 시력이 0.1이하이거나 시야가 20도 이하인 경우를 말하며, 법적 저시력은 좋은 쪽 눈을 교정하고 측정한 시력이 0.1이상 0.3이하인 경우를 말한다. 또한 선천성 시각장애와 후천성 시각장애의 구별은 시각표상의 유무에 따른 기준으로 구분하고 있는데 연령적으로는 대개 5세를 그 기준으로 하고 있다(한국특수교육학회, 2008).

Paragraph 03 시각장애의 원인 및 출현율

1. 시각장애의 원인

시각장애의 원인은 환경이나 인종에 따라 다르게 나타나고 있지만 Thylefors 등(1995)은 전 세계적으로 백내장이 42%, 퇴행성 및 대사이상의

질병이 23%, 과립성 결막염 16%, 녹내장 14%, 회선사상충증(onchocerciasis, river blindness)과 건성안(비타민 A 결핍) 5%라고 하였다.

보건복지부와 한국보건사회연구원(2001)의 조사에 의하면 2000년도를 기준으로 시각장애의 발병 원인은 선천성이 3.4%, 출산시가 1.1%, 후천성이 96.3%, 원인 불명이 3.3%로 대부분이 후천적으로 시각장애인이 되는 것으로 나타났다.

2. 시각장애의 출현율

국립특수교육원(2001)의 조사에 의하면 우리 나라의 경우 6세에서 11세까지의 초등학교 학령기 아동 가운데서 시각장애아동의 출현율은 0.03%로 나타났다. 이 연구에서는 또한 초등학교 학령아동 4,089,429명 중에서 시각장애 특수교육 요구아동의 수는 1,364명으로 예상하였다.

우리 나라 시각장애인 수는 253,095명이며 그 중 남자는 151,009명, 여자는 102,086명이다. 이 가운데 6급 시각장애인 수가 165,683명으로 전체 시각장애인의 65.4%를 차지하고 있다(한국장애인고용공단고용개발원, 2014).

2014년 4월 현재 시각장애아동 수는 2,130명으로 전체의 2.4%로 나타났다. 그 중 전국의 12개의 시각장애 학교에 1,380명, 특수학급에 333명, 일반학급에 411명, 특수교육지원센터에 6명의 시각장애아동이 재학하고 있는 것으로 나타났다(교육부, 2014).

Paragraph 04 시각장애의 진단과 판별

시각장애의 진단은 일반적으로 시력검사, 시야검사, 색각검사, 대비감도검사, 시각적 행동관찰 등의 방법을 통하여 이루어진다(임안수, 2006; 박중휘, 2008).

1. 시력검사

시력검사에는 객관적 시력검사, 주관적 시력검사, 그리고 기능시력 검사의 세 가지가 있다.

객관적 검사는 고도의 전문성을 필요로 하는 검사로 안과의사가 실시하는데 그 내용은 다음과 같다. 첫째, 눈의 외모와 안저 반응, 둘째, 양안의 위치 및 안구 운동, 셋째, 광선을 눈에 비출 때 동공의 모양 및 크기의 변화, 넷째, 안진 검사에 대한 반응, 다섯째, 전기 · 생리학적 검사에 대한 반응이다.

주관적 시력검사는 두 명의 검사자가 실시하는 것이 좋다. 한 사람은 아동을 검사하고, 다른 한 사람은 아동의 반응을 기록한다. 그리고 비디오로 아동의 반응을 찍어 두면 아동의 시력 상태를 과거와 비교할 수 있기 때문에 귀중한 자료로 사용할 수 있다.

기능시력이란 원하는 과제를 수행하기 위하여 시력을 사용하는 능력을 말한다. 기능시력 평가는 일상생활 활동이나 특수한 조건에서 각 개인이 기능시력을 활용하는 방법을 알기 위하여 실시한다.

기능시력을 평가하기 위하여 준거지향 검목표(criterion referenced check-list), 관찰 보고서, 형식적 검사 도구 등이 개발되었으나 형식적 검사로 평가할 수 없는 아동은 비형식적 검사로 평가한다. 비형식적 검사 도구들은 첫째, 아동이 전맹으로 판정이 났을 경우에도 교사나 부모는 아동의 시력이 있다고 느낄 때, 둘째, 교사가 학습 과제와 관계되는 특수한 시각적 행동을 문서화할 필요가 있을 때, 셋째, 교사가 가장 적합한 시환경을 결정함으로써 아동을 도와야 할 때, 넷째, 아동이 시기능의 변화를 경험할 때 사용한다.

2. 시야검사

시야란 눈을 움직이지 않고 한 점을 주시하고 있을 때 볼 수 있는 외계의 범위를 말하며, 정상적인 시야의 범위는 코쪽에서 귀쪽으로 약 150도, 위쪽에서 아래쪽으로 약 120도이다. 시야 검사에는 대면법, 탄젠트스크린법, 주변시야계법, 평면시야계법 등 다양한 방법이 있다. 시야검사의 목적은 저시력 아동에게 어떤 부위의 시야에 중요한 손상이 있는가를 파악하기 위함이다. 시야에서 암점을 찾기 위하여 앰슬러 격자 검사(Amsler Grid Test)를 사용한다.

3. 색각 검사

색각이란 가시광선 중 파장의 차이에 따르는 물체의 색채를 구별하여 인식하는 능력을 말한다. 이는 망막의 추체의 기능에 속하는 것으로, 명순응 상태에서만 볼 수 있다.

색각 이상(色覺異常, color defect)의 정도에 따라 색맹과 색약으로 나눌 수 있다. 색맹이 색약을 포함하기도 하고 때로는 색약과 구별하여 색약보다 더 정도가 심하다는 의미로 사용되기도 한다. 색각 이상에는 선천성 색각 이상과 후천성 색각 이상이 있다.

4. 대비 감도 검사

대비 감도(對比感度, contrast sensitivity)란 서로 다른 대비를 갖는 대상을 얼마나 잘 구별하는가를 말하는 것으로, 밝음과 어둠의 비율을 말하며 완전 흰색과 완전 검은색 사이의 대비감도가 1(100%)이 된다.

어린 유아의 대비 감도는 줄무늬를 이용하여 주시 선호 검사법으로 잰다. 6개월 된 유아는 성인에 비하여 약간 떨어지는 대비 감도를 갖게 되지만 5~8세가 되면 성인과 같아진다.

5. 시각적 행동관찰

교사나 부모는 눈의 외모 관찰, 행동 관찰, 학업 성취에 관한 관찰을 통하여 아동의 눈의 외모, 행동, 학업성취도를 관찰하고 시각장애아동을 조기에 발견할 수 있다.

1) 눈의 외모 관찰

교사나 부모는 눈의 외모를 관찰하고 시력에 장애가 있는가를 발견할 수 있다. 일반적으로 정상적인 눈은 깨끗하고, 앞을 똑바로 보며, 양안이 안정적으로 함께 움직이고 물체를 똑바로 바라볼 수 있다. 그러나 시력에 장애가 있는 눈은 다음과 같은 증상을 나타낸다. 첫째, 사물을 볼 때 눈을 자주 깜박거린다. 둘째, 눈-손 협응이 잘 안 된다. 셋째, 동공이 흐려지거나 열린다. 넷째, 밝은 곳에서 두 눈을 계속 깜박거리고, 문지르며, 눈을 가늘게 뜨고, 눈에 먼지가 있는 것과 같은 느낌을 갖는다. 다섯째, 각막이 혼탁하다.

2) 행동 관찰

교사나 부모는 학교에서 다음과 같은 아동의 행동을 관찰하고 시력의 장애가 있는가를 발견할 수 있다. 첫째, 눈을 자주 깜박인다. 둘째, 읽고 쓸 때의 거리 즉 눈과 책과의 거리가 매우 가깝거나 멀다. 셋째, 글씨를 쓰거나 읽을 때 얼굴을 찡그린다. 넷째, 현기증, 두통, 눈의 불쾌감 등을 느낀다. 다섯째, 책을 오래 읽으면, 피로를 느끼고, 읽기 능력이 떨어진다. 여섯째, 말하기 능력보다 쓰기 능력이 훨씬 떨어진다. 일곱째, 'ㅈ'과 'ㅊ', '오'와 '으', '에'와 '애', '판'과 '관', '회'와 '희' 등과 같은 글자를 혼동한다.

Paragraph 05 시각장애의 특성

시각장애아동의 특성은 장애의 원인, 종류나 장애의 시기 등이 다양하다. 다음은 시각장애아동의 일반적인 운동 및 신체 발달, 지적 인지발달, 언어 및 사회성 발달의 특징이다(한국특수교육학회, 2008; 김중휘, 2008).

1. 운동 및 신체 발달의 특성

시각장애아동의 신체 발달은 정안아동과 큰 차이가 없으나 시각장애가 신체 발달에 간접적인 영향을 미친다고 할 수 있다. 즉 시각적 자극의 제한, 모방학습의 제한, 환경적 요인 등이 발달에 중요한 장애 요인이 된다.

대체로 앉거나 서기와 같은 정적 운동 기능은 정상적인 연령에서 대부분 획득되지만, 기기, 걷기와 같은 역동적 기능은 가끔 지체된다.

대근육 협응이 빈약하고 부적절한 평형 반응을 나타내어 한 발로 서기, 균형잡기, 점프하기, 발끝으로 걷기 등이 어려울 때가 많다.

2. 지적 및 인지발달 특성

시각장애아동의 지적 발달은 일반아동과 거의 동일하다. 그러나 시각장애아동의 경우 발달이나 학습의 기본인 '시각적인 모방', 이른바, 모방학습이 곤란하기 때문에 학습에 있어서 큰 지장을 받고 있다. 예를 들면 시각을 이용한 경우 정보를 한 번에 얻을 수 있으나, 촉각의 경우는 부분적으로 시간이 소요될 뿐만 아니라 전체 파악이 곤란하게 된다.

지능은 정안아동과 비교해 볼 때 큰 차이는 없으나 경험 부족으로 인해 인지 발달에 영향을 주게 된다.

사실에 대한 지식을 가지고 있으나 통합능력이 부족한 경향을 보이며, 추상적인 문제의 접근을 구체적 수준에서 해결하려는 경향이 있다.

공간개념 형성에 있어서는 배울 수 있는 적절한 시기를 놓치기 쉽고 가르치는데 많은 시간이 소요된다.

3. 언어 및 사회성 발달의 특성

시각장애아동의 어휘의 수는 풍부하지만 명사, 형용사, 부사, 동사 등에 있어서 추상적인 표현의 구체적인 의미를 모르고 사용하는 경우가 가끔 있다. 이것은 Verbalism(내용이 없는 형식적인 언어 행동, 언어적 유희)이라고 한다.

Verbalism은 언어의 안정된 경험 배경이 결여되기 때문에 발생하는 것으로 현실적인 뒷받침을 동반하지 않는, 내용이 없는 형식적인 언어 행동을 말한다.

회화 중의 특징은 음성의 다양성이 부족하고 말을 크게 하는 경향이 있으며, 말의 속도가 느리고 몸짓이나 입술의 움직임이 적은 편이다.

시각적 모방이 불가능하며 언어 발달에 지체를 가져올 수 있음으로, 시각적 모방이 언어가 개념 형성의 중요한 도구라는 점에서 볼 때 시각적 경험과 관련된 언어 지도에 특히 유의해야 한다.

이상과 같이 시각장애아동은 일반적으로 말하기를 시작하는 것이 일반아동보다 1년 정도 지체된다. 그 이유는 다음과 같다. 첫째, 사람이나 사물이 보이지 않기 때문에 말을 걸려고 하는 동기부여가 결여되기 때문이다. 둘째, 말하고 있는 사람의 입 모양이나 움직임을 모방하는 것이 불가능한 점이다. 셋째, 자신이 소리 낸 대상의 반응을 시각적으로 확인할 수 없는 점 등이다.

한편, 시각장애아동의 사회성 발달은 대인관계를 형성하는데 극히 중요한 시선을 맞추는 것, 이른바 눈맞춤이 곤란하다. 특히, 유아기의 모자관계에 있어서 애착행동에 문제가 발생하거나 낯가림 시기가 지체되는 경우가 있다.

Paragraph 06 시각장애아동의 교육방법

시각장애아동을 위한 학습원리는 정안아동과 크게 다르지는 않지만 다음 사항에 대해서는 특별히 고려되어야 한다.

1. 개인차에 따른 개별화 지도

시각장애아동의 교육은 각 대상자의 장애의 원인 및 정도, 실명 시기에 따라 교육방법이 다르다. 시각장애의 원인에 따라 교육의 의미가 다른데 예를 들면 피부색소 결핍증 아동은 빛 공포증이 있으므로 광원을 차단해야 하고, 녹내장 아동은 보행 훈련과 읽기 지도에 주의해야 하며, 근시는 좌석배치를 칠판 가까이 하고, 고도 근시는 망막박리 현상을 막기 위해 심한 운동을 삼가도록 하여야 한다.

시각장애의 정도에 따라 완전맹(totally blind), 저시력(low vision)으로 나누는데 완전맹은 시각 외의 감각을 활용하여 교육한다. 즉 청각, 촉각 등의 대체감각을 활용하여 교육하며, 주로 점자교육이 중심이 된다. 한편 저시력인 경우는 밝기, 거리, 대비, 시간, 활자의 크기에 대한 배려가 중요하다.

실명 시기에 따라서 선천맹과 후천맹으로 나누는데 실명 시기는 학자에 따라 견해가 다르나 보통 3~5세 이전에 실명하면 시각표상을 가지지 못하기 때문에 이에 대한 교육적 배려가 필요하다.

2. 구체적 경험의 제공

시각이 차지하는 일반적인 외부 정보의 양은 약 80%를 차지하고 있다. 따라서 시각장애인은 감각장애인이면서 정보장애인이다. 청각이나 촉각이 완전한 대체 감각은 아니다. 따라서 구체적인 물체를 제공하고 물체의 크기, 형태, 부피, 무게, 온도, 질감, 양질을 경험시킨다. 특히 큰 물체나 아주 작은 물체는 대체 감각의 경험이 불가능하므로 모형 자료를 통해 대소의 경험을 이해시킨다.

3. 학습 활동의 자발성 강조

시각은 물체에 대한 호기심을 자아내게 하는 감각 기관이다. 그래서 시각은 행동을 유발시키고 촉진함으로써 자기 주변의 환경을 습득하고 배우는데 큰 역할을 한다. 따라서 시각장애아동은 물체에 대한 호기심 부족, 행동 촉진의 부족, 주위 환경 습득의 지체를 초래한다. 청각, 촉각 등 감각 기관의 자극을 통해 능동적으로 학습하는 태도의 함양이 중요하다.

4. 학습환경의 조성

저시력아동에게는 정안아동에 비해 조명, 활자크기, 색의 대비, 책상, 교실 등에 대한 학습환경의 배려가 필요하다. 저시력아동에게 적합한 조명방법은 전반 조명방법보다는 개인의 필요에 따른 국부 조명방법이 좋다. 저시력아동에게 적합한 활자크기는 대체로 18~24포인트 크기로 제공할 때 잘 읽을 수 있다. 그러나 가장 좋은 방법은 개개인에 따라 다르므로 아동에게 보여준 후 가장 적합한 것을 사용하게 한다.

또한 색의 대비는 그림의 경우 필요한 부분만 확대하고, 확대되어 색의 대비가 모호해지면 대비가 잘 되는 색을 선택한다. 그리고 책상은 책상표면의 각도조절이 가능한 책상을 이용하여 바른 자세를 유지할 수 있도록 한다. 그 외 교실 안에 보행에 방해가 되는 물건이나 위험한 물건이 없도록 정돈하며, 교실 안 환경에 익숙해질 때까지 탐색하도록 도와준다.

Paragraph 07 시각장애아동의 점자지도

1. 점자의 원리

우리 나라에서 점자가 사용된 것은 1894년 감리교 선교사인 R. S. Hall이 소개한 뉴욕식 4점 점자를 한글에 적용한 4점 점자가 최초이고, 현재의 6점 점자는 1913년 조선 총독부가 제생원(濟生院)을 설립하여 일본의 6점 점자를 도입하여 교육하였다. 제생원(濟生院) 교사 박두성(朴斗星)은 1926년 11월 4일, 훈맹정음(訓盲正音), 즉 초성 13자, 중성모음 10자, 종성 14자, 합계 37자의 한글 점자를 제정하였다.

점자(braille)는 6점(종으로 3점, 횡으로 2점)으로 구성되고, 왼쪽 위에서 아래로 1, 2, 3 점 오른쪽 위에서 아래로 4, 5, 6 점의 고유 번호를 붙여 사용한다. 이 6개의 점을 조합하여 64(2^6 = 64)개의 점형을 만든다. 따라서 점자는 많은 점형으로 이루어지고, 그 점형에 의미가 부여된 문자이다.

64개의 점형 중 하나는 점을 하나도 찍지 않은 빈 칸으로, 이 빈 칸은 묵자에서와 같이 단어 사이를 띄우는데 사용된다. 그 외의 63개의 점형을 초성 자음 13자, 종성 자음 14자, 모음 21자, 약자 27자, 약어 7개, 숫자, 문장 부호 등에 배정하여 사용한다.

우리 나라에서 점자 읽기 지도는 단어 방식과 자음과 모음의 철자를 먼저 가르치는 ITA(initial teaching alphabet) 방식을 병용하고 있으나, 단어 방식에 중점을 두어 지도하고, 점자 읽기 교과서도 그 방법에 맞게 구성한다.

〈표 4-1〉 자음기호(읽기 기준)

자음	초성	ㄱ	ㄴ	ㄷ	ㄹ	ㅁ	ㅂ	ㅅ	ㅇ	ㅈ	ㅊ	ㅋ	ㅌ	ㅍ	ㅎ
		4	14	24	5	15	45	6	1245	46	56	124	125	145	245
		○●	●●	○●	○○	●○	○●	○○	●●	○●	○○	●●	●○	●●	○●
		○○	○○	●○	○●	○●	○●	○○	●●	○○	○●	●○	●●	○●	●●
		○○	○○	○○	○○	○○	○○	○●	○○	○●	○●	○○	○○	○○	○○
	종성	ㄱ	ㄴ	ㄷ	ㄹ	ㅁ	ㅂ	ㅅ	ㅇ	ㅈ	ㅊ	ㅋ	ㅌ	ㅍ	ㅎ
		1	25	35	2	26	12	3	2356	13	23	235	236	256	356
		●○	○○	○○	○○	○○	●○	○○	○○	●○	○○	○○	○○	○○	○○
		○○	●●	○●	●○	●○	●○	○○	●●	○○	●○	●●	●○	●●	○●
		○○	○○	●○	○○	○●	○○	●○	●●	●○	●○	●○	●●	○●	●●
	된소리	ㄲ		ㄸ		ㅃ		ㅆ		ㅉ					
		6	4	6	24	6	45	6	6	6	46				
		○○	○●	○○	○●	○○	○●	○○	○○	○○	○●				
		○○	○○	○○	●○	○○	○●	○○	○○	○○	○○				
		○●	○○	○●	○○	○●	○○	○●	○●	○●	○●				

주 : ●은 볼록하게 찍힌 점임.

〈표 4-2〉 모음기호(읽기 기준)

모음	ㅏ	ㅐ	ㅑ	ㅒ		ㅓ	ㅔ	ㅕ	ㅖ	ㅗ	ㅘ	ㅙ	ㅚ	
	126	1235	345	345	1235	234	1345	156	34	136	1236	1236	1235	13456
	●○ ●○ ○●	●○ ●● ●○	○● ○● ●○	○● ○● ●○	●○ ●● ●○	○● ●○ ●○	●● ○● ●○	●○ ○● ○●	○● ○○ ●○	●○ ○○ ●●	●○ ●○ ●●	●○ ●○ ●●	●○ ●● ●○	●● ○● ●●
	ㅛ	ㅜ	ㅝ	ㅞ		ㅟ		ㅠ	ㅡ	ㅢ	ㅣ			
	346	134	1234	1234	1235	134	1235	146	246	2456	135			
	○● ○○ ●●	●● ○○ ●○	●● ●○ ●○	●● ●○ ●○	●○ ●● ●○	●● ○○ ●○	●○ ●● ●○	●● ○○ ○●	○● ●○ ○●	○● ●● ○●	●○ ○● ●○			

주 : ●은 볼록하게 찍힌 점임.

〈표 4-3〉 약자기호(읽기 기준)

약자 1종	가	나	다	마	바	사	자	카	타	파	하	것		받침ㅆ
	1246	14	24	15	45	123	46	124	125	145	245	456	234	34
	●● ●○ ○●	●● ○○ ○○	○● ●○ ○○	●○ ○● ○○	○● ○● ○○	●○ ●○ ●○	○● ○○ ○●	●● ●○ ○○	●○ ●● ○○	●● ○● ○○	○● ●● ○○	○● ○● ○●	○● ●○ ●○	○● ○○ ●○
	억	옹	울	옥	연	운	온	언	얼	열	인	영	을	은
	1456	123456	12346	1346	16	1245	12356	23456	2345	1256	12345	12456	2346	1356
	●● ○● ○●	●● ●● ●●	●● ●○ ●●	●● ○○ ●●	●○ ○○ ○●	●● ●● ○○	●○ ●● ●●	○● ●● ●●	○● ●● ●○	●○ ●● ○●	●● ●● ●○	●● ●● ○●	○● ●○ ●●	●○ ○● ●●

주 : ●은 볼록하게 찍힌 점임.

〈표 4-4〉 약어기호(읽기 기준)

약어	그래서		그러나		그러면		그러므로		그런데		그리고		그리하여	
	1	234	1	14	1	25	1	26	1	1345	1	136	1	156
	●○ ○○ ○○	○● ●○ ●○	●○ ○○ ○○	●● ○○ ○○	●○ ○○ ○○	○○ ●● ○○	●○ ○○ ○○	○○ ●○ ○●	●○ ○○ ○○	●● ○● ●○	●○ ○○ ○○	●○ ○○ ●●	●○ ○○ ○○	●○ ○● ○●

주 : ●은 볼록하게 찍힌 점임.

〈표 4-5〉 숫자기호(읽기 기준)

1	2	3	4	5	6	7	8	9	0	125			
1	12	14	145	15	124	1245	125	24	245	3456	1	12	15
●○	●○	●●	●●	●○	●●	●●	●○	○●	○●	○●	●○	●○	●○
○○	●○	○○	○●	○●	●○	●●	●●	●○	●●	○●	○○	●○	○●
○○	○○	○○	○○	○○	○○	○○	○○	○○	○○	●●	○○	○○	○○
a	b	c	d	e	f	g	h	i	j	a에서 j까지는 숫자 1에서 0까지와 동일			
1	12	14	145	15	124	1245	125	24	245				
●○	●○	●●	●●	●○	●●	●●	●○	○●	○●				
○○	●○	○○	○●	○●	●○	●●	●●	●○	●●				
○○	○○	○○	○○	○○	○○	○○	○○	○○	○○				
k	l	m	n	o	p	q	r	s	t	a에서 j까지의 점기호에 3점 추가			
13	123	134	1345	135	1234	12345	1235	234	2345				
●○	●○	●●	●●	●○	●●	●●	●○	○●	○●				
○○	●○	○○	○●	○●	●○	●●	●●	●○	●●				
●○	●○	●○	●○	●○	●○	●○	●○	●○	●○				
u	v	x	y	z			w			a에서 e까지의 점기호에 36점 추가 (w는 제외)			
136	1236	1346	13456	1356			2456						
●○	●○	●●	●●	●○			○●						
○○	●○	○○	○●	○●			●●						
●●	●●	●●	●●	●●			○●						

주 : ●은 볼록하게 찍힌 점임.

〈표 4-6〉 기타 문장기호(읽기 기준)

.	,	!	/		?	-	~		·		……		
온점	반점	느낌표	빗금		물음표	붙임표	물결표		가운뎃점		말줄임표		
256	5	235	456	34	236	36	36	36	5	12	6	6	6
○○	○○	○○	○●	○●	○○	○○	○○	○○	○○	○○	○○	○○	○○
●●	○●	●●	○●	○○	●○	○○	○○	○○	○●	●○	○○	○○	○○
○●	○○	●○	○●	●○	●●	●●	●●	●●	○○	●○	○●	○●	○●

;		:		★			" "		' '			
쌍반점		쌍점		별표		수표	큰따옴표		작은따옴표			
							열기	닫기	열기		닫기	
56	23	5	2	35	35	3456	236	356	6	236	356	3
○○	○○	○○	○○	○○	○○	○●	○○	○○	○○	○○	○○	○○
○●	●○	○●	●○	○●	○●	○●	●○	○●	○○	●○	○●	○○
○●	●○	○○	○○	●○	●○	●●	●●	●●	○●	●●	●●	●○

:				(	)	{			}	[			]
긴소리표		영문표		소괄호		중괄호				대괄호			
		시작	종결	열기	닫기	열기		닫기		열기		닫기	
6	3	356	256	36	36	236	23	56	256	236	3	6	356
○○ ○○ ○●	○○ ○○ ●○	○○ ○● ●●	○○ ●● ○●	○○ ○○ ●●	○○ ○○ ●●	○○ ●○ ●●	○○ ●○ ●○	○○ ○● ○●	○○ ○● ●●	○○ ●○ ●●	○○ ○○ ●○	○○ ○○ ○●	○○ ○● ●●

출처 : 문화체육부(2006). 한국 점자규정.

2. 점자 쓰기와 읽기

점자판으로 글을 쓸 때에나 읽을 때에 주의가 필요하다. 쓸 때와 읽을 때의 방향이 반대라는 것이다. 모든 글자는 기본적으로 왼쪽에서 오른쪽으로 읽어 나가는 것이 원칙이므로, 점자도 이 원칙을 지키고 있다. 그런데 점자판은 그 구조상 점필로 종이를 눌러서(종이 뒷면에 점자가 찍힌다) 점을 찍는 방식이므로, 점자를 읽으려면 종이를 뒤집어야 한다. 따라서 점자를 쓸 때에는 오른쪽에서 왼쪽으로 써야만 왼쪽에서 오른쪽으로 점자를 읽을 수 있다.

쓰기 기준과 읽기 기준

쓰기 기준	읽기 기준
④ ①	① ④
⑤ ②	② ⑤
⑥ ③	③ ⑥

3. 점자의 특징

위에서 보는 바와 같이 점자는 6점(세로로 3점, 가로로 2점)으로 구성되고, 왼쪽 위에서 아래로 1−2−3점, 오른쪽 위에서 아래로 4−5−6점의 고유 번호를 붙여 사용한다. 이 6개의 점은 각각 찍힌 상태와 찍히지 않은 상태로 구분될 수 있다. 이 6개의 점이 가지는 상태를 조합하면 64($2^6 = 64$)개의 점형을 만들

수 있는데, 그 점형에 의미가 부여된 문자가 바로 '점자'이다. 이 64개의 점형 중에서 점을 하나도 찍지 않은 것은 빈칸으로 사용하며, 이 빈칸은 묵자에서와 같이 단어 사이를 띄우는데 사용된다. 빈칸을 제외한 63개의 점형을 이용하면 비로소 글을 나타낼 수 있다.

4. 점자의 장점

첫째, 시각장애인들의 중요한 의사소통 수단이다. 시각장애인이 스스로 읽고 쓸 수 있는 유일한 글자가 점자이기 때문이다.

둘째, 시각장애인들이 쉽게 쓸 수 있다. 정안인이 시각장애인들을 위하여 묵자를 양각하여 만든 '선 문자'나 '양각 문자'는 시각장애인이 필요할 때 자유롭게 글로 쓸 수 없는 글자이다. 그러나 점자는 점자를 쓸 수 있는 간단한 도구만 있다면 얼마든지 시각장애인 스스로 점자로 글을 쓸 수 있다.

셋째, 맹-농인에게 실질적인 의사소통 수단이다. 들을 수 있는 맹인은 점자를 모르더라도 음성 언어로 의사소통을 할 수 있지만, 시각과 청각이 동시에 손상을 입은 맹-농인에게는 점자가 거의 유일하고 확실한 의사소통 수단이 된다.

넷째, 정독과 재독을 할 수 있다. 남이 대신 책을 읽어주어 이해하는 '청독(聽讀)'의 경우는 책의 내용을 자세히 이해할 수 있는 정독이 곤란하고, 책을 다시 읽어야 할 경우는 타인의 도움을 받아야 한다. 그러나 점자의 경우에는 필요할 때에는 언제든지 다시 읽을 수 있고, 책의 내용을 생각하면서 읽을 수 있다.

다섯째, 철자를 익히는데 도움이 된다. 문자를 전혀 사용하지 않을 경우는 음성 언어를 통해 듣는 말의 철자법을 익히기가 매우 어려우나, 점자를 문자로 사용하게 되면 철자를 익히는 데에 많은 도움이 된다. 철자법을 모르는 사람은 '부억'과 '부엌'이 어떻게 다른지 잘 모를 것이다.

5. 점자의 단점

첫째, 읽기 속도가 묵독이나 청독보다 현저하게 느리다. 시각보다 촉각이 감지되는 속도가 더 느리기 때문에 눈으로 글을 읽는 것보다는 점자를 이용한 촉독이 많이 느리고, 따라서 남이 대신 읽어주는 청독보다도 점자 읽기 속도는 떨어진다.

둘째, 점자 도서나 간행물을 구하기 어렵다. 점자 도서나 간행물을 제작 방법이 묵자 도서나 간행물의 제작 방법과 다르기 때문에, 별도의 추가 비용과 노력이 필요하다. 따라서 묵자 도서나 간행물보다 점자 자료의 수가 상대적으로 부족하다.

셋째, 점자 도서의 제작비가 비싸다. 잉크를 주로 사용하는 묵자 인쇄에 비해 점자 인쇄는 아연판에 점자의 본을 뜨고, 종이에 인쇄해야 하므로 추가 비용이 든다.

넷째, 점자는 공간을 많이 차지하므로, 휴대하거나 보관하기가 어렵다. 성경 한 권을 점역하면 약 20권 정도의 분량이 된다. 또한 묵자의 경우는 얇은 종이에 인쇄해서 부피를 줄일 수 있으나, 점자의 경우는 점자가 쉽게 지워지지 않게 하기 위해서 두꺼운 종이를 사용하므로 부피를 줄이기가 매우 어렵다.

다섯째, 부호의 중복 사용으로 혼란과 난이도가 발생한다. 다양한 모양이 존재하는 묵자에 비해, 점자는 6개의 점을 이용하여 모든 글자를 나타내야 하기 때문에 같은 모양의 점자라도 상황에 따라 다른 뜻을 가질 수 있다. 1−2−3−4점의 경우를 예를 들면, 한글로는 '워'로 쓰이고, 영어에서는 p로 쓰인다. 그러므로 점자를 읽을 때에는 문맥에 따라 같은 점자라도 다르게 해석해야 하며, 이것이 점자를 어렵게 만드는 가장 큰 이유가 되고 있다.

여섯째, 약자를 사용함으로써 철자법에 특별한 주의가 필요하다. 점자의 부피를 줄이기 위해서, 여러 개의 글자를 몇 칸의 점자로 대체하여 사용하는 방식을 '약자 표기 방식'이라고 한다. 이 약자를 쓰게 되면 철자법에 매우 주의해야 한다.

일곱째, 어구, 문장, 도서 체제, 그림의 전체적인 형태를 파악하기 어려워 상당한 기억력과 종합력이 필요하다. 시각의 경우는 전체적인 윤곽을 파악할 수 있으나, 촉각의 경우는 손으로 느껴지는 부분만 감지할 수 있다. 따라서 문장의 전체 내용을 파악하려면 앞에서 읽은 내용을 어느 정도 기억해야 하며, 따라서 상당한 기억력과 종합력이 필요하다.

Paragraph 08 시각장애아동의 보행지도

보행이란 단어에는 방향정위와 이동의 의미가 포함되어 있기 때문에 우리 나라에서는 방향정위와 이동을 보행이란 용어로 사용하고 있다(임안수, 1999). 보행기술은 맹인의 활동능력이라고 할 수 있다. 시각장애인 스스로의 힘으로 가고 싶은 곳을 갈 수 있는 능력을 기르는 것은 일상생활에서 오는 가장 큰 제한을 극복하는 길이다. 보행은 방위정위와 이동성으로 분석할 수 있다. 로웬필드(Lowenfeld)는 보행을 다음과 같이 정의한다. "보행은 동작의 양이며 정신적인 방향정위(orientation)와 신체적인 이동성(mobility)의 성분을 가진다. 정신적인 방향정위란 자기의 주위환경의 상황과 공간관계를 인식하는 능력을 말하며, 이동(locomotion)은 신체조직의 운동에 의하여 한 장소로부터 다른 장소로 움직이는 것이다." 보행훈련의 궁극적 목표는 시각장애인이 이러한 방향정위 및 이동성 기술을 함께 체득해서 안전하게, 효율적으로, 보기 좋게, 그리고 독립적으로 어떠한 장소든지 다닐 수 있도록 하는데 있다.

1. 안내법

안내법의 목적은 다음과 같다. 첫째, 시각장애인이 정안자와 여러 가지 장소나 조건하에서 안전하고 효율적으로 이동하기 위해서이다. 둘째, 독립보행에 필요한 근육감각 경험을 쌓고 필요한 기술과 바람직한 동작을 익히기 위해서이다. 셋째, 정안자로 하여금 바로 안내를 할 수 있도록 가르쳐 주기 위해서이다.

2. 보호법

보호법(protective technique)은 익숙한 건물 내 환경에서 사용된다. 보호법은 선택적으로 사용되고, 먼 거리를 보행할 때에는 사용되지 않는다.

1) 상부보호(upper hand and forearm)

① 팔을 어깨높이로 지면과 나란히 뻗는다.
② 팔꿈치를 약 120° 정도 굽힌다.
③ 손가락은 함께 붙이고 긴장을 풀며, 반대편 어깨선보다 약 3cm 정도 밖으로 뻗치며 손바닥은 바깥쪽으로 향한다.

2) 하부보호(lower hand and forearm)

① 위팔, 팔뚝, 손목과 손가락을 뻗는다.
② 손은 몸에서 약 20cm 정도 떨어지게 정중선에 오도록 한다.
③ 손바닥은 안으로 향하고 손가락을 함께 붙이며 긴장을 푼다.

3) 스쳐가기(trailing) : 손등을 기준선에 스치면서 지나가는 방법이다

① 기준선과 나란히 서서 스쳐갈 물체에 접근한다.
② 팔을 약 45° 각도로 아래로 뻗는다.
③ 손바닥은 컵 모양으로 하고, 손가락에 긴장을 풀고 손등이 기준선 쪽으로 오게 한다.
④ 약지손가락과 새끼손가락을 가볍게 닿으며 진행한다.

3. 지팡이 사용법

촉타법(touch technique)은 보행 중에 떨어지는 곳과 장애물을 탐지할 수 있게 해준다. 이 방법은 익숙한 환경이나 익숙하지 않은 환경에서 사용된다. 촉타법으로 지팡이를 사용할 때 지팡이는 보행자 전면 중앙에서 잡고 땅 표면으로부터 낮게 호를 이루면서 좌우를 탐지한다. 지팡이의 끝은 신체의 가장 넓은 부위보다 5cm 밖의 지점을 접촉한다. 지팡이의 끝이 보행 표면을 때릴 때 보행자는 반대쪽 발을 내딛는다.

대각선법(diagonal technique)을 사용할 때 맹아동은 지팡이를 자신의 전면에 비스듬히 든다. 이때의 지팡이는 완충기의 역할을 한다. 지팡이는 몸으로부터 떨어져 비스듬한 각도를 이루고 지팡이의 끝은 지면으로부터 약 5cm 떨어지며 지팡이의 아래쪽 끝과 위쪽 끝은 몸의 가장 넓은 부분보다 밖으로 2~4cm 나가도록 잡는다. 대각선법은 몸 전면 하부에 있는 장애물을 미리 알려주며 보호법과 같은 역할을 한다. 대각선법은 주로 익숙한 건물 내에서 사용된다.

Paragraph 09 시각장애아동 교육의 과제 및 전망

시각이 차지하는 정보의 양은 80~90%를 차지하고 있다. 따라서 이러한 시각적인 정보장애에 대한 배려가 시각장애 교육의 기본이 된다. 특히 최근 중복시각장애와 저시력 아동 수의 증가는 이에 따른 학습자료의 개발과 교육방법 등을 필요로 하고 있다. 저시력 아동의 경우 효율적인 교육을 위한 확대독서기, 망원경, 확대경 등과 같은 보조기구가 필요하며, 시각장애의 진행여부와 학습효율성을 감안하여 점자지도나 확대문자 등과 같은 교육방법이 필요하다. 시각장애아동은 다음의 세 가지 기본적인 제한성을 가지게 된다. 첫째는 경험의 범위와 다양성의 제한성이고, 둘째는 보행능력의 제한성이며, 셋째는 환경과 상호작용의 제한성이다(Lowenfeld, 1950).

우리 나라 시각장애교육의 전망 및 과제는 다음과 같다.

첫째, 시각장애아동 중 가장 높은 비율을 차지하고 있는 저시력아동에 대한 교육방법의 개발 및 지원의 중요성이 요구되고 있다.

둘째, 최근 증가하고 있는 중복시각장애아동에 대한 교육방법의 개발 및 지원이 요구되고 있다.

셋째, 시각장애학교의 교육과정은 공통교육과정을 토대로 운영되고 있지만 중복시각장애아동에 대한 교육과정의 개발이 요구되고 있다.

참고문헌

강수균 · 조홍중(2003). 장애이해와 교육. 교육과학사.

교육기술과학부(2008). 2008년 특수교육연차보고서. 교육과학기술부.

교육부(2014). 2014 특수교육 통계. 교육부.

교육인적자원부 · 한국교육개발원(2002). 학점 은행제 운영편.

국립특수교육원(2001). 특수교육 요구아동 출현율 조사연구. 국립특수교육원.

김동연(1991). 시각손상아의 지도. 도서출판 동아출판사.

김승국(1993). 맹인교육의 발전. 맹인의 교육과 복지. 도서출판 특수교육.

김정권 · 이유훈(2002). 특수교육과정 운영론. 도서출판 특수교육.

문화체육부(1997). 한국 점자규정.

박순희 역(1995). 시각장애와 중복장애아동을 위한 취학전 교육서비스. 도서출판 특수교육. 39.

박순희(2005). 시각장애아동의 이해와 교육. 학지사.

박중휘(2008). 최신특수교육학. 학지사.

박중휘 · 장덕자(2003). 맹학교 전공과 학점은행제도 운영 및 개선에 관한연구. 시각장애연구. 19, (1). 59-86.

보건복지부. 한국보건사회연구원(2001). 2000년도 장애인실태조사 요약.

보건복지부. 한국보건사회연구원(2005). 2005년도 장애인실태조사.

세종실록. 권10권 107.

윤동호 외(2000). 안과학(제5판). 일조각.

임안수(1986). 한국 맹인 직업사 연구. 단국대학교 박사학위논문.

임안수(2003). 시각장애아교육의 기초. 한국시각장애인협회.

임안수(2005). 시각장애아 교육. 도서출판 해동.

임안수(2006). 시각장애아 교육. 도서출판 해동.

임안수 · 강보순 · 서인환 · 이동훈 · 이태훈 · 임덕성(1999). 신보행학 개론. 한국맹인복지연합회.

장애자복지편람아산사회복지사업재단(1988). 장애자복지편람. 249-282.

한국시각장애인복지재단(2003). 더 편리하게 제작된 흰지팡이 보급. 점자새소식. 646. 24-25.

한국장애인고용공단고용개발원(2014). 2014 장애인 통계.

한국특수교육총연합회(2008). 2008 전국특수교육요람. 한국특수교육총연합회.

한국특수교육학회(2008). 특수교육 대상자 개념 및 선별기준. 한국특수교육학회.

佐藤泰正(1974). 視覺障碍者の 心理學. 學藝圖書株式會社.

Barraga, N. C.(1983). Visual handicaps and learning. Austin, TX: Exceptional Resources.

Ferrell, K. A.(1998). *Project PRISM: A longitudinal study of developmental patterns of children who are visually impaired. Executive summary.* Greeley: University of Northern Colorado.

Kappan, D.(1974). Orientation and mobility program. Unpublished manuscript, South Dakoda Rehabilitation Center for the Blind.

Koestler, F.(1976). *The Unseen Minority: A social history of blindness in the United States.* New York: Davis McKay Co.

Lowenfeld B. L.(1973). Psychological consideration. *The Visually Handicapped Child in School.* New York: The John Day Company.

Lowenfeld, B.(1950). *Psychological Foundation of Special Method in Teaching Blind Children.* In P. A. Zahl(Ed.), Blindness. Princeton, University Press.

Lowenfeld, B.(1969). *BLIND CHILDREN LEARN TO READ*, Springfield, Ill: Charles C Thomas Publisher.

Lowenfeld, B.(1971). *Our blind children*, Springfield, Ill.: Charles C. thomas.

Lowenfeld, B.(1975). *The changing status of the blind from separation to integration.* Springfield, IL: Charles C. Thomas Publisher.

Lowenfeld, B.(1981). Integration-The challenge of our time. *On Blindness and Blind people.* New York: American Foundation for the Blind.

Lowenfeld, B.(1981). The blind child as an integral part of the family and community. In B. Lowenfeld, *Berthold Lowenfeld on blindness and blind people.* New York: American Foundation for the Blind.

Lowenfeld, B.(1982). In search of better ways. *Education of the Visually Handicapped*, 14.

Ryles, R.(1996). The impact of braille reading skills on employment, income, education, and reading habits, Journal of Visual Impairment & Blindness, 90(3),

211-215.

Thylefors, B., Negrel, A., Pararajasgaram, R., & Dadzie K. Y.(1995). *Global data on blindness*. Bulletin of the World Health Organization, 73, 115-121.

생각해 볼 문제

01 시각장애의 의학적 정의, 법적 정의, 교육적 정의를 각각 설명하시오.

02 시각장애의 진단방법을 설명하시오.

03 시각장애아동의 언어 및 사회성 발달의 특성을 설명하시오.

04 시각장애아동의 교육방법을 설명하시오.

05 점자의 장점과 단점을 설명하시오.

06 시각장애아동의 보행지도 중 보호법에 대해서 설명하시오.

07 대각선법에 대해서 설명하시오.

Chapter 05

청각장애아동 교육

소리를 듣는다는 것은 단순히 듣는다는 개념의 의미만이 아니라 귀를 통해 들려진 소리를 이해하여 반응하는 것을 모두 포함한다는 의미이다. 청각의 문제로 인하여 말하는 것을 배우는 것에도 문제를 보일 수 있다. 청력의 손실을 보이는 아동들에게 보청기나 인공와우 등을 통한 도움과 의사소통 능력 향상을 위한 다양한 방법, 시각-운동체계에 해당하는 수화법 등으로 의사소통을 할 수 있도록 도와주어야 한다.

이 장에서는 청각장애아동 교육의 역사, 청각장애의 정의 및 분류, 청각장애의 원인 및 출현율, 청각장애의 진단과 판별, 청각장애의 특성, 청각장애아동의 교육방법, 청각장애아동의 교육사례, 청각장애아동 교육의 과제 및 전망 등을 중심으로 살펴보고자 한다.

Paragraph 01 청각장애아동 교육의 역사

청각장애아동 교육의 역사는 시기별로 중세시기, 청각장애교육 준비기, 청각장애교육 대두기, 학교교육 시작기 등으로 구분하였고, 또한 우리 나라의 경우는 청각장애아동 교육의 시작기, 학교 교육의 시작기, 일제강점기 및 광복기, 농교육 발전기로 구분하여 서술하였다.

1. 청각장애아동 교육의 역사

1) 중세

고대 심신장애를 지닌 자는 방치, 유기하는 모습을 보이다가 점차적으로 동정의 대상으로 변모하였다. 중세 역시도 언어선천설 등에 의해 농아인의 교육불가능론 등이 지속되었다. 교육불가능론은 당시 청각장애 자체에 대한 과학적 이해의 부족과 인간의 언어에 대한 지나친 중시와 편견에 의한 것으로 보인다.

2) 청각장애교육 준비기

르네상스 이후 인문주의의 대두와 종교개혁을 통한 인간 이해의 관점에서 장애인에 대한 인식이 변화하게 되면서 인문주의자들 중에서 청각장애아동의 교육가능성을 언급하기 시작하였다. 16세기 후반에서 17세기 초에 스페인 수도사인 Leon이 선천성 청각장애인의 개인교수을 최초로 시작하였고, 17세기 초 Bonet의 『소리의 단순화와 농아의 언어교수 방법』(1620)의 저서가 소개되었다. 이 시기 청각장애아동 대상 교육은 주로 귀족이나 부유층의 자녀들을 대상으로 한 개인교수로 이루어졌다는 특징이 있다.

3) 청각장애교육 학교 성립기

18세기 Rousseau의 자연주의 교육사상, 박애주의 교육사상과 더불어 장애를 가진 아동들을 위한 학교 교육이 실현되었다. 청각장애아동의 교육에 있어서도 학교 교육이 성립되는 시점을 맞이하게 되었다. 1760년에 청각장애아동의 교육을 위한 파리농학교가 l'Epee에 의해 세계 최초로 설립되면서 빈민 청각장애아동의 교육과 보호를 시작하게 되었다. 파리농학교에서 이루어진 l'Epee의 교육은 자연수화에 기초하되 문법체계에 따라 조직화하면서 진행되었으며 이로써 청각장애아동의 교육에서 수화법이라는 언어지도 방법으로 자리매김하였다. 프랑스를 중심으로 l'Epee의 수화법이 이루어지고 있는 동안 독일에서는 Heinicke에 의한 구화법 교육이 실시되고 있었다. 그는 1778년에 독일 라이프찌히에 농학교를 설립하게 되는 데 이 학교는 세계 최초의 공립 농학교였다. Heinicke는 철저한 구화주의로 '농아자'가 말하도록 하는 유일한 방법은 말하도록 가르치는 길뿐이라고 구화법에 대한 자신감을 가지고 있었다. 이후 l'Epee 수화법과 Heinicke 구화법이 서로의 방법을 주장하면서 청각장애아동의 언어지도 방법에 대한 논쟁이 시작되었다. 프랑스와 독일에서 청각장애아동 교육에 대한 수화법과 구화법이 대두되는 즈음에 영국에서는 Baridwood가 1783년에 런던에 영국 최초의 농학교인 Braidwood Academy (혹은 Edinberg Academy)를 설립하여 구화법을 중심으로 교육을 실시하였다.

18세기 후반 유럽을 중심으로 청각장애아동의 학교 교육이 시작되면서 미국은 유럽으로 전문교사 등을 파견하는 방법으로 유럽의 청각장애아동 교육을 배워가며 미국의 독창적인 청각장애아동 교육을 표방하였다. Gallaudet은 영국 Braidwood의 구화법과 파리농학교 참관 등 청각장애아동에 관한 연수 후 미국으로 돌아와 1817년 Hartfort 농학교(the American Asylum for the Deaf)를 설립하여 무상교육과 기숙제학교로 운영하면서 유럽의 청각장애아동 교육과는 차별성을 보였다.

4) 언어지도방법의 논쟁

청각장애아동을 대상으로 한 학교의 설립과 교육이 활발해지고 있기는 했지만 언어지도 방법에 대해서는 l'Epee의 수화법과 Heinicke의 구화법이 여전히 논쟁 중이었다. 19세기 중반까지는 수화법이 우선시되는 교육이 진행되었다. 그러나 1880년 밀라노 국제회의에서 "청각장애아동의 사회 복귀를 위해서, 그리고 그에게 보다 완벽한 언어지식을 주기 위하여, 구화법은 청각장애인의 교수를 위하여 수화법보다 우선되어야 한다. 구화와 수화의 동시 사용은 말하기, 독화, 그리고 사고의 정확성을 기하는 데 방해가 되므로, 순수한 구화법이 채택되어야 한다."는 결론으로 구화법을 강조하면서 구화법이 청각장애아동의 언어지도 방법으로 널리 보급되었다.

2. 우리 나라 청각장애아동 교육의 역사

1) 청각장애아동 교육 시작기

우리 나라는 1881년 박정양의 '신사유람단'의 귀국보고서에서 일본의 '맹아원'이 소개되며 최초의 청각장애교육 관련 문서로 소개되었다. 이후 1895년 유길준의 '서유견문'에서도 일본과 구미 등지의 아인원에 대한 소개를 자세하게 서술하면서 청각장애아동의 교육의 가능성을 언급한 문서로 역사적 가치를 보였다.

2) 학교 교육 시작기

미국 선교사 Hall 여사가 1894년 평양의 오봉래라는 맹인 소녀를 가르치면서 뉴욕식 한글점자의 창안과 더불어 한국의 특수교육이 시작되었다. 이후 Hall여사는 1909년 평양맹학교 설립 후 청각장애아동들을 교육하면서 한국 최초의 청각장애 교육이 시작되었다.

3) 일제강점기 및 광복기

일제강점기 시절에는 1912년 조선총독부에 제생원(濟生院)을 설치하면서 "제생원은 고아의 양육과 맹아자의 교육에 관한 사무를 맡는다."로 하여 재생원 맹아부는 특수교육기관의 성격보다는 구빈보호의 목적을 일차적으로 하였다. 1920년 조선농아인협회가 만들어지고, 1935년 이창호 목사에 의해 평양광명맹아학교가 설립되면서 시각장애아동의 교육과 함께 청각장애아동의 교육이 실시되었다. 광복 후 제생원 맹아부는 국립맹아학교로 개칭되어 근대적 학교 교육을 위한 제도를 정비하게 되었다. 1947년 9월 국립맹아학교는 중등과를 신설하여 우리 나라 최초의 중등 특수교육기관으로 인정받았으며 초대 교장이신 윤백원 선생에 의하여 한글 지문자를 제정하여 사용하였다. 1946년 이영식 목사에 의해 대구맹아학교가 설립되었다.

4) 학교 발전기

한국전쟁 발발과 더불어 국립맹아학교는 피난하면서 피난학교를 운영하는데 1953년 공립맹아분교(제주맹아학교), 부산맹아학교를 설치하였다. 1955년 충주성심농아학원, 인천농아학교 등 60년 후반까지 12개의 사립 농학교, 공립 3개교, 국립 1개교가 설립되면서 청각장애아동의 교육은 민간 사학에 의하여 발전되었음을 알 수 있다(김병하 등, 2008). 70년대 이후 특수교육의 제도적 정비와 함께 청각장애아동의 교육 역시 특수교육의 발전과 함께 활성화되고 있다. 그러나 최근 청각장애학교들은 정신지체와 함께 특수학교로 설치되거나 일반학교 특수학급 배치의 비율이 높아지면서 청각장애학교는 점차적으로 청각장애교육만을 위한 학교의 형태를 조금씩 벗어나고 있다.

Paragraph 02 청각장애의 정의 및 분류

1. 청각장애의 정의

청각장애(hearing impairment)는 듣는 기능의 결함으로 인하여 청각기능 부전을 나타내는 가장 일반적인 용어로 농(deaf)과 난청(hard of hearing)으로 구분된다. 농이란 보청기를 착용하거나 혹은 착용하지 않은 상태에서 귀만으로는 말을 듣고 이해할 수 없을 정도의 청력손실을 가진 경우이고, 난청이란 보청기를 착용하거나 착용하지 않은 상태에서 귀만으로 말을 듣고 이해하는 것이 불가능하지는 않지만 말을 듣는데 어려움이 있을 정도의 잔존청력이 남아 있는 경우로 정의한다(Moores, 1996).

최근 제정된 「장애인 등에 대한 특수교육법」(2008)에서는 청각장애를 지닌 특수교육 대상자를 다음과 같이 정의하였다.

청각장애 특수교육 대상자는 교육적 성취에 불리한 청력 손실을 지닌 사람으로서 농과 난청이 이에 속한다.

가. 농은 청력 손실이 심하여 보청기를 착용해도 청각에 의한 의사소통이 불가능하거나 곤란한 상태

나. 난청은 잔존청력을 가지고 있으나 보청기를 착용해야 청각을 통한 의사소통이 가능한 상태

「장애인복지법」 시행령(2010)에 의한 청각장애인의 기준은 다음과 같다.

가. 두 귀의 청력손실이 각각 60데시벨(dB) 이상인 사람
나. 한 귀의 청력손실이 80데시벨(dB) 이상, 다른 귀의 청력손실이 40데시벨(dB) 이상인 사람
다. 두 귀에 들리는 보통 말소리의 명료도가 50퍼센트 이하인 사람
라. 평형 기능에 상당한 장애가 있는 사람

2. 청각장애의 분류

청각장애는 교육 및 재활 계획에서 차이를 보이기 때문에 분류가 다양하다. 청력손실 시기에 따라 선천적 청각장애와 후천적 청각장애로 구분하고, 교육적 관점에 따라 언어 습득 이전 청력장애(prelingually deaf)와 언어 습득 이후 청각장애(postlingually deaf)로 구분한다. 언어습득 유무에 따른 청각장애는 일반적으로 의사소통 방법에 대한 교육 목표의 중심이 다르다. 구체적으로 언어습득 이전 청각장애아동의 경우에는 언어습득 이전 청력손실은 익숙하게 언어에 노출되거나 모방하는 데 문제를 가지게 됨으로써 교육적 목적은 의사소통을 습득하는 데 초점을 두어야 한다. 그러나 언어습득 이후 청각장애는 의사소통을 유지하고 적절한 언어의 패턴을 유지하도록 하는 것에 교육의 초점을 두어야 한다.

청각장애는 청력손실 부위에 따라 전음성 청각장애(conductive hearing loss)와 감음성 청각장애(sensorineural hearing loss)로 구분된다. 전음성 청각장애는 외이나 중이에 문제로 인한 것으로 소리의 진동을 내이로 전달하거나 진동하는 데 문제를 보이는 경우로 보청기 등의 도움이 효과적이다. 감음성 청각장애는 내이의 청각신경섬유들이나 다른 감각기전의 손상이 원인으로 작용한다. 달팽이관의 손상은 소리가 왜곡된 형태로 뇌에 전달되거나 혹은

전혀 전달이 되지 않으므로 보청기의 도움이 효과적이지 않을 수도 있다.

일반적으로 청력손실의 정도에 따른 분류에서는 전통적으로 〈표 5-1〉과 같이 분류하고(ISO, 1964), 이러한 분류에 따른 의사소통 특징을 나열하였다.

〈표 5-1〉 청력손실 정도에 따른 분류 및 의사소통 특징

청력손실 정도	구 분	의사소통 특징
10~26dB	정상	· 의사소통에 아무런 방해를 받지 않는다.
27~40dB	경도	· 조용한 환경에서 말을 듣는데 어려움이 없다. · 시끄러운 환경에서 작은 소리의 말을 이해하는 데 어려움이 간혹 있다.
41~55dB	중등도	· 익숙한 주제에 대해서 조용한 환경에서 대화하는 데 어려움이 없다. · 교실에서의 토론활동을 따라가는 데 어려움이 있다. · 약간의 어려움은 있지만 얼굴을 보고 대화를 이해할 수 있다. · 교실에서 벌어지는 토론의 많은 부분들을 듣지 못한다. 특히 한 번에 여러 아동들이 말하거나 화자의 얼굴을 명확히 볼 수 없을 때는 더욱 심하다. · 아동이 청각장애가 있다는 것을 깨닫지 못하는 동료 아동들도 있다. · 보청기를 착용하면 이득을 볼 수 있다. · 언어치료사로부터 가끔씩 언어치료를 받는다.
56~70dB	중등고도	· 가까운 거리에서 대화하는 말소리만 들을 수 있다. · 학습 토론 등과 같은 집단활동에서의 어려움이 있다. · 보청기 없이는 분명하고 큰 소리의 대화 밖에 들을 수 없다. · 여자 목소리보다 남자 목소리를 더 잘 들을 수 있다(저주파수대에서는 청력손실이 더 심하다). · 교사가 좌석 배치를 유리하게 해 준다 하더라도 대부분의 수업 토론을 이해하기 힘들다. · 장애가 있지만 알아들 수 있는 말을 한다. · 청각장애아동들을 위한 시간제 특수학급에서 공부한다.
71~90dB	고도	· 큰 소리 외에는 대화하는 소리를 들을 수 없다. · 귀로부터 30cm 이내의 아주 큰 목소리만 들을 수 있다. · 보청기를 착용하지만 보청기로부터의 이득이 많지는 않다.

		· 대부분의 모음들은 식별할 수 있지만 자음들은 몇몇 자음들만 들을 수 있다. · 환경 내에서도 큰 소리(문이 세게 닫히는 소리, 진공청소기 소리, 머리 위 비행기 소리)들은 들을 수 있다. · 말과 수화언어로 의사소통을 한다. · 말하는 화자의 얼굴에 항상 시각적으로 주의를 기울여야 한다. · 특수학급과 수화통역사가 있는 정규학급에서 교대로 수업을 받는다.
91dB 이상	최고도	· 아주 큰 소리는 들을 수 있으나 대화하는 말소리를 전혀 알아들을 수 없다. · 대화 말소리는 전혀 들을 수 없다. · 화재 경보, 자동차 경적 소리와 같은 큰 소리를 알아듣기 위하여 보청기를 착용한다. · 시각을 학습의 주 양식으로 사용한다. · 의사소통의 주요 수단과 모국어로 수화언어를 사용한다. · 알아들을 수 있는 말이 발달되지 않았다. · 청각장애 학교에서 공부한다.

Paragraph 03 청각장애의 원인 및 출현율

1. 청각장애의 원인

청력손실을 유발하는 원인은 매우 다양해서 청각장애아동들의 약 50% 정도는 정확한 청력손실의 원인을 알 수 없지만(Moores, 2001), 일반적으로 유전, 약물, 음향, 외상 등에 의한 원인이 소개되고 있다.

선천적 청각장애의 약 50% 정도는 유전적 이상에 의한 원인에 해당된다(Tran & Grunfast, 1999). 청각장애아동의 90% 정도가 건청 부모에게서 출생하지만 청각장애아동의 학령기 학생 중에는 약 30% 정도가 청각장애가 있는 친척을 두고 있다고 한다(Moores, 2001).

모체의 풍진은 특히 임신 초기 3개월 이내에 감염되면 태아는 청각장애, 시각장애, 그리고 다른 다양하고도 심각한 장애를 초래하기도 한다. 약물은 주로 중추신경계를 거쳐 청각에 작용하게 되는데 일산화탄소, 수은 혹은 아미노글리코사이드계 항생제, 이뇨제, 신경안정제 등의 오용 혹은 남용이 원인으로 작용하기도 한다. 소음의 노출, 즉 지나치게 시끄러운 음악소리, 작업 환경 내의 소음과 같이 큰 소리에 반복적으로 노출되는 것이 청력 손실의 원인이 되기도 한다. 이러한 경우는 청력손실이 점진적으로 발생하며 청력이 심하게 손상될 때 까지 자신의 청력이 손상되고 있음을 인식하지 못한다(Haller & Montgomery, 2004).

중이나 내이에 외상으로 인한 경우나 돌발성 난청이 초래되는 경우도 있다. 중이염은 중이의 감염이나 염증으로 6세 미만의 아동들에게 흔히 발생하는 질환이다. 이러한 중이염에는 급성중이염과 만성중이염으로 구분되고 화농성 혹은 특이성을 보이는 중이염이 중이 내의 염증의 축적, 고막 파열로 인한 전음성 청각장애를 초래하기도 한다. 메니에르병(Ménière Disease)은 내이에 매우 드물게 발생하는 장애이지만 갑작스럽고 예상치 못한 어지럼증, 메스꺼움, 청각의 갑작스러운 변화, 이명 등을 호소한다. 원인이나 정확한 치료법은 현재까지는 없다(Schessel, 1999).

2. 청각장애의 출현율

교육부(2014)에 의하면 우리 나라의 전체 특수교육 대상자 87,278명 중 청각장애학생 수는 3,581명으로 4.1%의 출현율을 보였다. 특수학교 배치 학생 976명, 일반학교 특수학급 배치 808명, 일반학급 배치 1,779명, 특수교육지원센터 배치 18명으로 일반학교에 배치된 학생의 수가 많았다. 전국 166개의 특수학교 중 청각장애 특수학교는 15개로 9.0%를 차지하였다.

Paragraph

04 청각장애의 진단과 판별

1. 소리의 전달

듣는 활동이나 듣는 감각인 청력은 복잡한 과정이고 완전히 이해된 과정이 아니다. 귀에서 뇌로 소리가 전달되고 해석하는 것은 매우 복잡한 과정을 거치게 된다. 소리의 전달은 귀의 외부에서 뇌의 청각피질 영역까지 여러 다른 종류의 에너지를 포함하며 전달하는 복잡한 일련의 과정이다. 귀의 기능은 환경으로부터 소리들을 모으고 그 에너지를 우리 뇌가 해석할 수 있는 형태로 변환시키는 것이다. 인간의 귀는 외이, 중이 그리고 내이로 구분된다.

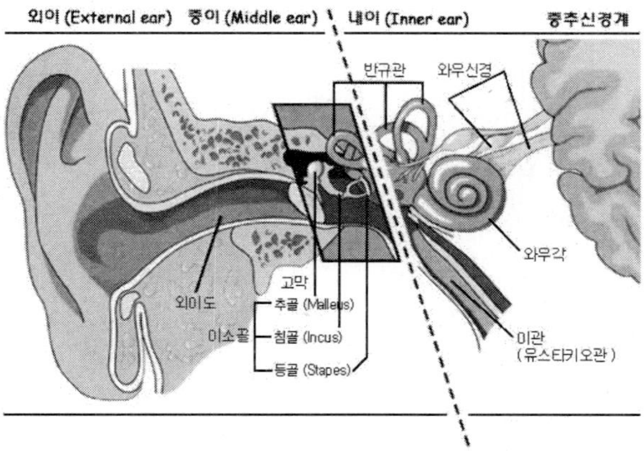

[그림 5-1] 귀의 구조

출처 : http://web.kyunghee.ac.kr/~health/health/

외이에는 이개와 외이도로 구성된다. 먼저 이개(auricle)는 소리를 수집하고 소리의 방향을 구분 짓게 하며 외이도(auditory canal)는 수집된 음을 고막까지 전달하는 기능을 한다.

중이는 고막, 이소골, 이관으로 구성된다. 고막(tympanic membrane)은 외이도를 통해 들어온 소리를 고막을 지나면서 그 움직임으로 인해 음향에너지가 기계에너지로 변환된다. 고막을 거친 소리는 중이의 이소골, 즉 추골, 침골, 등골이라는 작은 뼈로 전달된다. 중이 내 이소골의 진동으로 소리는 중이에서 내이로 전달된다.

내이는 청각 기관 중 가장 중요하고 복잡한 구조를 가지고 있다. 청각의 주된 수용기관인 달팽이관(cochlea)과 평형감각을 통제하는 반규관(semicircular canals)을 포함한다. 달팽이관은 얇은 유모세포가 정렬되어 있는 액체로 가득 찬 강(cavity)으로 구성되어 있다. 중이를 거친 소리 에너지는 달팽이관 내의 액체를 움직이고 이 움직임은 달팽이관 내의 유모세포들을 두드림으로써 전기신호를 발생시키고, 발생된 전기신호는 청신경을 통해 뇌로 전달된다.

2. 청력검사

소리는 강도와 주파수로 측정되는 데 소리의 크기나 강도는 데시벨(dB)로 측정되고 데시벨이 높아진다는 것은 소리의 크기가 커진다는 것을 의미한다. 소리의 주파수는 초당 사이클 수로 측정하며 헤르츠(Hz)를 단위로 사용한다. 1Hz란 초당 사이클이 한 번 있다는 것을 의미한다. 인간은 대략 20~20,000Hz 사이의 소리를 들을 수 있다고는 하지만 구어를 듣는데 중요한 주파수 대역은 약 500~2,000Hz 사이에 해당된다.

순음청력검사(pure-tone audiometry)는 검사자가 청력검사기를 통하여 음을 다른 강도 수준과 주파수로 제시하면서 아동이 들려주는 소리에 반응하는지를 검사하는 것이다. 소리가 외이도를 거쳐 중이를 통과하게 되는 경우를 기도전도, 외이와 중이를 거치지 않고 두개골의 진동에 의해 달팽이관을 자극하는 경우를 골도전도라고 한다. 그러므로 보통 헤드폰을 사용하는 경우는 기도전도를 알아보는 기도청력검사에 해당하고 측두골의 유양돌기에 진동기를 대고 실시하는 경우는 골도전도를 알아보는 골도청력검사에 해당한다. 이러한 골도청력검사는 중이를 거치지 않기 때문에 전음성 청각장애인지 혹은 감음성 청각장애인지를 구별할 수 있는 중요한 단서가 된다. 순음청력검사는 대부분 3세 이상의 아동이나 성인에게 실시된다.

어음청력검사(speech audiometry)는 언어 청취 및 이해 능력을 측정하기 위해 어음 자체를 음 자극으로 사용하여 청력을 측정하는 방법으로, 어음청취역치검사(speech reception threshold test), 어음명료도검사(speech discrimination test) 등이 있다(김영욱, 2007). 어음청취역치검사는 어음에 대한 탐지와 이해 능력을 검사하는 것이다. 즉 말소리를 자극으로 사용하는 것으로 피검자는 말소리를 감지, 인지 혹은 이해하고 있어야 수행이 가능한 검사이다. 1음절 및 2음절 단어들의 목록을 다른 음압 수준에서 제시하여 각각의 귀에서 어음수용역치를 측정한다. 어음수용역치는 개인이 단어의 50%를 이해할 수 있는 음압 수준을 의미한다. 어음명료도검사는 어음의 변별도를 알아보기 위한 검사로 보통의 어음청취역치보다 40dB 정도 높은 강도에서 단어목록을 들려주어 아동이 변별할 수 있는 지를 검사한다.

Paragraph 05 청각장애의 특성

1. 청각장애아동의 언어 특성

청각장애아동들은 자신의 소리를 듣고 평가하고 조절하기 어렵기 때문에 너무 크게 말하거나 혹은 너무 작게 말하며, 비정상적으로 높은 소리를 내거나, 억양이 없이 말하는 어려움 이외에도 어휘 학습, 문법, 구문의 어려움을 보인다. 또한 언어적 영역으로는 언어의 형태, 내용, 사용에 관한 어려움을 경험한다. 의사소통 측면에서 보면 청각장애아동들은 자발적으로 의사소통을 시작하거나 적극적으로 참여하지 않는 등 의사소통의 자발성 및 적극성이 부족한 편이다. 이로 인하여 다른 사람과의 의사소통이 중단되었을 때 의사소통을 유지하기 보다는 더 이상 대화를 하려하지 않고 포기하거나 회피하기도 한다. 의사소통 경험의 부족으로 인하여 청각장애아동들은 '네/아니오'로 대답하기, 일반적 질문에 짧게 대답하기, 간단한 요구하기, 반복하기 등과 같은 초보적인 의사소통 기술을 습득하는 경향이 있다(이규식 등, 2004).

언어습득하기 이전 청각장애아동의 경우 국어를 습득하는 데 많은 어려움을 보인다. 이는 건청아동들이 유아기 때부터 다른 사람들에게 혹은 자신에게 말하는 것을 들으면서 어휘, 문법적 지식, 다양한 구어의 표현을 습득하는 것에 대한 제한을 보이는 것으로 판단된다. 청각장애아동들은 건청 아동들에 비하여 어휘량이 적고 이는 연령이 증가할수록 그 차이가 더 심해짐을 알 수 있다(ASHA, 2001).

청각장애아동들의 대부분은 학업성취, 특히 읽기 및 쓰기에서의 많은 어려움을 보인다. 18~19세 고등학생들의 독해수준이 건청 4학년 수준(Allen, 1994; Kuntze, 1998)이라는 연구도 있지만, 청각장애를 가지고 있다고 해서 전적으로 학업성취가 뒤떨어진다고 단정 지을 수는 없다. 최근 연구에 의하면 청각손실만이 개인의 인지능력을 제한하지 않으며(Moores, 2001), 유창하게 읽기가 가능할 뿐 아니라 학문적으로도 뛰어나다는 결과들이 소개되고 있다(Lichtenstein, 1998; Williams & Finnegan, 2003).

2. 청각장애아동의 심리적 특성

청각장애아동들은 부족한 의사소통의 능력으로 인해 부정적인 반응을 보이거나 비교적 낮은 자아개념을 가지기 쉽고, 건청 또래들에 비하여 사회적으로 덜 받아들여진다고 인식하기도 한다(Cappell et al., 1995). 전반적으로 경도 청각장애아동들이 일반 아동에 비하여 상당히 낮은 자존감을 보이고(Bess et al., 1998), 보청기의 착용으로 인한 외관상의 차이로 인하여 부정적 피드백이나 반응을 받기도 하므로 이러한 증폭기기 등이 건청인들에게 부정적인 반응을 유발한다면 그로 인한 부정적 자아개념을 가지기 쉬워진다.

청각장애아동은 구어의 어려움으로 인하여 자기 표현에서 제한된 어려움을 경험하고 다른 사람들과의 감정교환뿐 아니라 다른 사람들의 감정을 이해하는 데 있어서의 어려움을 보인다. 즉 청각장애아동들은 건청아동들에 비하여 정서적 영역의 인지가 정확하지 않으며 정서적 영역에 관련한 어휘를 인지하지 못하는 것으로 나타났다.

청각장애 부모를 둔 청각장애아동들은 건청 부모를 둔 청각장애아동들보다 더 높은 수준의 의사소통 수준, 사회성, 청각장애에 대한 적응력, 행동적 자기 통제력 등을 갖고 있다고 한다. 이는 전형적으로 청각장애 부모와 아동 간에 일찍부터 수화언어로 의사소통을 충분히 하고 있었기 때문으로 분석된다. 청각장애아동이 가족구성원 및 친구들과 지역사회에서 성공적으로 상호작용할 수 있는 정도는 주로 다른 사람들의 태도와 상호 간에 수용할 수 있는 방법으로 의사소통할 수 있는 아동의 능력에 달려있다고 한다(Ita & Friedman, 1999).

Paragraph 06 청각장애아동의 교육방법

청각장애아동의 교육적 접근을 위해 사용되는 의사소통 방법들은 보청기와 인공와우를 포함한 청각접근법(aural approach), 수화법, 이중언어/이중문화 교육법(bilingual/bicultural approach) 등이 있다.

1. 청각접근법

청각접근법(aural approach)은 청능훈련, 말읽기, 보청기의 사용 등을 통하여 말하는 것 자체에 대한 관심을 두고 접근하는 방법이다.

청각장애아동들은 그들의 잔존청력을 일상생활의 경험과 실제 의사소통 맥락에서 더 효율적으로 개발할 수 있으므로 그들이 선호하는 의사소통 방식과는 상관없이 청취 능력을 향상시키는 활동들과 수업에 적극적으로 참여해야 한다.

청능훈련이란 음 및 말소리를 수용하는 능력을 신장시켜서 원활한 의사소통을 촉진하는 훈련이므로 청각적 활용을 최대화시켜야 한다. 또한 시각적으로 통제한 청력을 체계적이고 개별적으로 개발하며 어음의 지각, 변별 그리고 파지의 개선을 보도하고 자연스러운 음 및 말소리의 습득을 촉진하고 이를 통한 발음의 기초를 가지게 한다. 그러므로 전통적인 청능훈련은 음을 인식하는 것부터 시작한다. 이후 소리의 방향과 위치를 감지하는 훈련으로 나아가고 이후 음의 변별, 어음에 대한 인식과 변별 그리고 음의 이해로 진행된다. Ling(1986)에 의하면 아동이 단순히 듣기 위해서 배우는 것 대신에 듣는 것을 통해서 배우고, 청취하기 위해서 배우도록 가르치는 것이라고 하였다.

말읽기(speech reading)는 화자의 얼굴을 관찰함으로써 구어 메시지를 이해하는 과정이다. 청각을 통하여 말의 이해가 힘든 경우에는 구화를 통해 말을 이해할 수 있는 기능을 가지기 위해서 시각적인 의사소통 기능, 즉 말읽기의 기능의 습득을 강조하기도 한다(이규식 · 석동일, 1998). 청각장애아동들은 화자의 얼굴을 주의해서 지켜봄으로써 많은 중요한 단서들을 얻게 된다. 특히 아동은 잔존 청력, 수화 혹은 제스처, 얼굴표정, 친숙한 상황이나 맥락을 통해 약간의 정보를 얻을 수 있다면 더욱 많은 도움을 받게 된다. 그러나 독화는 극도로 어렵고 많은 한계를 가지고 있다. 많은 단어들이 다르게 소리나고 입술 모양이 비슷한 어휘들이 많은 편이다. 또한 오랜 시간 동안 화자의 얼굴을 주의 깊게 쳐다본다는 것이 피곤할 뿐 아니라 화자와 청자와의 거리가 떨어진 경우는 얼굴에 주의집중하기가 쉽지 않다는 단점을 가지고 있다.

2. 보청기와 인공와우

1) 보청기

청각장애아동의 청각 재활 목표는 잔존청력을 최대한 활용하여 듣기를 통한 효과적인 의사소통을 하는 것이다. 이러한 잔존청력의 활용은 보청기(hearing aids)를 통하여 적절한 증폭을 얻게 된다.

보청기는 소리를 증폭시켜 주는 기기일 뿐 청력을 증가시켜 주는 기기는 아니다. 최근 보청기는 특정 주파수만 차별적으로 증폭할 수도 있으며, 청력손실이 있는 각 아동의 특성에 맞게 조절이 가능해졌다. 보청기는 소리를 증폭시켜주기는 하지만 반드시 명료하게 해 주는 것은 아니다. 아동은 일찍 적합한 보청기를 착용할수록 의사소통과 소리 인식을 위해 청력을 사용하는 방법을 더 효율적으로 배우게 될 것이다.

보청기는 착용 위치에 따라 상자형 보청기, 귀걸이형 보청기, 그리고 귓속형 보청기 등이 있다. 상자형 보청기는 큰 음향의 이득을 주고 가격이 저렴한 편이지만 큰 크기 때문에 최근에는 그 수요가 많지 않다. 귀걸이형 보청기는 상자형 보청기에 비해 크기가 작고 송화기의 위치가 귀수준에 있으며 증폭도가 증가함에 따라 최고도 청각장애아동들까지도 많이 착용하고 있다. 귓속형 보청기는 많은 양의 음향 이득을 필요로 하지 않는 경도에서 중등도 청각장애아동들에게 효과적이다. 다음의 [그림 5-2]는 귀걸이형 보청기와 귓속형 보청기 종류와 착용한 모습이다.

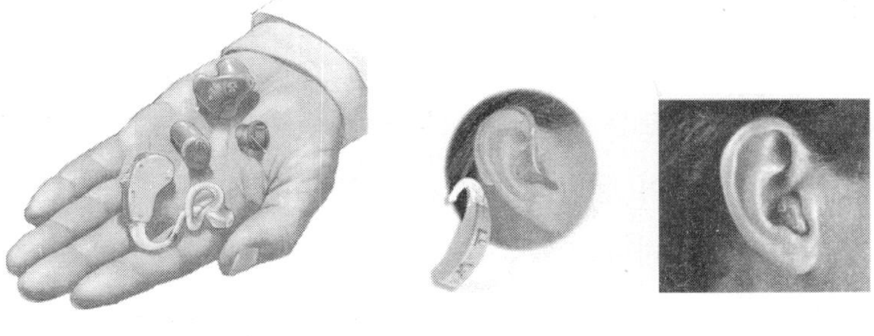

[그림 5-2] 귀걸이형 보청기와 귓속형 보청기

출처 : http://www.hear114.com/kind

2) 인공와우

인공와우(cochlear implant: CI)는 인체에 이식하는 인공적 장기로 이과적 수술을 통하여 청신경에 전기적인 자극을 직접 제공하는 방식으로 손상된 유모세포를 대체하여 직접적으로 청신경을 자극한다. 즉 전기 자극이 청신경을 자극함으로써 소리를 전달하는 일련의 과정을 거쳐 음압이 전기신호인

활동전위로 전환되어 중추청각전도로 전달되게 하는 것이다(석동일 등, 2002). 인공와우는 네 개의 기본 장치로 구성된다. 환경으로부터 음을 모으는 외부에서 보이는 마이크로폰, 마이크로폰에서 모아진 소리를 선택하고 배열하는 외부에서 보이는 어음처리기, 어음처리기에서 신호를 받아서 전기신호로 변환하는 송신기와 수신기, 수신기의 전기신호를 모아서 이 신호를 청신경을 통해 뇌로 전달하는 전극이 있다[그림 5-3].

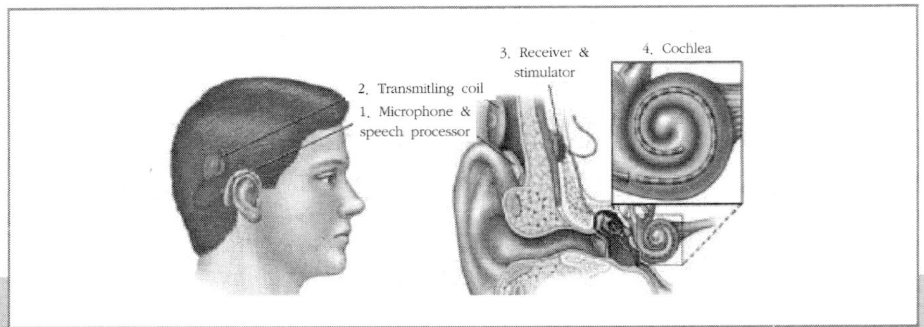

[그림 5-3] 인공와우

출처 : http://www.entsmc.com/clinic

인공와우의 시술은 모든 청각장애아동들에게 유용한 것이 아니라 일반적인 보청기로는 청각재활이 용이하지 않거나 양측성 최고도 난청 및 농 아동, 성인에게 적용이 가능하다. 인공와우 수술의 대상자는 체계적이고 철저한 사전검사를 반드시 실시해야 하고, 수술 이후에는 다양한 전문가로 구성된 재활팀으로부터 필요한 조언을 구해야 한다. 수술도 중요하지만 수술 이후에는 안정된 인공와우의 맵핑(mapping)을 찾을 때까지 정기적인 맵핑을 실시해야 하고 체계적인 청능훈련과 언어지도가 필수적이다. 인공와우에 대한 많은 연구가 현재까지도 진행 중임에도 불구하고 인공와우 수술을 받은 아동들은 받지 않은 아동들에 비하여 말의 지각 및 산출, 언어 기술에서의 유의한 향상을 보이고 있다(McKinley & Warren, 2000; Spencer, 2001)는 사실만은 간과할 수 없다.

3. 수화법

청각장애인들이 사용하는 수화는 청각장애인들의 의사소통의 수단이고 이를 통한 지식의 함양으로 자아를 실현하는 중요한 매개체이다. 수화는 손을 통하여 표현하는 시각 · 운동체계로 그 나름의 표현양식과 문법적 구조를 가지고 있다. 이러한 수화는 자연수화, 문법수화, 지화 등으로 구분된다.

자연수화란 청각장애인 사회에서 주된 의사소통의 수단으로 수화기호를 시각적으로 이해하는 체계이다. 미국의 자연수화인 ASL(America Sign Language)은 그 나름의 발달된 체계를 가지고 있으며 영어 구조와는 다른 문법 구조를 가지고 독자적으로 고안되었다. 우리 나라에도 자연수화가 있기는 하지만 자연수화 고유의 독자성이 약하고, 문법수화의 중간형태의 성격을 가지고 있다.

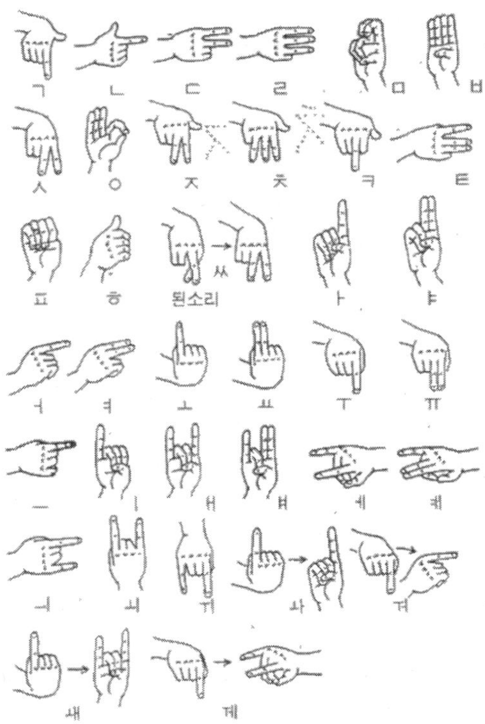

[그림 5-4] 한글 지문자

문법수화는 손의 운동에 의하여 음성언어의 문법을 표현하는 체계이다. 이는 언어이해와 표현양식이 시각 · 운동이라는 점에서는 수화와 동일하지만 국어의 문법체계를 따른다는 점에서 차이가 있다. 문법수화는 청각장애학생이 건청인의 국어적 체계에 따라 그들의 생각을 표현할 수 있고, 건청인의 언어체계를 이해하는 중요한 역할을 하기 때문에 최근 청각장애학생들의 읽기 및 쓰기 능력의 향상을 보인다.

지화는 시각 · 운동 언어로 음성언어를 표현하는 방식이다. 문어의 철자들과 손, 숫자의 외형들과 문어의 철자 및 숫자를 나타내는 움직임 간의 일대일 대응을 나타내는 수단이다. 이는 문어의 철자를 종이에 하나씩 쓰는 것과 유사하다고 볼 수 있다. 다음의 [그림 5-4]는 우리 나라의 자음과 모음의 지문자를 소개한 것이다.

4. 이중언어/이중문화 접근법

이중언어/이중문화 접근법(bilingual/bicultural approach)은 청각장애아동들이 모국어로서 수화를 사용하도록 하고 외국어로서 국어를 읽고 쓸 수 있도록 하는 것이다. 이 접근법은 청각장애아동의 정체성을 확립하고 일차언어로서의 수화언어의 발달을 촉진한다. 청각장애아동의 대부분은 건청아동들에 비하여 언어수행 능력이 전반적으로 낮다. 이는 수화를 바탕으로 한 교육이 이루어지지 않은 결과 청각장애아동들이 구어에 의존하는 것은 동일 연령수준의 정보와 지식의 습득에서 건청 아동들과 차이를 보일 수밖에는 없는 것이다. 이에 연구자들은 이중언어 접근을 강력하게 언급하고 있다(Strong, 1995). 청각장애 문화에 긍정적인 청각장애아동들은 이중문화/이중언어 접근법에 대한 긍정적인 자세를 보이며, 자연수화를 자연스럽게 일차언어로 사용하며 건청 사회로의 통합을 위하여 의사소통 양식으로서의 구화의 수용에도 긍정적인 면을 보인다. 또한 청각장애학생의 청각장애 문화 접근태도와 언어의 선호도는 성장 환경과 밀접한 관련을 보이기 때문에 청각장애학생은 성장과 더불어 청각장애인으로서의 정체성이 형성되면 자연수화의 사용빈도가 높아진다(권순황, 2002; Simon, 1994; Strong, 1995). 이러한 맥락에서 청각장애아동의 모국어에 해당하는 자연수화에 접근하도록 지원하여 학습방법을 개선시키고 사회통합을 이루도록 적극적으로 지원해야 한다.

Paragraph 07 청각장애아동의 교육사례

청각장애 학교 유치부에 재학 중인 아인이는 선천성 감음성 청각장애로 진단받았고 양쪽 귀에 귀걸이형 보청기를 착용하고 있었다. 대부분의 의사소통은 구화로 이루어지지만 가족이나 교사를 제외하고는 의사소통이 적절하게 이루어지지 못하고 있었다. 구화 이외에 또래 아이들과는 말읽기를 사용하기는 하지만 몸짓이나 몸짓과 발성을 사용하는 경우가 많았다. 교사의 Ling 5개음 검사의 반응을 보면 /i/, /a/, /u/, /m/은 모방할 수 있지만 /s/, /ʃ/는 교사의 입을 가린 채 소리를 들려주면 아인이는 소리에 대한 모방이 없었다. 유치부에서 수업을 진행하면서 아인이는 교사의 입모양을 열심히 보고 핵심어에 주의를 기울이며 교사의 말소리에 관심을 가지게 하였다. 더불어 듣기 능력을 강화하기 위하여 아인이의 언어능력에 적합한 문장의 길이로 구성된 질문에 대답하기, 상황 그림 이야기듣고 질문에 대답하기, 노래를 통한 운율 학습하기 등으로 진행하였다. 말하기 능력을 강화하기 위하여 음절별 발음연습하기, 수용 및 표현언어에 적합한 단어, 문장 연습하기 등으로 진행하며 아인이의 청지각과 언어 능력을 향상하는 수업을 진행하였다.

Paragraph 08 청각장애아동 교육의 과제 및 전망

청각장애아동은 점차적으로 일반학교에 배치되어 수업을 받는 비율이 증가하고 있다. 이는 대부분의 의사소통이 구어에 의존된다는 점이며 이는 청각접근법이 강조되고 있음을 의미한다. 보청기와 인공와우의 발달과 더불어 청각접근법에 의한 의사소통지도법으로 일반아동들과 학습을 하고 있는 추세이지만 여전히 청각장애아동들의 학습 수행능력은 일반아동들과 비교하여 낮은 수준을 보이고 있다. 끊임없는 논쟁거리이지만 수화법 역시 강조해야 하는 의사소통지도법임이 분명하고 이를 위해 청각장애아동을 위한 수화지도에 대한 노력이 좀 더 이루어져야 할 것이다.

참고문헌

교육부(2014). 2014 특수교육 통계. 교육부.

김병하 · 석동일 · 원영조 · 이규식(2008). 청각장애아 교육. 대구대학교 출판부.

김영욱(2007). 청각장애아동 교육의 이해. 학지사.

석동일 · 이규식 · 박상희 · 신혜정 · 박희정(2002). 청각재활. 대구대학교 출판부.

이규식 · 국미경 · 김종현 · 김수진 · 유은정 · 권요한 · 강수균 · 석동일 · 박미혜 · 김시영 · 권순황 · 정은희 · 이필상(2011). 청각장애아 교육. 학지사.

이규식 · 석동일(1998). 청각학. 대구대학교 출판부.

American Speech-Language-Hearing Association. (2001). Effects of hearing loss.

Bess, F. H., Doss-Murphy, J., & Parker, R.(1998). Children with minimal sensorineural hearing loss: Prevalence, educational performance and functional status. *Ear and Hearing, 19*(5), 339-355.

Cappelli, M., Daniels, T., Durleux-Smith, A., McGrath, P. J., & Neuss, D.(1995). Social development of children with hearing impairments who are integrated into general education classroom. *Volta Review, 97*, 197-208.

Haller, A. K., & Mintgomery, J. K.(2004). Noise-induced hearing loss in children: what educators need to know. *Teaching Exceptional Children, 36*(4), 22-27.

http://web.kyunghee.ac.kr/~health/health

http://www.entsmc.com/clinic

http://www.hear114.com/kind

http://www.icanhear.net

Ita, C. M, & Friedman, H. A.(1999). The psychological development of children who are deaf or hard of hearing; A critical review. *Volta Review*, 101, 165-181.

Ling, D.(1986). Devies and procedures for auditory learning. *Volta Review, 88*(5), 19-28.

McKinley, A. M., & Warren, S. F.(2000). The effectiveness of cochlear implants for children with prelingual deafness. *Journal of Early Intervention, 23*, 252-263.

Moores, D. F.(1996). *Educating the deaf: psychology, principles and practices.* Boston, MA: Houghton Mifflin.

Moores, D. F.(2001). *Educating the deaf: psychology, principles and practices*(5th ed.),. Boston, MA: Houghton Mifflin.

Schessel, D. A.(1999). Ménière disease. *Volta Review, 99*(5), 177-183.

Spencer, P. E.(2001). *Cochlear implants for children: Language, culture, and education.* Paper presented at office of Special Education Program Project Director's Conference. Washington, DC.

Strong, M.(1995). A review of bilingual/bicultural programs for Deaf children in North America. *American Annuals of the Deaf, 140*(2), 84-94.

Tran, L. P., Grunfast, K. M.(1999). Hereditary hearing loss. *Volta Review, 99*(5), 63-69.

생각해 볼 문제

01 청각장애의 분류는 교육 및 재활에서 차이를 보이기 때문에 다양성을 가지고 있다. 교육적 관점에서의 청각장애를 분류하는 방법과 이에 따른 의사소통 방법을 설명하시오.

02 청력검사 방법 중 순음청력검사와 어음청력검사를 비교 설명하시오.

03 인공와우를 통한 청각접근법을 효과적으로 적용하기 위한 인공와우의 수술을 위한 대상자 선정기준을 설명하시오.

04 우리나라의 자연수화와 문법수화를 비교 설명하시오.

05 청각장애아동들을 위한 이중언어/이중문화접근법의 정의를 설명하시오.

Chapter 06

정신지체아동 교육

- ❖제1절 정신지체아동 교육의 역사
- ❖제2절 정신지체의 정의 및 분류
- ❖제3절 정신지체의 원인과 출현율
- ❖제4절 정신지체의 진단과 판별
- ❖제5절 정신지체의 특성
- ❖제6절 정신지체아동의 교육방법
- ❖제7절 정신지체아동의 교육사례
- ❖제8절 정신지체아동 교육의 과제 및 전망

19세기 이전에는 정신지체에 관한 연구가 부족했지만, 19세기가 되면서 정신지체교육에 관심을 갖기 시작하였다. Itard나 Seguin과 같은 선구자들에 의해서 정신지체아동의 교육이 유럽에서 먼저 시작되고 발전되었으나 1800년대 중반 즈음 미국으로 확산되었다.

이 장에서는 정신지체아동 교육의 역사, 정신지체의 정의 및 분류, 정신지체의 원인과 출현율, 정신지체의 진단과 판별, 정신지체의 특성, 정신지체아동의 교육방법, 정신지체아동의 교육사례, 정신지체아동 교육의 과제 및 전망 등을 중심으로 살펴보고자 한다.

Paragraph 01 정신지체아동 교육의 역사

1. 우리 나라 정신지체 교육의 역사

우리 나라 정신지체아동의 교육은 광복이후의 미군정, 정부수립, 한국전쟁 등의 정치적 불안정으로 취약했지만, 1967년 특수교육 5개년 계획과 1977년 「특수교육진흥법」이 공포되면서 발전하기 시작하였다. 한국의 정신지체아동 교육은 한국구화학교(1962년 7월 20일 설립)에 정신지체 1개 학습(6명)을 병설하였던 것이 공식적인 시작이다. 이는 정신지체학교로서는 최초로 설립된 대구 보명학교보다 4년이나 앞선 것이라서 의미가 크다. 독립된 정신지체학교로는 대구보명학교(1966년)가 최초이지만, 국가차원에서 설립한 공립학교는 대구 남영학교(1969년)가 최초로 개교하였다. 그리고 국내 최초의 정신지체아동 특수학급은 1971년 대구 칠성초등학교이다.

1970년에 들어오면서 정신지체아동 특수학교가 15개 학교가 설립되었고, 1980년에는 24개가 증설되어 정신지체아동 특수학교의 양적 발전을 가져왔다. 우리 나라 정신지체 특수학교교육은 사립학교에서 먼저 실시되어 1970년대에는 사학 중심으로 이루어지다가 1980년대에 와서 공립학교가 크게 확대되었고, 1990년에 비로소 국립학교가 설립되었다. 따라서 이러한 시대적 흐름에 따라 사립학교, 공립학교, 국립학교 순으로 학교설립의 내용과 특징을 정리할 수 있다(교육부, 1993).

1975년 UN제 30차 총회에서 '장애인 권리선언'을 하였다. 이를 계기로 1977년에 「특수교육진흥법」을 제정 · 공포하였다. 이 제도적 장치는 정신지체아동 교육의 양적 발전의 틀을 마련하였다.

2. 외국 정신지체 교육의 역사

19세기 이전에는 정신지체에 관한 연구가 부족했지만, 19세기가 되면서 정신지체교육에 관심을 갖기 시작하였다. 이 당시에 정신지체교육에 관심을 보인 Itard와 Seguin에 대해서 살펴보고자 한다.

프랑스인 Itard는 의사로서 파리 농학교의 의료부장직을 맡아 반평생 교직에 몸담았다. 그의 선구적인 정신지체아동 교육은 그가 1978년에 11~12세로 추정되는 야생소년을 파리근교 Aveyron 숲속에서 본 것이 계기가 되었다. 이 소년은 문화의 영향을 받은 흔적이 전혀 없는 것처럼 보였다. 소년은 옷도 전혀 입지 않은 채 열매, 식물뿌리, 딸기를 먹으며 살아서 언어능력이 부족했다. Itard는 이 소년에 관심을 갖고 소년의 야생 상태를 문명상태로 전환시키고자 노력하였다. 이런 그의 노력은 인간의 가능성이 환경에 의해서 결정되고 적절히 양육될 경우 그 능력은 거의 무한하다고 말한 영국 철학자 John Locke의 사상 때문이다. Itard는 그 소년과 5년 동안 생활하였으나 처음 기대했던 결과는 나오지 않았다. 그럼에도 불구하고 프랑스 학술원은 그에게 학술상을 수여하여 그의 업적을 인정하였다. Itard의 업적은 그 소년을 교육하는 데 있어서의 성패보다는 중증 장애인을 위한 체계적인 교육적 시도와 그 과정에서의 소득에 있다고 볼 수 있다. 즉 정신지체로 진단받은 아동이라도 체계적인 훈련을 받으면 능력이 어느 정도 향상될 수 있음을 보여 주었던 것에 의미가 있다. Itard의 교육적 도전은 정신지체아동 교육분야의 최초이면서 중요한 시도라고 평가할 수 있다.

Itard의 영향을 가장 많이 받은 사람은 Seguin이다. Itard가 그 소년을 교육시킨 것은 18세기 후반이었지만 그 이후 30년 간은 정신지체아동 연구가 이루어지지 않았다. 1835년 Itard의 제자인 Seguin은 정신지체아동에게 몇 가지 기술을 가르치려는 시도를 하여 효과를 입증하였다. 즉 1년 반의 기간에 정신지체아동을 훈련시켰으며, 그 결과 이 아동은 자신의 감각을 더 잘 사용할 수 있었고, 비교할 줄 알고, 말하고, 쓰며, 수를 셀 수 있게 되었다. Seguin은 자신의 교육방법을 다른 아동들에게 적용시켜 본 후, 1837년 프랑스 파리에서 본격적으로 정신지체아동 교육 프로그램을 마련하였다. 그의 인도적인 업적에 대해서 교황은 친서를 보내 치하하기도 하였다. 그의 교육프로그램은 생리학과 도덕성 교육에 중점을 두었으며 Itard의 방법보다는 매우 체계적이었다. 그는 파리에서 혁명이 발발하자 1848년에 이주하여 펜실베니아 주의 정신지체학교의 초대교장으로 근무하면서 1866년에 『생리적 방법에 의한 백치 치료방법』(Idiocy and its treatment by physiological methods)이라는 책을 출판하였다. 이 책은 19세기 후반의 정신지체아동 교육발전에 크게 기여한 책이다. 그리고 그는 '미국정신박약협회'(Association of medical offers of American institutions for idiotic and feebleminded persons)의 초대회장이 되었다. 이 협회는 미국정신지체협회(American Association on Mental Retardation: AAMR)의 전신이다.

Itard나 Seguin과 같은 선구자들에 의해서 정신지체아동 교육이 유럽에서 먼저 시작되고 발전되었으나 1800년대 중반 즈음 미국으로 확산되었다. 미국에서의 정신지체인 복지나 교육에 선구적인 역할을 한 사람은 Samuel Howe (1801~1876)와 Hervey Wilbur(1820~1883)를 들 수 있다. Howe는 정신지체인들이 정부의 책임 하에 훈련을 받고 서비스를 받을 수 있는 길을 주장하였다. 그래서 자신이 교장으로 있던 보스턴의 퍼킨스 맹학교 내에 별채를 지어 정신지체인 훈련기관으로 사용하였다. 이 건물이 정신지체인을 위한 최초의 공공훈련기관이다. Wilbur는 그의 집에 정신지체인을 치료하는 사설기관을 만들었는데, 이것이 최초의 사설 정신지체인 치료기관이다.

Paragraph 02

정신지체의 정의 및 분류

1. 미국정신지체협의회(American Association on Mental Retardation)의 정의

정신지체에 대한 정의는 시대적 흐름을 따라 많은 학자에 의해서 이루어져 왔다. 민천식(2003)은 시대적 변화에 따른 정의를 크게 다음과 같이 세 단계로 나누고 단계적 특징을 분석하였다. 첫 번째 단계는 정신지체를 병인론적으로 보아 왔던 1908년의 1차에서 1947년의 4차까지의 초기 정의다. 두 번째 단계는 기능주의 패러다임에 의해 지배된 의료적 모델에 근거한 정의로 1959년의 5차에서 1983년의 8차까지의 과도기적 정의다. 세 번째 단계는 패러다임 이동에 의한 것으로 정신지체를 개인의 병리에서 사회병리론적으로 인식하려는 1992년의 9차와 2002년의 10차까지로 분류할 수 있다.

미국정신지체협회(AAMR)는 1921~2002년에 걸쳐 모두 10번의 정신지체의 정의를 발표하였으며, 이 협회의 정의가 전 세계적으로 정신지체의 아동을 사정 · 중재하는 데 기준으로 채택되어 사용되고 있다.

1) 1992년 미국정신지체협회(AAMR) 정의

정신지체는 현재 기능상에서의 실질적인 제한성이 있는 것을 지칭한다. 정신지체란 유의하게 평균 미만의 지적 기능성과 동시에 그와 연관된 제한성이 다음의 적용 가능한 열 가지 적응기술 영역들(의사소통, 자기관리(self-care), 가정생활, 사회성 기술, 지역사회 활용, 자기지시, 건강과 안전, 기능적 학업기술, 여가 및 직업) 중 두 가지 또는 그 이상에 실재하는 것으로 특징지어진다. 정신지체는 18세 이전에 시작된다. 가장 많이 인용되는 정의와 분류의 미국정신지체협회(American Association on Mental Retardation)는 1950~1980년에는 교육가능 정신지체, 훈련가능 정신지체로 분류하였고, 1992년에는 아동의 현재 가능성을 향상시키는데 필요한 환경적인 지원의 강도에 따라 간헐적, 제한적, 확장적, 전반적 지원으로 분류하였다. 지원의 강도는 지능의 정도에 따른 분류가 아닌 시간에 따라 개인의 사회적 기술영역에서의 능력에 따라 변화한다. 그리고 열 가지 적응기술 영역을 명시함으로써 이들 영역의 요구에 따라 행동을 변화시키고 환경에 맞추어가는 적응행동이 요구된다. 적응과정에서 개인은 두 가지 혹은 그 이상의 적응기술 영역에 제한성을 가지게 된다. 적응기술의 제한성은 또래들의 전형적인 지역사회 환경의 맥락 내에서 발생하며, 이는 그 개인의 개별화된 지원 요구의 차원을 통해 살펴볼 수 있다.

이와 같이 1992년 AAMR의 정의는 정신지체의 진단, 분류, 지원 체제의 결정이라는 새로운 세 가지 단계를 제시하였으며, 다음과 같은 네 가지 차원에서 필요한 지원 프로파일을 작성하도록 하였다.

- **차원 1** : 지적 기능과 적응기술
- **차원 2** : 심리적 · 정서적 고려
- **차원 3** : 신체적 건강과 원인의 고려
- **차원 4** : 환경적 고려

〈표 6-1〉 적응기술 열 가지 영역

영 역	내 용
의사소통 (communication)	상징적 행동(예 : 구어, 문어/바른철자), 수화 혹은 비상징적 행동(예 : 얼굴표정, 몸 움직임, 접촉, 제스처)을 통해서 정보를 이해하고 표현하는 능력을 포함한다.
자기관리 (self-care)	화장실이용, 먹기, 옷 입기, 몸단장하기 등의 신변처리에 필요한 기술이다.
가정생활 (home-living)	옷 손질, 살림살이, 소유물 관리, 음식 준비와 요리, 물건을 사기 위한 계획과 예산짜기, 가정의 안전, 일과 시간표 짜기를 포함하는 가정 안에서의 기능성과 관계가 있다.

사회적 기술 (social skill)	상호작용의 개시와 종료, 감정인지, 긍정적 · 부정적 피드백을 제공하는 것, 자신의 행동을 규제하는 것, 남을 돕기, 우정과 사랑을 형성하고 증진하기, 남의 요구에 부응하기, 선택하기, 나누기, 충동 통제하기 등 다른 사람과의 사회적 교육에 관련된 것이다.
지역사회 활용 (community use)	지역사회 안에서 이동하기, 가게와 시장에서 식료품 및 일반 물건 사기, 대중교통, 학교, 도서관, 공원과 오락영역, 공공 편의시설을 이용하는 것과 관련된다.
자기주도 (self-direction)	선택하기, 일정표배우고 따르기, 환경, 조건, 일정표, 개인적인 흥미에 적합한 활동을 개시하는 것, 필수적인 혹은 요구된 관계를 완결하는 것, 새로운 상황에서 직면한 문제를 해결하는 것, 적절한 주장과 자기옹호 기술을 나타내는 것과 관련된다. 모든 일을 자기 스스로 하는 자율성과 관련된 기술이다.
건강과 안전 (health and safety)	식사, 병의 판별과 처치 및 예방, 기본 응급처치, 성, 신체적 건강관리, 기본적인 안전성 고려하기, 개인적인 습관의 관점에서 개인의 건강 유지와 관련된다.
기능적 교과 (functional academics)	개인적 생활에 직접적 적용이 되는 인지적 능력과 기술이다. 이 기술의 초점은 학년 수준의 학업성취가 아니라 오히려 독립적인 생활의 견지에서 기능적인 학업기술의 획득이 되어야 함을 주지하는 것이다.
여가(leisure)	다양한 여가와 오락적(예 : 혼자서의 오락과 상호작용적인 오락)흥미의 개발은 개인의 선호성과 선택을 반영하고, 여가활동이 공적으로 행해지면 연령과 문화적 규준을 반영한다.
직업(work)	특정 직업기술, 적절한 사회적 행동, 직업과 관련된 기술의 견지하에 지역사회에서 직업을 시간제나 전일제로 가질 수 있는 것과 관련된다.

출처 : American Association on Mental Retardation(1992). Definition, Classification, and System of supports(9th ed). Washington. DC: An-thor.

2) 2002년 미국정신지체협회(AAMR)의 정의

정신지체는 지적 기능과 개념적 · 사회적 · 실제적 적응기술로 표현되는 적응행동 모두에서 유의미한 제한을 가진 자들로 특징지어진다.

〈다섯 가지 필수적인 가정 제시〉

① 현재 기능의 제한은 반드시 개인의 또래 집단과 개인이 속한 문화적 배경을 포함한 지역사회의 맥락 안에서 고려되어야 한다.

② 타당한 평가는 문화적 · 언어적 다양성과 함께 의사소통 · 감각 · 운동 기능, 행동상의 차이점도 고려하여야 한다.

③ 개인 내적으로 제한점과 함께 강점도 공존할 수 있다.

④ 제한점을 설명하는 중요한 목적은 필요한 지원 프로파일을 개발하기 위한 것이다.

⑤ 적절한 개인적 지원이 지속적으로 주어짐으로써 정신지체인 삶의 기능은 전반적으로 향상될 수 있다.

〈표 6-2〉 9차 정의와 10차 정의의 비교

구 분		9차(1992년) 정의	10차(2002년) 정의
정의	개념	인지와 학습	일반적인 정신능력
	기준	IQ 70~75이하	2표준편차(SD) 이하
	가정	· 문화적, 언어적 다양성과 의사소통 · 행동적 요소 차이점 고려 · 적응행동기술 또래 동료들에게 전형적 지역사회 환경의 맥락 발생 → 개별화된 자원욕구로써 지적 · 특정능력 제한성 → 강점 · 적합한 지원 장기간 → 생활가능성 향상	· 같은 생활연령, 문화 환경 고려 · 개인차와 문화, 언어까지 고려 · 특정능력 제한성 → 강점 · 정의 목적 → 지원 · 개별화된 지원 장기간 → 적응행동 향상(변화) · 정신지체 → 기능의 상태로 이해 · 분류–지원 정도에 따라, 지원 체계 재공식화 · 정신지체 개념 구조 → 제한된 지적기능을 가진 개인과 환경 상호작용으로 표현
적응행동	개념	상황요구에 따라 행동 변화 현장에 맞추어가는 능력	일상생활 속에서 기능하기 위해 배워야 하는 개념적, 사회적, 실제적 집합체
	기준	열 가지 영역 중 2개 영역에서 제한점	전체점수 또는 한 영역의 점수 2표준편차 이하
	영역	의사소통, 기능적 학업교과, 자기지시	개념적(인지, 의사소통 및 학업기술) 적응행동
		여가, 사회적 기술	사회적(사회적 능력 기술) 적응행동
		자기관리, 건강과 안전, 가정생활, 지역사회 이용, 직업기술	실제적(독립생활 기술) 적응행동
발달시기	기준	임신에서 18세까지	임신에서 18세까지

<table>
<tr><td rowspan="7">다차원적 접근</td><td colspan="2" rowspan="4">Ⅰ. 지적기능과 적응</td><td>Ⅰ. 지적능력</td></tr>
<tr><td>Ⅱ. 적응행동
(개념적, 실제적, 사회적)</td></tr>
<tr><td>Ⅲ. 참여, 사회적 역할, 상호작용</td></tr>
<tr></tr>
<tr><td colspan="2">Ⅱ. 심리적/정서적 고려</td><td rowspan="2">Ⅳ. 건강(신체건강, 정신건강)</td></tr>
<tr><td colspan="2">Ⅲ. 신체적/건강/원인 고려</td></tr>
<tr><td colspan="2">Ⅳ. 환경적 고려</td><td>Ⅴ. 맥락(환경, 문화)</td></tr>
<tr><td rowspan="5">분류</td><td rowspan="4">지원 강도</td><td colspan="2">· 간헐적 지원－필요한 경우에 기초하는 지원으로 항상 지원이 필요한 것이 아닌 단기간 지원</td></tr>
<tr><td colspan="2">· 제한적 지원－일정한 시간 동안 일관성 있게 지원이 필요하고 시간제한적인 성격을 띠며 집중적인 지원보다는 지원 인력이 덜 필요하고 비용도 적게 드는 지원</td></tr>
<tr><td colspan="2">· 확장적 지원－적어도 일부 환경에서 정규적으로 지원을 제공하는 것으로 시간제한적이지 않은 지원</td></tr>
<tr><td colspan="2">· 전반적 지원－전반적인 모든 환경에서 제공되며 삶을 유지시키는 데 필요한 지원으로, 일반적으로 전반적 지원은 확장적 혹은 시간제한적 지원보다 더 많은 인력과 개입이 요구되는 계속적이고 고강도의 지원</td></tr>
<tr><td>고려 사항</td><td colspan="2">지속시간, 빈도, 지원이 필요로 하는 환경, 지원을 위해 요구되는 자원, 개인 삶에 대한 침해 정도</td></tr>
</table>

2. 미국지적발달장애협회(AAIDD)의 정의

정신지체의 정의와 분류는 연구의 증가로 많은 변화를 가져왔다. 10차 정의에서는 기능중심과 지원강조, 지적기능성, 적응행동, 발생시기의 세 가지 진단준거(지적기능성, 적응행동, 발생시기), 인간 기능성의 다차원적 체제를 포함하여 9차 정의의 체제를 유지하고 있다. 그리고 미국지적발달장애협회(American Association on Mental Retardation)의 2010년의 11차 정의는 지적장애란 용어를 공식 사용하였다. 지적장애 용어는 인간 기능성을 강조하는 최근 장애의 개념을 반영하고 있는 용어이고, 기능적 행동과 맥락과의 관계에 초점을 두고 정의를 내리려고 하는 전문가들의 입장과 맥을 같이하며, 사회생태학적 체제에 기초해 있기 때문에 개별화지원에 대한 논리적 기초가 되며, 이 용어자체가 장애인 당사자에게 덜 불쾌감을 주고, 국제적인 용어로 정신지체보다 이 용어를 더 많이 사용하기 때문이다.

정신지체는 지적 기능성과 개념적, 사회적, 실제적 적응행동에서 유의미한 제한성을 가진 장애로 특징지어진다. 이 장애는 18세 이전에 발생한다.

3. 우리 나라 「장애인 등에 대한 특수교육법」의 정의

정신지체란 지적 기능과 적응행동에 어려움이 함께 존재하여 교육적 성취와 일상생활 및 직업기술 습득에 어려움이 있는 사람이라고 하였다.

「장애인 등에 대한 특수교육법」 시행령 제10조

지적 기능과 적응행동상의 어려움이 함께 존재하여 교육적 성취에 어려움이 있는 사람

4. 「장애인복지법」 시행령의 정의

정신지체인이란 정신 발육이 항구적으로 지체되어 지적 능력의 발달이 불충분하거나 불완전하고 자신의 일을 처리하는 것과 사회생활에 적응하는 것이 상당히 곤란한 사람을 말한다.

Paragraph 03 정신지체의 원인과 출현율

1. 출현율

정신지체는 전 인구의 약 2~3%의 범위에 걸쳐 다양하게 분포되었다. 세계보건기구(WHO)의 보고에 의하면 연령별로 보면 0~4세는 0.21%, 5~19세는 0.46%이다. 그리고 성별로 보면 남자의 경우 0.36%, 여자의 경우 0.31%이다. 또한 지역별로 보면 아프리카는 0.37%, 아메리카는 0.26%, 동지중해는 0.39%, 유럽은 0.24%, 동남아시아는 0.34%, 서태평양은 0.33%, 우리 나라는

0.12% 등이다. 정신제체 출현율은 조사기관과 연구자에 따라 다양하게 나타내고 있으나 일반적으로는 총 인구의 1%로 추정하고 있다. 우리 나라의 특수교육 아동의 출현율은 2.71%이다(특수교육연차보고서, 2012). 즉 0~9세는 0.59%이고, 10~19세는 1.24%이다. 그리고 2012년도 장애인실태조사에서는 정신지체인이 0.38%로 보고되었다. 이와 같이 정신지체아동의 출현율은 검사기준과 검사방법에 따라 달라지기도 하며, 성, 연령, 계층, 지역 특성 등에 달라지기도 한다.

2. 정신지체 발생 시기별 위험 요인

미국지적발달장애협회(AAIDD)는 정신지체의 원인을 생의학적 · 사회적 · 행동적 · 교육적인 네 가지 범주의 위험요인으로 분류하였다. 이는 시기별로 출생 전, 출생 시, 출생 후의 원인으로 구분된다.

〈표 6-3〉 정신지체의 요인

시 기	생의학적 요인	사회적 요인	행동적 요인	교육적 요인
출생 전	· 염색체 장애 · 단일 유전자 장애증후군 · 대사장애 · 대뇌장애 · 산모 질병 · 부모의 연령	· 빈곤 · 산모영양결핍 · 가정폭력 · 부모 산전 관리 부족	· 부모의 약물 남용 · 부모의 알코올 남용 · 부모의 흡연 · 부모의 미성숙	· 부모의 인지 장애 · 부모가 될 준비 결여
출생 시	· 조산 · 출생시 손상 · 신생아 이상	· 출생시 관리 부족	· 부모의 양육 거부 · 부모의 아동 유기	· 중재서비스를 위한 의료적 의뢰 체계의 부족
출생 후	· 외상성 뇌손상 · 영양실조 · 뇌수막염 · 발작장애 · 퇴행성 장애	· 부적절한 이동 양육 · 적절한 자극의 결여 · 가정의 빈곤 · 가족의 만성질병 · 시설수용	· 아동학대와 유기 · 가정폭력 · 부적절한 안전 조치 · 사회적 박탈 · 부적절한 아동 행동	· 잘못된 유아 진단 지연 · 부적절한 조기 중재서비스 · 부적절한 특수 교육 · 부적절한 가족 지원

생의학적 요인은 유전적 이상이나 영양과 같은 생물학적 과정과 관련된 요인들로 신체적 조직에 직접 영향을 미치는 조건이다. 사회적 요인은 대상아동의 사회적 환경 다양한 조건을 의미한다. 행동적 요인을 부모의 미성숙한 행동에 의해서 발생하는 조건이고 교육적 요인은 부모와 가족 그리고 교사에 의해서 제공받는 교육적 조건을 의미한다.

3. 정신지체 원인에 따른 분류

정신지체를 일으키는 주요 출생 전 원인들은 다음과 같이 정리할 수 있다. 배종손상은 정자와 난자의 성세포가 수정 전 어떤 원인에 의해 손상을 받아 수정 시에 이상 개체를 발생시키는 현상으로 물리적 자극에 의한 손상과 화학적 자극에 의한 손상을 주로 들 수 있다. 염색체 이상은 유전자의 돌연변이, 방사선, 약제 및 화학물질, 바이러스 감염, 자기 면역기구 이상, 산모의 고연령, 기타의 요인 등으로 인해 나타나며 정신지체의 발생과 밀접한 관계가 있다. 염색체 이상에 의한 정신지체에는 다운증후군(Down syndrome), 클라이펠터증후군(Klinefelter syndrome; XXY), 터너증후군(Turner syndrome), 그리드샤증후군, 프래더-윌리증후군, 윌리엄증후군(Williams syndrome), 취약X증후군(Fragile X syndrome) 태아알코올 증후군, 페닐케톤뇨증 등이 있다.

1) 다운증후군

21번 염색체가 두 개가 아니라 세 개가 됨으로 인하여 발생하는 것이 일반적이다. 다운증후군은 경도에서 중등도까지 다양한 정도의 정신지체를 보이며 운동감각 미발달 및 협응의 문제를 가진다. 또한 평균 연령보다 신체발달 늦지만 학습이 가능한 경우도 있다. 그리고 정서면에서 밝은 성격이나 기분의 변화가 많다.

1,000명당 1명의 비율로 발생하며 산모의 나이가 45세 이상이 되면 다운증후군이 나타날 가능성은 30명중에 1명 비율로 높아진다. 이들의 주요한 신체적 특징은 작은 키와 코를 가진 평평하고 넓적한 얼굴, 안쪽으로 굽은 손가락

과 짧고 넙적한 손, 올라간 눈꼬리와 내안각주름, 혀를 돌출되게 하고 조음 문제를 일으킬 수 있는 작은 입과 짧은 구개, 손바닥을 가로지르는 한 개의 손금, 낮은 근육 긴장상태, 심장결합, 호흡기 감염에 대한 민감성, 불완전하거나 지체된 성적발달 등이다.

2) 클라인펠터 증후군

클라인펠터 증후군은 남성에게서 여성화 징후가 나타나는 가장 대표적인 유전적인 질환이다. 남성 500~1,000명 당 1명씩 나타난다. 23번 위치의 성염색체가 어떤 원인에 의해 이상이 생겨 정상 남성이 갖는 XY형 성염색체가 아닌 XXY형 염색체로 된 경우이다. X염색체가 하나 더 많아진 것의 경우에는 XXY, XXXXY형도 나타날 수 있다. 클라인펠터 증후군은 경도 정신지체를 보이고 사춘기에 이르면 남성처럼 보이지만 남성의 성기능이 미발달하고 여성의 2차 성징을 보인다.

대부분의 경우는 성인이 될 때까지 모르는 경우가 많지만, 예외적으로 출생 전이나 출생 후 유전자 검사를 통해 확인을 하는 경우도 있게 되는데 이런 경우 어느 정도 예방과 치료에 도움이 된다. 클라인펠터 증후군 환자는 수정(fertile)을 할 수 없기에 아이를 낳을 수 없다.

3) 터너 증후군

정상인의 염색체는 46개로서 22쌍의 44개는 남녀 같은 상염색체이고, 나머지 2개가 남성은 XY, 여성은 XX로 성염색체이다. 그러나 터너 증후군 여성은 성염색체 불분리현상에 의해 발생하고, 정상 여성의 23번 위치 성염색체가 한 개의 X염색체만 가지므로 염색체수는 모두 45개이다. 터너 증후군은 여성의 형태를 가지고 있지만 난소가 없거나 흔적만 남게 되고, 2차 성징도 나타나지 않게 되어 생식을 못한다. 또한 이 증후군의 약 20%는 정신지체이고 비언어적 지능이 제한되어 있고, 공간-형태 장애를 보이기도 한다.

4) 그리드샤 증후군

그리드샤 증후군은 5번 염색체가 삭제된 것과 관련 있으며, 이 병에 걸린 아동이 고양이 울음소리와 같은 특이한 울음소리를 내기 때문에 이를 고양이 울음 증후군이라고 한다. 이들은 심한 정신지체와 기형적인 얼굴 모양을 갖는다.

5) 프래더 - 윌리 증후군

프래더－윌리 증후군은 1956년 Prader Labhart Willi에 의해 처음 보고된 병으로써 46개 염색체 중에서 15번 염색체의 부분적인 부족으로 인하여 발생한 질병군이다. 이들은 초기에 유아들은 낮은 근육긴장도를 보이며, 튜브로 음식을 먹는 경우가 많지만, 점점 과도한 식욕을 보여 음식을 조절해 주지 않으면 생명을 위협하는 비만이 발생할 수 있다. 그리고 경도 정신지체와 충동성, 공격성 등의 문제행동을 보인다.

발병의 주된 원인은 아버지로부터 유전된 15번 염색체의 미세결실이 75% 가량을 차지하는 것이다. 그리고 다른 원인은 양쪽 부모로부터 하나씩 유전되어야 할 15번 염색체 두 개를 모두 어머니로부터 받게 되는 것 때문이다.

6) 윌리엄증후군

윌리엄증후군은 1961년 뉴질랜드의 심장 전문의인 윌리엄스에 의해 발견된 것으로 7번 염색체의 부분적 이상으로 발생한다. 이들은 심장질환 외에 요정처럼 보이는 외모(치켜 올라간 코와 작은 턱)와 정신지체를 가지고 있다. 또한 성장하면서 쉰 목소리를 내고 신체와 정신발달이 지체를 보인다. 인지 기능은 경도에서 중등도 정도의 정신지체에 해당한다. 그리고 이들의 학업적 특성으로 단어나 이야기 말하기 면에서는 아주 뛰어나지만 시각－공간 기술에 어려움을 보이는 등 여러 기능에서 불균형적인 심한 차이를 보인다. 그리고 과잉행동과 주의집중 결함이 있다.

7) 취약X증후군(Fragile X syndrome)

취약X증후군은 두 개의 성염색체 중 X염색체 위에 있는 특정 유전자의 이상으로 발생한다. 정신지체를 발생시키는 가장 일반적인 유전적 원인, 다운증후군 다음으로 많이 발생하는 것으로 경도와 중등도 정신지체로 나타난다. 이들의 신체적 특징은 긴 얼굴, 커다란 눈, 튀어나온 턱과 이마, 근력저하, 평발 등이고, 행동적 특성은 사회성 불안과 회피행동, 단어나 구를 되풀이하는 언어적 문제 등이다.

8) 태아알코올 증후군(Fetal Alcohol Syndrome: FAS)

태아알코올 증후군은 산모가 임신 기간 동안 섭취한 과도한 알코올이 태아의 신체적 결함을 가져와 뇌 발달에 직접 영향을 미치고 성인기까지 계속적인 영향을 미친다. 그리고 이들은 중등도와 중도 정신지체의 원인, 과잉행동과 학습문제 초래한다.

9) 태아기의 뇌장애

태아기의 뇌장애는 수정에서 출산 동안 태아 뇌의 감염, 태아 뇌의 중독, 태아 뇌의 물리적 손상, 태아 뇌의 산소결핍, 모자 혈액형 부적합의 원인으로 발생한다. 그리고 태아기의 뇌장애는 풍진이나 매독 등의 질병을 산모가 앓았을 때에는 태아가 정신지체가 될 가능성이 높다. 특히 풍진은 임신 초 3개월 내에 걸리면 더욱 치명적이다. 풍진이나 AIDS는 머리가 작고 끝이 뾰족한 소두증(microcephalus)을 초래하기도 한다.

10) 페닐케톤뇨증

페닐케톤뇨증(phenylketonuria: PKU)은 페닐알라닌을 티로신으로 바꾸는 신진대사를 할 수 없는 단백질 대사 이상장애이다. 즉 축적된 페닐알라닌이 비정상적인 두뇌발달을 초래하게 되는 유전자 대사장애이다. 선천병으로 체내에 페닐케톤이 축적되어 소변 내에 phenylpyruvic acid의 분비가 많아서 페닐케톤뇨증이라 부른다. 신체 내의 높은 페닐케톤 농도는 태아의 뇌 발달을 억제하여 결국은 정신지체를 유발한다. 신생아 때 선별검사를 통해 PKU여부를 알아내고, 페닐알라닌 성분을 조절하는 식이요법을 시행해야 심한 정신지체를 초래하지 않는다. 그리고 부모가 모두 PKU 인자를 가진 경우를 파악하고 유전상담을 하는 예방적인 노력을 해야 한다.

Paragraph 04 정신지체의 진단과 판별

1. 지능

지능이란 사물을 인식하고 비판하는 능력이다. 지성과 같은 의미로 사용되는데, 학습능력이라든가 추상적 사고능력, 또는 환경에의 적응능력 등으로 쓰이며, 또는 본능에 대립하는 능력으로도 쓰인다. 지능은 일반인자(general factor)와 특수인자(special factor : 음악의 특수재능 등)로 구별된다. 지능은 지능검사(intelligence test)를 통해서 어느 정도의 지적 능력을 갖추고 있는가를 측정하고 그것을 문제수행에 대한 개인의 수행능력을 점수로 변환 할 수 있는데, 여기서 변환되는 점수는 지능지수, 즉 IQ(Intelligence Quotient)라고 한다.

우리 나라의 대표적인 지능검사 도구로는 한국형 개인지능검사(KISE-KIT), 한국 웩슬러 아동지능검사(K-WISC IV), K-WAIS IV, 한국 카우프만 지능검사, 한국 웩슬러 유아지능검사(K-WPPSI), 고대－비네검사(KODE-BINET) 등이 있다. 우리 나라에서 사용하는 지능검사도구는 다음과 같다.

〈표 6-4〉 우리 나라의 지능검사 도구

검사도구명	대상연령	저 자	출판사	출판연도
한국형 개인지능검사 (KISE-KIT)	5~17세	박경숙, 정동영, 정인숙	교육과학사	2002
한국 웩슬러 아동지능검사(K-WISC IV)	6세 0개월~16세 11개월	황순택, 김지혜, 박광배, 최진영, 홍상황	한국심리 주식회사	2008
한국 코프만 지능검사도구	2세 6개월~12세 5개월	문수백, 변창진	서울 학지사	1997
한국 웩슬러 유아지능검사(K-WPPSI)	만 3세~7세 3개월	박혜원, 곽금주, 박광배	도서출판 특수교육	1996
한국 웩슬러 성인지능검사(K-WAIS IV)	16세 0개월~69세 11개월	황순택, 김지혜, 박광배, 최진영, 홍상황	한국심리 주식회사	2011
고대-비네검사 (KODE-BINET)	4세~14세	전용신	꿈나무	1970

2. 적응행동

적응행동이란 사람들이 일상생활 속에서 활동하기 위해 이제까지 학습하여 온 개념적 · 사회적 · 실제적 기능의 집합체이다. 또한 일상생활을 하는 데 영향을 미치는 사회 · 문화적 상황과 생활양식에서 적절하게 행동하는 능력이다. 또한 적응행동은 환경적 요구에 대처하는 일상적인 수행의 질을 의미한다, 즉 지능에 의하여 함축되는 추상적 잠재력이기보다 자신을 돌보고 일상생활에서 타인과 관계를 맺기 위하여 행하는 것을 지칭한다.

적응행동의 측정하는 이유는 정신지체를 진단하기 위한 목적뿐만 아니라 분류하고 지원계획을 결정하는 데 중요한 요소이기 때문이다. 적응행동을 측정할 때 지적능력, 참여, 상호작용, 사회적 역할, 건강, 상황 등이 고려되어야 한다. 적응행동이란 사람들이 일상생활 속에서 활동하기 위해 이제까지 학습하여 온 개념적, 사회적, 실제적 기능의 집합체이다. 적응행동을 측정할 때 의사소통, 자조(self-care), 가정생활, 사회적/대인관계 기술, 지적능력, 건강, 상황 등이 고려되어야 한다.

적응행동을 측정하는 적응행동검사도구로는 사회성숙도검사, 적응행동검사, KISE－적응행동검사(KISE-SAB) 등이 있다. 우리 나라에서 사용되는 적응행동검사도구는 다음과 같이 정리할 수 있다.

〈표 6-5〉 우리 나라의 적응행동검사도구

검사도구명	대상 연령	저 자	출판사	출판연도
KISE－적응행동검사 (KISE-SAB)	일반 : 21개월~17세 정신지체 : 5~17세	정인숙 외	서울문화(주)	2003
적응행동검사	3~15세	김승국	중앙적성출판사	1990
사회성숙도검사	0~30세	김승국, 김옥기	중앙적성출판사	1985

정신지체는 적응행동지수를 산출하여 평균에서 －2표준편차 이하에 해당되는 자이다. 적응행동검사도구는 연령에 따라 다르다. 3세 미만은 사회성숙도검사(김승국 · 김옥기, 1985)와 적응행동검사(김승국, 1990)를 사용하고, 5~17세는 KISE 적응행동검사(KISE-SAB, 정인숙 외, 2003) 사용한다.

Paragraph 05 정신지체의 특성

1. 일반적 특성

1) 집중력

학습에 있어서 집중력은 대단히 중요하다. 학습이 이루어지기 위한 전제로서 특정 과제에 대하여 집중할 수 있어야 한다. 오랫동안 연구가들은 학습에 장애가 있는 것은 대부분이 집중력과 연관이 있는 것으로 지적하였다. 대부분의 정신지체아동들은 집중하는 데 어려움을 지닌다.

2) 기억력

정신지체를 지닌 유아는 정보를 기억하는 데 어려움을 가지고 있다는 것으로 보고되고 있다. 깊은 사고를 요하는 복잡한 문제에서 정신지체유아는 간단한 문제보다 어려움을 가지며 이 점에서 기억력이 비장애유아와 큰 차이를 보인다.

3) 자기조절능력

정신지체아동이 기억력에 문제를 가지는 이유 중 하나는 자기조절에 어려움이 있기 때문이다. 자기조절능력이란 넓은 의미에서 자신의 행동을 조절할 수 있는 능력을 의미한다. 예를 들면 기억해야 할 단어들이 주어지면 대부분의 아동들은 큰 소리로 연습하거나 단어들을 외우려고 노력한다. 즉 그들은 기억하는 데 도움이 되는 방법을 사용하는 데에 자신의 행동을 조절한다. 그러나 정신지체유아는 비 장애유아가 사용하는 연습 등 자기 조절적 방법 사용에 있어서 부족함을 보인다.

자기조절능력과 근접한 개념은 초인지이다. 초인지는 주어진 일을 수행하기 위하여 필요한 방법을 인지할 수 있는 능력을 말하며 또한 개인의 활동을 계획하고, 효율성에 대하여 평가하며 노력의 결과 등을 체크할 수 있는 자기조절기능을 사용할 수 있는 능력을 의미한다. 그러므로 자기조절은 초인지의 요소이다. 정신지체유아는 초인지에 어려움이 있으며 이를 연구하는 연구자들은 정신지체유아들의 초인지능력을 증가시키는 노력을 계속하고 있다. 또한 교사들은 장애학생들이 자기조절을 포함한 초인지적 기술을 학습하도록 더욱 더 강조하고 있다.

4) 학업 성취

지능과 학업 성취는 밀접한 관계가 있으므로 정신지체아동들이 비 장애유아보다 학업 성취도에 있어서 훨씬 뒤떨어지는 사실은 이상한 일이 아니다.

정신지체아동들은 자신들의 지능수준의 기대치보다 성취도가 미치지 못하는 경향을 보인다.

2. 인지적 특성

1) 기억

대부분의 정신지체아동들은 정도의 차이는 있지만 기억력의 결함을 지니고 있다. 장기 및 단기기억력이 일반아동들보다 부족하다. 특히 장기기억력에 비해 단기기억력이 많이 부족한 것으로 알려져 있다. 정신지체아동들이 단기기억력을 필요로 하는 과제에서 실패하는 주요한 이유는 중재전략이나 조직화 전략을 활용하지 못하기 때문이다. 중재전략의 한 가지 예로 시연을 들 수 있다. 대다수의 일반아동들은 기억해야 할 일련의 단어를 주었을 때 그 단어들을 소리내어 시연하거나 그 단어들을 기억하기 위한 계속적인 시도를 하나, 정신지체아동들은 자발적인 시연을 하지 못한다. 그러나 이들에게 시연전략과 조직화전략을 가르치면 단기기억력이 향상될 것이다.

조직화 전략의 한 예로는 무리짓기를 들 수 있다. 대다수의 일반아동들은 6개의 아라비아 숫자를 기억하게 하면 숫자를 3개씩 두 무리로 나누어 시연하지만, 정신지체아동들은 이러한 전략을 자발적으로 사용하지 못한다. 그러나 이들에게도 무리짓는 방법을 가르치면 단기기억력의 향상을 보이게 된다.

2) 주의집중

정신지체아동은 주의력의 결함이 있다. 학습과제의 중요한 특성에 주의를 집중하기보다는 그 반대로 부적절한 자극에 주의를 기울이거나 주의집중 시간이 짧다. 그래서 학습과제에 지속적으로 주의집중 하는 것에도 어려움이 많다. 이러한 어려움은 새로운 지식과 기술을 습득하고, 기억하고, 일반화하는 데 부정적인 영향을 미친다.

정신지체아동을 위한 효과적인 교수법은 과제를 단순화하여 과제의 주요한 특징에 아동이 주의집중을 하도록 가르치는 것이다. 그리고 바른 행동에 대해서 강화를 제공하면서, 점차 복잡하고 어려운 과제로 심화시켜가는 것이다.

3) 학습속도

정신지체아동의 학습속도는 일반아동들보다 매우 낮다. 그렇기 때문에 교수자들은 이들의 학습속도에 맞게 가르치는 데 관심을 가져야 한다.

4) 학습의 일반화

정신지체아동은 모방학습, 우연학습의 능력도 부족하다. 그러므로 일반아동들은 교사가 가르치지 않아도 스스로 아는 내용에 대해서도 교사의 직접적이고 세부적인 교수가 요구된다. 한 가지를 배우면 지나치게 여러 가지에 그것을 적용시키는 과도한 일반화의 문제를 보인다. 그리고 반대로 교실에서 배운 내용을 다른 환경에서는 적용하지 못하는 일반화 부족의 문제가 있다.

5) 동기

정신지체아동들 중에는 학습동기가 높지 않은 것이 문제이다. 처음부터 동기유발이 되지 않는 경우도 있지만, 누적된 실패의 경험으로 하고자 하는 의욕을 상실한 '학습된 무기력'의 경우도 많다. 실패의 경험뿐만 아니라 스스로 할 수 있는 기회가 주어지지 않고 주위에서 모든 것을 대신해 줌으로써 '학습된 무기력'이 나타난다. 이러한 아동은 과제를 빨리 포기하거나 다른 데로 관심을 돌리거나 또는 도움을 줄 수 있는 사람에게 의존하려 하는 '외부의존성'이 생기기도 한다.

정신지체아동은 아동의 능력에 맞는 과제를 주어서 성공경험을 갖게 하고, 시간이 많이 걸리고 힘이 들어도 스스로 할 수 있는 기회를 많이 제공해야 한다. 그리고 자신을 신뢰하며 능동적으로 행동하는 문제해결자로 만들기 위해 자기결정 기술을 가르쳐야 한다.

3. 신체적 특성

대다수 경도 정신지체아동들의 신장과 체중은 일반아동들과 비슷하다. 그러나 경도 정신지체아동들 가운데는 시각, 청각, 신경학적 문제를 지닌 경우가 일반아동들의 경우보다 약간 더 많기 때문에 신체 및 운동능력도 열등한 경우가 많다.

중등도 이상의 정신지체아동 대부분은 다양한 형태의 중추신경계통에 장애나 손상의 증거를 보이기 때문에 협응, 걸음걸이, 작은 운동기술 등에서 눈에 띄게 문제를 나타내기도 한다. 이들은 뇌성마비라고 신경학적 진단을 내릴 수 없음에도 불구하고, 로봇같이 서툴고 어색한 걸음걸이를 한다. 그리고 중증의 정신지체인들은 대부분 신체적 장애, 신경학적인 장애를 가지기 때문에 자신의 몸을 스스로 유지하는 데 필요한 신체 및 운동발달상에 현저한 미숙현상이 나타난다. 그리고 신체적 외모와 얼굴 형태에서 이상이 있고, 신체유지와 활동에 어려움을 느낀다. 특히 중등도 정신지체의 범위에 속하는 아동들 대부분은 중추신경계 이상이나 손상으로 인해 협응작용과 걸음걸이, 소근육 운동기능 등에서 문제가 있다.

4. 사회적 특성

정신지체인들은 다른 사람과 어떻게 상호작용해야 하는가를 잘 몰라서 친구를 사귀지 못하는 경우가 많다. 그리고 어렸을 때부터 자신이 친구들과 다르다는 빈약한 자아개념을 형성하게 되는 경우에는 사회성 발달에도 부정적인 영향을 미치게 된다. 제한적 인지기술과 빈약한 언어 발달, 부적절한 행동 등은 다른 사람과 상호작용을 어렵게 만들어 친구관계나 개인적인 관계를 만들고 유지하는 것이 어렵다.

놀이상황에서 중증 정신지체인들은 또래들과 상호작용 빈도가 더 낮고, 혼자 놀거나, 아무런 의도가 없는 행동들을 하는 경우가 많다. 어떤 목적을 갖고 사람들 대하기보다는 그때의 상황에 따라 산만하게 대하며, 자신의 내부에서 일어나는 욕구통제가 어렵다. 습관이 형성되면 소거, 조건화가 곤란하여 쉽게 고쳐지지 않고, 또래 아이들과 어울리지 못하고 따돌림을 당하는 경우가 많고, 또래보다 어린 아이들과 어울리고 혼자 노는 경우가 많다. 집단생활에서 자발적으로 참여하거나 경쟁적인 놀이를 즐기지 않으며, 규칙을 잘 지키지 못하고 의미를 잘 모른다. 선악 구별이 힘들며, 사물을 종합, 처리하는 능력이 부족하다.

정신지체의 정도가 심할수록 자해적인 행동이 자주, 심하게 나타난다. 사회생활에 있어 낮은 적응도를 보여 주기 때문에 대인관계에서 실패율이 높다. 그리고 동일 연령층에 비해 독립심이 약하고 사회적 상황의 분위기에 덜 민감하며, 대부분 만족스러운 가족 관계를 이루지 못한다.

5. 언어적 특성

경도 정신지체아동의 경우는 동일한 언어 발달 단계를 경험하지만 언어 학습의 속도가 느리다. 그러나 대부분의 심각한 경우는 말하기가 전혀 되지 않고, 의사소통은 보조공학기구나 비언어적인 손짓으로 제한된다(반향어, 기이한 몸동작, 신호, 소리 등). 그리고 이들은 조음장애(음의 생략, 대치, 왜곡, 첨가)가 자주 발생하고 그들 사이에서 구어발달의 지연, 제한된 어휘, 정확하지 않는 문법사용 등을 포함한 언어장애가 나타난다. 또한 낮은 청각능력이 있어서 조음능력에 영향을 줄 수 있고, 중이염이 원인이 되어 언어를 지체시켜 말 문제를 발생시킨다.

Paragraph 06 정신지체아동의 교육방법

1. 초인지 교수방법

초인지(metacognition)란 개인의 인지와 인지적 활동의 조절에 관한 지식,

알기 및 알아가는 방법에 관한 지식이다. 정신지체아동은 자발적으로 초인지 전략을 사용하지 못한다. 그래서 다음과 같은 초인지교수방법이 요구된다.

1) 단기기억 용량

단기기억에는 용량의 한계가 있는데, 숫자나 문자, 단어의 경우 약 7개 정도가 그 한계이다. 이러한 한계를 단기기억의 용량, 즉 기억의 범위(memory span)라고 한다. 단기기억 향상을 위해서 정보량을 줄이고 덩어리로 기억할 수 있게 학습자료 구성한다.

2) 시연전략

㉠ 시연 : 나중에 회상해 낼 것을 생각하고 미리 기억해야 할 대상이나 정보를 눈으로 여러 번 보아 두거나 말로 되풀이해 보는 것이다.

㉡ 조직화 : 제시된 기억자료를 그것이 가지고 있는 속성에 따라 의미 있는 단위로 묶어서 기억하는 방법(군화/군집화)이다.

㉢ 약호화 : 정보처리 체제 내에서 표상하는 과정(앞 자만 따서 외우는 것)이다.

㉣ 정교화 : 기억해야 할 정보에 무엇인가를 덧붙이거나 다른 정보와 서로 관련시킴으로써 기억하는 것이다.

2. 초인지 전략

㉠ 자기점검법 : 자기스스로 감독하는 것과 같이 스스로의 과제지향적인 행동을 계속적으로 하는 것이다.

예 : 책상에 부착된 작은 카드에 국어시간 동안에 불필요한 말을 한 횟수를 적도록 한다.

㉡ 자기교수법 : 어떤 과제의 수행순서를 스스로 말해가면서 실행하도록 하는 것이다.

예 : 내적 언어에 강조를 둔 자기교수 모델이다.

㉢ 자기강화법 : 아동이 정해진 목표를 달성했을 경우에 스스로 정해진 강화를 부여하는 것이다.

예 : 스스로 목표를 정하고 목표를 이룬 것을 스스로 강화(스티커, 점수)한다.

㉣ 선행조직자(advanced organizer) : 새로운 학습과제를 시작하기 전에 학생에게 제시하는 것이다. 즉 본격적인 학습 전에 주어지는 추상적, 일반적, 포괄적인 선 자료로써, 인지구조 내에 있는 정착지식과 관련을 맺도록 제공되는 것이다.

예 : 책의 각 장 앞에 있는 개요이다.

3. 일반화 전략

새로 습득한 기술을 다른 장소, 다른 조건, 다른 사람에게 전이시키는 기술이다.

㉠ 유지(시간에 걸친 일반화) : 교수가 끝난 뒤 한참 후에 지식과 기술을 사용하는 것이다.

㉡ 자극의 일반화(환경에 걸친 일반화) : 배운 내용을 새로운 사람, 새로운 장소, 새로운 일에 지식이나 기술을 사용하는 것이다.

㉢ 반응의 일반화(행동에 걸친 일반화) : 다른 형태의 행위를 사용하기 위해 배운 기술을 수정하거나 변경하는 것이다.

1) 특성

정신지체아동은 한 가지를 배우면 지나치게 여러 가지에 그것을 적용시키는 과도한 일반화 문제를 보이기도 하고 반대로 일반화의 부족을 보이기도 한다.

㉠ 일반화의 어려움 : 새로 습득한 기술을 다른 상황이나 장소 대상에 일반화시키는 것이 어렵다.

㉡ 유지의 어려움 : 새로 습득한 기술을 유지시키는 것이 어렵다.

2) 교수방법

(1) 일반화 전략

㉠ 지역사회 중심교수 : 지역사회에서의 직접 경험을 통하여 장애학생을 가르치고자 하는 교수법이다. 즉 지역사회 중심교수는 생활기술 관련 지식의 습득, 생활기술의 수행 및 지역사회에서의 지식과 기술의 적절한 적용이다.

㉡ 기능적 기술교수 : 직업, 주거와 사회환경에서 가능한 한 효과적이고 독립적으로 기능하도록 하는데 필요한 기술을 가르치는 것이다.

㉢ 다양한 자극 상황교수 : 다양한 사람 및 장소에서 동일한 기술을 가르친다.

(2) 유지

㉠ 습득한 기술을 충분히 연습하면 유지된다.

㉡ 분산된 시도를 통한 학습이다. 즉 하루 중 여러 번으로 나누어서 학습하는 것이다.

㉢ 학습한 기술과 다른 기술 또는 활동과의 연계하는 것이다.

4. 관찰학습

인간은 경험을 통하여 사회적 적응행동을 배우게 되지만 다른 사람들의 행동이나 결과를 관찰하고 모방함으로써 더 많은 것을 배우게 된다. 정신지체 아동들은 관찰이나 모방을 통해서 배우는 모방학습이나 우발학습의 능력이 부족하다. 그러므로 일반아동들이 교사가 가르치지 않아도 스스로 아는 내용에 대해서도 교사의 직접적이고 세부적인 가르침이 요구된다. 이들은 주위 사람들이 무엇을 하고 있는지 잘 관찰하지 못하고, 관찰을 한다 해도 제대로 모방하지 못한다.

1) 관찰

㉠ 어떠한 행동이 모델이 될 수 있는가를 인식시킨다.
㉡ 바람직한 행동에 관심을 갖도록 한다.
㉢ 바람직하지 못한 행동에 무관심 한다.
㉣ 다양하고 생생한 시청각 모델을 사용한다.

2) 모방

교수자는 적절한 행동을 모델링(modelling) 할 때 강화한다.

3) 반두라의 관찰학습의 과정

㉠ 주의집중 과정은 모델의 행동에 주의를 집중하며 단서를 인지하는 과정이다.
㉡ 파지 과정은 한 번 관찰된 내용을 머릿속에 보존하고 재현하는 과정이다.
㉢ 운동재생 과정은 외부자극에 따라 구체적이고 표면적인 행동으로 재생되는 과정이다.
㉣ 동기화 과정은 관찰된 행동을 기억하고, 그 행동을 실현할 때 현실적으로 거부당하거나 보상되는 과정이다.

5. 중재전략

1) 문제해결학습

문제를 바르게 해석하고 이해하는 과정, 해결을 위해 계획을 수립하는 과정, 문제해결 활동을 직접 수행하는 과정을 거쳐 이루어진다. 정신지체아동들은 충동적인 경향이 있어 정확하게 문제 해결을 못하고 반응하기 전에 어떤 전략이나 행동수행 과정을 계획하지 못한다. 그러므로 행동하기 전에 생각하기,

수행하기 전에 계획하기, 수행하기 전에 결과를 예상하기와 같은 지도전략이 필요하다.

2) 언어매개학습

문제해결 과정에서 내적언어를 사용하지 못하므로 과제와 관련된 정보를 큰소리(언어매개)로 말하도록 하는 전략이다.

3) 쌍연합학습

자극들 간의 관계를 빨리 파악하지 못하므로 사람과 장소, 그림과 사물, 그림과 단어 등과 같이 자극과 반응의 짝을 연관시키는 능력을 가르쳐야 한다.

4) 개념학습

사회적 관계에 관한 개념이나 추상적 개념 습득의 어려움을 갖기 때문에 구체적인 경험과 활동을 제공하여 학습이 다양하게 이루어지도록 한다.

5) 학습전략학습

학습전략을 습득하지 못하고 그 전략을 언제 어떻게 왜 사용해야 하는지에 관한 지식이 없기 때문에 학습전략 자체를 가르치고 다양한 학습전략훈련을 시키는 것이다.

6) 우연학습

주의집중의 결함 등으로 우연학습의 기능이 부족한 정신지체아동들에게 우연학습에 필요한 자극이나 동기를 제공해야 한다. 그리고 우발적 반응과 의도적 정반응을 계속적이고 일관성 있게 나타나도록 프로그램을 구성해야 한다.

7) 투입정보의 조직

정보를 의미 있는 부분들로 분류되거나 조직하고 군화와 군집화 같은 중재 전략들을 이용하여 교수한다.

Paragraph 07 정신지체아동의 교육사례

1. 자기결정력

자기결정권이란 클라이언트(client)가 자기 판단을 통해 결정하는 것이다. 이 자기결정은 자신을 인식하고 옹호하며, 자신의 생활방식을 선택하는 것이다. 즉 자신의 삶의 주된 주권자 역할을 하며, 외부의 영향이나 간섭에 구애됨이 없이 자신의 질적 삶을 위한 선택과 결정과정을 의미한다.

1) 교수방법

① 다양한 상황에서 선택할 수 있는 기회를 제공한다.
② 일단 스스로 선택한 결정에 대해서는 존중하고 격려하여 긍정적인 자아개념과 독립적인 행동에 대한 자부심을 향상시킨다.
③ 언어적, 신체적 촉구 등을 사용하여 가능한 다양한 방법을 탐색하도록 도와준다.
④ 선택한 결정에 대한 평가와 수정의 과정을 거친다.

2. 사회적 기술

사회적 기술이란 다른 사람과의 상호작용을 적절하게 시작하고, 유지하고, 끝내기 위해 필요한 여러 가지 기술을 말한다. 상황이 변화함에 따라 요구되는 사회적 기술은 다양하다.

1) 사회적 기술교수의 중요성

사회적 기술교수는 성공적인 성인기 생활을 위해 필요하다. 적절한 사회적 기술교수가 되지 않으면, 학교에서 낮은 성취, 학교와 사회에서 성공적인 통합 실패, 제한적인 지역사회 환경배치, 경쟁고용의 실패 등으로 이어질 수 있다.

2) 사회적 기술에 대한 교육과정 내용의 발견

(1) 우선적인 기능적 요구

일반학생과 상호작용할 수 있는 특정환경에서 생태학적 목록을 참고하여 학생의 기능적 사회적 기술요구를 찾는다.

(2) 일반 교육 요구

① 일반교육과 관련된 환경을 조사한다.
② 일반 학생들이 일반적으로 사용하는 학교 프로그램의 요소(철학, 정책, 사람, 자료 및 공학, 그리고 교육과정)를 조사한다.

(3) 연간 목표의 협의

① 어떤 사회적 기술을 각각의 학생들에 대한 최우선 과제로 무엇을 해야 할 것인지 의견을 모은다.
② 모아진 의견을 토대로 목표(일반교육과정목표, 혼합목표, 완전한 기능적

기술목표)를 구성한다.

③ 사회적 상호작용 기술을 일반화시키기 위해서 두 가지 이상의 환경에서 가르치는 것이 중요하다.

3) 사회적 기술 전략

① 모델링, 강화전략, 시연(역할극), 피드백 등이 있다.

② Breen의 상호작용 개선을 위한 교수방법은 직접교수와 상황적 중재가 있다. 첫째 직접교수는 모델링, 시연, 촉구, 조형 등이다. 둘째 상황적 중재는 사회적 상호작용이 발생하는 비 물리적 상황의 자극 조건을 조작하는 것이다.

③ 장애이해 정보제공(장애이해 수업), 집단행동강화(장애학생이 수학시간에 조용하면 학급전체에 강화), 권한 할당하기(반장) 등을 통해서 사회적 기술이 향상된다.

3. 자기지시와 자기관리능력

1) 교수방법

① 학생들에게 여러 가지 신호를 제공한다.

도움이 필요할 때 불쑥 말하거나 난폭하게 손동작을 하거나, 요청하지 못하는 등의 수용될 수 없는 행동 대신에 학생이 여러 가지 신호를 사용할 수 있도록 한다.

② 학생들에게 대안적 기술을 연습시키고, 그에 대해 토론하도록 한다.

문제 상황을 선정하여 그 상황에 부딪혔을 때 어떻게 대처하는 것이 가장 좋은가에 대해서 토론하도록 한다. 가능한 한 학생들이 많은 대안을 제시하고, 그 대안에 대해 토론하고, 또 실제 연습해보도록 한다.

③ 학생들이 계속적으로 바람직한 행동을 하도록 도와준다.

자기 기록 카드를 만들어 적절한 행동을 했을 때 기록하도록 하고 그 결과에 따라 보상한다.

4. 전환교육

1) 진로교육

진로교육은 학교 수업, 상담, 지역공동체의 중재를 통해 학생, 노동자, 가족 구성원, 시민으로서 만족스러운 역할을 강화시키는 과정으로 초등학교에서 시작하여 고등학교 이상에 이르기까지 성인으로의 삶을 준비하는 과정이다.

2) 직업교육

직업교육은 학생들로 하여금 숙련된 혹은 반 숙련된 기술자로 취업이 가능하도록 학생들을 준비시키기 위해 고안된 중등 수준의 과목들로 구성되는 학문 분야이다. 직업교육 프로그램은 농업, 상업과 사무실, 건강, 직업, 비즈니스 운영, 가족과 소비자 과학, 무역과 산업 그리고 공학과 기술교육 등으로 구성된다.

직업교육모델에는 초등학교에서부터 시작하는 직업 인식의 단계, 중 · 고등학교에서 시작하여 각각의 직업의 예를 통해 학생의 흥미, 기술을 측정하는 직업 탐색의 단계, 고등학교 이상에서의 직업 기술 및 태도를 가르치는 직업 준비의 단계와 배치 및 추수지도의 단계로 구분된다.

5. 문제행동 지도전략

정신지체아동은 분리교육 환경 혹은 통합교육 환경 내에서 다양한 문제행동을 한다. 물론 이것은 일반아동들에게서도 발견할 수 있다. 그러나 정신지체아동은 최근의 중도 · 중복화 경향성이 심화되면서 특수교사와 일반교사 모두에게 교수－학습지도보다 당장의 시급한 해결과제로 문제행동 중재가 등장하였다.

문제행동은 일반적으로 통용되지 않고 수용되기 어려운 행동으로, 절대적인 기준보다는 상대적인 기준에 따라서 판단된다. 문제행동 유형에는 행동이 자주 발생하지 않아서 문제가 되는 '과소행동', 너무 빈번히 일어나서 문제가 되는 '과다행동'이 있다. 그리고 일반적으로 받아들이기 어려워 제거되어야 하는 '반사회적 및 비도덕적 행동', 일반적으로 받아들이기 어려워 제거되어야 하는 '비변별적 행동'이 존재해야 함에도 개인의 행동 목록에 존재하지 않는 '결손행동' 등으로 유형구분이 가능하다. 그리고 다음과 같이 사회적 정적강화, 사회적 부적강화, 자동적 정적강화, 자동적 부적강화로 구분할 수 있다.

〈표 6-6〉 문제행동 강화요인(예)

구 분	정적강화(+)	부적강화(−)
타 인	사회적 정적강화	사회적 부적강화
자 신	자동적 정적강화	자동적 부적강화

1) 사회적 정적강화

다른 사람이 제공하는 가치 있는 것(사회적 관심, 물질적 보상, 선호하는 활동 기회)을 제공함으로써 바람직한 행동의 강도와 빈도를 증가시키는 것이다.

예
- 사회적 관심 : 부모, 교사, 칭찬, 인정, 꾸지람, 훈계
- 물질적 보상 : 용돈, 좋아하는 음식
- 활동기회 : 밖에 나가 놀기, 텔레비전 시청하기
- 노트 정리 잘 하는 학생에게 칭찬을 해줌으로써 더욱 노트정리 잘 하도록 유도하기

2) 사회적 부적강화

다른 사람이 바라지 않는 어떠한 것을 제거(혐오환경에서의 도피)하여 바람직한 행동의 강도와 빈도를 증가시키는 것이다.

예 · 자폐성 아동이 몸을 앞뒤로 흔들거나 손뼉 치기를 반복하는 상동행동을 통해 시각적 · 청각적 · 운동감각적 자극을 자기 스스로 산출하여 강화 받는 경우
· 수업시간에 주의집중을 잘하면 청소를 면제시켜 주는 경우

3) 자동적 정적강화

자기 스스로가 자신에게 어떠한 행동을 수행함으로써 자동적으로 강화를 받는 경우이다.

예 · 공부가 하기 싫어 배가 아프다고 하는 경우
· 어머니의 심부름이 하기 싫어 화를 내며 물건을 걷어차는 경우
· 부하 직원들의 불만이 듣기 싫어 화를 내며 호통을 치는 경우

4) 자동적 부적강화

불쾌한 상황을 피하기 위한 수단으로 자기 자신이 특정 행동을 반복함으로써 강화를 받는 경우이다.

예 · 손톱으로 팔뚝을 사정없이 할큄으로써 심한 가려움을 면하려고 하는 행동
· 머리를 세게 때림으로써 두통을 완화하려고 하는 행동

문제행동은 사회적으로 혹은 자동적으로 정적강화 혹은 부적강화에 따라서 학습되고 유지된다.

6. 문제행동의 지도방법

1) 동기화 조작전략

문제행동을 강화하고 있는 후속결과를 생활환경에서 박탈 상태로 유지하거

나 포화시키는 조작하여 강화자극의 가치 변화 효과와 행동 변화 효과를 조절하는 방법이다.

2) 소거전략

문제행동을 강화하는 요인인 사회적 혹은 자동적으로 주어지는 정적강화와 부적강화를 차단 혹은 철회함으로써 문제행동 자체를 지도하는 전략이다.

3) 차별강화 전략

바람직하다고 여겨지는 대체행동을 차별적 강화를 통해서 문제행동이 발생하지 않도록 지도하는 전략이다. 이때 대체행동은 문제행동보다 쉬워야 하고, 소거법과 병행되어야 하며, 즉각적인 강화가 이루어져야 한다.

Paragraph 08 정신지체아동 교육의 과제 및 전망

1. 정신지체교육 체제의 구축

특수교육이 최대의 효과를 얻기 위해서는 조기에 사정하여 조기에 교육할 수 있는 제도가 구축되어야 한다. 특수아의 조기발견과 치료는 장애를 최대로 예방하고 경감할 수 있으며, 주된 장애(1차 장애)에 뒤따르는 후속 장애(2차 장애)를 예방할 수 있고, 특수교육 경비를 절감할 수 있다. 그러나 이에 대한 제도적 장치가 거의 마련되어 있지 못한 상태이다. 따라서 정신지체아동 조기교육의 효과를 높이기 위해서는 우선적으로 조기 사정제도를 마련하는 것이다. 그러나 조기 사정에 필요한 표준화된 도구가 많지 않다. 따라서 정신지체아동의 조기교육제도가 실효성을 거두기 위해서는 조기사정을 위해 다양하고 신뢰로운 도구의 개발연구가 선행되어야 한다.

2. 통합교육의 강화

장애아교육의 정상화(normalization)는 가능한 이른 시기에 통합교육이 이루어질 때 성공할 가능성이 크다. 왜냐하면, 어릴수록 능력에 대한 개인차가 적고, 정상유아들은 배타심이 약하며, 장애유아들은 모방에 의한 정상적 행동발달이 더욱 촉진될 수 있기 때문이다. 따라서 유초 · 중등교육기관에 전면통합 또는 부분적 통합을 강화해야 한다. 아울러 모든 교육교사 양성과정에 특수교육 과목을 필수적으로 이수시킴으로써 유초 · 중등교육기관에서 통합교육이 자연스럽게 이루어질 수 있어야 한다.

3. 중증 정신지체 교육프로그램의 확충

중증 정신지체 · 정서장애아동은 단순한 기초생활 훈련이나 교육을 받아야 할 아동뿐만 아니라 의료적 서비스를 지속적으로 받아야 할 아동이 있다. 그리고 경우에 따라서는 장기간 병원에 입원하여 교육받아야 할 아동도 있고, 시설에 수용되어 또는 가정에서 교육받아야 할 아동들도 있다. 그러나 현재 이들을 위한 치료, 훈련, 교육프로그램이 다양하게 개발되어 적절히 시행되고 있지 못하고 있다. 따라서 이들의 교육효과를 높이기 위해서는 이들의 교육적 요구에 맞는 프로그램이 다양하게 개발되어 실시될 필요가 있다. 이를 위해 국립병원과 대학병원에도 중증 장애학교나 학급이 부설되어야 한다.

4. 교육과정의 효율적 운영

정신지체교육의 목적이 사회생활에 필요한 기본적 지식과 기능을 습득하여 실생활에 적용하는데 있기 때문에 경험중심 기능적 교육과정을 구성하여 운영해야 한다. 학교교육과정으로 적용되기 위해서는 이에 대한 체계적 과제분석과 아울러 학습자 개개인의 독특한 교육적 요구를 분석한 실제적인 결과를 반영하여 학교교육과정을 재구성해야 한다. 즉 현재의 삶뿐만 아니라 미래의 삶까지 가르칠 수 있는 이론적이 아닌 실제적 도움을 줄 수 있는 연구를 바탕으로 한 교육과정이 구성되어야 한다.

5. 직업교육과정의 강화

정신지체아동 학교교육의 주요 목표는 장차 학생이 사회에서 독립적으로 살아갈 수 있는 직업기능을 습득시켜 원활한 직업적응을 할 수 있도록 하는데 있다. 그러나 우리 나라 특수학교 교육과정은 지역사회 내의 취업 가능한 직업기능을 체계적으로 연구 분석한 결과를 크게 반영시키지 못하고 있다. 그리고 직업교육시설이 미비하고, 직업지도 교사의 전문화가 부실한 실정이다. 특수학교교육을 보다 실효성 있게 운영하기 위해서는 진로교육을 강화하고, 직업교육시설을 확충하고, 직업지도교사를 전문화하여 교육과정 운영의 효율성을 높여야 한다.

6. 부모교육의 활성화

부모교육의 목적은 장애인 가정의 물리적－심리적 장벽을 제거하여 장애아동과 부모의 상호작용을 개선함으로써 장애아의 건전한 성장과 발달을 도울 수 있도록 하는데 있다. 그러기 위해서는 장애아로 인한 부모의 심리적 갈등을 해소하고, 발달장애인의 권리를 정당하게 주장하고, 가정에서 부모의 교육적 역할과 기능을 수행하도록 하여 학교 교사와 동반자적 관계를 유지할 수 있도록 교육 프로그램이 강화되어야 한다. 부모교육을 통해 발달장애아의 교육효과를 증진시키고, 이들의 교육권을 확보하기 위해서는 부모의 자발적, 적극적 참여에 의한 부모교육 프로그램이 다양화, 체계화, 전문화될 필요가 있다.

참고문헌

김도균(2002). 유산소성 운동이 비만 정신지체학생의 신체조성 및 기초체력 향상에 미치는 효과. 대구대학교 교육대학원 석사학위논문.

김승국 · 김은경(1999). 발달장애인 직업교육과정. 교육과학사.

민천식(2003). 정신지체정의의 역사적 변천과정 특징에 관한 연구. 정신지체연구 5. 173-188.

방명애 · 이효신(2004). 정서 및 행동 장애 이론과 실제. 시그마프레스.

박희선(2000). 창작 미술활동이 경도 정신지체아동의 자아효능감에 미치는 효과. 공주대학교 대학원 석사학위논문.

윤치현(2003). 발달장애의 이해. 형성출판사.

윤혁(2010). 유산소운동이 비만 정신지체 학생의 신체구성, 인체계측, 심폐지구력 및 운동회피의 변화에 미치는 영향. 조선대학교 교육대학원 석사학위논문.

이자영(2001). 가정환경이 정신지체 형제에 대한 비장애 형제의 태도에 미치는 영향에 관한 연구. 이화여자대학교 사회복지대학원 석사학위논문.

오여정(2008). 기억훈련이 정신지체유아의 기억량에 미치는 효과. 우석대학교 교육대학원 석사학위논문.

이성훈(2009). 초등학교 정신지체아동에 대한 사회적 기술 향상 프로그램 적용. 영남대학교 교육대학원 석사학위논문.

조인수(2008). 정신지체아 교육. 대구대학교 출판부.

정동영 · 김형일 · 정동일(2001). 특수교육 요구아동 출현율 조사 연구. 국립 특수교육원. 173.

홍승희(2011). 성인발달장애인의 독립생활을 위한 평생교육 요구조사.

브라이머 · 김삼섭 역(1996). 중증 장애인의 교육과 재활. 이화여자대학교 출판부.

특수교육학용어사전(2009). 국립 특수교육원.

American Association on Mental Retardation(1992). *Definition, Classification, and System of supports*(9th ed). Washington. DC: An-thor.

William L. Heward, 김진호 · 방명애 외 8명 역(2006). 최신특수교육(제8개정판). 시그마프레스.

생각해 볼 문제

01 2002년 미국정신지체협의(AAMR)의 정의에 관한 필수적인 가정 다섯 가지 내용을 기술하시오.

02 2002년 미국정신지체협의(AAMR)의 제10차 정의를 제9차 정의와 비교해서 기술하시오.

03 우리나라 「장애인 등에 대한 특수교육법」 상의 정신지체의 정의를 기술하시오.

04 2010년의 11차 정의에서 '지적장애' 용어를 사용한 조직과 정신지체와 비교해서 '지적장애'가 갖는 의미를 기술하시오.

05 다운증후군의 원인을 기술하고 특징을 두 가지 이상 기술하시오.

06 정신지체(지적장애)의 판별 세 가지 기준을 기술하시오.

07 정신지체의 인지적 특성을 세 가지 기술하시오.

Chapter 07

지체장애 및 건강장애아동 교육

지체장애 및 건강장애는 다른 장애영역에 비해 장애의 종류나 원인, 질환의 범위가 매우 넓고, 대상 아동의 중증화 및 중복화와 다양화가 그 특징이다. 중도 · 중복장애는 기능적인 능력에 있어서 매우 이질적인 집단이고 지체장애 및 정형외과적 장애도 포함하는 개념으로 중도의 인지장애와 신체적 장애를 수반하는 경우와 두 가지 이상의 감각장애를 가진 장애를 말한다(Westling & Fox, 2000).

중도 · 중복장애아동의 특성은 첫째, 뇌신경계의 손상 및 미분화에 의한 시청각, 지각 장애나 감각운동의 협응 곤란 등과 같은 발달지체를 보이고 보고, 듣고, 느끼는 등의 수용 작용에 곤란을 나타낸다. 둘째, 생체 내의 기본적인 조절기능, 환경변화에 대한 적응력의 미발달, 신체적-심리적 문제를 일으키기 쉽다. 셋째, 기질적-기능적 장애에 의한 운동기능장애와 발달의 지체, 자세 유지 및 이동, 손가락 조작 등에 있어서도 어려움을 겪는다. 넷째, 언어장애나 언어습득의 지체를 보이고 의사전달과 교환이 어렵다. 다섯째, 정신적 구조의 미분화 또는 부분적 결함이 있어 학습능력의 제한을 보이고 흥미나 관심이 편중되어 있다. 여섯째, 새로운 경험을 획득하고자 하는 욕구가 부족하고 획득한 지식 및 기능을 활용하거나 일반화하는 등의 통합능력에 결함을 가지고 있다(Whittle, 1990).

따라서 지체장애 및 건강장애 교육은 이러한 중도 · 중복장애의 특징을 고려한 교육 방법과 대상 아동의 중증화 및 중복화와 다양화를 반영한 교육 프로그램의 개발이 요구되고 있다.

이 장에서는 지체장애아동 교육의 역사, 지체장애의 정의, 지체장애 및 건강장애아동의 출현율, 지체장애의 분류, 지체장애 및 건강장애의 진단과 판별, 지체장애 및 건강장애의 특성, 지체장애 및 건강장애아동의 지도방법, 지체장애아동의 교육사례, 지체장애 및 건강장애아동 교육의 과제 및 전망 등을 중심으로 살펴보고자 한다.

Paragraph 01

지체장애아동 교육의 역사

1. 지체장애 교육의 역사

지체장애 교육은 1741년 안드레(Andry)가 『정형외과학』을 저술한 이후 정형외과학의 진보와 함께 발전해 왔다. 그 후 1779년 스위스의 의사 베넬(Venel)이 정형외과학을 임상에 응용하여 장기 입원환자에게 학교교육을 실시하여 병원 내 학교교육의 기원이 되었다.

지체장애아동을 위한 최초의 교육시설은 1823년 의사 브레머(Blömer)가 베르린에 설립한 치료시설이며, 현존하는 가장 오래된 학교는 바이에른주립 지체장애학교이다. 크누젠(Knudsen)은 1872년 코펜하겐에 지체장애아동을 위한 외래 진료소를 설립하고, 후에 직업훈련소, 기숙제 학교를 추가로 설립하여 의료, 교육, 직업훈련의 세 가지 기능을 동시에 가지는 지체장애아치료교육시설(Kruppelheim)을 설립하였다. 그 후 1899년에는 시카코에 공립 통학제 특수학급 그리고 런던에는 워드 여사(Ward)가 세계 최초로 공립 통학제 지체장애학교를 설립하였다. 양자가 통학제 교육계획에 의해서 이루어진 것은 당시의 지체장애 교육의 의무교육의 움직임과 맞물려 지체장애 교육의 확대에 커다란 영향을 미치게 되었다. 이와 같이 제1차 세계대전 전까지 미국과 독일, 영국에 있어서 지체장애 교육 형태를 보면 통학제학교, 병원내 학급, 기숙제 학교의 교육 형태로 교육이 이루어졌으며, 통학제 학교는 교육면에서, 병원내 학급은 의료 면에서 그리고 기숙제 학교는 직업면에 중점을 두었다.

제2차 세계대전 후 세계 각국은 의무교육을 실현하여 뇌성마비아동을 위한 고유의 학교를 설립하는 등 장애의 중증화 및 중복화에 맞추어 다양한 교육계획을 마련함과 동시에 경도 지체장애아동에게는 통합교육을 실시하였다.

2. 지체장애 교육의 지연

지체장애 교육은 시각장애 교육이나 청각장애 교육에 비해 매우 지체되었다. 지체장애아동은 시각장애아동이나 청각장애아동과 같이 동일한 신체장애임에도 불구하고 지체장애아동을 위한 특수교육은 18세기 말엽까지는 시도되지 못하였다. 그 이유는 다음과 같다.

첫째, 지체장애아동의 생존자 수가 매우 적었다는 점이다. 즉 18세기까지 런던에서 출생한 지체장애아동 가운데 약 70% 이상이 5세 이전에 사망하였다. 그 이유는 의학의 미발달에 있다. 즉 의료의 수준은 그때까지만 해도 아직 요람기(搖籃期)였기 때문에 현재라면 생존했을 정도의 장애아동들이 사망했다. 더구나 경도 지체장애아동은 일반학교에 취학했기 때문에 오늘날의 지체장애 교육의 대상이 되는 정도의 비교적 중증 지체장애아동의 생존 수는 당시에는 극히 소수였다.

둘째, 지체장애아동에 대한 부정적인 편견이 시각장애아동이나 청각장애아동에 대한 편견보다 강했기 때문이다.

셋째, 의학의 미발달이다. 지체장애 교육은 비교적 장애가 고정적인 시각장애 교육이나 청각장애 교육과는 다르게 의학과의 밀접한 관련이 있지만 관련 의학, 특히 정형외과학이 오랜 세월 동안 미개척 분야였기 때문이다. 정형외과학의 개척자라고 부르는 독일의 게오르게 프레드데릭 루이스 슈트로마이어(Stromeyer, G. F. L, 1804~1876)나 1834년에 뇌성마비에 대해서 처음으로 연구하여 유명해진 윌리엄 존 리틀(Little, A. W. J., 1810~1894), 미국 최초 정형외과 전문의인 브라운(Brown, B., 1819~1891) 등이 모두 19세기의 인물이다(神中正一, 1953). 이와 같이 정형외과학의 발달이 지체되었기 때문에 지체장애아동에 대한 적절한 의료적 보호책과 지체장애를 신의 노여움으로 보는 미신으로부터 벗어나는 시기도 지체되었다.

넷째, 교육방법상의 문제이다. 즉 시각장애 교육이나 청각장애 교육에서는 일반아동 교육과의 교육방법의 차이가 명백하기 때문에 일반아동으로부터 분리하여 점자를 사용하거나 수화나 구화법과 같은 독자적인 교육방법으로 교육하는 것을 당연하게 생각했지만, 지체장애 교육에 있어서는 독자적인 교육방법이 제시되지 못하였기 때문이다.

이상과 같이 지체장애 교육은 시각장애 교육이나 청각장애 교육에 비해 지체되었지만 19세기에 들어서면서 구미의 각 지역에서부터 점차적으로 관심이 높아지기 시작하여, 20세기에 들어서면서 조직적인 발전을 이루었다.

Paragraph 02 지체장애 및 건강장애의 정의

1. 지체장애의 정의

지체장애(physical disabilities)는 「장애인 등에 대한 특수교육법」에 의하면 "기능 · 형태상 장애를 가지고 있거나 몸통을 지탱하거나 팔다리의 움직임 등에 어려움을 겪는 신체적 조건이나 상태로 인해 교육적 성취에 어려움이 있는 사람"으로 정의하고 있다.

한편 미국 「장애인교육법」(IDEA)에서는 지체장애란 "교육적 성취에 부정적인 영향을 미치는 심각한 정형외과적인 장애, 선천성 기형(내반족, 신체 일부의 결손 등), 질병에 의한 손상(소아마비, 골결핵 등), 기타 원인에 의한 손상(뇌성마비, 절단, 화상 등)"을 말한다(IDEA, 2004). 미국 「장애인교육법」(IDEA)에서 제시하고 있는 장애 영역 중 지체장애의 경우는 정형외과적 장애(orthopedic impairment), 외상성 뇌손상(traumatic brain injury), 중복장애(multiple disabilities)까지 포함하고 있다. 그러나 IDEA에서 제시하고 있는 장애 영역 중 엄격하게 지체장애에 해당되는 영역은 정형외과적 장애라고 볼 수 있다. 이러한 정형외과적 장애에는 신경학적 장애가 포함된다. 정형외과적 장애는 두개골, 관절, 근육 등의 이상이 주로 나타나는 것을 말하며, 신경학적 장애는 신체의 어떤 부분을 움직이고, 사용하고, 느끼거나 제어하는 능력에 영향을 미치는 중추신경계 시스템 이상을 포함한다(Best, Heller, & Bigge, 2005).

2. 건강장애의 정의

건강장애(health impairment)는 「장애인 등에 대한 특수교육법」에 의하면 "만성질환으로 인하여 3개월 이상의 장기입원 또는 통원치료 등 계속적인 의료적 지원이 필요하여 학교생활 및 학업 수행에 어려움이 있는 사람"으로 규정하고 있다. 우리 나라에서 건강장애는 2005년 3월 24일에 개정된 「특수교육진흥법」에 처음으로 추가된 이래 2007년 5월 25일에 제정된 「장애인 등에 대한 특수교육법」에서도 그대로 유지되어 현재까지 특수교육 서비스의 대상이 되고 있다. 「장애인복지법」 상 건강장애와 관련이 있는 장애 영역은 내부장애에 해당되는 장애로 신장장애, 심장장애, 호흡기장애, 간장애, 장루 · 요루장애, 간질장애 등이다.

한편 미국의 「장애인교육법」(IDEA)에서 건강장애는 기타 건강장애(other health impairment)에 해당된다. 미국의 IDEA에서 건강장애아동은 허약한 체력, 활기, 민첩성, 활동력을 가지고 있을 뿐만 아니라 심장병, 결핵, 류머티스, 신장병, 천식, 겸상적혈구빈혈, 혈우병, 경련장애, 납중독, 백혈병, 당뇨병과 같은 만성적 또는 급성 건강문제에 의해 제한된 근력, 지구력, 민첩성을 가진 아동을 말한다(Heward, 2006; 한국특수교육학회, 2008).

Paragraph 03 지체장애 및 건강장애아동의 출현율

지체장애 및 건강장애아동의 출현율은 각 나라에 따라 정의 및 분류 기준이 다를 수 있기 때문에 출현율은 다양하게 나타날 수 있다. 장애 유형별 출현율을 살펴보면, 뇌성마비는 약 0.2%이고(Cogher et al., 1992), 관절복합 선천기형은 신생아의 약 0.03%(Thompson & Belenker, 1985), 혈우병 아동은 중등도 1~5%, 경도 6~25%의 출현율을 보이고 있다(Bigge, 1991). 그리고 연소성

류마티스 관절염은 인구 10만 명당 3명, 선천성 사지결함은 신생아 2만 명당 1명, 진행성 근이영양증은 3,500명에 1명, 불완전골생성증은 2만 명에 1명, 이분척추는 2,000명에 1명, 외상성 뇌손상은 소아 1만 명당 23명 비율로 나타난다(Bigge, 1991).

우리 나라 지체장애아동은 2014년 4월 현재 총 11,209명이다. 이는 전체 특수교육 대상자의 12.8%로 정신지체아동에 이어 두 번째로 높은 비율이다. 지체장애아동은 특수학교에 32.3%(3,615명)가 재학하고 있으며, 특수교육지원센터에 1.4%(163명), 특수학급에 37.9%(4,251명), 일반학급에는 28.4%(3,180명)가 재학하고 있다. 즉 66.3%(7,431명)가 일반학교 내 일반학급이나 특수학급에서 통합교육 형태의 교육을 받고 있다. 반면에 33.7%(3,778명)는 특수학교나 특수교육지원센터에서 분리교육 형태로 교육을 받고 있다. 지체장애 특수학교 수는 총 20개교(총 166개의 특수학교 중 12.1%)로 정신지체학교 다음으로 높은 비율을 차지하고 있다(교육부, 2014).

건강장애아동은 2014년 4월 현재 총 2,029명이다. 이는 전체 특수교육 대상자의 2.3%로 발달지체아동에 이어 두 번째로 낮은 비율이다. 건강장애아동은 특수학교에 1.42%(29명)가 재학하고 있으며, 특수교육지원센터에 0.05%(1명), 특수학급에 13.8%(280명), 일반학급에는 84.73%(1,719명)가 재학하고 있다. 즉 98.5%(1,999명)가 일반학교 내 일반학급이나 특수학급에서 통합교육 형태의 교육을 받고 있다(교육부, 2014).

Paragraph 04 지체장애의 분류

지체장애 영역은 신체에 이상이 있다는 공통점만으로 다양한 특성의 아동이 함께 묶여 있다(Best, Heller, & Bigge, 2005). 지체장애의 분류는 신경성 증후군과 운동기 증후군으로 나눌 수 있다(정동영 외, 2001; 박승희 외, 2007;

한국특수교육학회, 2008). 신경성 증후군의 범주에는 뇌성마비, 근이영양증(근위축증), 이분척추, 소아마비 등이 있고, 운동기 증후군에는 형태이상, 외상성 질환, 골질환, 관절질환, 결핵성 질환 등이 포함된다.

1. 신경성 증후군

1) 뇌성마비

뇌성마비(cerebral palsy)란 "뇌의 발육기에 발생하는 불가역성(不可逆性)의 뇌장애로 비진행성의 병변(病變)을 가지고 있으며, 그 증후(症候)로는 운동계의 기능장애를 기본으로 하고, 대부분 3세까지 증세가 나타난다. 구체적으로는 신생아기까지 발생하는 뇌장애"를 일반적으로 가리킨다(Medical Dictionary, 1994).

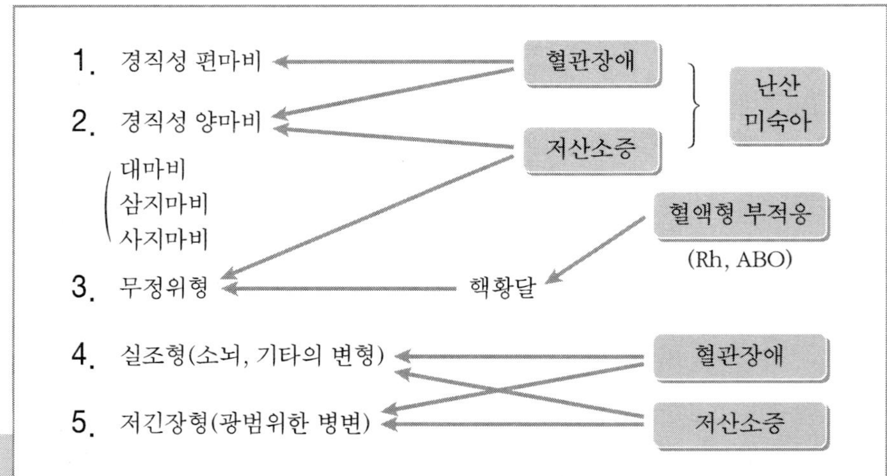

[그림 7-1] 뇌성마비의 병형 및 원인(上田敏, 1992)

뇌성마비의 원인은 다음과 같다. 첫째, 출생 전 원인으로 감염, 뇌기형, 뇌손상으로 인한 유전적인 증상, 산소부족 등이다. 둘째, 출생 시 원인으로는 비정상적인 태위, 중추신경 감염, 산소부족 등이다. 셋째, 출생 후의 원인으로는 외상에 의한 뇌손상, 약물, 중추신경 계통의 감염(뇌염 등), 뇌의 산소부족(익사 사고, 질식, 감전 등)이다. 한편 위험요인으로는 독성요소, 저체중아, 다산, 모체출혈 및 감염, 정신지체인 어머니 등(이상의 여러 요인들이 작용 가능)을 들 수 있다(Best, Heller & Bigge, 2005).

〈표 7-1〉 시기에 따른 뇌성마비의 원인 및 위험인자

시 기	원인 및 위험인자
태아기	유전, 뇌기형, 감염, 산소결핍증, 임신중독증, 모태출혈, 태반이상, 모태감염
출산시	질식, 중추신경계 감염
출산후	중추신경계 감염, 외상성 뇌손상, 약물, 산소 결핍

출처 : Heller, K. W., Alberto, P. A, Forney, P. E., & Schwartzman, M. N.(Eds). (1996). *Understanding physical, sensory, and health impairments: Characteristics and educational implications*. pacific Grove, CA: Brooks.

뇌성마비의 출현율은 신생아 1,000명 당 1~2.4명, 미숙아의 15%에서 발생하는 것으로 추정된다(Nelson, 2002; Beers, Porter, Jones, Kaplan, & Berkwite, 2006). 조산으로 저체중인 신생아가 생존율이 높아지면서 뇌성마비의 출현율도 높아지고 있다(Nelson, 2002).

뇌성마비의 생리적 분류는 〈표 7-2〉와 같이 ① 경직형, ② 무정위운동형, ③ 운동실조형, ④ 강직형(강강형), ⑤ 진전형, ⑥ 혼합형 등으로 분류할 수 있다(Bleck, 1982; Batshaw, 1997).

〈표 7-2〉 뇌성마비의 유형별 운동 특징

유 형	특 징
경직형 (spasticity)	간헐성 경련이 일어나기 때문에 경련성(spasticity)이라고도 부른다. 경직형의 원인은 운동피질(motor cortex)이나 뇌의 각추로(pyramidal tracts)가 손상을 받아서 생기는데 그 결과 근육운동 조정능력을 상실하게 된다. 운동 특징은 근수축으로 인하여 사지 근육이 뻣뻣하고 잘 움직여지지 않는 것이 특징이다. 근수축이 계속되어 비트는 양상을 보일 정도로 운동이 과장되어 나타난다. 점차 나이가 들어감에 따라 경직성 근육은 줄어들지만, 사지 · 골반 · 척추의 기형이 고착된다. 전체 뇌성마비의 약 75% 정도를 차지한다.

무정위형 불수의 운동형 (athetosis)	장애부위 전반에 걸쳐 지속적인 불수의운동이 특징적으로 나타나기 때문에 일명 불수의운동형이라고도 한다. 무정위형은 대뇌피질 속에 있는 기저핵(basal ganglia)의 손상, 즉 추체외로(錐體外路)의 조직과 기본 신경절에 뇌 손상이 가해진 결과로 생긴다. 뒤틀리는 사지와 불수의 운동이 그 특성이다. 주요 증상으로는 사지가 회전하거나 꼬이고, 사지 · 목 · 몸통 등의 위치가 왜곡되며, 사지를 휘두르기도 하고, 발가락이나 손가락에 임의적인 경련이 일어나기도 한다. 근긴장도는 깨어 있는 동안에는 좀 더 경직되어 있다가 잠을 자는 동안에는 이완된다. 전체 뇌성마비의 약 20%를 차지한다.
운동실조형 (ataxia)	균형감각과 손의 사용감각이 특히 떨어진다. 운동실조형은 소뇌(cerebellum)의 병변으로 인해 발생되며, 술에 취한 것처럼 걸음을 걷고 자주 말이 흐려진다. 걸을 때 가장 뚜렷하게 나타나고 오히려 뛰는 것을 잘할 수 있다.
강직형 강강형 (rigidity)	강강형이라고도 하며, 불수의 운동형에 비해 덜 일반적이고 운동 전반에 걸쳐 뻣뻣함이 주된 특징인데, 납 파이프(lead pipe) 또는 톱니바퀴(cogwheel) 뇌성마비로 불리기도 한다. 기저핵에 입은 장애로 일어나며 중증 정신지체와 함께 나타나는 경우가 많다.
진전형 (tremor)	사지를 흔들거나 떠는 것이 특징이며, 전형적으로 불수의운동형 혹은 실조형에서 나타난다. 첫 번째는 소뇌(cerebellum) 손상으로 일어나는 경련으로 자율적인 움직임을 하려고 할 때 일어나며 동작의 마지막 움직임에서 신체부위에 더욱 경련을 일으키게 된다. 두 번째는 기저핵(basal ganglia) 손상으로 일어나는 경련으로 잠을 잘 때나 집중을 요구하는 특정한 운동과제를 수행할 때는 감소된다.
혼합형 (mixed)	두 가지 혹은 그 이상의 운동장애가 나타나는 경우를 말하는데, 주로 산소 결핍의 기간이 긴 상황에서 뇌손상을 입었을 때 발생한다. 다리에서는 강직이 나타나고 팔에서는 무도무정위성이 나타나거나 혹은 몸통과 목에서는 근긴장도가 낮고 사지에서는 경직이 나타난다(『특수교육용어사전』, 2009).

한편 뇌성마비의 부위별 분류는 뇌성마비를 운동장애가 나타나는 신체 부위에 따라 ① 편마비, ② 이중편마비(중복마비), ③ 사지마비, ④ 양측마비(양마비), ⑤ 하지마비(대마비), ⑥ 삼지마비, ⑦ 단마비 등으로 나눈다(Minear, 1956; Best, Heller, & Bigge, 2005).

기능 수준별 분류는 운동 손상 정도와 기능 수준에 따라 경도(mild), 중등도(moderate), 중도(severe)로 구분한다.

〈표 7-3〉 기능 수준별 뇌성마비의 분류

정 도	기능 수준
경도(mild)	· 보행과 언어 가능 · 머리와 목의 움직임 조절 가능 · 활동의 제한이 경미함 · 일상생활이나 다른 신체활동을 독립적으로 수행 가능
중등도 (moderate)	· 보행과 언어 손상 · 머리와 목의 움직임 조절능력이 손상을 받음 · 활동제한이 중도(中度) · 일상생활이나 다른 신체 활동이 보조도구 없이는 제한 받음
중증(severe)	· 손상은 무능력으로 이어짐 · 머리와 목의 조절을 할 수 없거나 제한의 정도가 심함 · 신체 기형과 구축 · 일상생활이나 다른 유용한 신체 활동들을 보조도구 없이 수행할 수 없음

출처 : Heller, K. W., Alberto, P. A, Forney, P. E., & Schwartzman, M. N.(Eds). (1996). *Understanding physical, sensory, and health impairments: Characteristics and educational implications*. pacific Grove, CA: Brooks.

2) 근이영양증

근이영양증(muscular dystrophy) 골격근의 진행성 위축과 근력저하를 특징으로 하는 근육병으로 진행성, 불치성, 유전성이다. 디스트로핀(dystrophin)이라 불리는 단백질의 부족에 의해 일어나는데, 이 단백질은 근섬유의 구조와 모양을 유지하여 칼륨을 저장하는 기능을 한다. 근이영양증은 근섬유가 점차적으로 섬유화되고 지방의 세포조직으로 대체되기 때문에 생기는 질병이다(박은혜 · 김정연, 2010). 보통 신경에 손상이 있거나 근육이 신경의 퇴화로 쇠약해지는 경우를 위축(atrophy)이라고 하고, 신경의 질환이나 손상의 증거가 없는 근조직의 외약의 경우를 근병증(myopathy)이라 한다. 그리고 근병증이 진행성이고 유전성인 경우에는 이영양증(dystrophy)이라고 한다(김승국, 2001). 40개 형태 중 Duchenn형이 가장 많이 나타나며, 가장 심한질환이기도 하다(김진호 외, 2006). 보통은 근이영양증은 근위축증과 구별 없이 사용되기도 하지만 임상적 증상에는 약간의 차이가 있다. 근이영양증은 주로 유년기에 발생하고 근위축증은 청장년기에 발생한다. 또한 근이영양증은 근위부 근육에, 근위축증은 원위부 근육에 발생한다. 근강직이 근이영양증에는 없고 근위축증에는 있으며, 근이영양증는 유전성이 확실하지만 근위축은 유전적 경향이 드물다.

근이영양증은 근육 약화의 정도와 유전적 패턴에 따라 몇 가지 형태로 분류된다. 뒤센(Duchenne)형은 가장 흔한 유형이며 반성 열성 유전으로 2~4세 정도의 남자 아동에게 많이 발생한다. 보통 뒤센형의 징후는 5세경에 뚜렷한 근육 약화가 나타나며 장애 보상적인 비대로 종아리 근육이 크게 보이는 가성비대(실제 근육이 아니라 지방 결합 조직임)를 보인다. 이 질환의 초기에 있는 아동은 엎드린 후 일어날 때 한 손을 보통 대퇴부에 위치시킨 후 손을 밀면서 일어나는 가우어 징후(Gower's sign)를 보인다.

베커(Becker)형은 발병 시기가 보통 5~20세로 뒤센형보다 늦고 진행도 느리다. 심근장애를 갖고 있고 보통 10대에 사망하는 뒤센형에 비하여 베커형은 20대 이후에도 생존하며 심근장애를 갖지 않는다. 이외에도 20세 이후 발병하는 사지-대형 이양증(Limb-girdle muscular dystrophy) 등을 포함하는 상염색체 열성소질 근이영양증과 상염색체 우성소질 근이영양증인 안면 견갑상완 근이영양증(Facioscpulohueral dystrophy) 등이 근이영양증의 유형들이다(『특수교육용어사전』, 2009).

3) 이분척추

이분척추(spina bifida) 척수를 싸고 있는 척추뼈의 뒷부분이 완전히 닫히지 않는 채 태어나는 선천적인 이상으로 신경손상과 마비를 일으켜서 생기는 기능장애를 말한다(박은혜 · 김정연, 2010). 대부분 척추의 뒤쪽에서 발생하며 하위 요부와 천골부에서 가장 흔히 발생하나 척추의 상부와 말단 사이 어디에서나 나타날 수 있다. 척추가 폐쇄되지 않았기 때문에 척수가 빠져나와 신경손상과 마비를 일으키고, 결함이 있는 쪽 밑으로 기능장애가 발생한다. 이분척추는 잠재 이분척추(spina bifida occulta), 수막류(meningocele), 척수 수막류

(myelomeningocele) 등 여러 가지 유형이 있다. 이분척추의 원인은 잘 알려져 있지 않다(『특수교육용어사전』, 2009).

4) 소아마비

소아마비(poliomyelitis)는 회백질척수염이라고도 하며, 3개의 폴리오바이러스 중 하나가 일으키는 질환으로 무증상, 경증, 마비형태로 나타난다. 이 질병은 대변 오염이나 구강 분비물을 통해 전염된다. 1950년대 중반 이전에는 대단히 무서운 감염증이었으나 Jonas E. Salk가 개발한 소아마비 예방용 솔크 왁진(salk vaccin)의 개발로 현재는 현저히 감소하였다. 소아마비는 폴리오(polio) 바이러스 감염으로 중추 신경계 특히 척수의 전각 세포 및 뇌간(brain stem)의 일부 운동핵이 침범되어 급성 감염이 발생하고 그 결과 일시적 또는 영구적인 신체 마비와 변형이 초래되는 질환이다. 신경 조직 중 척수 특히 경수 및 요수 팽대부의 운동신경 세포를 가장 많이 침범한다. 증상은 초기에 발열이나 발한이 있으면서 한쪽 다리가 갑자기 마비되어 보행과 기립이 곤란해지며 건반사(腱反射)가 없어진다. 이어서 마비된 다리의 근육이 위축되며 감각장애는 없다. 임상 증상은 침범 부위의 정도 및 병의 진행시기에 따라 다르게 나타난다. 척수에 변화를 일으키지 않고 지나가는 부전형(abortive type), 척수에 이상은 있으나 근육의 마비를 일으키지 않는 비마비형(nonparalytic type) 그리고 근육의 약화 또는 마비를 일으키는 마비형(paralytic type)으로 나눈다. 마비형의 경우, 근육의 불균형적인 성장, 잘못된 습관적인 체위, 연부 조직의 구축 등으로 말미암아 사지 또는 체간에 여러 가지 변형이 발생할 수 있다(『특수교육용어사전』, 2009).

2. 운동기 증후군

운동기 증후군은 〈표 7-4〉에 나타난 바와 같이 첫째, 형태이상으로는 단지증, 만곡족, 내반슬, 외반슬, 척추전만, 척추측만, 척추후만 등이 있다. 둘째, 외상성 질환으로는 가관절, 반흔구축, 절단 등이 있다. 셋째, 골질환으로는 골형성 부전증, 연골무형성증, 골단염, 레그-페테스병, 구루병, 모르퀴오병, 골수염 등이 있다. 넷째, 관절질환으로는 관절염, 선천성 고관절탈구, 관절구축, 관절류머티즘 등이 있다. 다섯째, 결핵성 질환으로는 골결핵, 척추카리에스, 결핵성 고관절염, 무릎관절결핵, 관절결핵 등이 있다(곽승철 외, 1997, 2003).

〈표 7-4〉 운동기 증후군의 종류

종 류	내 용
형태이상	· 단지증(phocomelia) : 해표상지증(海豹上肢症)이라고도 하며, 상체 부분의 사지가 하나 또는 그 이상 부족한 기 형적인 발달로 인해 마치 절단 부위같이 발이나 손이 몸통에 짧고 불규칙한 모양으로 붙어 있어 바다표범의 사지와 비슷하게 보인다. · 만곡족(club foot) : 선천적으로 변형된 발을 말하며, 첨내반족이 가장 흔하다. · 내반슬(bowleg) : O각이라고도 하며, 발목을 붙이고 다리를 폈을 때 무릎 사이의 거리가 벌어지는 상태를 말한다. · 외반슬(knock knee) : 외번슬 또는 X각이라고도 하며, 무릎을 서로 붙이고 다리를 폈을 때 발목 사이의 거리가 벌어지는 상태를 말한다. · 척주전만(lordosis) : 척추가 앞쪽으로 만곡되어 있는 상태를 말한다. · 척추측만(scoliosis) : 척추가 옆쪽으로 만곡되어 있는 상태를 말한다. · 척추후만증(kyphosis) : 척추가 뒤쪽으로 만곡되어 있는 상태를 말한다.
외상성질환	· 가관절(pseudoarthrosis) : 위관절이라고도 하며, 골절 부위의 골유합이 완전히 정지된 상태를 말한다. · 반흔구축(cicaricial contracture) : 화상 등의 원인으로 표피뿐만 아니라 진피 이하에도 손상을 입었을 때 관절 가동성에 제한이 나타난다. · 절단(amputation) : 지체나 그 밖의 부속체 또는 신체의 돌출부를 제거하는 것을 말하며, 주로 팔, 다리를 의미한다.
골질환	· 골형성 부전증(osteogenesis imperfecta) : 불완전 골형성증이라고도 하며, 유전성 질환으로 뼈가 약하여 다발성 골절이 발생되는 전신적 결체조직의 질환이다. · 연골무형성증(achondroplasia) : 연골발육부전증이라고도 하며, 뼈의 성장이 장애를 받아 현저한 왜소증을 나타 내는 증상으로 140㎝ 이하의 왜소증이 나타난다. 짧은 사지, 큰 머리, 튀어나온 이마와 오리걸음이 특징적이다.

골질환	• 골단염(epiphysitis) : 골단증이라고도 하며, 긴뼈의 골단부에 생기는 무균성 괴사를 가져오는 질환이다. • 레그–페테스병(Legg-Perthes' disease) : 연소성 변형성 골연골염이라고도 하며, 원발성 골괴사의 일종으로 소아의 대퇴골두에서 발생하는 질환이다. • 구루병(rickets) : 비타민 D 결핍증으로 뼈의 변형을 가져오는 질환이다. 주로 4개월에서 2세 사이에 발생된다. • 모르퀴오병(morquio's disease) : 골연골발육부전증이라고 하며, 골단의 발육이상이 나타나는 골연골 발육장애를 말한다. • 골수염(ostemyelitis) : 화농균이 혈관을 통해서 감염된 질환이다.
관절질환	• 관절염(arthritis) : 관절의 염증 상태, 통증, 부종, 열감, 발적이 나타나고 움직임에 제한이 온다. • 선천성 고관절탈구(congenital dislocation of hip joint) : 엉덩이관절의 윗부분인 관골구와 대퇴골두가 정상적으로 물리지 않고 어긋나 있는 상태를 말한다. • 관절구축(articular contracture) : 관절의 가동성이 제한되거나 소실된 상태를 말한다. 원인은 주로 관절을 장기간 고정시키거나 피부의 반흔 등이 원인이 될 수 있다. • 관절류머티즘(articular rheumatism) : 관절, 근육 등의 운동기관이 염증 또는 퇴행성 변화, 신진대사 장애, 내분비 장애에 의하여 통증과 기능장애를 일으키는 병적상태를 말한다.
결핵성질환	• 골결핵(tuberculosis of bone) : 결핵균은 먼저 폐에 침입하고 그 뒤에 주로 혈관을 통해 골에 감염되어 발생하는 결핵균이 일으킨 뼈의 병변이다. • 척추카리에스(spinal caries) : 결핵성 척추염이라고도 하며, 다른 1차성 결핵병소가 혈행성으로 척추에 전이를 일으키는 2차성 결핵질환이다. • 결핵성 고관절염(tuberculous coxitis) : 결핵균에 의한 관절염의 일종으로 관절 결핵 중에서 발생빈도가 가장 높다. • 무릎관절결핵(tuberculous arthritis of the knee) : 관절염이라고도 하며, 무릎관절에서 일어나는 결핵을 말한다. • 관절결핵(joint tuberculosis) : 결핵성 관절염으로 결핵균의 감염으로 발생한다.

3. 건강장애의 분류

2005년 3월 24일 「특수교육진흥법」의 개정으로 심장장애, 신장장애, 간장애 등 만성질환으로 인한 건강장애가 특수교육의 대상에 포함된 이래, 2007년

5월 25일 제정된 「장애인 등에 대한 특수교육법」에도 건강장애가 그대로 유지되어 현재까지 특수교육 서비스의 대상이 되고 있다.

한편 복지 분야에서도 1999년 12월 31일 「장애인복지법」의 개정으로 지체장애가 뇌병변장애로 세분화되었으며, 그 외에도 심장장애인, 신장장애인의 2개 장애영역이 내부장애로 복지 서비스의 대상으로 확대되었다. 그 후 2003년 5월 1일 「장애인복지법」 개정으로 내부장애에 호흡기 장애인, 간장애인, 장루 · 요루장애인, 간질장애인의 4개 장애 영역이 추가되었다.

Paragraph 05 지체장애 및 건강장애의 진단과 판별

1. 지체장애아동의 선별

지체장애아동이 지체장애 특수학교 및 특수학급 등의 대상자로 선정되기 위해서는 진단 및 평가를 받게 된다. 먼저 선별(screening)과 의뢰(referral)는 학급에서 의심되는 아동들을 확인하는데 도움이 되는 체크리스트나 평가형식으로 실시되며 교실에서 관찰한 학교기록을 참고로 한다. 선별과 의뢰 전략은 특수교육 사정의 의뢰가 오면 개별적 또는 팀의 발의로 시작된다. 팀은 부모에게 아동의 학습문제에 대해 문의를 하고 부모는 서류상으로 응답을 하여야 한다. 사정 계획은 방향을 제공할 수 있도록 개발되어야 하며 사정 위원의 활동은 조정되어야 하고 계획은 포괄적이며 개별적이어야 한다.

학교 현장에서 진단 및 평가와 관련된 유사 용어들이 다양하게 사용되고 있는데 이들 간에는 서로 차이가 있다. 학교 현장에서 진단 및 평가와 관련된 유사 용어들은 〈표 7-5〉와 같다(최세민 외, 2005).

〈표 7-5〉 진단 및 평가 관련 유사 용어

용 어	의 미
선별 (screening)	특수교육을 받을 필요가 있는 아동들을 선별하기 위해서 심층적 평가의 필요성 여부를 결정하는 가장 초기 단계의 사정 방법이다.
진단 (diagnosis)	적격조건을 결정하는 중요한 과정으로 질환의 원인을 찾아내고 증상에 따른 적절한 치료법을 결정하는 과정으로 의학분야에서 많이 사용된다. 교육분야나 심리학 분야에서는 사정이라는 용어를 일반적으로 사용한다.
판별 (identification)	아동이 지니고 있는 이상성 혹은 교육지도상의 현저한 문제성을 파악하기 위한 선별 및 평가활동을 통하여 개인의 능력 및 심리적 특성이 같은 사람들을 구분하는 진단 활동을 말한다.
검사 (test)	좀 더 구체적인 용어로 구조화된 조건하에서 학생이 질문에 응답하는 것으로 사정을 위한 한 방법이다.
평가 (evaluation)	문제영역에 대한 정보를 수집해 가는 사정에 있어서 구체적인 과정을 의미한다. 문제영역에 대한 평가방법에는 여러 방법과 종류가 있을 수 있으며 개인의 특성 및 상황에 따라 적합한 것을 선택하여 실시한다.
사정 (assessment)	아동 개인에 관한 결정을 내리기 위한 목적으로 아동의 특성 및 교육적 요구를 판별하고 교육적 조치를 하여 판별 조치에 대한 평가를 수행하여 재판별, 재조치를 수행하는 과정을 말한다. 사정의 목적은 특수교육서비스의 필요 여부와 교수계획을 수립하기 위한 것이며, 이러한 목적을 달성하기 위해 필요한 모든 정보를 수집 분석하는 과정이다.

1) 지체장애아동의 선별기준 및 선별도구

지체장애아동이 지체장애 특수학교 및 특수학급의 대상자로 선정되기 위해서는 진단 및 평가를 받게 된다. 이를 위해서 대상 아동의 장애 유무에 따라 사정활동을 하여야 한다. 한국특수교육학회(2008)에서 권고하는 지체장애아동의 선별기준과 선별도구는 다음과 같다.

(1) 선별기준

지체장애아동의 선별기준은 「장애인 등에 대한 특수교육법」 시행령(2008)에서 정의하고 있는 기준에 따라 선별하되, 구체적으로는 한국특수교육학회(2008)에서 권고하는 손상, 학습상의 문제, 일상생활상의 문제라는 3개 영역으로 구분하여 선별한다.

손상의 선별기준은 다음과 같다. 첫째, 사지와 몸통에 외형적인 장애를 가지고 있으며, 이로 인하여 동작이 불편하다. 둘째, 사지 또는 체간에 장기적으로 보조기를 착용한다. 셋째, 척추가 심하게 전후, 좌우로 기울어져 있다. 넷째, 근육이 뻣뻣하거나 불필요한 동작이 수반되는 등 뇌성마비의 증상을 보인다.

학습상의 문제의 선별기준은 다음과 같다. 첫째, 골 형성이 불완전하거나 너무 약하여 부러지기 쉽다. 둘째, 필기가 아주 늦거나 곤란할 정도로 손 기능이 떨어진다. 셋째, 골, 관절, 근육 등의 문제로 수업 시간 동안 의자에 앉은 자세를 유지할 수 없거나 곤란하다. 넷째, 침을 많이 흘려 옷이나 노트가 젖어 있는 경우가 많다. 다섯째, 활동량이 많은 체육활동 등에 참가하는 것을 힘들어 한다.

일상생활상의 문제의 선별기준은 다음과 같다. 첫째, 주로 휠체어를 사용하여 생활한다. 둘째, 장거리 이동이 힘들어 보조기기 또는 사람의 도움을 받아 이동한다. 셋째, 근육의 마비 등으로 숟가락이나 젓가락 사용이 곤란하다. 넷째, 정형외과적 장애는 보이지 않으나 쉽게 넘어지는 등 몸의 밸런스 감각이 심하게 떨어진다. 다섯째, 혼자서 계단을 오르내리기가 곤란하다.

(2) 선별도구

한국특수교육학회(2008)에서 권고하는 지체장애아동의 선별도구는 다음과 같다.

첫째, 체크리스트로는 ADL평가도구, MBI(Modified Barthel Index, Forthinsky et al., 1981), PULSES profile(Moskowitz McCann, 1957), S-G 검사(Standing gait) 등이 있다.

둘째, 뇌성마비 반사검사로는 설근반사(rooting reflex), 흡철반사(sucking reflex), 구토반사(gag reflex), 굴곡회피반사, 신전밀기반사, 대칭성 긴장성 경반사, 비대칭성 긴장성 경반사, 목정위반사, 양서류반응, 모로반사, 보호펴짐반사 등이 있다.

셋째, 대근육 운동기능평가로는 대근육 운동기능평가(Gross Motor Functional Measure: GMFM), 대근육 운동발달검사(Test of Gross Motor Development:

TGMD, Dale A. Ulrich, 1985), 한국판 오세레츠키 운동능력검사(Oseretsky N, 1923, 김정권 · 권기덕 · 최영하 · 표준화, 도서출판 특수교육, 1974) 등이 있다.

넷째, 정상관절 운동범위 검사는 견갑골, 주관절, 목관절, 수근관절, 고관절, 슬관절, 족관절의 능동 및 수동관절 가동범위를 관절운동측정기(Goniometer) 또는 경사측정기(Inclinometer) 등이 있다.

다섯째, 기타 측정도구로는 도수근력검사(Manual Muscle Testing: MMT/Hislop, Montgomery, 1995, 강세윤 외 역, 영문출판사, 2001), 애쉬워드 경직척도(Modified Ashworth Scale: MAS) 등이 있다.

2) 건강장애아동의 선별기준 및 선별도구

건강장애아동의 선별기준은 「장애인 등에 대한 특수교육」 시행령(2008)에서 정의하고 있는 기준에 따라 선별하되, 구체적으로는 한국특수교육학회(2008)에서 권고하는 손상, 학습상의 문제, 일상생활상의 문제라는 3개 영역으로 구분하여 선별한다.

(1) 선별기준

손상에 대한 선별기준은 다음과 같다. 첫째, 심장병으로 인해 3개월 이상의 장기입원 또는 통원치료 등 계속적인 의료적 지원이 필요하여 학교생활 · 학업 수행 등에 있어서 교육적 지원을 지속적으로 받아야 한다. 둘째, 신장병(염)으로 인해 3개월 이상의 장기입원 또는 통원치료 등 계속적인 의료적 지원이 필요하여 학교생활 · 학업 수행 등에 있어서 교육적 지원을 지속적으로 받아야 한다. 셋째, 간 질환으로 인해 3개월 이상의 장기입원 또는 통원치료 등 계속적인 의료적 지원이 필요하여 학교생활 · 학업 수행 등에 있어서 교육적 지원을 지속적으로 받아야 한다. 넷째, 기타 소아암, AIDS 등 만성질환으로 인해 장기입원 또는 통원치료 등 계속적인 의료적 지원이 필요하여 학교생활 · 학업 수행 등에 있어서 교육적 지원을 계속적으로 받아야 한다.

학습상의 문제에 대한 선별기준은 다음과 같다. 첫째, 감기 등 잔병이 많고

회복이 느려 학습 결손이 많다. 둘째, 건강상의 문제(허약 체질 등)로 체육시간이나 야외 학습활동 등에 참여가 제한적이다. 셋째, 건강상의 문제로 결석이 잦다. 넷째, 의사로부터 운동 시간 또는 양 등에 대한 제약 소견을 받고 있다.

일상생활상의 문제에 대한 선별기준은 다음과 같다. 첫째, 질병으로 인하여 장기간에 걸쳐 약물을 복용하고 있다. 둘째, 장기간에 걸쳐 입원하고 있거나 요양 중이다. 셋째, 오래 걸을 수 없으며, 활동 후 쉽게 피로를 느낀다. 넷째, 산소호흡기 또는 음식물 주입 튜브 등에 의존하여 일상생활을 영위하고 있다.

(2) 선별도구

한국특수교육학회(2008)에서 권고하는 건강장애아동의 선별도구는 다음과 같다. 건강장애 선별 체크리스트(2001), 특수아동교육 요구아동 출현율 조사연구와 건강문제 선별 체크리스트(2006), 특수교육 요구학생 실태조사가 있다.

2. 진단 및 평가도구

표준화된 검사는 객관적이고 신뢰성 있는 점수를 얻을 수 있기 때문에 다양한 영역에서 활용되고 있다. 일반적으로 대상아의 판결을 위해 필요한 평가도구는 다음의 〈표 7-6〉과 같다(교육부, 2000; 곽승철 외, 2003).

우리 나라의 표준화 검사도구로서 지능검사에는 KEDI-WISC, K-WISC IV, K-ABC, K-WAIS IV, K-WIPPSI, 그림 지능검사 등이 있다.

학력검사는 기초학습기능검사가 있으며, 적응행동검사에는 사회성숙도검사, 적응행동검사(K-ABS)가 있다. 중등수준에서 사용할 수 있는 진로교육검사로는 직업적성검사(GATB)와 진로성숙검사가 있다.

그 밖에 표준화 되지 않았지만 학교 현장에서 많이 사용되고 있는 언어학습능력 진단검사(ITPA), 지각운동검사도구로는 시지각발달검사(DTVP), 시각-운동통합발달검사(DTVMI), 지각운동발달 진단검사(PMDT) 있으며, 한국판 Bruininks-Oseretsky 운동기능검사가 있다(고은 외, 2012).

〈표 7-6〉 진단 및 평가도구의 종류

평가영역	진단 및 평가도구
① 출생과 발달 지능검사	출생과 과거력 발달과정검사 : 덴버 발달 선별검사 II, 베일리 아동발달 평가 II, 대동작 기능평가, 보바스 영 · 유아운동발달 평가, 운동시지각평가, 시지각발달 평가 II
② 지능검사	한국 웩슬러 유아지능검사(K-WPPSI), 한국 웩슬러 아동지능검사(K-WISC IV), 한국 웩슬러 성인지능검사(K-WAIS IV), 한국판 그림지능검사(K-PTI), 한국판 K-ABC
③ 신경학적 검사	근긴장도(muscle tone) : 과긴장 또는 저긴장, 동요성 긴장, 질과 분포, 운동속도, 말의 고저, 소음, 흥분 정도 등 다양한 자극에 대한 근긴장도 변화) 자동반응(autonomic reaction) : 정위반응, 평형반응, 보호반응 원시반사(primitive reflex) 및 자세반응(postural reaction) : 원시반사, 반응검사
④ 자세패턴과 움직임	바로 누운 자세, 엎드린 자세, 옆으로 누운 자세, 앉기, 무릎 서기, 서기의 운동형태(경직형과 무정위운동형의 정도, 긴장성 반사 활동, 자세의 비대칭성, 연합반응)
⑤ 학업성취	학습준비도검사, 기초학습기능검사, 기초학습기능수행평가체제－읽기 검사(BASA-Reading)
⑥ 일상생활	아동을 위한 기능적 자립평가(functional independence measure for children, WeeFIM) 운동 및 처리기술 평가(assessment of motor and process skills, AMPS)

출처 : 유재연 외(2009). 특수교육교육의 이해. 시그마프레스.

Paragraph 06 지체장애 및 건강장애의 특성

1. 지체장애아동의 특성

지체장애는 다른 장애영역에 비해 장애의 종류나 질환의 범위가 매우 넓고,

대상 아동의 중증화 및 중복화와 다양화가 그 특징이다. 지체장애 중 가장 대표적인 장애인 뇌성마비아동의 주요 특징을 살펴보면 다음과 같다.

뇌성마비의 인지적 특성은 생활환경이나 행동반경이 제한되기 때문에 직접 관찰이나 직접경험 등의 학습 준비가 되는 경험적 배경이 부족하여 사회적인 경험이나 견문이 좁다. 그 결과 감각이나 행동에 의한 인식이 빈곤하게 되고, 개념 이해도 빈약하고 피상적이다. 이러한 경험의 부족을 보완하기 위해서는 직접경험이 필요하다. 뇌성마비아동의 지능은 IQ 85 이상이 25%, IQ 76-84가 25%, IQ 75 이하가 50%를 차지한 것으로 나타났다(Cruickshank, 1976).

뇌성마비의 심리적 특징은 지체장애라는 1차 증상이 원인이 되어 정서불안, 열등감, 비사회적 행동, 반사회적 행동이라는 장애의 중적심화과정이 나타난다(昇地三郎, 1976). 특히 뇌성마비아동은 일반아동과 동일한 욕구를 가지고 있는데 표현 기능의 부자유나 욕구의 좌절로 인하여 욕구불만이나 부적응의 문제가 나타날 수 있다. 또 부모의 과보호나 보상적 태도로 인해 의존적인 태도가 나타날 수 있다. 따라서 뇌성마비아동은 사회성, 책임감이 일반학생에 비해 낮은 특성을 보인다.

뇌성마비아동들의 구어(speech) 장애의 공통된 특징은 첫째, 성대진동 빈도에 의한 음도 조절이 어렵다. 둘째, 강도(소리의 크기)와 음절 산출의 타이밍이 어려워 억양 패턴이나 운율에 장애를 가져온다. 셋째, 경직형은 일반적으로 억양이 없고, 단조롭고 느리게 말하며 노력성으로 후두에서 쥐어짜는 듯한 소리가 특징적이며 소리의 크기, 높이의 조정이 나쁘다. 넷째, 무정위형은 보통 말의 명료도가 나쁘고 조음장애가 많으며 기식성의 가성대 발성을 나타내기도 하며 헐떡이는 모양의 잡음을 수반한 호흡이 나타난다(전헌선 외, 2004).

이러한 뇌성마비의 언어장애의 원인은 첫째, 근의 긴장과 이완의 균형이 적절하게 취해지지 않는 이상 긴장에 기인한다. 둘째, 심리적인 긴장이 근 긴장을 야기시킨다. 특히 중요한 발음일수록 발음이 곤란해지고 발어에 시간이 걸리며, 침이 흘러넘치기 때문에 여러 가지 수반운동을 필요로 하는 의사소통 장면에서 불리한 조건을 만들어 발음의 의욕을 감퇴시킨다.

뇌성마비의 운동 특징은 첫째, 운동기능 및 형태 이상과 같은 신체적 문제를 가지고 있다. 둘째, 형태적 측면에서 신장, 체중, 앉은키가 일반학생에 비해

지체되어 있으나 흉위는 동등한 발달을 보인다. 셋째, 유연성, 근력, 순발력, 민첩성, 평형성, 지구력과 같은 운동기능과 호흡 기능이 지체되어 있다. 넷째, 발달에 개인차가 심하여 불규칙적인 발달을 보인다. 다섯째, 뇌성마비아동은 신생아성 긴장인 G패턴의 잔존에 의해서 비활동적이며 만성적인 근긴장이 동작의 발달과 학습을 방해한다(전헌선 외, 2002).

뇌성마비아의 지각 특성은 첫째, 전경 · 배경 변별장애(읽기곤란)를 보인다. 둘째, 통합곤란(사물의 부분에만 반응－읽기 쓰기 곤란)을 보인다. 셋째, 전도성(자기와 직접관계가 있는 자극에 주의를 집중하지 못하고 불필요한 자극에 반응)을 보인다. 넷째, 형의 항상성(form-constancy), 공간 위치 등의 장애를 보인다.

이와 같이 뇌성마비의 지각－운동발달 특성은 Cruickshank나 Kepart에 의하면 아동의 지적발달은 운동발달에서 지각발달, 지각발달에서 개념발달로 진행되어 간다는 점이다. 따라서 운동발달이 저해를 받으면 지각발달이 저해되고, 지각발달이 저해되면 개념발달에 저해된다(전헌선 외, 2002).

감각, 지각, 인지의 관계

감각(sensation)은 단순한 요소적 자극을 주관적으로 인정하는 것이며(시각, 청각, 미각, 후각, 피부감각), 지각(perception)은 같은 종류의 감각에 대해서도 그 강도(intensity)나 질(quality)을 변별하는 역할을 하고, 인지(cognition)는 몇 가지의 지각을 통합해서 지각된 것이 무엇인가를 아는 것이 인지(認知)이다.

2. 건강장애아동의 특성

건강장애아동은 만성적이고 때로는 생명을 위협하는 조건의 질병에 의해 집중적인 의학적 치료나 주기적인 치료 등 계속적인 의학적 관심을 필요로 한다. 예를 들어 신장장애아동의 경우는 우울 및 자살기도, 불안, 공포, 강박적 사고와 신체 개념의 왜곡 등의 정서반응을 보이기도 하며, 소아암의 경우는 주의 집중, 순서화, 기억 및 이해 능력을 요구하는 과제 수행에 곤란을 보이기도 한다. 그 외 건강장애아동은 또래 아동보다 두려움과 우울함을 더 경험하고 있고, 치료 과정에서 약물복용으로 기분이 저하되고 두려움이나 슬픔 등의 정서적 변화를 겪기도 한다. 다음은 한국특수교육학회(2008)에서 제시하고 있는 건강장애아동의 특성이다.

첫째, 건강장애아동은 그들이 가진 능력에 비해 더 낮은 수준의 성취를 보인다.

둘째, 매일 건강관리와 치료로 인해 급우들과 친밀한 관계를 유지하는 것이 어렵다.

셋째, 학교생활과 관련하여 신체적 피로, 통증, 장애로 인한 어려움, 출석일수 미달로 인한 어려움을 겪고 있다.

넷째, 질병으로 인한 학습 의욕의 상실, 식욕 부진, 불안, 부족한 사회생활 경험, 자기중심적 경향, 협소한 사고력, 판단력의 결여 등을 나타낸다.

Paragraph 07 지체장애 및 건강장애아동의 지도방법

1. 지체 및 건강장애아동 교육과정

'2011 특수교육 교육과정'은 장애 영역 및 특성에 따라 교육과정이 정해지는 것이 아니라, 학생의 학습 능력과 장애 정도를 고려하여 단위 학교에서 공통 교육과정 및 선택 교육과정이나 기본 교육과정 중에서 선택하여 편성 · 운영할 수 있다. 기준 교육과정은 공통 교육과정(초등학교 1학년-중학교 3학년)과 선택 교육과정(고등학교 1학년-3학년)이며, 정신지체, 정서 · 행동장애, 자폐성장애, 중복장애 등으로 인하여 이 교육과정에 참여하기 어려운 학생들에게는 기본 교육과정(초등학교 1학년-고등학교 3학년)을 편성 · 운영한다.

지체장애와 건강장애의 교육과정은 공통교육과정과 선택교육과정을 사용할 수 있으나 중복장애 등으로 인하여 이 교육과정에 참여하기 어려운 학생들에게는 학생의 학습능력과 장애 정도에 따라 기본교육과정을 적용한다. 특히 지체장애학생의 경우에 2011 특수교육 교육과정에서는 장애 영역의 특수성을 고려하여 공통 교육과정 중 체육교과를 수정 · 보완하도록 하고 있다(국립특수교육원, 2011). 이 중에서 관련 교과서로 편찬되는 것은 체육(지체장애) 교과가 있다(김일명 외, 2013).

2. 지체장애 교육방법

지체장애아동을 위하여 교수전략을 수정하는 대표적인 방법은 아동이 수업시간에 반응하는 방법(예 : 읽기, 쓰기, 말하기)과 학습과제를 연습하는 방법을 수정하는 것이다. 말하기나 읽기를 잘못하는 경우에는 다른 의사소통수단을 활용한다. 소리내어 읽기가 안 되는 경우에는 이해 정도를 측정함으로써 간접적인 평가를 하도록 한다. 쓰기가 어려운 아동을 위해서는 여러 가지 보조도구를 제공할 수 있다(이소현 · 박은혜, 2011).

지체장애아동을 위한 교수환경 수정은 첫째, 아동이 일반 책상을 이용하든 휠체어 책상을 이용하든 가능한 한 스스로 그들 자신의 물건을 사용하고 정리할 수 있게 하는 것이 중요하다. 만일 지체장애아동이 일반교실의 책상과 같은 서랍형 책상을 사용하여 스스로 정리하지 못한다면 책상 옆에 칸을 만들어 주어서 책을 넣고 꺼낼 수 있도록 수정해 줄 수 있다. 스스로 정리가 가능한 아동은 자신의 휠체어나 워커 등 이동장비를 치우도록 가르쳐야 한다.

둘째, 책상의 표면은 아동의 팔 사용과 머리 움직임에 영향을 미친다. 따라서 책상 표면의 크기, 위치 기울기, 높이 등은 아동에 따라 수정되어야 한다. 예를 들면 경직형 뇌성마비 아동에게는 낮은 책상을 제공하는 것이 제한적인 움직임을 방해하지 않기 때문에 유익하며, 무정위운동형 뇌성마비 아동은 팔꿈치를 지지할 수 있도록 책상을 높여주는 것이 좋다.

셋째, 지체장애아동이 사용하기 쉽게 사물을 수정해 주어야 한다. 지체장애아동은 비정상적인 반사운동패턴을 보이지 않으면서도 원하는 활동을 할 수 있도록 하기 위해서는 활동 대상인 사물을 수정하는 다양한 방법이 사용 될 수 있다(Best et al, 2005; 이소현 · 박은혜, 2011).

한국특수교육학회(2008)에서 제시하고 있는 지체장애아동을 위한 교육 방법은 다음과 같다.

첫째, 교과학습 교수전략은 환경 접근 방법, 결과 접근 방법, 반응 접근 방법, 자기결정력 증진 프로그램 등이 있다.

둘째, 특수교육 공학적 접근을 통한 교수전략은 일상생활을 위한 보조공학(손 사용 및 착 · 탈의를 돕는 기기, 종합 리모컨 등), 신체지지 및 이동을 위한 보조공학(의수족, 보조기, 자세 안정용 의자, 기립형 휠체어 등), 교수-학습을 위한 보조공학(쓰기보조기기, 경사진 독서대 등), 의사소통을 위한 보조공학(보완 · 대체의사소통 체계), 동물을 이용한 공학적 지원 등이 있다.

셋째, 치료지원활동 교수전략으로 물리치료, 작업치료, 언어치료, 감각통합 훈련 등이 있다.

3. 건강장애아동의 교육 방법

건강장애아동을 위한 교육과정의 적용은 다음과 같다(곽승철 외, 1995; 한국특수교육학회, 2008). 첫째, 국어, 수학, 영어와 같이 계통적 학습을 강조한다. 둘째, 사회, 실과, 기술, 가정과 같이 생활로서 사회현상과 자연현상의 문제를 탐구한다. 셋째, 음악, 미술, 체육과 같이 일상생활과 밀접하게 관련되는 것을 중시한다. 넷째, 수업시간의 제한이 심할 경우, 지도 내용은 기본적이고 기초적인 사항에 한정한다. 다섯째, 신체활동이 제한되어 있는 경우, 직접적인 신체활동보다는 대체활동(예 : 녹화시청 등)을 강구한다.

특히 병원학교에서는 건강장애아동의 교육적 욕구를 충족시켜 주고, 그 외 심리적, 정서적 지원 등 다양한 지원을 제공하기 위해서 병원학교만의 학사운영 및 교육과정 운영이 필요하며, 아동의 개별적인 욕구에 맞게 개별화된 프로그램 적용, 병실방문교육 학교복귀 지원 등이 제공되어야 한다(김은주, 2008).

Paragraph

08 지체장애아동의 교육사례

철수는 경도의 경직형 뇌성마비로 K-ABC 검사 결과 인지처리와 습득도의 비교결과 습득도가 높게 나타났다. 그러므로 특별히 문제가 없는 것처럼 보이지만 사실은 문제가 있다. 철수의 인지처리 검사의 평균은 8점이다. 순차처리 3개의 검사 성적은 평균보다 높지만 동시처리의 4개 검사는 모두 낮았다. 즉 양쪽의 큰 불균형이 보였다. 철수처럼 동시처리가 약한 경우 그림을 통합하여 보지 못하고 하나의 부분에 집중하면서 전체적인 그림을 파악할 수 없게 된다. '그림의 통합'에서 철수가 새를 보고 뱀이라고 한다든지, 포크 그림을 마늘이라고 말하는 것은 동시처리의 문제가 있었기 때문이다.

철수는 5세 10개월로 아직 취학 전이기 때문에 글의 이해에 어려움을 보이는 것은 크게 문제가 되지 않았으나 부모는 철수의 불균형 문제가 신경 쓰였다. 또한 철수가 글씨를 잘 따라 쓰지 못하고, 그림을 잘 그리지 못하는 점이 마음에 걸렸다. 철수의 부모는 철수의 교육에 매우 관심이 많았고, 철수를 일반학교에 보내고 싶었기 때문에 검사 전부터 철수에게 많은 교육을 하고 있었다. 이러한 이유로 철수는 습득도가 높게 나타났다. 철수의 부모는 철수가 글씨를 잘 따라 쓰지 못하고, 그림을 잘 그리지 못한 점이 항상 마음에 걸렸다. 그래서 철수 부모는 철수가 많은 글자를 따라 쓰게 되면 실력이 증진 될 것이라 생각하고 '가, 나, 다, 라'를 한꺼번에 따라 쓰는 방법으로 가르쳤다. 하지만 이 방법이 오히려 동시처리가 약한 철수에게 부담이 되었고, 글씨를 쓰는 것에 거부반응을 보이게 되어 글씨쓰기가 진전되지 않았다.

이러한 고민을 부모로부터 전해들은 교사는 철수의 글씨쓰기 문제를 해결하기 위해 철수가 순차처리에 강하다는 것에 주목하였다. 그리고 철수는 영어 철자에 흥미를 가지고 있었기 때문에 영어 철자 지도를 글씨쓰기 학습에 활용하였다. 철수는 무작정 '가, 나, 다, 라'를 동시에 쓰는 지도방법에 큰 거부감을 가지고 있었기 때문에 글씨쓰기부터 시작하지 않고 교사는 사각형, 삼각형 그리기를 통하여 글씨쓰기에 필요한 학습지도를 계획하였다. 그리고 철수가 좋아하는 영어를 사각형, 삼각형과 한글 중간에 넣어 따라 쓰게 하였다. 하지만 이 방법도 따라 쓸 모양을 전부 제시하였더니 대충 그려버리기 일쑤였고, 잘 따라하지 못했다. 따라서 교사는 더 순차적인 방법을 생각하여 글씨쓰기의 기초모양이 되는 사각형부터 따라 쓰기를 하게 하였다. 먼저 세로선을 긋고, 다음 세로선과 같은 길이의 가로선을 긋게 하였다. 그리고 같은 길이가 되기까지 시작했던 곳에서 가로선을 긋게 하였다. 그리고 마지막에 세로선을 긋게 하였다. 이런 순서로 순차처리 원리에 따라 지도해 가기로 하였다. OHP를 이용하여 교사가 선을 그으면 철수도 따라 긋는 방법으로 지도하였더니 철수도 쉽게 따라 쓸 수 있게 되었다. 결과적으로 이러한 방법이 철수에게 잘 맞아서 처음에는 큰 종이에 사각형 따라 그리게 하였고 점점 종이와 써야 할 칸 간격을 작게 줄여가면서 지도한 결과 쓰기능력이 개선되었고 흥미도 보이게 되었다.

Paragraph 09 지체장애 및 건강장애아동 교육의 과제 및 전망

지체장애 및 건강장애는 다른 장애영역에 비해 장애의 종류나 원인, 질환의 범위가 매우 넓은 것이 특징이라고 할 수 있다.

지체장애아동을 지도할 때는 다음과 같은 사항에 유의하여 지도해야 한다(정해동, 2003).

첫째, 생육력, 신체적 조건, 가정환경, 교육적 능력, 성격 등의 정확한 진단과 조사연구를 통한 구체적인 자료를 기반으로 하여 포괄적인 분석과 검토를 거쳐 아동의 가능성을 정하고 그 위에 교육계획을 세워야 한다.

둘째, 지체장애아동은 장애를 유발하는 원인 및 질환의 범위가 매우 넓고 다양하다. 대표적인 교육 대상인 뇌성마비아동은 운동기능장애, 언어장애,

지각장애, 간질 등 여러 가지 중복장애를 가지고 있다. 이러한 신체적 특성을 구체적으로 정확하게 인식하며 숙지해야 한다.

셋째, 2차적인 장애의 예방과 보장구를 통한 잔존능력의 계발을 위한 전문의의 지도 조언과 그에 따른 치료 대책이 강구되어야 한다.

건강장애아동을 지도할 때 유의할 점은 건강장애가 만성적이고 때로는 생명을 위협하는 질병이기 때문에 집중적인 의학적 치료나 정기적인 치료 등 계속적인 의학적 관심과 보호가 필요하다. 예를 들어 소아암의 경우는 주의집중, 순서화, 기억 및 이해 능력을 요구하는 과제수행 곤란하며, 신장장애의 경우는 우울, 불안, 공포, 강박적 사고와 신체개념의 왜곡 등 정서반응이 나타날 수 있기 때문에 이에 대한 배려가 필요하다.

지체장애 및 건강장애아동 교육의 과제는 다음과 같다.

첫째, 지체장애 및 건강장애아동 교육은 다른 장애영역에 비해 장애의 특성상 의학적인 배려가 크게 요구된다. 그러므로 지체장애 및 건강장애아동 교육은 의학과 교육 그리고 보조공학 분야 등의 전문가의 긴밀한 협력을 필요로 하고 있다.

둘째, 지체장애 및 건강장애아동의 교육은 가능한 조기에 발견하여 교육하는 것이 중요하다. 조기 발견이 중요한 것은 유아기가 인간의 행동발달에 기초가 되는 심신의 적응능력, 감각기능, 운동기능, 의사소통능력과 같은 제능력이 생애에서 가장 현저하게 발달되는 시기이기 때문이다. 특히 지체장애의 대표적인 장애인 뇌성마비아동의 경우도 유아기가 생애에 있어서 가장 가소성(plasticity)이 풍부한 시기이기에 이시기를 충분히 활용하면 장래 신변생활의 자립의 가능성이 매우 높아질 수 있다.

셋째, 건강장애아동들은 체력부족, 심장질환, 결핵, 류머티스 열, 천식, 빈열, 혈우병, 간질, 납중독, 백혈병, 당뇨병 등과 같은 만성 또는 급성의 건강이 문제가 되고 있기 때문에 이에 대한 대비가 필요하다.

참고문헌

강수균 · 조홍중(2003). 장애이해와 교육. 교육과학사.

강수균 · 이규식 · 전헌선 · 최영하 · 노동우 · 백은아(2004). 감각, 운동, 지각훈련. 대구대학교 출판부.

고은 · 권주석 · 김경숙 · 이태수 · 조홍중 · 최혜승(2012). 예비교사를 위한 특수아동의 이해. 전남대학교 출판부.

곽승철 · 김삼섭 · 박화문 · 안병즙 · 전헌선 · 정재권 · 정진자(1995). 지체장애아교육. 대구대학교 출판부.

곽승철 · 김삼섭 · 박화문 · 안병즙 · 전헌선 · 정재권 · 정진자(2003). 중복 · 지체장애아교육. 대구대학교 출판부.

곽승철 · 김삼섭 · 박화문 · 안병즙 · 전헌선 · 정재권 · 정진자(1997). 지체장애아교육. 대구대학교 출판부.

곽준기 · 송은범 · 정창곤(2005). 지체장애아 교육. 도서출판 특수교육.

교육과학기술부(2012). 특수교육연차 보고서. 교육인적자원부.

교육부(2000). 특수학교 치료교육 활동 교사용 지도서. 교육부.

교육부(2014). 2014 특수교육 통계. 교육부.

국립특수교육원(2009). 특수교육용어사전. 국립특수교육원.

국립특수교육원(2011). 2011년 특수교육 교육과정 길라잡이. 국립특수교육원. 29-34.

김승국(2001). 특수교육학. 양서원.

김원경 · 조홍중 · 허승준 · 추연구 · 윤치연 · 박중휘 · 이필상 · 김일명 · 문장원 · 서은정 · 유은정 · 김자경 · 이근민 · 김미숙 · 김종인 · 이신동(2013). 최신특수교육학. 학지사.

김은주(2008). 건강장애학생을 위한 병원학교 운영 지원체계의 타당화 연구. 이화여자대학교 대학원 박사학위논문.

김진호 · 박재국 · 방명애 · 안성우 · 유은정 · 윤치연 · 이효신(2006). 최신 특수교육학. 시그마프레스.

김형일 · 정동영(2001). 특수교육요구아동 출현율 조사 연구. 국립특수교육원.

김혜리(2009). 중도 · 중복장애아동의 지각양식 이해를 위한 현상학적 방법론과 실제. 중복지체부자유연구. 52(1). 397-415.

박승희 · 장혜성 · 나수현 · 신소니아(2007). 장애관련종사자의 특수교육 입문. 학지사.

박은혜 · 김미선 · 김정연(2005). 건강장애학생이 겪는 어려움과 지원방안에 대한 질적 연구. 특수교육연구. 12(1). 223-243.

박은혜 · 김정연(2010). 지체장애 학생 교육. 학지사.

유재연 · 윤희봉 · 임경원 · 고등영 · 박경옥 · 이태수 · 김성남(2009). 특수교육교육의 이해. 시그마프레스.

이소현 · 박은혜(2008). 특수아동교육. 학지사.

이숙정(2011). 인간학적 사유를 여는 중도 중복장애 교육학. 집문당.

전헌선 · 오세철 · 박재국 · 한경임 · 노선옥(2002). 중복 · 지체장애아 치료교육. 대구대학교 출판부.

전헌선 · 한경임 · 노선옥(2004). 뇌성마비아 언어치료 교육. 대구대학교 출판부.

정동영 · 김형일 · 정동일(2001). 특수교육요구아동 출현율 조사 연구. 국립특수교육원.

정해동 외(2003). 특수교육의 이해. 교육과학사.

조홍중 · 방그레(2008) 지체장애 학교의 학교교육계획에 나타난 지체장애 교육실태. 중복 · 지체부자유연구. 51(3). 219-242.

조홍중 · 이미정(2012). "발달장애"의 개념에 관한 고찰, 발달장애연구. 16(3). 1-21.

최명애 외(2004). 의학대사전. 현문사.

최세민 · 유장순 · 김주영(2005). 특수학급 경영론. 박학사.

한국특수교육학회(2008). 특수교육 대상자 개념 및 선별기준. 한국특수교육학회.

上田敏(1992). 目でみるリハビリテ-ション医学, 東京大学出版会.

昇地三郎(1976). 脳性マヒ兒の治療教育: 東京. ミネルブァ書房.

神中正一(1953). 神中整形外科. 南山堂.

心身障害辭典(1990). 心身障害辭典. 福村出版.

全國肢體不自由養護學校(1969).肢體不自由教育の發展.肢體不自由自由兒協會.

Batshaw, M. L.(Ed.) (1997). Children with disabilities: A medical primer(3rd ed). Baltimore: Paul H. Brookes.

Beers, M. H., Porter, R.. S., Jones, T. V., Kaplan, J., L., & Berkwite, M.(2006). The Merck manual of diagnosis and therapy(18th ed.). Whitehouse Station, NJ: Merck & Co.

Best, S. J., Heller, K. W., & Bigger, J. L.(2005). Teaching individuals with physical or multiple disabilities(5th ed.). New Jersey: Pearson Prentice Hall.

Bigge, J. L.(1991). Curriculum based instruction for special education students. Mountain View, CA: Mayfield Publishing Co.

Bleck, E. E.(1982). Cerebral palsy. In E. E. Bleck, & D. A. Nagel(Eds.), Physically handicapped children: A medical atlas for teachers(pp. 59-132). New York: Grune & stratton.

Cogher, L., Savage, E., & Smith, M. F.(1992). Cerebral palsy: The child and young person. London: Chapman & Hall Medical.

Cruickshank, W. M.(1976). Cerebral Palsy, New York: Syracuse University.

Griffin, H. C., Fitch, C, L., & Griffin, L. W.(2002). Causes and interventions in the area of cerebral palsy. *Infants and Young Children*, 14, 18-23.

Heller, K. W., Alberto, P. A, Forney, P. E., & Schwartzman, M. N.(Eds). (1996). *Understanding physical, sensory, and health impairments: Characteristics and educational implications*. pacific Grove, CA: Brooks.

Heward & Orlansky(1992), 정동영 · 김주영 · 김형일 · 김희규 · 정동일(2010). 특수아동의 이해. 교육과학사.

Heward. W. L.(2006). Exceptional Children. publishing as prentice Hall.

Heward., W. L.(2006). Exceptional Children: A Introduction to Special Education, 8th edition. published by Pearson Education. Inc. publishing as Prentice Hall. Heward, W. L.(2009). *Exceptional children: An introduction to special education(9th ed.) Upper Saddle River*, NJ: Merrill/Prentice-Hall.

Individuals with Disabilities Education Improvement Act(IDEA) of 2004, Sec. 300. 8.

Kirk, S., A. & Gallagher. J. J.(1979). *Educating exceptional children(3rd ed.)* Boston: Houghton Mifflin.

Medical Dictionary(1994). Nanzando's Medical Dictionary, Nanzando Company, Limited Tokyo, 1507.

Minear, W.(1956). A classification of cerebral palsy. Pediatrics, 18, 841.

Nelson, K. B.(2002). The spidemiology of cerebral palsy in term infants. *Mental Retardation and Developmental disabilities Research Reviews*, 8, 146-150.

Thompson, G. H., & Belenker, R. M.(1985). Comprehensive management of arthrogryposis multiplex congenita. Clinical Orthopedic, 194, 6-13.

Westling, D. L. & Fox, L.(2000). Teaching students with severe disability(2nd ed.). New Jersey: Merrill.

Whittle, M. W.(1990). Gait analysis: An introduction. Oxford Orthopaedic Engineering Center University of Oxford.

생각해 볼 문제

01 지체장애 교육이 다른 시각장애 교육이나 청각장애 교육에 비해서 지체된 이유 네 가지를 설명하시오.

02 신경성 증후군의 종류와 각각의 운동특성을 설명하시오.

03 뇌성마비의 유형에 따른 운동 특성을 설명하시오.

04 운동기 증후군의 종류를 설명하시오.

05 지체장애아동의 선별기준 및 선별도구를 설명하시오.

06 건강장애아동의 선별기준 및 선별도구를 설명하시오.

07 뇌성마비 아동의 운동 특징 다섯 가지를 설명하시오.

Chapter 08

정서 · 행동장애아동 교육

❖제1절 정서 · 행동장애아동 교육의 역사

❖제2절 정서 · 행동장애의 정의와 분류

❖제3절 정서 · 행동장애의 원인과 출현율

❖제4절 정서 · 행동장애의 진단과 판별

❖제5절 정서 · 행동장애아동의 특성

❖제6절 정서 · 행동장애아동의 교육접근

❖제7절 정서 · 행동장애아동의 교육사례

❖제8절 정서 · 행동장애아동 교육의 과제 및 전망

Understanding Exceptional Children

정서 · 행동장애 정의는 통일된 정의라기보다는 각 단체나, 학자들 간에 그 정의가 다르며, 용어에 있어서도 여러 가지로 표현되어 왔다. 이러한 다른 명칭의 사용은 정서 · 행동장애아동에 대한 추구하는 목적과 이론적 관점을 선호하여 선택되어진 것이며, 사회 문화적 규칙에 따라 부여되는 표찰일 수 있다. 이들이 지닌 문제를 개개인으로 설명하는 것은 어렵지 않으나 개개인의 문제행동이 아동자체에 있다기보다는 아동의 환경을 포함하기 때문에 그 집단을 대표하는 정의를 내리기가 어렵다고 할 수 있다. 정서 · 행동장애는 개인의 이질성이 두드러지므로 아동의 문제행동에만 초점을 맞추어 지도하기보다는 아동의 장점 및 잠재적인 능력을 찾아내고 아동이 상호작용하는 환경에 관심을 갖고 바람직한 행동을 증진시킬 수 있도록 해야 할 것이다.

이 장에서는 정서 · 행동장애아동 교육의 역사, 정서 · 행동장애의 정의와 분류, 정서 · 행동장애의 원인과 출현율, 정서 · 행동장애의 진단과 판별, 정서 · 행동장애아동의 특성, 정서 · 행동장애아동의 교육접근, 정서 · 행동장애아동의 교육사례, 정서 · 행동장애아동 교육의 과제 및 전망 등을 중심으로 살펴보고자 한다.

Paragraph 01 정서 · 행동장애아동 교육의 역사

고대 및 중세사회에서의 인간은 개개인이 종족을 보존하고 사회적 경제적 가치로 보았다. 고대사회에서의 아이들은 종족 보존의 수단으로 여겼기 때문에 개개인의 가치나 존엄성보다는 아동들이 앞으로 생산이나 부족 보존에 기여할 수 있을지의 여부가 생존가치의 중요한 판단기준이 되었다. 또한 장애는 질병과 사악한 영에 의해 야기된다고 생각하였다. 일례로 스파르타는 장애자, 신체허약자는 타이게투수산에 버리거나 에우로테스강에 던져 익사를 시켰으며 아테네는 신체 허약한 아이는 진흙 항아리 같은 곳에 넣어 강물에 띄어 보내는 Potting라는 유기 풍습이 성행하였다(방명애 · 이효신, 2004). 또한 로마의 경우 장애아동을 유기, 살해, 매매의 대상으로 여겼는데 이는 12동판법에 의해 지지를 받았다. 그러나 Hippocrates는 장애가 신체 분비액의 불균형에서 발생한다는 '체액론'을 주장하였으며 정신문제를 체계적으로 분류하고 그 원인을 선천적인 것으로 설명하였다(조현춘, 1990).

계몽주의 이전엔, 정신적 육체적 장애인들이 일종의 마녀의 자식으로 생각되어, 마녀사냥(witch hunting)의 희생양이 되곤 하였는데, 정신적 장애의 문제에 대한 비과학적인 접근은 계몽주의가 발흥하기 전인 17세기까지 계속되었다. 인간의 발견과 인간성의 회복을 통해 인간과 세계에 대한 새로운 이해와 사상의 발전을 가져온 근대 르네상스 운동과 종교개혁은 장애인에 대한 새로운 인식의 전환을 이끌었다. 또한 신 앞에 모든 인간이 평등하다는 종교개혁 사상도 장애인도 하나의 인간으로서 인격적, 권리적 존재라는 인식 전환을 제공하였으며 장애의 원인규명을 과학적으로 밝혀내면서 장애인의 교육적 가능성을 더욱 고무시켰다(노영상, 2004 재인용). 이는 18C 본격적인 특수교육의 성립에 있어 그 기반을 조성하는데 크게 기여를 하였다. 18C 프랑스 정신과 의사인 Pinel(1745~1826)은 비세르(Bicetre)라는 정신장애인 수용기관에 배정된 후, 정신장애인에 대한 인도주의 심리학적 접근을 실시하여 쇠사슬에 묶여 있던 광인 12명을 풀어주고 그 치료에 효과를 거두었다. 또한 Dorothea Dix는 정신이상자에게 보다 나은 치료를 제공하기 위한 운동을 시작하였다(김진호 외, 2011). 미국의 정신의학자 브루노 베텔하임(Bruno Bettelheim. 1903~1990)은 1944년에 시카고대학교 부설 Orthogenic School를 설립하여 장애어린이의 심리치료를 하여 치료환경의 이용 모형을 제공해주었다(강위영 · 윤점룡, 2002).

근대 특수교육은 유럽에서 시작하였지만 미국은 20C에 들어서서 비약적인 발전을 거듭하고 주도적인 위치에서 현대 특수교육의 성장과 발전을 이끈 나라라고 할 수 있으며 특수교육의 법적보호와 질적인 변화를 가져왔다. 1922년에 부모, 교사들로 구성된 특수아동협회(CEC: The Council for Exceptional Children)를 창설하였으며, 이시기에 더욱 복합적이고 적극적인 정서 · 행동장애아동의 진단, 원인론, 치료와 예후에 관한 연구를 위한 시도가 이루어졌다.

또한 1964년에 행동장애아동을 위한 분과학회가 특수아동협회(CEC) 내에 구성되었으며, 1975년 「전장애아교육법」(Act, PL 94-142)은 장애학생이 무상의 적절한 공교육을 최소 제한된 환경에서 받을 수 있도록 기술하였다(박계신 외, 2010). 이후 1990년에 공법 94-142가 개정된 「장애인교육법」(IDEA)이 제정되고, 「장애인교육법」(IDEA)은 다시 2004년에 「장애인교육육성법」(Individuals with Disabilities Education Improvement Act)으로 개정되었다.

우리 나라의 경우, 최초의 특수교육은 1894년 미국 선교사인 홀(R. S. Hall) 여사에 의해 시각장애 소녀(오봉래)를 가르친 것을 그 효시로 한다. 해방 전에는 구빈보호적 차원에서 특수교육이 실시되다가 해방 후에는 기독교 정신을 바탕으로 민간 독지가들에 의해 사립 특수학교가 설립되었다. 또한 1970년에 들어서면서 점차 장애아의 교육 및 복지에 관한 사회적 요구가 증가하였다. 우리 나라 최초의 정서 · 행동장애학교로는 1983년 설립된 대구덕희학교이며 그 외에도 한국경진학교(경기), 청주성신학교(충북), 미추홀학교(인천), 부산성우학교, 창원천광학교, 부산동암학교 등 총 7개교가 있다. 1994년 12월 공포된 「특수교육진흥법」은 정서행동장애정의에 자폐성장애의 내용을 첨가하였으며, 2007년 「장애인 등에 대한 특수교육법」에는 정서 · 행동장애와 자폐성장애를 각 분리된 영역으로 독립시켰다.

Paragraph 02 정서 · 행동장애의 정의와 분류

1. 정서 · 행동장애의 정의

정서 · 행동장애는 지난 수십 년간 여러 가지 용어로 표현되어 왔으며 현재까지도 공식적으로 사용되는 용어는 각 단체나 개인의 견해에 따라 매우 다양하다. 용어에 있어서 이 장애를 설명하는 데 '정서장애'와 '행동장애'로 가장 많이 표현되었으며, 정서장애는 주로 정신건강 전문가들이, 행동장애는 주로 교육 전문가들이 사용해 왔다(이성봉 외, 2010). 우리 나라에서의 정서 · 행동장애라는 용어는 2008년 5월부터 시행된 「장애인 등에 대한 특수교육법」에 따라 사용되었다.

우리 나라의 특수교육 분야에서는 1994년 12월에 개정 · 공포된 「특수교육진흥법」에서 '정서장애'라는 명칭으로 불렸지만, 2008년 5월에 개정 · 공포된 「장애인 등에 대한 특수교육법」에서는 '정서 · 행동장애'라고 명명하고 있다. 「장애인 등에 대한 특수교육법」에서 제시하고 있는 정서 · 행동장애의 정의는 다음과 같다.

1) 「장애인 등에 대한 특수교육법」의 정의

- 장기간에 걸쳐 다음 각 목의 어느 하나에 해당하여 특별한 교육적 조치가 필요한 사람
- 지적 · 감각적 · 건강상의 이유로 설명할 수 없는 학습상의 어려움을 지닌 사람
- 또래나 교사와의 대인관계에 어려움이 있어 학습에 어려움을 겪는 사람
- 일반적인 상황에서 부적절한 행동이나 감정을 나타내어 학습에 어려움이 있는 사람
- 전반적인 불행감이나 우울증을 나타내어 학습에 어려움이 있는 사람
- 학교나 개인 문제에 관련된 신체적 통증이나 공포를 나타내어 학습에 어려움이 있는 사람

또한 정서 · 행동장애를 정의하는 데 있어 가장 최근에 국내 연구진들의 합의에 의하여 도출된 정의는 다음과 같다(한국특수교육학회, 2008).

2) 한국특수교육학회(2008)의 정의

정서 및 행동이 또래집단의 규준 혹은 기대수준을 심하게 벗어나 일반적인 환경 하에서 사회적 관계, 감정조절, 활동수준, 주의집중력 등의 곤란으로 자신 및 타인의 기능을 방해하며, 학업, 대인관계, 일상생활에 부정적인 영향을 미치는 상태

2. 정서 · 행동장애의 분류

1) 의학적 분류

정서 · 행동장애를 위한 분류체계는 크게 정신의학적 분류와 교육적 분류가 있다. 의학적 분류는 다양한 정신장애를 체계화하고 의사들 간의 의사소통을 용이하게 하기 위해 만들어진 것이다. 의학적 분류체계에는 『정신장애진단통계편람』(DSM)과 「국제질병분류」(ICD)의 두 가지가 있다. 그러나 본장에서는 DSM을 중심으로 다루고자 한다.

『정신장애진단통계편람』(Diagnostic and Statistical Manual of Mental Disorders)은 '미국정신의학회'(American Psychiatric Association : APA)에서 만든 것으로 정신과 의사들이 주로 사용하는 분류체계이다. 1952년에 '미국정신의학회'가 DSM- I 개발을 시작으로 2013년 DSM-5를 출간하였다. DSM의 끊임없는 수정과 변화는 정신장애가 신체장애보다 원인과 진단 기준이 명확하지 않고 시대와 문화의 영향을 많이 받기 때문이라고 할 수 있다.

DSM-IV가 DSM-5로 수정, 변화하면서 정서 · 행동장애와 관련된 주요한 변화를 표로 제시하면 다음과 같다.

〈표 8-1〉 DSM-Ⅳ와 DSM-5 비교

DSM-IV		DSM-5	
범 주	유 형	범 주	유 형
주의력결핍 및 파괴 행동장애	주의력결핍과잉행동장애	신경발달장애	주의력결핍과잉행동장애 등
	품행장애	파괴적 장애 및 충동조절과 품행의 장애	적대적 반항장애, 품행장애 등
	적대적 반항장애		

〈표 8-1〉에서 보는 바와 같이 DSM-5에서는 신경발달장애(Neurodevelopmental Disorder) 범주에 주의력결핍과잉행동장애(ADHD)만 포함시키고, 품행장애(CD)와 적대적 반항성장애(ODD)는 파괴, 충동 통제 및 품행장애(Disruptive,

Impulse-Control and Conduct Disorders)로 분류하였다. 또한 ADHD의 발병 연령이 DSM-IV에서 '7세 이전'이었던 것이 DSM-5에서는 '12세 이전'으로 개정되었으며, 성인 ADHD에 대한 진단 준거가 추가 되었다(이성봉 외, 2014).

2) 교육적 분류

교육적 분류는 정서 · 행동장애 학생들의 행동 특성들을 요인분석과 같은 절차를 적용하여 밀접한 관련성이 있는 행동 특성들끼리 '내면화 요인'과 '외현화 요인'으로 분류한 것이다. 일반적으로 교육자들은 행동적 특성에 따른 외현화 행동과 내면화 행동으로 분류하여 사용하는 것을 선호한다. 그러나 이러한 분류가 있다 하더라도 외현적 행동과 내면화 행동이 개인에 따라 동시에 나타날 수도 있다.

외현화 행동은 자신의 감정 및 행동에 대한 과소통제로 인해 발생된다. 이는 공격성, 과잉행동, 비행과 같이 밖으로 표출되는 심리적 문제행동을 의미한다. 다른 사람의 기본적인 권리를 침해하거나 나이에 적절하지 않게 사회적 규범이나 규율을 반복적이고 지속적으로 위반하는 행동을 의미할 수 있는데, 예를 들어 타인이나 환경에 직접적으로 공격(폭력, 물건 파괴)하거나 거짓말, 방해하기, 소리지르기, 숙제 안하기 등과 같은 행동으로 표출된다고 할 수 있다. 이와는 상대적으로 내면화 행동은 자신의 행동을 지나치게 억제하거나 적절하게 표현하지 못하는 과잉통제로 인해 발생한다. 이는 위축행동, 불안, 우울과 같은 심리적 원인에 기인하여 발생한다. 그로 인해 학습활동에 참여하거나 또래와 어울리는 기회를 놓치기도 한다. 흔히 우울과 불안장애를 보이기도 하며 자기 생각에 빠지는 백일몽과 환상에 빠지기 쉽다. 특히 내면화 행동의 경우 겉으로 드러나지 않기 때문에 교사나 다른 사람(전문가)에게 쉽게 발견되지 않아 지나치게 되는 경우가 많다(국립특수교육원, 2009).

Paragraph 03

정서 · 행동장애의 원인과 출현율

1. 정서 · 행동장애의 원인

정서 · 행동장애의 원인으로는 다양한 요인들이 언급되고 있지만 크게 생물학적 요인, 심리사회적요인의 하위요인으로 가정환경, 또래환경, 학교환경이 있다. 실제로 아동에게 영향을 미치는 요인은 하나의 요인이 아니라 상호복합적으로 작용한다고 볼 수 있다.

〈표 8-2〉 정서 · 행동장애의 원인

생물학적 요인	심리사회적 요인		
	가정환경	또래환경	학교환경
· 뇌손상 · 유전 · 기질 · 영양부족 · 중독물질의 노출 등	· 부모와 아동과의 관계 · 부모의 양육방법 · 가정에서의 학대, 방치 · 낮은 사회–경제적 지위 등	· 불량집단 참여 · 약물과 알코올중독 · 반사회적 또래집단의 부정적 영향 등	· 교사의 비효율적인 교육(예 : 비일관성, 방임, 완고한 교육방법 등) · 교사의 낮은 기대감, 낙인

2. 정서 · 행동장애의 출현율

정서 · 행동장애아동의 출현율은 표준화된 도구의 미비와 정서 · 행동장애의 정의의 혼란 그리고 행동을 관찰하는 교사의 포용범위와 융통성 등으로 인해 정확하게 추정하는데 어려움을 갖고 있다. 그러므로 상당수의 정서 · 행동상의 문제를 가지고 있는 학생들의 교육적 이해나 중재를 받지 못할 것으로 예상된다. 정서 · 행동장애의 성비 출현율은 남아들이 여아들에 비해 더 많은 것으로 판별되는 경향이 있다. 교육부의 『2014년 특수교육 통계』에 따르면 전체 특수교육 대상학생 87,278명 중 3.0%(2,605명)가 정서 · 행동상의 문제로 특수교육을 받고 있는 것으로 나타났다(교육부, 2014).

〈표 8-3〉 정서 · 행동장애의 출현율

배　　치	2011년	2012년	2013년	2014년
특수학교	429	340	279	217
특수학급	1,766	1,766	1,760	1,685
일반학급	622	622	715	703
특수교육지원센터	—	—	—	—
계	2,817	2,817	2,754	2,605

출처 : 교육부(2014). 2014 특수교육 통계.

Paragraph 04 정서 · 행동장애의 진단과 판별

1. 행동문제 검사

1) 행동평정척도

정서 · 행동장애를 가진 것으로 의심되는 아동들의 행동을 평가하기 위해 아동의 주변사람(부모, 교사)이 쉽게 접할 수 있는 행동평정척도를 많이 사용한다. 이러한 행동평정척도들은 검목표 형식으로 손쉽게 측정, 평가할 수 있는 장점 외에 검사도구마다 차이는 있으나 대략 소요시간이 10~20분 정도이며, 회수한 정보자료를 통해 평가와 진단에 필요한 기초자료를 얻을 수 있다. 또한 행동평정척도를 이용하여 평가시 자연스러운 환경에서 평가할 수 있어 신뢰로울 수 있다. 그러나 정보제공자 혹은 평가자의 다양한 특성이 척도를 평정하는데 영향을 미칠 수 있는데 특히 정보제공자의 학력이나 지능, 평정할 때의 정서상태, 반응성향(Response bias)에 대한 경향 등이 척도를 평가하는 데 영향을 줄 수 있다(조수철 · 신민섭, 2006).

〈표 8-4〉 행동평정척도

- 아동용 행동사정체제(Behavior Assessment System for Children) (renolds & Kamphaus, 1992)
- 행동관찰순서(Behavior Objective Sequence)(Braaten, 1998)
- 행동평정척도-2(Behavior Rating Scale-2)(McCarney & Leigh, 1990)
- 아동 행동 검목표(Child Behavior Checklist)(Achenbach & Edelbrock, 1983)
- 코너스 부모 평정척도(Conners Parent Rating Scale)(Conners, 1985)
- 코너스 교사 평정척도(Conners Teacher Rating Scale)(Conners, 1985)
- 디버럭스 청소년용 행동평정척도(Devereux Adolescent Behavior Rating Scale) (Spivack, Spotts, & Haimes, 1967)
- 디버럭스 아동용 행동평정척도(Devereux Child Behavior Rating Scale) (Spivack, Spotts, & Haimes, 1967)
- 행동문제 검목표 개정판(Revised Behavior Problem Checklist) (Quay & Peterson, 1987)
- 행동장애 체계적 선별(Systematic Screening for Behavior Disorders) (Walker & Sevenson, 1990)
- 사회 기술 평정척도(Social Skills Rating System) (Gresham & Elliott, 1990)
- 학생 자아-개념 척도(Student Self-Concept Scale) (Gresham, Elliott, & Evans-Fernandez, 1992)
- 워커-맥코넬 사회 능력 및 학교 적응척도(Walker-McConnel Scale of social Competence and School Adjustment) (Walker & McConnell, 1995)
- 워커 문제행동 판별 검목표(Walker Problem Behavior Identification Checklist) (Walker, 1983)

출처 : 박계신 · 이효신 · 황순영 역(2010). 정서행동장애학생의 이해와 교수전략. 시그마프레스. p. 114.

2. 심리평가

정서 · 행동장애를 가진 아동의 측정을 위해 직접관찰이나 행동평정척도와 같은 객관적 측정 외에 투사적인 기법 등을 이용한다. 투사적인 기법은 대상자의 의식적 반응뿐만 아니라 무의식을 투사하여 내면에 있는 정보를 수집하며 아동을 대상으로 할 경우에는 해석 시 발달적 요소가 추가하여야 한다. 아동들을 대상으로 적용할 수 있는 기법은 〈표 8-5〉와 같다.

〈표 8-5〉 심리검사

· 로르샤흐 검사(Rorschach Inkblot Test) · 아동용 주제통각검사(Children's Apperceptin Test: CAT) · 문장완성검사(Sentence Completions Test) · 인물화검사 　-집 · 나무 · 사람 그림(House-Tree-Person: H-T-P) 　-동적 가족화(Kinetic Family Drawing: KFD)

3. 인지기능 평가

인지기능평가는 대부분 지능검사를 통하여 이루어진다. 지능검사는 주로 지적 수준을 평가하지만, 지능검사를 수행할 때 동기나 성격과 같은 비-지적(non-intellectual)요소가 지적 기능의 수행에 영향을 미치므로 인지기능 평가는 지능검사의 결과뿐만 아니라 검사도구의 하위도구의 실행과정을 통하여 인지적, 정서적, 성격적 측면과 같은 아동에 대한 정보를 얻을 수 있다(신민섭 외, 2005).

〈표 8-6〉 인지기능평가

· 한국 웩슬러 아동지능검사(Korean-Wechsler Intelligence Scale for Children-Ⅲ) · 한국 웩슬러 유아지능검사(Korean-Wechsler Preschool and Primary Scale of Intelligence) · 인물화에 의한 간편지능검사 · 종합인지기능 진단검사(Cognitive Assessment System: CAS) · 한국판 그림지능검사(Korean Pictorial Test of Intelligence)

- 한국판 라이터 비언어성 지능검사(Korean Leiter International Performance Scale-Revised)
- 한국판 색채누진행렬(Korean Coloured Progressive Matrices)
- 한국판 K-ABC(Korean Kaufman Assessment Battery for Children)
- KISE 한국형 개인지능검사(Korea Institude for Special Education-Korea Intelligence Test for Children)

출처 : 이승희(2006). 특수교육평가. 학지사.

4. 면담

면담은 면담을 실시하는 사람과 면담 대상자가 직접 만나서 대화를 통해 자료를 수집하는 방법이다. 이러한 면담을 통해 가족 개개인에 대한 정보(가족의 신경정신적 병력, 장애, 치료 등), 아동의 발달과정에 대한 정보, 부모와 자녀 간의 상호작용에 대한 정보, 아동의 건강상태와 의학적 상태 등 다양한 정보를 수집할 수 있다는 장점이 있다. 면담의 유형은 구조화 정도에 따라 구조화된 면담, 반구조화된 면담, 비구조화된 면담으로 분류된다(한국교육과정평가회, 2004). 구조화된 면담은 면담자가 질문할 내용(예 : 항목이나 질문의 순서 등)을 미리 일정하게 정해서 구조화된 형식에 따라 진행한다. 반구조화된 면담은 면담자가 면담대상자에게 질문할 내용을 항목 등으로 적어두고 면담을 실행한다. 대체로 반구조화된 면담은 아동 및 가족 진단의 초기 면담에서 사용된다. 비구조화된 면담은 면담 내용이 설정되어 있지 않으며, 면담대상자가 제공하는 정보에 따라 면담의 방향이 변경될 수 있다. 즉 가족을 대상으로 면담하는 경우 가족의 문제, 가족의 자원, 가족 간의 역동성, 가족의 대처방식 등에 따라 면담 중 질문의 내용이 달라질 수 있으며, 이 방법은 주로 특정 영역에 대한 심층 정보를 얻는 데 많이 사용된다(이소현 외, 2009).

또한 면담의 대상에 따라 부모, 교사, 아동면접으로 나눌 수 있다. 부모면접을 통해 가족력, 아동의 품행문제와 강점과 약점, 아동의 의학적, 발달적 내력, 현재 아동이 받는 서비스 정도, 교육적 발달상황(앉기, 서기, 걷기, 첫 단어 출연시기 등), 성격적 특성, 학생에게 영향을 준 질병, 가족의 연령, 가족의 수, 교육수준, 직업, 섭식, 수면습관 등의 중요한 정보를 얻을 수 있다. 교사면접을 통해서는 교육과 관련된 여러 가지 정보를 수집할 수 있으며, 교육적 습관, 교사가 생각하는 아동의 장단점, 객관적으로 수집할 수 있는 정보(습관, 교육적 순응상태, 문제행동, 교우관계 등)를 얻을 수 있다. 부모나 교사 외에 아동과의 직접적인 면접이 이루어질 수 있다. 아동면접은 대상아동의 나이, 지적 수준, 언어능력 등을 고려해야 한다. 면담 시 아동발달에 대한 정확한 지식을 가지고 있어야 하며 나이가 어릴수록 짧은 문장과 단순한 언어, 구체적인 명사를 사용하도록 한다. 또한 아동이 면담 시 교육받는다는 느낌을 받지 않도록 해야 하며 유도심문, 폐쇄형질문 등은 피하고 아동이 거짓말을 하고 있다고 느끼더라도 대답을 강요하지 말아야 한다.

그러나 면접은 관찰, 검사 등에 비해 객관성이 떨어질 수 있으며, 면접 당일의 날씨, 면접전의 상황, 학생의 표정이나 몸짓, 면접대상자의 편견으로 인해 왜곡된 평가가 될 수 있는 단점이 있으므로 면접자의 주관성을 배제하기 위한 훈련이 필요하다. 그러므로 면담자는 면접 전에 객관적으로 도움이 될 만한 일화기록이나 평정척도, 체크리스트 등의 준비가 필요하다.

Paragraph 05 정서 · 행동장애아동의 특성

한국특수교육학회(2008)의 분류를 기준으로 특성을 제시하면 다음과 같다.

유 형		분 류	
내면화 장애	불안 장애	범불안장애	지속적인 걱정과 불안, 완벽주의, 끊임없이 사람의 눈치를 보거나 인정을 원함
		공포증	특정 공포증 : 특정상황이나 사물에 대해 만성적으로 심한 두려움을 느끼며 주요 생활기능에 결함을 초래한다. 사회적 공포증 : 사회적 상황(예 : 수업시간에 말하기)에 대한 극도의 공포, 문제행동이나 과도한 위축

<table>
<tr><td rowspan="7">내면화
장애</td><td rowspan="5">불안
장애</td><td>강박장애</td><td>강박적 증상과 충동적 증상으로 구성되며, 일반적으로 이 두증상이 같이 나타남. 강박은 비합리적인 생각(자신이나 주변사람들이 폭력, 공격받을 지도 모른다 등)을 반복하는 것이고, 충동은 특정 의식이나 행동을 반복(씻은 손을 반복하여 씻기)하는 것이다.</td></tr>
<tr><td>신경성 거식증</td><td>낮은 체중, 살찌는 것에 대한 극도의 두려움, 신체 형태와 체중에 대한 부적절한 인식</td></tr>
<tr><td>신경성 폭식증</td><td>음식을 조절하지 못하고 과다섭취, 자의적으로 구토를 함</td></tr>
<tr><td>외상후 스트레스 장애</td><td>한번 경험한 또는 치명적인 사건을 재경험하며 지속적으로 강한 불안 증상을 나타내는 것이다(예 : 신체폭력, 지진, 테러 등)</td></tr>
<tr><td>선택적 함묵증</td><td>심한 부끄러움, 사회적인 어려운 상황에 대한 두려움, 사회적 위축, 매달림, 강박적 특징, 거절증, 울화, 통제하거나 반항하는 행동 등</td></tr>
<tr><td rowspan="2">기분
장애</td><td>우울장애</td><td>전반적으로 심한 슬픔, 자기비판, 비관, 문제집착, 무기력, 화를 내거나 적대적임</td></tr>
<tr><td>양극성장애</td><td>우울장애와 조증 증상의 발현, 아동기와 청소년기 특유의 발달적 특성이 있으므로 아동기와 청소년기 양극성 장애는 진단하기 어려움</td></tr>
<tr><td rowspan="3">외현화
장애</td><td colspan="2">주의력결핍과잉행동장애(ADHD)</td><td>높은 수준의 신체적, 언어적 활동, 끊임없는 움직임, 주의집중의 어려움, 주의산만, 충동성</td></tr>
<tr><td colspan="2">품행장애(CD)</td><td>싸움, 또래 괴롭힘, 사람이나 동물에게 잔인함, 파괴행동, 학대</td></tr>
<tr><td colspan="2">반항성 장애(ODD)</td><td>어른(권위를 가진 사람)들에 대한 지속적인 불순종, 반항, 적대적 행동</td></tr>
<tr><td rowspan="2">기타
장애</td><td colspan="2">정신분열증</td><td>망상, 환청, 와해된 언어, 정서적 둔감 등의 증상과 더불어 사회적 기능장애를 나타냄</td></tr>
<tr><td colspan="2">뚜렛장애</td><td>운동틱과 음성틱이 나타남</td></tr>
</table>

출처 : 김진호 외(2009). 긍정적 행동지원. 시그마프레스. pp. 9~10.

Paragraph 06 정서 · 행동장애아동의 교육접근

정서 · 행동장애아동은 수업 중 큰소리로 떠들거나, 돌아다니기, 눕기, 또래나 부모, 교사와의 관계형성에 어려움을 갖는다. 특히 대부분의 정서 · 행동장애아동들은 주의집중력이 짧으며, 미래를 예측하거나 계획하는 조직력과 과제를 수행할 때 본인이 갖고 있는 충동성 때문에 반응하는 정확도가 떨어지는 경우가 많다. 그러나 이러한 행동특성은 교육현장에서 체계적인 교수와 행동통제 전략에 의해서 행동이 향상될 수 있음을 지속적으로 보고하였다(김미경 외, 2007). 정서 · 행동장애아동들을 위해서는 반사회적인 행동을 통제하는 것뿐만 아니라 아동 자신이 문제행동에 잘 대처할 수 있도록 효과적인 전략을 가르쳐 주거나 생리적, 생물학적 비정상성으로 초래된 경우 약물치료를 이용할 수 있다. 또한 언어적 표현력이 부족하거나 심리적 요인에 의하여 문제가 발생된 경우는 심리치료(미술치료, 음악치료 등)를 통하여 지도가 이루어질 수 있으며, 그 정도와 상황에 따라 지도방법은 복합적으로 운영되며 아동을 둘러싼 환경적 요인(가정, 학교, 지역사회)의 변화도 포함한다.

1. 긍정적 행동지원

긍정적 행동지원(Positive Behavior Support: PBS)은 문제행동을 감소시키고 예방하는 것만이 목적이 아니라 친사회적 행동을 형성하여 이러한 것들을 일상생활에서 일반화 할 수 있도록 지원하는 종합적인 접근법이다(김진호 외, 2009). PBS는 기능적 행동평가(Functional Behavior Assesement)를 통해 문제행동의 기능을 결정하고, 그 기능을 대신할 바람직한 행동을 찾아내어 지도한다. 이러한 PBS는 벌을 통하여 문제행동을 억압하는 행동수정을 비인도적인 방법이라고 가정하고 있다.

1) 긍정적 행동지원의 과정

긍정적 행동지원을 효과적으로 지원하기 위한 과정으로 면접, 직접관찰, 기능분석 등을 통해 정보를 수집하는 기능평가와 선행사건 중재, 대체행동 교수, 후속사건 중재, 삶의 방식 중재 등의 중다요소 중재의 과정을 거쳐 실행하게 된다.

2) 실행 과정의 용어 이해

(1) 문제행동의 기능평가

① 문제행동의 기능 : 문제행동이 어떠한 목적 또는 기능을 하는지 파악하는 것이다. 예를 들어 문제행동의 기능 중에는 관심끌기 위해서, 과제나 특정한 자극을 피하기 위해서, 원하는 물건이나 활동을 하기 위해서, 무료하기 때문에 실시하는 자기-조절, 놀이, 오락을 위해서 문제행동이 나타나는 경우가 있다.

② 기능평가의 내용 : 문제행동을 구체적으로 기술하고 문제행동을 유지시키는 결과를 규명한다. 또한 문제행동을 일으키는 선행사건(행동이 발생하기 직전에 나타나는 환경적 사건으로 행동발생에 직접적 영향을 미치는 자극)을 규명하고 문제행동이 일어날 가능성을 높이는 배경사건(선행사건에 대한 반응가치를 높임으로써 행동 발생 가능성을 높이는 것으로 아동의 피로감, 약물부작용 등)을 규명하는 것이다.

③ 기능평가 방법 : 기능평가 방법으로는 면접, 질문지, 직접관찰(문제행동의 빈도, 지속시간, 강도, 지연시간을 관찰), 측정방법(관찰기록, 일화기록 등)이 있다.

④ 기능분석 : 면접과 직접관찰을 통해 얻어진 자료를 통해 문제행동의 선행자극과 기능을 밝히는 과정이다.

(2) 중다요소중재

긍정적 행동지원은 복잡하고 다양한 특성을 가진 학생들에 대한 행동지원의 포괄적이고 장기적인 목표를 다루기 어렵기 때문에 여러 가지 복합적인 중재를 사용한다. 일반적으로 효과적인 행동중재 계획에서 선행사건 중재, 대체행동 교수, 후속사건 중재, 삶의 방식 중재 등의 네 가지 전략이 포함되며 이들을 하나만 사용하기 보다는 동시에 고려할 때 보다 효과적인 결과가 가져온다고 볼 수 있다.

첫째, 선행사건을 중재한다. 예를 들어 김교사는 철수가 소리지르는 문제행동을 물리적 선행사건(좌석배치, 소음, 조명 등)을 변화시켜 최소한으로 줄였다.

둘째, 대체행동을 교수한다. 학생들의 문제행동의 기능을 파악하여 대안적인 적절한 행동을 가르치는 것이다.

셋째, 후속사건을 중재한다. 이는 긍정적 행동기술의 사용을 강화하고 문제행동을 효율성을 감소시키기 위해서 사용된다.

넷째, 삶의 방식 중재이다. 이것은 개개인의 삶의 질에 향상을 통해서 문제행동을 장기적으로 예방하는 것이다. 다른 중재 요소들이 잘 계획되었더라도 삶의 방식 중재가 언급되지 않는다면 긍정적인 결과를 얻기 어려울 것이다.

2. 인지행동중재

인지행동중재(cognitive behavioral intervention: CBI)는 학생에게 자신의 행동을 점검하고 평가하며 관리하는 것을 가르치거나 특정한 인지적 단계에 따라 자극에 반응하도록 교수하는 절차로, 교사는 강화 등과 같은 다양한 행동원리를 사용하여 학생에게 인지적 전략을 지도한다. 인지행동중재의 기본 가정은 첫째, 행동은 사고 및 신념 등과 같은 인지적 사상에 따라 수정되고, 둘째, 인지적 사상의 변화는 행동의 변화를 가져오며, 셋째 모든 사람은 학습에 능동적인 참여자가 된다는 것이다(유재연 · 임경원 · 김은경 · 이병혁 · 박경옥 역, 2008). 정서 · 행동장애학생을 대상으로 자기조절능력 및 자기통제훈련의 향상에 주안점을 두어 적용 가능한 인지적 전략을 지도하는 중재로는 문제해결전략 교수, 분노조절훈련, 자기관리훈련(자기점검, 자기평가, 자기강화), 자기교수, 대안반응훈련, 귀인재훈련 등이 있다.

1) 문제해결전략 교수

문제해결전략 교수(problem solving strategy instruction)는 갈등, 선택, 문제 상황에 직면했을 때 효과적으로 대처하고 해결하는 능력을 지도하는 것이다(D'Zurilla & Goldfriend, 1971). 김지원(2011)은 정서행동장애 위험 유아를 대상으로 동화를 활용하여 문제해결전략 교수를 실시하였다. 이 내용을 바탕으로 학생들은 동화듣기가 끝난 후에 필요한 문제를 규명하고, 문제해결 전략을 탐색하였다. 후에 우선적으로 적용할 전략을 결정하며, 전략을 수행하고, 결과를 평가하는 문제해결 절차를 학습하였다. 김지원(2011)의 연구에서 사용된 문제해결훈련 단계는 다음과 같다.

- 1단계–문제규명 : 상황을 나의 상황에 대입해 본 후 내가 가진 문제의 정의 내리기
- 2단계–전략탐색 : 문제의 대안적 해결책을 모색하고 결과 생각해 보기
- 3단계–전략결정 : 대안적 해결책 중 최선의 해결책 선택
- 4단계–전략수행 : 발표 또는 역할놀이를 통해 선택한 전략수행
- 5단계–결과평가 : 전략수행의 결과 평가
- 6단계–마무리 : 긍정적인 결과가 나타나는 경우 피드백과 강화를 제공한다.

2) 분노조절 훈련

Novaco(1975)는 인지행동접근에 근거한 스트레스면역훈련을 분노문제를 가진 내담자들에게 실시하여 효과성을 입증하였다. 그 후 인지–행동적 접근이 청소년의 분노와 공격적 행동치료에 효과적임을 입증하였다(Goldstein & Glick, 1987; Feindler, 1989). 분노조절훈련(anger control)이란 학생에게

자기교수를 통해 분노와 공격행동을 자제하거나 조절하는 것을 지도하는 것으로, 궁극적으로는 사회에 잘 적응하도록 자신의 분노를 조절하고 건전하게 표현할 수 있도록 하는 것이다(박윤아 · 박지연, 2008; 오영현 · 송영혜, 2009).

분노조절프로그램에서는 분노라는 감정에 대해서 인지준비단계, 분노를 관리하기 위한 인지행동적인 기술습득단계, 새롭게 습득한 기술을 적용단계 등 환경의 세 가지 요소가 포함된다(Feindler & Ecton, 1986). 또한 Kemp 등(1999)은 분노조절이 학습되어질 수 있도록 긴장이완, 자기주장, 예상하기, 자기교수, 자기평가, 역할극, 시연하기, 문제해결 등의 방법을 포함하였다.

반지정(2010)의 공격성향이 있는 아동을 위한 분노조절프로그램은 다음과 같다.

- 1단계 – 프로그램소개 : 집단 소개, 규칙 및 활동소개
- 2단계 – 다양한 감정알기 : 다양한 감정변화, 자신의 감정알기 등
- 3단계 – 분노상황 이해하기 : 분노상황 인식하고 다른 사람의 상황 듣기
- 4단계 – 나를 이해하기 : 화가 났을 때 신체적 행동적 변화 인식하기
- 5단계 – 상대방 마음 이해하기 : 바람직한 행동, 바람직하지 못한 행동 등
- 6단계 – 분노 진정방법 1 : 분노조절방법 이해 및 적용(이완훈련연습, 타임아웃)
- 7단계 – 분노 진정방법 2 : 분노조절방법 이해 및 적용(이완훈련연습, 타임아웃)
- 8단계 – 합리적인 사고 : 합리적 사고와 비합리적 사고의 차이 구별 등
- 9단계 – 분노표현기술 배우기 : I-massage 연습 등
- 10단계 – 바람직한 행동연습하기 : 바람직한 행동과 나의 행동변화
- 11단계 – 자기주장하기 : 자기주장 기술의 중요성과 나의 생각 실생활에 응용하기
- 12단계 – 정리 및 느낌 나누기

3) 자기관리훈련

자기관리훈련(self-management training)은 학생이 자신의 행동을 관리하도록 가르치는 것으로, 자주 사용되는 절차로는 자기점검, 자기평가, 자기강화가 있다(Nelson, Smith, Young, & dodd, 1991). 이러한 자기관리기법들은 학교생활에서의 과제완성 및 집중, 충동적 행동과 학업적 수행 등을 개선시키기 위해 사용되었다(Carr & Punzo, 1993; Lloyd, bateman, landrun, & Hallahan, 1989).

자기점검(self-monitoring)은 학생이 자신의 목표행동을 인지하고 변별하여 행동을 평가하고 목표행동의 발생 빈도수를 기록 하는 것이다. 이렇게 스스로 감독하고 강화함으로써 교사나 치료자와 같은 외적통제소에서 벗어나도록 하는 교수전략이다(Kazdin, 1975).

자기평가(self-evaluation 혹은 self-assessment)는 학생이 자신의 행동을 특정 준거에 비교하여 이에 부합하는지를 측정하는 것이다.

자기강화(self-reinforcement)는 학생이 정해진 목표를 달성했을 때 스스로 선정한 강화물을 부여하는 것으로서 자신의 적절한 행동에 대해 직접강화를 제공하는 것이다.

4) 자기교수

자기교수(self-instruction)는 스스로에게 하는 내적 언어인 자기진술(self-statement)로서 잘못된 인지 양식을 바꾸어 행동을 바르게 변화하도록 하는 것을 말한다(신현규, 2000). 특히 과잉 및 충동 행동을 보이는 품행장애학생은 이들이 자신의 행동을 조절할 수 있도록 하기 위해 사용되는 자기교수훈련은 다양한 상황에서 학생에게 적용할 수 있다. 자기교수훈련은 〈표 8-7〉에 제시되어 있다.

〈표 8-7〉 자기교수 훈련 단계(Luria, 1961)

- 1단계-인지적 모델링 : 교사(모델)는 과제 수행의 시범을 보인다. 이 단계에서 학생은 이를 관찰한다.
- 2단계-외적안내 : 아동은 교사가(모델) 보여준 것과 동일한 내용의 말을 하면서 같은 과제를 수행한다.
- 3단계-외적 자기지도 : 모델의 시범 없이 아동은 큰 소리로 과제 수행 단계를 말하면서 같은 과제를 수행한다. 교사는 관찰하며 피드백을 제공한다.
- 4단계-외적 자기지도의 약화 : 아동은 작은 목소리로 과제 수행 단계를 중얼거리면서 과제를 수행한다. 교사는 관찰하고 피드백을 제공한다.
- 5단계-내적 자기지도 : 아동은 소리내지 않고 내적 언어를 사용하면서 과제를 수행한다.

5) 귀인 재훈련

귀인 이론에 근거한 귀인 재훈련(attribution retraining)은 성공과 실패에 대한 학습자의 원인지각에 강조를 두면서 바람직하지 않은 귀인을 보이는 학생들에게 바람직한 귀인을 갖도록 중재하는 것이다. Wenier(1985)는 성공을 안정적인 요인에 귀인시킬 경우 미래의 성공기대를 증진시키며, 자아존중감과 같은 관련된 정서를 최대화한다고 하였다. 귀인재훈련은 반복적이고 만성적인 실패경험에 의하여 심한 무력감에 빠져 있는 아동들에게 효과적인 중재방법이다(한현민, 1996). 또한 귀인재훈련은 과제수행능력과 과제수행시간을 향상시키고 학습된 무력감을 극복하는데 효과가 있다는 사실이 입증되었다(정정자, 2002).

3. 사회적 기술훈련

사회적 기술은 아동의 적응과 발달에 중요한 역할을 한다. 사회적 기술이란 대인관계 속에서 자기를 표현하여 의미있고 만족스러운 생활을 영위해 갈 수 있는 능력인데, 이러한 사회적 기술훈련은 아동의 부적응 행동 감소를 위한 연구가 많이 이루어졌다(염승희 · 신현균 · 오수성, 2010). 사회적 기술훈련(social skills training)을 통해 문제해결 기술향상, 적응력 증가, 자기행동규제와 공격적인 행동이 유의하게 감소되었으며 우울, 불안, 고독, 자아존중감과 같은 정서적인 부분에 긍정적인 영향을 주었다.

사회적 기술에는 구체적으로 협력, 자기주장, 자기통제, 책임성, 공감 등의 개념이 포함된다. 특히 청소년에게 필수적인 사회적 기술의 하위요소는 대처기술(의사소통하기, 자기표현하기, 자기지각하기, 칭찬주고받기, 대화시작하기, 감정표현하기, 공감하기, 협상하기 등), 사회적 문제해결(인사하기, 듣기, 질문하기, 대화에 끼어들기, 상호작용 시작하기와 유지하기, 규칙따르기, 또래 압력과 괴롭힘에 저항하기, 부정적 피드백, 화 표현하기, 타협하기, 자기통제하기 등)로 구분된다(Greham & Elliot, 1990).

Paragraph 07 정서 · 행동장애아동의 교육사례

초등학교 3학년에 재학 중인 다름이는 조손가정의 자녀로 8세에 ADHD 진단을 받았으며, IQ 70~85 사이의 지능을 가지고 있는(M : 100, SD : 15) 여아이다. 외조부모의 양육하기 힘든 현실로 인해 보육원에서 생활하고 있으며, 현재 과잉행동과 충동성으로 인한 약물을 복용하고 있다. 산만한 행동, 반항적인 행동과 무분별한 언어사용으로 인해 또래들로부터 두려움 혹은 피해야 될 대상으로 인식되어 보육원에서 같은 성향을 지닌 또래와 어울리는 것이 전부이다. 다름이의 보육원 선생님은 다름이의 충동적인 행동 감소와 주의집중능력의 증진을 요구하였다. 이를 위해 특수교사는 자기관리훈련과 인지행동훈련을 적용하였다. 훈련은 라포가 형성(교사가 어떤 행동을 하고자 요구하면 5회 중 3회 이상 반항없이 행동할 때)되었다고 판단된 이후부터 적용하였다. 첫 번째 학생이 자신의 문제점을 인식하도록 유도하고 목표행동의 발생빈도수를 기록하도록 하였다(교사의 물건(휴대폰 등)을 허락없이 만지는 행동). 두 번째 주의집중능력은 인지행동훈련을 실시하였다. 이 단계는 특정

활동에 관심갖기, 지속적 주의력, 선택적 주의력, 문제해결훈련을 포함한다. 세 번째 위 두 가지 활동의 강화계획으로 토큰과 행동계약을 실시하였다. 그 결과 짧은 기간 동안 아동의 성공적인 성취 경험과 자기관리훈련은 주의집중능력의 향상과 충동적 행동의 감소를 가져왔다.

Paragraph 08 정서 · 행동장애아동 교육의 과제 및 전망

정서 · 행동장애 정의 및 판별절차들에 의해서 아동과 청소년이 어떠한지 이해를 도울 수는 있지만 이를 범주별로 정의하거나 신뢰할 수 있는 정의를 정립하는 것은 어려운 일이다. 이러한 정의는 통일된 정의라기보다는 국가, 학자들 간에 그 정의가 각각 다르기 때문이며, 이것은 정서 · 행동장애는 사회적 맥락을 벗어나서 존재하는 것이 아니라 문화적 규칙에 따라 부여되는 표찰이기 때문이다(김진호 외, 2011). 과거에 비해 정서 · 행동장애아동 및 청소년을 위한 중재가 다양해지고 활발하게 이루어지고 있으나 아동청소년들의 문제가 학교폭력, 자살, 가출, 약물남용 등 심각한 사회문제로 대두되고 있다.

1. 정의 및 진단기준 체계화

정서와 행동에 관련된 속성은 국가 간 학자마다 정의하는 것도 다르며, 정서적 행동적 문제는 문화적 규칙에 따라 부여되는 표찰이기 때문에 하나의 도구로 개인을 판단하는 것은 상당히 위험한 일이다. 한국은 정서 · 행동장애를 판별하는데 적절한 타당성과 신뢰성을 갖춘 측정도구는 매우 부족한 실정이다(이성봉 외, 2010). 「장애인 등에 대한 특수교육법」 시행규칙별표에서는 정서 · 행동장애의 선별검사 및 진단 · 평가 영역으로 네 가지 검사(적응행동검사, 성격진단검사, 행동발달평가, 학습준비도검사)를 제시하고 있다. 이 네 가지 검사가 정서 · 행동장애아동의 다양한 속성을 파악하기는 어려울 것이다. 그러므로 정서 및 행동의 속성을 제시하고 타당도 및 신뢰도가 제시된 평가도구를 다양하게 제시하는 편이 바람직할 것으로 생각된다. 또한 정서 · 행동장애아동의 평가는 아동에게만 초점을 두고 이루어질 것이 아니라 행동문제에 끼치는 환경(가족, 학교, 지역사회)을 염두에 두고 평가해야 할 것이다.

2. 예방적 차원의 조기개입

어린유아의 경우 그들의 행동이 빠르게 변화하기 때문에 어린유아들이 정서 · 행동장애를 가지고 있는지를 판별하는 일은 아주 어렵다. 많은 유치원과 어린이집 교사들이 장애로 진단받지 않았지만 심한 문제행동(이야기를 끝까지 듣지 못하고 행동하기, 공격적인 행동, 잦은 거짓말, 물건 훔치기, 욕하기)을 보이거나 우울 및 불안의 징후를 보이는 아동이 많다는 데 의견을 함께하고 있다(이성봉 외, 2010). 즉 주의가 산만하고, 과잉행동을 보이며 충동적인 유아들은 교사의 주의에 귀를 기울이지 않고 마음대로 돌아다니는 등 유별난 아이로 지적을 받는다(신현균 · 김진숙, 2000). 아동기에 정서 · 행동문제를 보이는 많은 아동은 시간이 흘러도 그러한 문제를 계속 보이고 청소년기와 성인기까지도 지속되는 것이 점차 명백해 지고 있다(방명애 · 이효신, 2007). 특히 내면화에 문제를 가지고 있는 경우 그들이 나타내는 문제를 교사 혹은 부모의 관심을 끌지 않으므로 드러나지 않을 수도 있다. 이러한 현상은 모든 아동을 대상으로 정서행동문제에 대한 선별이 실시되어야 하며, 이러한 문제가 고착되기 전에 예방적 지원이 초기에 실시되어야 함을 의미한다. 유아특수교육 전문가들이 장애아동이 통합되어 있는 유아교육 환경뿐 아니라 장애아동이 없는 유아교육 환경에서도 자문을 제공할 수 있는 시스템이 마련되어 적절한 치료 및 교육적 방안을 모색해 줄 필요가 있다.

참고문헌

강위영 · 윤점룡 역(2002). 정서장애아 교육. 대구대학교 출판부.

교육부(2014). 2014 특수교육 통계. 교육부.

국립특수교육원(2009). 특수교육학용어사전.

김미경 외(2010). 정서 및 행동장애아 교육. 학지사.

김지원(2011). 사실동화를 활용한 문제해결전략 교수가 정서행동장애 위험 유아의 친사회적 행동과 수업참여행동에 미치는 효과. 이화여자대학교 대학원 석사학위논문.

김진호 외(2009). 긍정적 행동지원. 시그마프레스.

김진호 외(2011). 정서행동장애. 시그마프레스.

노영상(2004). 장애인에 대한 교회사적 고찰과 기독교윤리학적 이해. 기독교사회윤리 8(1). 1-10.

노진아(2007). 장애 혹은 장애위험 유아를 위한 긍정적인 행동지원의 고찰. 특수교육재활과학연구. 46(2). 15-43.

박계신 · 이효신 · 황순영 역(2010). 정서행동장애학생의 이해와 교수전략. 시그마프레스.

박윤아 · 박지연(2008). 분노조절프로그램이 정서 및 행동장애 위험 아동의 공격성 및 정서적 능력에 미치는 영향. 정서 · 행동장애연구. 24(1). 23-42.

박지연 · 전혜인 · 김정미(2005). 정서 및 행동장애아 지원체계 타당화. 정서 · 행동장애연구. 21(1). 47-68.

반지정(2010). 분노조절프로그램이 공격성향이 있는 아동의 분노통제능력과 또래관계에 미치는 효과. 대구대학교 대학원 석사학위논문.

방명애 · 이효신(2004). 정서 및 행동장애 : 이론과 실제. 시그마프레스.

송윤재 · 강은호 · 유범희(2008). 우울증, 불안장애에서의 사이토카인의 역할. 대한불안의학회지 4(2). pp. 91-98.

신민섭 외(2005). 웩슬러지능검사를 통한 아동정신병리의 진단평가. 학지사.

신현균 · 김진숙(2000). 주의력 결핍 및 과잉행동 장애. 학지사.

염승희 · 신현균 · 오수성(2010). 사회적 기술훈련 집단프로그램이 다문화가정 아동의 사회적 기술 향상 및 부정적 자동적사고와 스트레스 수준의 감소에 미치는 효과. 한국심리학회지 임상 29(3). 853-873.

오경자 · 이혜련 · 홍강의 · 하은혜(1997). 아동 · 청소년 행동평가 척도(K-CBCL). 중앙적성출판사.

오영현 · 송영혜(2009). 분노조절프로그램이 시설아동의 공격성에 미치는 효과. 재활과학연구 27(1). 11-37.

유재연 · 임경원 · 김은경 · 이병혁 · 박경옥 역(2008). 통합교육을 위한 행동관리의 실제(제5판). 시그마프레스.

이성봉 · 방명애 · 김은경 · 박지연(2010). 정서 및 행동장애. 학지사.

이성봉 · 방명애 · 김은경 · 박지연(2014). 정서 및 행동장애(2판). 학지사.

이소현 외(2009). 교육진단 및 교수계획을 위한 장애 유아 진단 및 평가. 학지사.

이승희(2006). 특수교육평가. 학지사.

이정균 · 김용식(2008). 정신의학(제4판). 일조각.

정정자(2002). 귀인재훈련을 부가한 자기교시훈련이 학습장애아의 학습관련 문제행동 및 대인간 문제해결 기능에 미치는 효과. 진주교육대학교 교육대학원 석사학위논문.

조수철 · 신민섭(2006). 소아정신병리의 진단과평가. 학지사.

조현춘(1990). 정서장애아교육의 역사적 배경, 개념의 문제점과 교육에서의 시사점. 특수교육학논지 11(1). 47-61.

한국교육과정평가회 편저(2004). 교육평가 용어사전. 학지사.

한국특수교육학회(2008). 특수교육 대상자 개념 및 선별기준.

한현민(1994). 사회학습이론. 도서출판 특수교육.

Achenbach, T. M., & Edelbrock, C. S.(1983). *Manual for the child behavior Checklist and revised child behavior profiles*. Burlington, VT: University of Vrmont Department of Psychiatry.

Carr, S. C., & Punzo, R. P.(1993). The effects of self-monitoring of academic accuracy and productivity on the performance of students with behavioral disorders. *Behavior Disorders, 18*, 241-250.

D'Zurilla, T. J., & Goldfried, M. J.(1971). Problem solving and behavior modification. *Abnormal Psychology, 78*, 26-107.

Feindl'er, E, L, & Ecton, R, B.(1986). *Adolescent anger control: Cognitive bahavioral Techniques*. Elmsford. NY: Pergamon.

Feindler, E. L.(1989), Adolescent Anger Control: Review and critique. In Herson. M. Eisler, R. M., & Miller, P. M.(Eds.) *Progressive behavior modification*.

Newbury Park. CA: Sage.

Goldstein, A. P., & Glick, B.(1987). *Aggression replacement training: A comprehensive intervention for aggressive youth.* Champaign, IL: Research Press.

Gresham, F. M., & Elliott, S. N.(1990). *Social Skills Rating System Manual.* AGS: Product Number 3401.

Kazdin, A. E.(1975). *Behavior modification in applied settings.* Homewood, IL: Dorsey.

Kemps, D. M., Kravits, T., Stolze, J., & Swaggart, B.(1999). Preventing strategies for at-risk students with EBD in urban elementary school. *Journal of Emotional Behavioral Disorders, 7(3),* 178-188.

Lloyd, J. W., Bateman, D. F., Landrem, T. J., & Hallahan, D. P.(1989). Self-recording of attention versus productivity. *Journal of Applied Behavior Analysis*, 2(3), 315-323.

Nelson, J. R., Smith, D. J., Young, R. K., & Dodd, J. K.(1991). A Review of self-management outcome research conducted with students who exhibit behavioral disorders. *Behavioral Disorders, 20930*, 190-196.

Weiner, B.(1972). Attribution theory, achivement motivation, and the educational process. *Review of Educational Research, 42*, 203-215.

생각해 볼 문제

01 「장애인 등에 대한 특수교육법」에 의하여 정서 · 행동장애를 지닌 특수교육 대상자로 선정받기 위한 특성을 설명하시오.

02 정서 · 행동장애를 행동의 내재화와 외현화에 따라 분류하고자 할 때 각각에 따른 장애유형을 제시하시오.

03 「장애인 등에 대한 특수교육법」 별표에서 제시하고 있는 정서 · 행동장애아동의 선별검사 및 진단, 평가도구 네 가지를 설명하시오.

04 정서 · 행동장애아동들을 진단하는데 사용되는 도구 중 심리평가를 위한 투사검사와 인지기능평가를 실시해보고 그 차이점과 장 · 단점을 제시하시오.

05 정서 · 행동장애아동에 대한 접근관점으로 정신역동적, 신체생리학적, 인지주의적, 생태학적, 행동주의적 관점 등이 있다. 이중 인지주의적 관점에 따른 정서 · 행동장애를 중재하는 방법을 설명하시오.

06 정서 · 행동장애아동은 대개 약물치료와 행동치료가 병행되는 경우가 많다. 정서 · 행동장애의 하위 범주별 약물치료의 효과를 알아보고, 행동치료와 병행 유무에 따른 차이를 설명하시오.

07 철수는 부모의 금지에도 불구하고 자주 밤 늦게까지 돌아다니고, 주차된 자동차의 유리를 부수고 다닌다. 또한 부모와 교사에게 매우 반항적이며 친구의 농담이나 장난을 적대적으로 해석하여 친구와 자주 다툰다. 최근 1년 동안에 가출과 학교에서는 무단결석이 빈번히 일어났다. 이러한 특성을 보이는 철수를 위해 교사가 분노조절 훈련을 하려고 한다. 분노조절 훈련의 절차를 기술하시오.

08 영희는 교실 및 복도에서 우연히 친구와 부딪치거나 가벼운 터치에도 참지 못하고, 그 순간 친구를 밀치거나 때리는 등 과도하게 행동을 보인다. 그래서 영희가 자신의 행동을 조절할 수 있도록 자기교수 훈련을 시도하려고 한다. 이를 위한 절차를 제시하고 각 단계에 대한 설명을 하시오.

Chapter 09

의사소통장애아동 교육

의사소통한다는 것은 일반적으로 말하는 사람과 듣는 사람 사이에 주고받는 말이나 글 혹은 몸짓이나 눈빛 등을 의미한다. 사전적 의미의 의사소통이란 사람의 메시지나 감정의 소통 등을 말하는 것으로 정의된다. 이러한 개인 간의 소통이라는 것이 이루어지기 위해서는 말하는 사람이 있어야 하고, 이를 듣는 사람이 있어야 하며, 무엇을 전할 것인지, 어떻게 전할 것인지가 있어야 한다. 만약 말하는 사람에게 문제가 있거나 듣는 사람에게 문제가 있어서 전달하고자 하는 내용을 이해하지 못한다면 의사소통장애에 해당된다. 또한 전달하고자 하는 내용, 전달하는 방법에도 문제가 있다면 이 역시 의사소통장애이다.

이 장에서는 의사소통장애아동 교육의 역사, 의사소통장애의 정의와 분류, 의사소통장애의 원인 및 출현율, 의사소통장애의 진단과 판별, 의사소통장애의 특성, 의사소통장애아동의 교육방법, 의사소통장애아동의 교육사례, 의사소통장애아동 교육의 과제 및 전망 등을 중심으로 살펴보고자 한다.

Paragraph 01 의사소통장애아동 교육의 역사

장애를 바라보는 시각은 시대가 변함에 따라 차이를 보이는 것은 사실이지만 원시사회에서 현대사회로 오면서 의사소통하는 데 차이를 보이는 사람들에 대한 태도나 인식이 다르다고 보기 어려운 이유는 아마도 사람의 내재적 인식의 차이뿐 아니라 삶의 방식에도 차이가 있었음을 인식하고 접근해야 할 것이다. 권도하 등(2012)은 장애인을 보는 태도에 따른 의미적 관점에서 거부 대상의 시대, 웃음거리 대상으로서의 시대, 동정의 대상으로서의 시대, 가능성의 시대로 구분하였다. 역사적으로 의사소통장애아동을 대상으로 한 언어치료 및 언어중재법에 대한 역사적 흐름을 시대적으로 구분해 보았다(권도하 등, 2012, 재인용).

1. 고대–중세 이전

기원전 4세기 경 그리스 웅변가인 Demosthrnes는 말을 더듬었으며 당시 배우였던 Satyrus에게 훈련을 받았다는 기록이 있다. 구체적으로는 입속에 조약돌을 물고 바다를 향해 소리지르기, 가슴에 무거운 납덩어리를 달고 말을 하면서 산을 달려가기 등이었다.

2. 중세 이후

기록에 의하면 17세기 말 뉴욕의 John 주교는 농 소년의 혀 위에 십자가 모양을 그린 후 소년에게 입을 움직이면서 여러 가지 소리나 단어를 말하도록 지시하였다고 한다.

3. 19세기 초

1854년 프랑스 음악교사인 Garcia는 성대를 설명하고 관찰하기 위하여 거울을 사용하였으며, 오스트리아의 Tukck와 Czermak는 후두경을 이용하여 후두적 병리를 검사하기 시작하였다. 그 후 1861년 신경학자인 Broca가 대뇌국지화에 대한 개념을 주장하면서 신경생리학적인 연구의 기초를 마련하였다.

4. 20세기 초

20세기로 들어서면서 오스트리아, 덴마크, 독일 등에서는 소수의 언어클리닉이 만들어지기 시작하였고, 1900년대 초 미국에서도 언어치료기관들이 번성하였다고 한다. 또한 1910년 미국 시카고와 디트로이트 공립학교에서는 언어교정교사(speech correction teachers)를 채용하기도 하였다. 이를 통해 이 시기에는 의사소통장애인들의 언어중재가 본격적으로 제도화가 이루어졌음을 알 수 있다.

5. 현대

1975년 미국에서는 「장애인교육법」(Individuals with Disabilities Education Act), PL 94-142에서 신생아, 유아 및 취학 전 아동들에게 적절한 서비스를 지원하도록 법제화되면서 의사소통장애아동의 교육이 활성화되었다.

우리 나라의 경우 2008년 「장애인 등에 대한 특수교육법」 시행령에 따라 언어장애에서 의사소통장애로 영역이 확대되었다.

Paragraph 02 의사소통장애의 정의와 분류

인간은 나름의 수단으로 서로에게 의사를 표현하고 이해하기 위하여 말, 글, 몸짓 등의 다양한 수단을 적용한다. 이러한 수단은 의사소통, 언어 그리고 구어라는 정의로 소개된다. 본 절에서는 의사소통, 언어, 구어의 정의와 의사소통장애의 정의 및 의사소통장애의 분류에 대하여 소개하고자 한다.

1. 의사소통장애의 정의

의사소통이란 정보, 아이디어, 감정, 요구 등에 대한 상호교환을 의미하는 것으로 여기에는 메시지의 암호화, 전달, 해독이 포함된다. 각 의사소통에는 메시지, 메시지를 표현하여 보내는 사람, 그리고 메시지에 반응하는 수신자가 포함된다(Heward, 2009).

언어(language)는 자의적 기호들과 이 기호들의 규칙지배적인 조합을 활용하여 사고를 표현할 수 있도록 해주는 사회적으로 공유된 기호 또는 관습적 체계(Owens, 2008)로 모든 언어에는 소리, 문자, 숫자, 사인언어 요소들의 다양한 상징이 포함된다(Hulit & Howard, 2006; Owens, 2008). 언어는 기본적으로 형식(form), 내용(content), 그리고 사용(use)이라는 요소들로 이루어져 있다. 언어의 형식이란 특정한 음들과 의미를 가진 상징들을 서로 결합하는 언어적 요소들로 음운론(phonology), 형태론(morphology), 구문론(syntax) 등이 포함된다(Heward, 2009; 강수균 등, 2005). 서로의 메시지를 잘 전달하기 위해서는 적절하고 분명한 내용이 있어야 하는데 이러한 언어의 내용은 의미론(semantics)에서 다루어진다. 언어의 사용은 사회적 환경 속에서 언어를 사용할 때 필요한 규칙이다(강창욱, 1996). 의사소통하기 위하여 어떻게 말해야 하는 지에 관한 규칙이 화용론(pragmatics)에 해당한다. 구어(speech)는 언어의 구두적 산출이다(Heward, 2009). 구어는 조음(articulation), 유창성(fluency), 음성(voice)과 같은 관련 변인들에 영향을 받는다. 조음이란 말소리들이 형성되는 방식이고, 유창성이란 말의 리듬과 속도에 관한 것으로, 부드럽고 상대적으로 잘 산출될 때 이러한 말을 유창한 것이라고 한다. 음성은 말의 메시지뿐 아니라 화자 자체에 대한 것을 암시하기도 한다. 또한 문장과 낱말 내에서 말소리의 전반적인 크기 수준 및 크기 패턴 등은 중요한 요소에 해당한다.

의사소통장애를 이해하기 위하여 의사소통, 언어, 구어에 대하여 살펴보았다. 의사소통장애라는 용어는 과거 언어장애라는 용어로 사용되다가 「장애인 등에 대한 특수교육법」(2008)에서 의사소통장애로 확대되면서 다음과 같이 정의하였다.

① 언어의 수용 및 표현 능력이 인지능력에 비하여 현저하게 부족한 사람
② 조음능력이 현저히 부족하여 의사소통이 어려운 사람
③ 말 유창성이 현저히 부족하여 의사소통이 어려운 사람
④ 기능적 음성장애가 있어 의사소통이 어려운 사람

2. 의사소통장애의 분류

의사소통장애의 분류 방법은 보여지는 증상에 따라 구어장애(speech disorders)와 언어장애(language disorders)로 구분한다(심현섭 등, 2010). 구어장애는 말하는 것 자체에 주의를 기울이게 되거나, 의사소통하는데 어려움이

있거나, 말하는 사람이나 듣는 사람에게 방해를 줄 때라고 정의하고(Van Riper & Erickson, 1996), 조음, 유창성, 음성의 문제를 포함하며, 언어장애는 주로 언어발달장애, 단순언어장애, 실어증 등이 포함된다.

1) 구어장애

(1) 조음음운장애

조음(articulation)은 말소리의 실질적 산출에 해당하는 것(김화수 등, 2007)으로, 조음장애(articulation disorders)는 아동이 현재 물리적으로 주어진 소리를 산출할 수 없는 것으로 정의된다. 음운장애(phonological disorders)는 소리를 낼 수 있는 능력이 있음에도, 어떤 경우는 그 소리를 정확하게 내지만 또 어떤 경우에는 정확하게 소리를 산출하지 못할 때로 정의된다.

(2) 유창성장애

정상적인 구어는 리듬과 타이밍을 활용하고, 속도, 강세, 적절한 쉼으로 유창하게 진행된다. ASHA(1993)는 유창성장애(fluency disorder)를 "음, 음절, 단어, 구의 비정상적인 리듬과 반복으로 구어의 흐름에 방해를 받으며 과도한 긴장, 투쟁적 행동 그리고 부수적 매너리즘 등이 동반될 수도 있다."고 정의하였다. 말에서 유창함이 깨어진다는 것은 사람의 말이 비자발적인 말소리를 나타내거나 음절의 반복, 소리의 연장, 낱말 분리와 같은 특징을 보인다. 일반적으로 가장 잘 알려진 유창성장애는 말더듬(stuttering)이다.

말더듬이란 낱말이나 음절 사이에 나타나는 침묵을 포함하여, 들리거나 혹은 들리지 않을 수 있는 낱말이나 음절 단위의 반복 또는 연장으로 인해 발생되는 일종의 말 흐름 진행의 정지라고 정의하였다(Prins, et al., 1991). 즉 음이나 음절, 또는 조음포즈 등의 반복이나 연장 혹은 막힘 등으로 말의 흐름이 비정상적으로 방해를 받아서 유창성이 깨어지는 것을 말한다. 이러한 말더듬은 주로 학령기 이전의 주로 2~5세 사이에 시작되고, 대개 3세 반이 지나고 나면 발전될 가능성이 높아진다(Yairi, 2004; Yairi & Ambrose, 2004).

(3) 음성장애

음성은 의사표현의 가장 중요한 수단이고 오직 인간만이 가지고 있는 말소리의 필수적인 자질로(Boone & McFarlane, 2000), 일반적으로 후두 수준에서의 생성된 소리 혹은 발성에 의한 공명을 포함한 소리로 정의하기도 한다. 정상적인 음성이란 목소리의 높낮이에 해당하는 음도, 목소리의 강함과 약함을 나타내는 강도, 목소리의 유쾌성에 해당하는 음질, 음도나 강도를 자유롭게 변화시킬 수 있는 유동성을 갖추어야 한다(황영진 등, 2007). 음성장애에는 연령, 성별, 일시적 생리적 상태, 화자의 말하는 목적, 구어 환경의 요소 등에 따른 비정상적 음도, 강도, 음질 등이 있다. 구체적으로 음도장애, 강도장애, 음질장애가 포함된다.

2) 언어장애

(1) 언어발달장애

언어발달장애는 상징이나 기호 체계의 장애로 모든 언어 양식, 즉 구어, 이해, 읽기, 쓰기 및 문제해결력 등에 있어서의 장애로 정의한다. 언어발달장애의 분류는 일반적으로는 언어의 형식에서의 어려움, 언어의 내용에서의 어려움, 언어의 사용에서의 어려움으로 구분한다. 언어의 형식에서의 어려움은 음운론, 형태론, 구문론에서 문제를 보이는 경우, 언어의 내용에서의 어려움은 의미론적 측면에서 사물, 사건, 관계 등에 대한 개념화 등에 문제를 보이는 경우, 언어의 사용에서의 어려움은 화용론적 어려움, 즉 다른 화자나 사건에 적절하게 의도나 기능을 사용하지 못하는 경우 등으로 설명된다.

(2) 단순언어장애

단순언어장애(Specific Language Impairments: SLI)는 인지적 문제, 청각적 결함, 신경학적 결함 등의 문제로 발생하는 언어장애가 아닌, 단지 언어에만 문제를 보이는 경우이다. 의미적으로는 첫 낱말의 습득이 느리고, 새로운 낱말 습득에 어려움을 보이며, 낱말찾기(word-finding)에 문제를 보인다. 구문적으로는 일반아동에 비하여 낱말의 조합시기가 느린 편이고, 주요한 문법 범주를 생략하거나 구문오류의 실수가 잦은 편이다. 음운적으로는 말소리의 습득이 지연되거나 오류음운형태도 일반아동에 비하여 더 오래 나타나며, 화용적으로는 상대방의 불명료한 말에 대한 명료화요구하기, 전제(presupposition) 능력, 참조적(referential) 기능이 일반아동에 비하여 열등한 편이다(김영태, 2008; 심현섭 등, 2010).

Paragraph 03 의사소통장애의 원인 및 출현율

1. 의사소통장애의 원인

의사소통장애의 원인은 그 유형에 따라 수많은 원인들이 소개되고 있다. 언어장애의 원인으로는 아동의 인지적 결함과 지적장애, 청력손실, 행동장애, 구어 기관의 구조적 비정상, 결핍된 환경 등이 포함된다(Hall et al., 2001). 어떤 아동은 의사소통을 시도하면 강화를 받고, 또 다른 아동은 말은 하면서 몸짓으로 의사소통을 시도하여 벌을 받게 된다. 가정에서 자극을 거의 받지 못하고, 다른 사람과 상호작용하는 기회를 거의 가지지 못한 아동은 의사소통에 대한 동기가 거의 생기지 않을 것이고, 언어발달이 지체될 것이다(Ratner, 2004, 김진호 등).

1) 구어장애의 원인

(1) 조음음운장애의 원인

조음음운장애의 원인은 조음기관의 문제뿐 아니라 지적장애, 청각장애, 구순구개열, 뇌성마비, 적절한 발음습관을 배울 수 있는 모델이 없는 경우 등 매우 다양하다(권도하 등, 2012). 조음기관이란 음소를 산출하는 데 관련된 안면의 여러 구조로써 치아, 혀, 입술, 경구개, 연구개 등의 구조로, 이러한 구조들에 결함이 생기면 공기의 흐름을 조절하는 데 어려움을 겪게 되어 조음장애를 나타낸다(심현섭 등, 2007). 조음기관의 근육을 통제하는 중추신경계나 말초신경계의 손상으로 근육의 움직임 등에 문제가 나타나는 신경운동결함은 조음장애를 일으키며, 조음장애에는 마비성 구어장애(dysarthria), 구어실행증(apraxia), 발달성 구어실행증(developmental verbal dyspraxia) 등이 있다(권도하 등, 2010). 조음음운장애 원인으로는 말소리를 구분하여 듣지 못하는 말소리의 지각의 문제, 구강감각 기능의 문제 그리고 개인적 요인으로 연령, 지능, 성별, 형제, 언어발달 등이 포함된다. 대략 8세까지는 조음음운능력과 연령 간에 직접적인 관련이 있고, 지적장애아동에게서 더 많은 조음음운장애가 발생하며, 여아보다는 남아에게서 다소 높은 조음음운장애 발생률을 보인다. 또한 언어장애가 있는 아동은 조음음운장애도 나타날 가능성이 높은 편이다.

(2) 유창성장애의 원인

말더듬을 일으키는 원인으로는 생리학적 요인, 심리－언어적 요인, 심리사회적 요인 등이 있다. 생리학적 요인으로는 구어 산출 시 양측 대뇌 지배를 받아서 언어와 관련된 중추신경계의 충돌로 구어 산출을 담당하는 근육으로 유연하게 전달하는 것을 방해하거나 말 정보처리의 불균형으로 인하거나, 말이 산출되기 직전에 내적오류를 자연스럽게 수정하지 못하여 음, 음절, 낱말 등을 반복하거나 연장하거나 막힘을 나타내는 경우 또한 유전학적인 요인이 있다고 보는 경우이다. 심리－언어적 요인의 경우에서는 말더듬은 특정 언어환경은 다른 환경보다 더 많은 언어운동 준비가 필요하기 때문에 이러한 특정 언어 환경에서 더 많이 일어난다. 심리사회적 요인의 경우 정신분석의 이론에 기초하여 원초적 요구를 표현하려는 본능적 충동과 이를 억제하려는 초자아 사이에 불균형이 생기거나, 부모가 정상적 비유창성을 말더듬으로 인식하거나 혹은 말에 대한 회피반응으로 말하려는 욕구와 말하지 않고 조용히 있으려는 욕구 사이의 갈등에서 말더듬이 비롯된다고 보는 경우이다(권도하 등, 2012, 심현섭 등, 2010).

(3) 음성장애의 원인

음성장애는 성대에는 특별한 병변이 없으나 성대의 오용이나 남용으로 인한 음성의 과기능으로 발생하는 기능적 음성장애, 발성기관의 구조적 손상이나 기질적 병변에 의한 기질적 음성장애, 발성이나 호흡에 관련된 근육이 신경학적 손상으로 인해 정상적으로 움직이지 않는 신경학적 음성장애의 원인에 따라 분류한다(심현섭 등, 2010). 기능적 음성장애는 목쉰 소리, 거친 소리, 기식 소리 등으로 표현된다. 음성장애의 많은 부분이 성대 과기능과 관련이 있다. 너무 큰 소리로 오래 말하거나 목청 가다듬는 것을 자주 하는 것처럼 지나친 목소리의 사용은 음성장애를 유발시키는 요인이 된다. 이러한 원인은 성대비대, 결절, 폴립 등으로 진행될 수 있다(황영진 등, 2007).

2) 언어발달장애의 원인

언어발달장애의 원인으로는 지적장애, 발달장애, 뇌손상, 청각장애 등의 신체 및 감각 손상, 가정형편, 약물 등의 사회환경적 문제 등이 포함된다.

2. 의사소통장애의 출현율

「미국장애인교육법」(Individuals with Disabilities Education Act: IDEA)에 의하면 학령기 아동의 약 2.5% 정도가 구어 및 언어장애로 인한 특수교육을 받는 것으로 나타났다. 조음장애와 구어장애를 가진 아동들이 의사소통장애 영역 중 가장 많은 출현율을 보였다(Heward, 2009).

우리 나라의 경우는 교육부(2014)에 의하면 전체 특수교육 대상학생 87,278명 중 의사소통장애학생은 1,966명으로 전체 2.3%의 비율을 보였다. 특수학교에 재학 중인 의사소통장애학생은 76명, 일반학교 특수학급에 재학 중인 학생은 931명, 일반학교 일반학급에 재학 중인 학생은 958명, 특수교육지원센터 배치 학생은 1명이었다.

Paragraph 04

의사소통장애의 진단과 판별

의사소통장애아동은 구어 또는 언어의 어려움으로 인하여 학습수행력에 불리한 영향을 받는다. 학령기 아동의 경우 의사소통장애 평가에서는 의사소통에 필요한 생물학적 기초평가, 배경 정보 수집, 표준화된 검사의 실시, 비표준화된 검사의 실시, 관련 환경의 평가 과정을 거친다(김민정 · 한진순 · 이혜란, 2011).

첫째, 의사소통에 필요한 생물학적 기초평가에서는 의사소통장애에 영향을 주는 청력검사, 신경학적 평가, 의학적 평가를 통하여 감각, 운동 및 구조적 기제가 의사소통장애의 원인인지를 파악한다.

둘째, 배경 정보의 수집에서는 면담, 사례력, 다른 전문가의 보고서 등을 통하여 대상 아동의 정보를 파악한다. 이때 가족, 교사, 친구들이 대상 아동의 의사소통 문제를 인식하는지를 확인하고, 의사소통장애로 인한 학업적인 문제를 보이는 지도 확인해야 한다.

셋째, 표준화된 의사소통 검사를 실시하여 아동의 의사소통 수행력을 규준자료와 비교하여 문제 유무를 파악한다. 표준화된 검사에서는 의사소통의 능력을 언어발달검사, 언어 이해검사, 언어 표현검사, 조음음운능력 검사 등을 통해 측정한다. 〈표 9-1〉에서 표준화된 검사 도구를 소개하였다.

넷째, 비표준화된 검사의 실시를 통하여 광범위한 의사소통 자료를 수집하게 된다. 관련 환경의 평가에서는 교과 중심의 평가, 교사의 언어, 교실에서의 상호작용 등을 통하여 아동의 의사소통을 평가한다. 또한 의사소통과 언어를 위한 상황, 학습 수행의 성공을 위한 방해 요인 등도 파악한다.

〈표 9-1〉 의사소통장애 관련 검사도구

검사명	개 요	대 상
영 · 유아 언어발달검사(Sequenced Language Scale for Infants: SELSI)	영유아의 수용언어 및 표현언어발달 능력 평가	4~35개월
수용 표현 어휘력 검사(Receptive & Expressive Vocabulary Test: REVT)	수용 및 표현 어휘 능력	만 2세 6개월~16세 이상 성인
취학 전 아동의 수용언어 및 표현언어 발달척도(Preschool Receptive-Expressive Language Scale: PRES)	수용언어 및 표현언어 능력 평가	만 2~6세 5개월
구문의미이해력검사	구문의미이해력 측정	만 4~9세 또는 초등학년 3학년
언어문제해결력검사	논리적 사고과정 언어화	만 5~12세
우리말 조음 · 음운평가(Urimal Test of Articulation and Phonology: U-TAP)	단어와 문장에서 산출하는 발음을 체계적으로 평가	만 2~12세
한국어 표준 그림 조음음운검사(Korean Standard Picture of Articulation and Phonological Test: KS-PAPT)	조음음운장애 선별, 진단 검사	만 3세 이상의 아동 및 성인

Paragraph 05 의사소통장애의 특성

의사소통장애아동들은 언어가 사용되는 다양한 상황의 발달에 따라 다양한 언어의 증상을 보인다. 일반적으로는 일반적인 단어의 뜻을 이해하거나 사용하는 데의 어려움, 언어의 형태론적 요소를 이해하는 데의 어려움, 구나 문장구조를 사용하는 능력의 어려움, 언어 사용의 부적절함, 대화기술이나 능력의 부족, 경험에 대한 설명하기나 경험과 연관 지어 이야기하기 능력의 부족 등을 나타낸다. 이로 인해 의사소통장애아동들은 인지, 학습 등의 문제와 중첩

된 어려움을 보이기도 하면서 제한된 인지능력, 학습문제, 사회성 문제를 경험하기도 한다.

1. 구어장애의 특성

1) 조음음운장애 특성

말을 만들어낸다는 것은 혀, 입술, 구개 등의 조음기관의 정확한 위치, 속도, 타이밍, 방향 등의 산출물로 나타나는 복잡한 협응 능력의 결과이다. 조음장애란 이러한 조음기관의 위치나 운동, 협응 등에 문제를 보이는 경우이다. 1990년대 초반까지는 조음장애란 용어를 주로 사용하였으나 1990년 후반부터 음운장애라는 용어가 같이 소개되기 시작하였다(권도하 등, 2012). 조음(articulation)이란 음을 만들어낸다는 사전적 정의로 말소리의 물리적인 산출이다. 조음기관(articulator)이란 폐에서 나온 기류가 성도를 지나면서 흐름을 바꾸는데 사용하는 신체 구조로 이 조음기관으로 모든 말을 만들게 된다. 조음기관에는 후두, 인두, 연구개, 경구개, 혀, 잇몸, 아래턱, 치아, 입술 등이 있다(유경 · 정은희 · 허명진, 2010). 조음장애(articulation disorders)는 산출된 음이 표준 음소와 어떻게 다른지, 무엇이 다른 지를 객관적이고 물리적인 형태로 규명하는 것이다. 즉 아동이 현재 물리적으로 주어진 소리를 산출할 수 없는 것이며, 몇 개의 소리에서만 어려움을 보이고, 특정 소리에 대하여 일관적인 조음 오류를 보이는 특성이 있다.

아동들은 매우 이른 시기에 말소리를 산출할 수 있게 된다. 그러나 이러한 시기에 산출하는 말소리는 성인의 말소리와 차이가 있어서 정확한 말소리를 발음하는 것은 아니다. 아동들의 음운발달은 습득순서에 따라 음운의 규칙들을 배워가고 음운인식능력을 가져야 한다. 음운인식(phonological awareness)이란 발음의 구조를 잘 다루고 사용할 수 있는 능력으로 음운인식에 문제를 보이면 학령기에 읽고, 쓰는 능력에 어려움을 보일 가능성이 많아진다. 음운, 음운발달, 음운인식 등의 어려움은 음운장애의 원인에 해당한다. 음운장애(phonological disorders)는 제시한 소리를 낼 수 있는 능력이 있음에도,

어떤 경우는 그 소리를 정확하게 내지만 또 어떤 경우에는 정확하게 소리를 산출하지 못할 때로 정의된다. 이러한 조음장애와 음운장애가 단독으로 사용되는 경우보다는 혼용되어 사용되는 경우가 대부분으로 최근 들어서는 조음음운장애(articulation phonological disorders)라고 명칭한다.

어려운 낱말을 말하고자 할 때 아동들은 성인의 낱말과 유사하게 산출하려고 하는데 이때 아동들은 많은 낱말들을 자음-모음 구조로 단순화시키게 된다. 이러한 과정을 음운변동(phonological process)이라고 한다. 일반 유아들은 흔히 종성 자음을 생략하거나, 다음절 낱말이 한 개 또는 두 개의 음절로 축약되거나 동일한 음절로 반복하는 특징을 보인다.

조음음운장애는 의사소통장애 중 출현하는 비율이 높은 편이므로 특수교육 현장에서는 조음음운장애의 원인 및 특성에 대한 이해가 요구된다. 조음음운장애가 나타나는 원인으로는 지적장애, 청각장애, 조음기관의 이상, 신경근육운동의 이상, 부적절한 발음습관 등 매우 다양하다. 아동의 조음을 진단하고 평가하는 목적은 아동의 음운발달 상태의 파악, 조음음운장애아동과 일반아동의 조음 양상 차이 판정, 음운발달상태가 의사소통에 미치는 영향, 발달적 관점에서 아동의 발음 양상 평가, 음운장애의 원인 및 관련 요인의 판정, 중재계획, 중재 후 예후의 예측, 시간 경과에 따른 추이 관찰 등이다(Bankson & Berntal, 1998; Grunwell, 1985). 즉 아동의 조음 및 음운이 정상인지 아니면 일탈되어 있는지를 결정하여 중재의 유무를 결정하기 위한 것이다. 이를 위하여 말소리 산출 목록, 음절 및 낱말의 구조적 특성 파악, 음운오류, 음운변동 분석, 명료도 평가 등을 실시한다. 조음음운장애는 조음 평가를 통하여 음의 생략(omissions), 음의 대치(substitutions), 음의 왜곡(distortions), 음의 첨가(additions)로 분류한다. 음의 생략이란 발음이 있어야 할 음이 나타나지 않는 경우이고, 음의 대치란 목표음이 다른 음소로 바뀌어 조음하는 경우이다. 음의 왜곡이란 대치와 비슷하기는 하지만 대치된 음이 표준음소로 지각될 수 없는 변형된 음을 의미한다. 음의 첨가란 음가가 없는 위치에 음가가 포함되어 산출되는 경우이다.

2) 유창성장애의 특성

유창한 말이란 말의 흐름이나 비율에 대한 일반적 현상으로 말을 산출하기 위해 조음기관들이 편안하고, 부드럽게 그리고 빠르게 움직임으로써 말의 흐름이 지속적이고 중단되지 않는 것을 의미한다. 이런 의미에서 말의 유창함이 깨어진다는 것은 사람의 말이 비자발적인 말소리를 나타내거나 음절의 반복, 소리의 연장, 낱말 분리와 같은 특징을 보인다. 그러나 정상 발달을 보이는 일반 아동에게서도 이러한 비유창성 증상을 보이게 되는데, 이는 약 25~37개월 사이에 변화되기 시작하여(Owens, et al., 2007), 약 2세경에 나타난다. 전형적인 비유창성 증상으로는 낱말 전체 반복, 간투어 삽입, 음절 반복 등이 있다. 이후 3세경이 되면 수정(revision)이 비유창성 행동의 지배적인 유형이 된다. 성인의 경우에도 종종 다음절 낱말 전체의 반복, 낱말 또는 구의 삽입, 구의 반복 또는 문장 수정 등으로 인해 말 흐름의 진행이 방해받기도 한다.

말더듬 증상은 종종 일반아동에게서도 보이는 형태이므로 정상적인 비유창성인지, 병리적인 비유창성인지를 구별하는 것이 대단히 중요하다. 정상적인 비유창성(nonfluency)이란 말을 시작할 때나 도중에 “음”, “어”, “저” 등의 음절이나 단어가 말의 내용과 관계없이 발성하는 삽입, 발화를 하면서 발음이 정확하지 않거나 내용상 적합한 단어가 아닌 경우 다시 말하는 수정, 구 혹은 문장의 끝에서 혹은 말하려고 하는 단어를 강조하기 위하여 쉼을 보이는 경우, 말하면서 앞에 말한 내용과 중복될 때나 앞에 말을 시작하고 나서 말을 끝내지 못하는 미완성구, 두 개 단어 이상으로 이루어진 구를 반복하는 구의 반복 등이 있다. 병리적인 비유창성(disfluency)은 말더듬인에게 주로 나타나는 말더듬 증상이다. 단어 전체를 반복하는 단어 전체 반복, 단어 중 부분만을 반복하는 단어 부분 반복, 음을 길게 연장하는 연장, 기류의 멈춤이나 고정되는 막힘 등이 여기에 포함되는데 단어 전체 반복에서 막힘으로 갈수록 정도가 심하다.

말더듬이 학업 수행에 미칠 수 있는 부정적 영향은 전반적으로 말더듬이들은 일반 화자들에 비하여 교육적 적응이 열악한 편이다. 또한 말더듬인들은 일반 화자인 또래 아동들에게 따돌림을 당하거나 놀림을 당하기 쉽다(Blood

& Blood, 2004)는 것을 그 원인으로 학업 수행의 열악함을 보이기도 한다.

3) 음성장애 특성

음성은 의사표현의 가장 중요한 수단이고 오직 인간만이 가지고 있는 말소리의 필수적인 자질에 해당된다(Boone & McFarlane, 2000). 정상적인 음성이란 목소리의 높낮이에 해당하는 음도, 목소리의 강함과 약함을 나타내는 강도, 목소리의 유쾌성에 해당하는 음질, 음도나 강도를 자유롭게 변화시킬 수 있는 유동성을 갖추어져야 한다(정옥란, 1996). 음성의 크기에 해당하는 강도는 데시벨(dB)로 측정하고, 강도가 증가하면 지각적인 음성의 강도(loudness)의 크기 역시 증가한다.

아동들은 점차 나이가 들어감에 따라 목소리 역시 성숙해진다. 종종 어떤 아동들은 정상 음성을 방해하는 생리적 결함을 가지고 태어나기도 하지만 보다 보편적인 것은 음성남용(vocal abuse)이다. 여기에는 과도한 고함, 비명, 종종 큰소리로 노래부르기 등이 포함되는 데 주로 목쉰소리나 그 밖의 음성장애를 초래하기도 한다(김화수 등 2007).

음성장애에는 음도장애, 강도장애, 음질장애가 포함된다. 음도장애는 단조로운 음도(monopitch), 부적절한 음도(inappropriate pitch), 음도일탈(pitch break) 등이 있다. 단조로운 음도란 정상적인 억양 변화를 보여주기 어렵고 때때로 수의적으로 음도를 변화시킬 수 없는 경우이다. 음도일탈은 음도가 통제가 안 될 정도로 갑작스럽게 올라가거나 내려가는 경우를 말한다. 부적절한 음도는 어떤 사람의 음성이 연령이나 성별에 맞는 음도의 범위에서 벗어나는 것으로 판단되는 경우에 해당된다.

강도장애는 단조로운 강도(monoloudness), 강도변화(loudness variation) 등이 있다. 단조로운 강도는 일상적으로 나타나는 강도변화의 폭이 좁고, 강도의 의도적 조절이 어렵게 나타나는 경우에 해당한다. 강도변화는 발화 상황에 따라 강도를 적절하게 조절하지 못하는 경우이다.

음질장애는 목쉰소리(hoarseness), 거친소리(roughness), 기식음성(breathness) 등이 있다. 목쉰소리나 거친소리는 잡음이 수반되어 음성의 명확성이 부족한 소리이다. 기식음성은 목소리를 내는 동안 성문 사이로 공기가 빠져나가면서 생기는 잡음이 귀에 들리는 것이다.

2. 언어장애 특성

언어장애(language impairment)는 언어의 영역, 즉 구문론, 의미론, 화용론 중 하나 혹은 그 이상의 영역에서 문제가 있는 경우를 포함한다.

언어발달장애는 상징이나 기호의 체계의 장애로 모든 언어 양식, 즉 구어, 이해, 읽기, 쓰기 및 문제해결력 등에 있어서의 장애로 정의한다. 언어발달장애란 언어학적 상징들을 이해하거나 표현하는데 있어서의 장애이기는 하지만 이 역시 전혀 구어를 하지 못하는 경우에서부터 단지 문법적 결함을 가지고 있는 경우까지 그 장애의 정도가 매우 다양하다. 언어발달장애의 분류는 다양한 방법으로 이루어지고는 있으나 일반적으로는 언어의 형식에서의 어려움, 언어의 내용에서의 어려움, 언어의 사용에서의 어려움으로 구분한다. 언어의 형식에서의 어려움은 음운론, 형태론, 구문론에서 문제를 보이는 경우, 언어의 내용에서의 어려움은 의미론적 측면에서 사물, 사건, 관계 등에 대한 개념화 등에 문제를 보이는 경우, 언어의 활용에서의 어려움은 화용론적 어려움, 즉 다른 화자나 사건에 적절하게 의도나 기능을 사용하지 못하는 경우 등으로 설명된다.

Paragraph 06 의사소통장애아동의 교육방법

의사소통장애의 중재는 매우 다양하다. 일반적으로는 의사소통 이전에 초점을 두거나, 언어발달을 촉진하기 위해 의사소통 전략을 유도하거나 또는 구어를 읽기 및 쓰기와 연계하여 지도(Merritt & Culatta, 1998)하는 것을 포함한다.

1. 구어장애의 중재

1) 조음음운장애 중재

의사소통장애아동들은 다른 사람들에게 자신의 메시지를 정확한 말소리로 분명하게 전달하기 위한 노력을 해야 한다. 조음음운장애를 위한 중재에서는 정확한 말소리를 습득하도록 도와야 하고 이러한 말소리들이 음절이나 낱말, 문장, 그리고 대화에서도 정확하고 명료하게 발음하도록 중재해야 한다.

조음음운장애아동의 중재에서 주된 목표는 아동의 말을 이해하기 쉽게 만드는 것, 즉 말 명료도를 향상시켜 아동의 삶에 긍정적인 영향을 주도록 하는 것이다. 조음음운장애아동에게 일반적으로 운동음성학적 측면의 전통적 치료법이 많이 적용되는데 여기에는 다음과 같은 다섯 단계를 포함한다.

첫째, 비교 등을 통한 표준음을 확인하고, 표준음과 오조음을 변별하는 감각 · 지각단계

둘째, 정확하게 조음할 수 있도록 변화하고 연습하는 확립단계

셋째, 정확하게 조음한 음을 강화하고 안정시키는 안정단계

넷째, 새로 습득한 조음 기술을 일상의 의사소통 상황으로 전이시키는 전이단계

다섯째, 자기점검 등을 통하여 새로 학습된 표적음의 발음기능의 파지력을 신장시키는 유지단계

2) 유창성장애 중재

말더듬 행동을 수정하기 위한 중재는 일반적으로 크게 유창성 형성법(fluency shaping)과 말더듬 수정법(stuttering modification)으로 소개된다.

유창성 형성법은 개인의 전반적인 말 타이밍 패턴의 변화를 시도하는 것으로 강화와 점진적인 접근법으로 유창한 말을 형성한 다음, 일상생활에서 유창한 말이 사용되도록 점차적으로 일반화하는 방법이다. Van Riper(1982)는 말더듬을 말 타이밍 장애로 개념화하면서 다음과 같은 기법을 소개하였다.

광범위하게 활용되고 있는 기법으로는 취소하기(cancellation), 이끌어내기(pull-outs), 준비하기(preparatory sets)의 세 가지이다. 취소하기는 낱말을 더듬는 순간 의식적으로 잠시 멈추도록 하는 것으로 낱말을 더듬고 나서 멈춘 다음 그 낱말을 다시 말하게 하는 것이다. 이끌어내기는 낱말을 더듬는 순간 바로 멈추고 더듬은 단어를 연장하여 말하게 한다. 준비하기 단계는 앞의 취소하기, 이끌어내기 단계에서 학습한 느리게 말하는 전략을 사용하되, 말더듬 발생에 대한 반응으로서가 아니라 말더듬이 예상되는 시점에 미리 사용하는 것으로 말을 더듬기 이전에 마음속으로 미리 멈추고 말하고자 하는 단어를 연장하여 말하게 하는 방법이다. 말더듬인들은 전형적으로 언제, 어떤 낱말에서 말더듬이 발생할지 이미 예측하고 있기 때문에 말더듬의 발생이 예상되는 시점에서 자신이 새로이 학습한 유창한 산출 전략을 해당 낱말을 시도하기 직전에 미리 사용할 준비를 갖추게 하는 것이다. 이 단계에서는 비록 연속적인 발화 운동과 그 전환이 느리게 이루어지는 것이기는 하지만 보다 유창한 방식으로 낱말을 시작하도록 하는 것을 목적으로 하고 있다.

말더듬 수정법은 오직 말더듬 행동의 변화만을 시도하는 것으로 말더듬을 좀 더 쉽게 더듬을 수 있도록 하는 방법이다. 이를 위하여 말더듬에 유발되는 공포감과 그 공포에 관련된 회피행동을 감소시켜서 말하는 것에 대한 긍정적 태도를 가지도록 한다. 중재에서는 말더듬 행동에만 초점을 두어 중재하는 것이라 말더듬인들이 자신의 말더듬을 인식하고 자신의 문제를 확인하고 표현함으로써 말더듬는 순간에 수반되는 회피행동을 감소시키도록 하는 것이다.

3) 음성장애 중재

음성장애는 수술, 음성치료, 심리 상담, 약물치료 등이 실시된다. 음성장애는 성대의 구조적 문제나 성대의 운동과 관련된 결함으로 발생하는 경우가 많으므로 의학적 치료를 우선으로 한다. 음성의 남용이나 오용의 경우는 음성재활을 실시하여 아동이 효율적으로 발성할 수 있도록 도와주어야 한다(한국특수교육연구회, 2009). 음성치료에서는 첫째, 성대조직을 건강한 상태로 회복시키고, 둘째, 음성기능을 이전의 양호한 상태로 회복시키고, 셋째, 성대를 오용하거나 남용하는 음성습관을 구별해내고 제거하도록 하며, 넷째, 개선된 음성습관을 가지도록 한다(Colton & Casper, 1996).

2. 언어장애의 중재

언어장애의 양상은 매우 다양하기 때문에 언어이전 활동에 초점을 맞추는 중재법, 수용언어 및 표현언어를 증가시키고자 하는 중재법, 의사소통능력을 확장하고자 하는 중재법 등 의사소통장애아동의 언어중재법 역시 다양하다. 이러한 중재에서 최근에는 아동의 언어 기술을 발달시키고 활용하도록 하기 위해 자연적인 중재를 강조하고 있다. 아동들은 구조화된 교수환경에서부터 모든 상황에 이르기까지 새로운 기술을 일반화하는데 어려움을 겪는 경우가 많았기 때문에 자연적 접근법(natualistic approaches)이 지시적 언어 중재의 대안으로 소개되었다. 지시적 접근법이 인위적인 재료와 활동을 사용하고 특정 기술을 지도하기 위해 인위적인 재료를 반복하도록 하는 것과는 반대로 자연적인 중재는 기능적인 의사소통을 지도할 수 있는 기회가 오면 자연적인 환경에서 학습하려는 시도를 분산하여 실행한다는 것이 특징이다. 이러한 자연적 접근법은 정상적 대화에서 아동이 관심을 가지는 것에 근거하여 중재를 진행한다(Goldstein et al., 1994). 자연적 접근법은 자연스런 환경에서의 언어 중재의 전달을 강조하는 것으로 아동의 주도에 따라 아동이 좋아하는 강화제를 사용하는 분산된 시도를 이용한다(Warren & Kaiser, 1986). 효과적인 환경적 교수는 지도하는 장면을 되풀이하는 것보다 좀 더 일상대화에 가깝도록 해야 한다는 것이다. 다시 말하면 아동이 관심을 가지도록 언어 환경을 구안하여 교수목적에 맞는 상호작용이 증가하게 해야 한다.

학령기 아동을 대상으로 한 언어중재에서는 교과과정에 기초하는 목표를 두어야 한다(Nelson, 2010). 학령기 아동의 궁극적 중재의 목표는 학업생활을 성공적으로 할 수 있게 하는 것이므로 교사는 학교에서 성공적인 학업생활을 할 수 있도록 다양한 방법으로 지원해주어야 한다. 교실은 아동에게 의사소통을 교육하는 제1차적인 장소로 아동의 의사소통 능력을 증진시킬 수 있는 중재들이 적용되어야 한다. 교사는 학급 내 아동들의 의사소통을 증진시키는 방식으로 가르쳐야 한다. 이를 위하여 교사는 말할 수 있는 물리적 환경을 조성하고, 아동이 배우는 언어를 사용하고 상호작용할 기회를 제공해야 하며, 아동이 다양한 청중에게 다양한 목적으로 언어를 사용할 기회를 제공해야 한다. 또한 아동이 계속 이야기하도록 격려하는 방식으로 아동의 이야기에 반응하는 것이 필요하다(김화수, 2010).

중증장애아동, 혹은 학령기 이후 의사소통장애아동을 위한 기능적 언어중재가 소개되면서 이들을 위한 보완대체의사소통에 대한 논의가 지속적으로 이루어지고 있다.

보완대체의사소통(augmentative and alternative communication; AAC)은 의사소통 욕구를 충족할 수 없는 아동들을 보조하기 위해 활용되는 구어와 쓰기를 통한 다양한 전략과 방법에 관련된 것이다. 보완대체의사소통은 보조적 기법(aided technique)와 비보조적 기법(unaided technique)으로 구분하는데 보조적 기법은 외부적 장치를 포함하는 것이고, 비보조적 기법은 신체적 보조나 장치를 요구하지 않는 것으로 구어, 몸짓, 얼굴표정, 몸의 자세, 수화 등이 포함된다. 아동에게 보완대체의사소통을 통한 지도를 위해서는 우선 보완대체의사소통을 실시하는데 있어서의 효과적이고 적절한 어휘를 먼저 선정하고, 해당하는 어휘를 나타내기 위한 상징들을 선택하고 개발해야 한다. 일반적으로 많이 알려진 상징체계 중 하나는 블리스심볼(blisssymbol)로 이는 기하학적 형태를 결합하여 개념을 나타낸 것이다. 그러나 이 블리스심볼은 추상적인 것이 많고, 표상하는 것과 개념이 유사하지 않기 때문에 그 체계를 배우기가 쉽지 않다. 보완대체의사소통의 선택방법으로는 직접 선택(direct selection), 스캐닝(scanning), 부호화된 반응(encoding)이 있다. 직접 선택은 자신이 원하는 상징을 손가락이나 머리 혹은 턱에 부착된 막대기로 지적하는 것이다. 스캐닝은 화자가 한 번에 하나를 선택하게 하고, 의사소통하고 싶은 항목들을 지적하도록 적절한 시간에 반응하게 하는 것이다. 부호화에는 상징의 위치나 선택할 항목을 나타내기 위해 복합적인 신호를 고려하는 것이 포함된다. 주로 참고 목록에 특정 인쇄 메시지에 청자가 관심을 기울일 수 있도록 반응과 짝을 지어 사용한다.

Paragraph 07 의사소통장애아동의 교육사례

민효는 작년 3월에 어린이집에 입학하면서 1학기에 담임교사로부터 말을 더듬는 것 같다는 보고를 어머니께 전달하였다. 민효의 어머니는 한 살 터울의 누나와 비교하여 유난히 내성적이고 말수가 적은 아이로만 알고 있던 터라 말더듬 증상을 보인다는 사실을 전혀 몰랐다고 한다. 언어치료를 시작하는 것이 좋을 것 같다는 어린이집 담임교사의 연락에 언어 검사를 실시하였다. 민효는 어린이집 담임교사의 말처럼 단어의 처음에서 "선선선 선—선생님"이라고 말하는 경우가 많았고 엄마를 부를 때도 "어어어어 엄—마"라고 말하는 것으로 나타났다. 이어 실시한 언어검사에서는 민효의 수용언어 능력이 또래보다 낮게 나타났고, 어휘력 역시 낮은 결과를 보였다. 표현언어 능력에서도 또래 보다 낮았고, 조음음운검사에서도 자음정확도가 또래에 비하여 낮았다고 한다. 민효는 언어중재를 실시하였는데 중재는 우선 수용언어 능력의 향상과 어휘력 향상을 목표로 하여 진행되었다. 언어 중재가 실시되면서 점차적으로 민효는 어휘력이 증가하였고, 더불어 표현언어 능력이 좋아지게 되었다. 표현할 수 있는 어휘가 많아지자 자연스럽게 말더듬는 증상이 완화되면서 성격 역시 적극적으로 활동에 참여하는 것으로 변화되었다.

Paragraph 08 의사소통장애아동 교육의 과제 및 전망

의사소통의 어려움은 대화를 하는 상대방의 메시지를 정확하게 전달받을 수 없고 상대방에게 나의 정확한 대화의 메시지를 전달할 수 없게 된다. 이러한 어려움은 구어적 어려움일 수 도 있고, 문어적 어려움, 전달방법의 어려움 등이 있을 수 있다. 의사소통장애는 장애 영역에서 이차적인 문제로 교실 내 학습 수행에 대한 어려움으로 재생산되는 장애 영역에 해당된다. 다시 말해 의사소통장애의 문제는 지적장애, 청각장애, 발달장애, 자폐성장애 등으로 인한 2차적 장애양상을 보이고, 이는 의미론, 구문론, 화용론 등에 대한 차이를 보이고 있으므로 의사소통장애를 중재함에 있어서는 언어학적 접근법이 요구된다. 더불어 의사소통장애아동을 위한 발음, 음성, 유창성 등을 중재하기 위해서는 기능적인 중재법까지도 요구되는 시점이다. 최근 언어치료사는 언어재활사로 명칭이 변경되어 교사와 협력함으로써 교사가 언어를 기반으로 구성되는 교과목을 통하여 언어발달을 촉진할 수 있도록 도와주는 것으로 역할이 변화하고 있다. 그러므로 언어치료사(언어재활사)와의 협력으로 인하여 의사소통장애아동들의 긍정적인 언어학습 환경을 구성해주고, 아동들의 언어치료를 지지해주어 긍정적인 학교생활을 할 수 있게 지원해야 한다(이소현 · 박은혜, 2011).

참고문헌

강수균 · 박미혜 · 박재국 · 안성우 · 강창욱 · 김수진 · 박선희 · 황보명 · 강은희 · 박은실 · 손은남 (2005). 아동언어장애이해. 한국언어치료학회.

강창욱(1996). 언어치료교육 교육과정 구성을 위한 언어체계적 대안. 난청과 언어장애연구. 19(2). 35-51.

교육부(2014). 2014 특수교육 통계. 교육부.

권도하 · 신후남 · 이무경 · 전희숙 · 김시영 · 유재연 · 신명선 · 황보명 · 박선희 · 신혜정 · 안종복 · 남현욱 · 박상희 · 김효정(2012). 언어치료학개론. 물과 길.

김민정 · 한진순 · 이혜란(2011). 언어장애 진단평가. 학지사.

김영태(2008). 아동언어장애의 진단 및 치료. 학지사.

김진호 · 박재국 · 방명애 · 안성우 · 유은정 · 윤치연 · 이효신(2006). 최신특수교육학. 시그마프레스.

김화수 · 김성수 · 박현주 · 성수진 · 표화영 · 한진순(2007). 의사소통장애–전생애적 조망. 시그마프레스.

심현섭 · 김영태 · 김진숙 · 김향희 · 배소영 · 신문자 · 이승환 · 이정학 · 한재순 · 윤혜련 · 김정미 · 권미선(2010). 의사소통장애의 이해. 학지사.

유경 · 정은희 · 허명진(2010). 의사소통장애의 이해 : 학교현장의 전문가들을 위한 지침서. 박학사.

이소현 · 박은혜(2011). 특수아동교육. 학지사.

장애인 등에 대한 특수교육법(2008).

장애인복지법(2008).

한국특수교육연구회(2009). 최신 특수아동의 이해. 양서원.

황영진 · 유재연 · 정옥란(2007). 음성과 음성치료. 시그마프레스.

American Speech-Language-Hearing Association(ASHA). (1993). Definitions of communication disorders and variations. *American Speech-Language-Hearing Association, 35*, 40-21.

Boone, D. R., McFarlane, S. C.(2000). *The voice and voice therapy*(4th ed.). Boston: Allyn & Bacon.

Colton, R. H., & Casper, J. K.(1996). *Understanding voice problems: A Physiological perspective for diagnosis and treatment*(2nd ed.). Baltimore, MD: Williams & Wilkins.

Goldstein, H., Kaczmarker, L., & Hepting, N.(1994). Communication interventions: The challenges of across-the-day implementation. In R. Gardner, III, D. M. Sainato, J. O. Cooper, T. E. Heron, W. L. Hewark, J. Eshleman, & T. A. Grossi(Eds.), *Behavior analysis in education: Focus on measurably superior instruction.* Pacific Grove, CA: Brooks/Cole.

Hall, B. J., Oyer, H. J., Haas, W. H.(2001). *Speech, language, and hearing disorders: A guide for the reacher*(3rd ed.). Boston: Allyn & Bacon.

Heward. W. L.(2009). *Exceptional Children: An introduction to special education*(9th ed.). NJ: Pearson Education.

Hulit, L. M., & Heward, M. R.(2006). *Born to talk: An introduction to speech and language development*(4th ed.), Boston: Allyn & Bacon.

Merritt, D. D., & Culatta, B.(1998). *Language intervention in the classroom.* San Diego: Singular.

Nelson, N. W.(2010). *Language and literacy disorders: infancy through adolescence.* Boston: Allyn & Bacon.

Owens, R. E.(2008). *Language development: An introduction*(7th ed.),. Boston: Allyn & Bacon.

Owens, R. E., Metz, D. E., & Haas. A.(2007). *Introduction to Communication Disorders: A Lifespan Perspective.* Pearson Education, Inc.: Allyn & Bacon.

Prins, D., Hubbard., C. P., & Krause, M.(1991). Syllabic stress and the occurrence of stuttering. *Journal of Speech and Hearing Research, 34*, 1011-1016.

Sunderland, L. C.(2004). Speech, language, and audiology services in public schools. *Intervention. in School and Clinic, 39*, 209-217.

Van Riper, C., & Erickson, R. L.(1996). *Speech correction: An introduction to speech pathology and audiology*(9th ed.). Boston: Allyn & Bacon.

Warren, S, E., & Kaiser, A. P.(1986). Incidental language teaching: A critical review. *Journal of Speech and Hearing Disorders, 51*, 291-299.

Yairi, E.(2004). The formative years of stuttering in preschool children: A changing portrait. *Contemporary Issues in Communication Science and Disorders, 31*, 92-104.

Yairi, E., & Ambrose, N.(2004). Stuttering: Recent developments and futures directions. *The ASHA Leader, 18*, 14-15.

생각해 볼 문제

01 의사소통(communication), 언어(language), 구어(speech)의 용어에 대한 각각의 정의를 설명하시오.

02 조음음운장애를 일으키는 원인을 설명하시오.

03 언어발달장애를 언어의 형식, 내용, 사용에서의 어려움으로 분류할 때 보이는 특성을 설명하시오.

04 유창성장애 중재 중 말더듬 수정법을 설명하시오.

05 학령기 아동을 대상으로 언어중재를 하고자 할 때의 목표를 설명하시오.

Chapter 10

자폐성장애아동 교육

자폐성장애는 사회적 상호작용, 언어 제스처사용과 행동문제를 특징적인 증상으로 본다. 이러한 증상과 특징들은 자폐성장애아동에 따라 아주 많은 변화를 보이는데, 전체증상의 전부 혹은 일부로만 국한되어 나타날 수 있다. 또한 대다수의 자폐성장애아동들이 지능검사에서 정신지체로 진단되는 경우가 많으며, 인지발달상에서도 매우 다양한 집단으로 구성되어 있다. 그러므로 아동의 다양성에 따른 효과적인 중재를 위하여 적절한 모델과 중재전략이 필요하다.

이 장에서는 자폐성장애아동 교육의 역사, 자폐성장애의 정의와 분류, 자폐성장애의 원인과 출현율, 자폐성장애의 진단과 판별, 자폐성장애의 특성, 자폐성장애아동의 교육접근, 자폐성장애아동의 교육사례, 자폐성장애아동 교육의 과제 및 전망 등을 중심으로 살펴보고자 한다.

Paragraph 01 자폐성장애아동 교육의 역사

1. 자폐성장애아동 교육의 역사

1943년 존스 홉킨스 대학의 정신병리학자인 Leo Kanner 박사가 11명의 아동에 대해 기술한 보고서를 통해 자폐성장애에 대한 논의가 본격적으로 시작되었다고 할 수 있다. Kanner는 「정감적 접촉의 자폐적장애」(autistic disturbance of affective contact)라는 논문에서 조기유아자폐증이라는 특이한 증후군이 있음을 주장하였다. 이는 사람과의 관계형성 발달에 어려움과 자폐적 고립, 의사소통의 문제, 놀이가 단순하고 반복적인 양상을 보인다고 하였다.

그러나 Kanner가 자폐성장애의 특성을 기술하기 이전에도 자폐성장애에 대해 묘사된 사례들이 있었다. Itard는 아베롱의 야생소년(wild boy of avalon)로 잘 알려진 Victor에게서 오늘날의 자폐증과 같은 여러 징후를 처음으로 언급하였다(Harlan Lane & Richard Pillard, 1978). 그리고 Kanner가 명명한 자폐증은 Bleuer가 1910년에 성인의 정신분열증을 기술하기 위해 사용된 용어를 빌려온 것으로 Asperger가 1938년 자폐증에 대한 Bleuer의 용어를 먼저 채택하였으나 다양한 이유로 널리 인식되지 않았다. Asperger(1944)는 400명의 특이한 아동에게서 자폐증과 유사한 사회성의 문제(감정이입의 결핍, 일방적인 대화, 특정분야에 극단적인 관심과 서투른 움직임 등)를 가지나 언어발달과 지능면에서 문제성이 훨씬 적은 아동들을 자세히 기술하였다.

1940년대와 1960년대에서는 점차 아동의 생리적 경향성과 자폐증 경향성을 가진 부모의 '거리를 두는 양육방식'이 서로 작용하여 자폐 증상이 생겨난다고 보았다. 이후에는 생화학적 이상에 기초한 유전학적 이상의 가능성을 주장하면서 자폐아동의 경우 태어날 때부터 손상이 있을 수 있다는 측면에 초점을 두어 연구를 진행하였다(이용승 · 이정희, 2000 재인용). 1943년 Kanner의 논문이 발표된 이후에도 자폐성장애를 정신분열병의 연속선상으로 보는 견해가 우세하였다. 미국의 정신의학 진단 및 통계책 DSM-I(1952)와 DSM-II(1968)에서도 자폐성장애를 정신분열병, 소아기형(schizophrenia, childhood type)의 진단명 내에 유아기 자폐증이 포함되었다(조수철 외, 2011).

Rutter(1968)가 그동안의 임상적인 증거를 분석하여 발표한 연구보고서를 기점으로 1970년대와 1980년대 연구들의 대부분은 자폐성장애가 정서적 장애가 아니라 발달에 문제가 있는 장애라는 것을 받아들였으며 자폐성장애아동의 분류나 이해, 그리고 임상적 특성의 기술에 결정적인 영향력을 미쳤다(홍강의, 1993). 미국의 정신의학 진단 및 통계책 DSM-III(1980)에서 처음으로 전반적 발달장애(pervasive developmental disorder, PDD)가 공식명칭으로 채택되었다.

1990년대 이후에 자폐성장애를 일컫는 용어는 자폐 혹은 자폐증(autism), 자폐성장애(autistic disorder), 자폐 범주성 장애 혹은 자폐 스펙트럼 장애(autism spectrum disorers), 전반적 발달장애(pervasive developmental disorders, PD) 등으로 매우 다양해졌다. 그러나 대부분의 전문가들은 현재 전반적 발달장애라는 용어 대신 자폐 스펙트럼 장애(autism spectrum disorders)라는 용어를 사용하는데, 이는 자폐를 '자폐적 성향(autistic propensity)'이라는 연속선상에서 이해할 수 있다.

우리 나라의 경우 1994년에 제정된 「특수교육진흥법」에서 특수교육 대상자로 정서장애의 범주 안에 자폐성을 포함하였으나, 「장애인 등에 대한 특수교육법」(2007)에서는 정서 · 행동장애와 자폐성장애를 분리하였다.

Paragraph 02 자폐성장애의 정의와 분류

1. 자폐성장애의 정의

이러한 자폐성장애는 과거의 「특수교육진흥법」에서는 '정서장애(자폐 포함)'에 자폐장애를 포함하여 분류하였으나, 「장애인 등에 대한 특수교육법」에서는 '자폐성장애'를 독립적인 장애로 분리하여 표기하고 있다. 또한 '한국특수교육학회'(2008)에서는 국내 학자들의 협력 연구를 통해 '특수교육 대상자 개념 및 진단기준'을 제시하였다. 우리 나라의 법적 정의, 학회 정의, DSM-5 정의, 미국 자폐협회의 정의를 살펴보면 다음과 같다.

1) 「장애인 등에 대한 특수교육법」의 정의

특수교육 대상자 선정기준(제10조 관련)

사회적 상호작용과 의사소통에 결함이 있고, 제한적이고 반복적인 관심과 활동을 보임으로써 교육적 성취 및 일상생활 적응에 도움이 필요한 사람

2) 한국특수교육학회(2008)의 정의

특수교육 대상자 개념 및 선별기준

자폐성장애(autistic disorder)는 자폐(autism)라고도 불리며, 3세 전에 나타나는 발달장애로 알려져 있다. 자폐는 사회적 상호작용 및 의사소통 발달에 있어서의 질적인 결함과 제한적이고 반복적이며 상동적인 관심 및 행동을 보이는 등 세 가지 주요 영역에 영향을 미치는 장애다. 자폐성장애는 현재 정신 장애의 진단 및 통계 편람(DSM-IV-TR)에 의하여 아스퍼거 증후군, 레트장애, 소아기 붕괴성 장애, 달리 분류되지 않는 전반적 발달장애(PDD-NOS)와 함께 전반적 발달장애(PDD)에 속하는 다섯 가지 장애 중 하나로 분류된다. 그러나 최근에는 자폐성장애를 이해함에 있어서 자폐적 성향 및 그로 인한 행동적 특성이 다양하고 폭넓은 증상으로 나타난다는 사실을 고려하여 범주성 장애로 인식하기 시작하였으며, 따라서 자폐 범주성 장애(autism spectrum disorders)라는 용어가 사용되고 있다.

3) DSM-5에 제시된 자폐스펙트럼장애

특수교육 대상자 개념 및 선별기준

A. 다양한 맥락에서의 사회적 의사소통과 사회적 상호작용의 지속적인 결함을 보이며, 이는 다음 세 가지 모두가 현재 또는 이전부터 지속적으로 나타난다(항목별로 제시된 예는 이해를 돕기 위한 설명이지 반드시 확인되어야 하는 예는 아니며 다양한 범위를 보인다).

1. 사회적-정서적 상호성에서의 결함(예 : 비정상적인 사회적 접근과 주고받는 일반적인 대화의 실패, 관심, 정서, 애정 등을 다른 사람과 공유하는데 제한, 사회적 상호작용을 시작 및 반응하는데 어려움 등)
2. 사회적 상호작용을 위해 사용하는 비언어적 의사소통 행동에서의 결함(예 : 언어 및 비언어적 의사소통을 통합적으로 사용하는데 어려움, 눈맞춤과 몸짓과 같은 비언어적 행동에서의 비정상성, 몸짓의 이해 및 사용의 결함, 안면표정과 비언어적 의사소통에서의 전반적 결함 등)
3. 사회적 관계를 만들고 유지하고 이해하는데 결함(예 : 다양한 사회적 맥락에 맞게 행동하는데 어려움, 상상놀이를 공유하거나 친구를 만드는데 어려움, 또래에 대한 관심이 없음 등)

B. 제한적이고 반복적인 행동, 흥미, 활동을 보이며, 이는 다음 중 적어도 두 가지가 현재 또는 이전부터 지속적으로 나타난다.

1. 상동적이거나 반복적인 동작, 사물 또는 말의 사용(예 : 단순한 상동적인 동작, 장난감을 길게 줄 세우기, 사물 흔들기, 반향어 사용, 특이한 어구의 사용 등)
2. 동일성에 대한 고집, 판에 박힌 일과에의 집착, 언어 또는 비언어적 행동의 의례적(예배 의식과 같은) 패턴(예 : 작은 변화에도 과도하게 불안해함, 전이의 어려움, 경직된 사고 패턴, 판에 박힌 인사하기 일과, 매일 동일한 일과 또는 동일한 음식 섭취에 대한 요구 등)
3. 정도나 초점이 비정상적인 매우 제한적이고 한정된 흥미(예 : 특이한 사물에 대한 강한 집착이나 몰두, 과도하게 한정된 흥미에의 몰두 등)
4. 감각 자극에 대한 둔감 혹은 민감 반응 또는 환경의 감각 양상에 대한 특이한 감각적 관심(예 : 고통 또는 온도에 대한 분명한 무감각, 특정 소리나 감각에 대한 혐오적 반응, 과도하게 냄새를 맡거나 과도하게 사물을 만짐, 빛이나 움직임에 대한 시각적 강한 흥미 등)

C. 증후가 초기 발달시기에 나타나야만 한다(그러나 발달 시기별 사회적 요구가 제한된 능력을 초과할 때까지는 증후가 충분히 나타나지 않을 수도 있다. 또는 이후의 발달시기에 학습된 전략으로 인해 증후가 가려져서 나타나지 않을 수도 있다).

D. 증후가 사회적, 직업적 또는 현재 기능수행의 다른 중요한 영역에서 임상적으로 유의미한 결함을 유발한다.

E. 이러한 어려움이 지적장애로 보다 더 설명이 되어서는 안 된다. 지적장애와 자폐스펙트럼장애는 자주 공존한다. 자폐스펙트럼장애와 지적장애로 동시에 진단이 되려면 사회적 의사소통이 일반적인 발달에서 기대되는 수준보다 낮아야만 한다.

출처 : 이성봉 외(2014). 정서 및 행동장애(제2판). 학지사.

4) 미국 자폐협회의 정의

특수교육 대상자 개념 및 선별기준

> 자폐증은 전형적으로 생후 3년 이내에 발생하는 복잡한 발달장애이며, 뇌의 정상적 기능 및 사회적 상호작용과 의사소통기술 영역의 발달에 영향을 미치는 신경학적 장애의 결과로 나타난다. 자폐인은 아동기나 성인기 모두에서 전형적으로 언어 및 비언어적 의사소통, 사회적 상호작용, 여가나 놀이 활동에서 어려움을 보인다. 자폐증은 범주성 장애여서 개별 자폐인에 따라 그 장애 정도가 매우 다양하게 나타난다. 자폐증은 '몇 가지 발달 영역에서 심각하고 전반적인 손상'을 보이는 신경학적 장애의 한 범주로 전반적 발달장애의 다섯 가지 하위 영역 중 하나이다.

2. 자폐성장애의 분류

DSM-IV에서는 자폐성장애를 다섯 가지 하위 범주(자폐성장애, 레트장애, 소아기 붕괴성 장애, 아스퍼거 증후군, 달리 분류되지 않는 장애)로 분류하였다. 그러나 DSM-5에서는 자폐스펙트럼이라는 단일 명칭으로 진단하였다. 이는 하위 유형의 명칭을 사용하기보다는 사회적 의사소통의 결함과 제한적이고 반복적인 행동에 대한 지속적인 측정을 통해 개인의 결함 및 능력 수준을 기술하고자 하는 것이다. 이를 위해 두 가지 핵심 준거의 수행 결함 정도에 따라 장애 수준을 3단계로 나누었다. 즉 지원을 필요로 하는 수준(1수준), 상당한 지원을 요구하는 수준(2수준), 매우 상당한 지원을 요구하는 수준(3수준)으로 구분하여 제시하고 있다. 또한 진단기준에 부합하지 않아서 자폐로 진단되지 않은 발달장애군은 사회적 의사소통장애(Social Communication Disorder)라는 새로운 진단으로 진단명을 받게 된다(이성봉 외, 2014).

Paragraph 03 자폐성장애의 원인과 출현율

1. 자폐성장애의 원인

자폐성장애의 원인은 아직 명확하게 알려져 있지 않다. 자폐의 원인과 관련하여 1950~1960년도에는 부모의 무관심과 냉정한 반응으로 생각하였으며, 1970~1980년대에 자폐증의 여러 증상인 언어장애, 행동장애 등의 장애가 중추신경계의 다양한 이상에 의해 발생한다는 개념이 대두되었다(Rutter, 1968). 그러나 현재까지 자폐장애의 2/3 이상에서는 특정 생물학적 이상소견을 확인할 수 없다(이정균 · 김용식, 2008). 많은 원인들이 대두되고 있으나 최근에는 정신사회적 또는 정신역동적인 환경보다는 유전적인 요인 및 뇌 신경학적 결함 등이 원인으로 강조되고 있다(Minshew, Johnson, & Luna, 2001). 본 장에서 자폐성장애의 원인을 유전적요인, 정신사회적요인, 임신과 출산, 신경해부학적 요인, 생화학적요인 등으로 구분하여 살펴보면 다음과 같다.

1) 유전적 요인

자폐성장애의 경우 대인관계의 어려움으로 인해 결혼을 거의 하지 않는 특징이 있기 때문에 유전학전 연구가 어렵다. 자폐성장애의 원인은 복합적인 요인이나 발병요인 중에 가족력으로 인한 것이 뒷받침되고 있다. 예를 들어 일란성 쌍둥이가 이란성 쌍둥이에 비해 일치율이 훨씬 높다는 점, 자폐성장애 형제나 자매들에서 자폐가 발생할 확률이 2~4%로서 일반인에 비해 50~100배가 높다는 점은 유전적 요인이 발병에 기여한다고 할 수 있다(이정균 · 김용식, 2008).

또한 자폐성장애의 성비에 있어서의 불균형은 성염색체가 자폐증의 발생에 어느 정도 역할을 할 것이라고 하나 현재까지 이를 뒷받침하는 연구 결과는 많지 않다.

2) 정신사회적 요인

자폐성장애는 1943년 Kanner가 유아 자폐증을 처음 언급하면서 밝혀지기 시작하였다(Cialdella & Mamelle, 1989). Kanner의 최초의 보고에 의하면 자폐성장애아동의 부모들은 정서적으로 차갑고 지적인 것에 집착하며 아동을 기계적으로 돌본다는 점을 지적했다. 또한 부모가 아동에게 분노, 거부, 무관심 등 모자간의 애착관계에 있어서 문제가 있는 것이라고 지적했다. 하지만 최근 연구에 있어서 자폐성장애아동의 부모의 성격이나 양육방식이 비장애 부모들과 차이가 없는 것으로 나타났다. 그러나 이러한 부모의 성격이나 양육방식은 장애아동의 성장과정에 있어서 행동발달에 영향을 미치는 주요특성 중의 하나라고 가정하였다(Abidin, 1990).

3) 임신과 출산

임산과 출산 시의 환경적 영향이 자폐와 관련이 있다고 보고되었다. 즉, 임신 중 · 후기의 출혈, 양수내 태변, 태아 절박, 임신 중의 약물사용, 뇌염, 모성 감염에 의한 선천성 풍진과 선천성 매독 등에 의한 출생 전후의 뇌손상이 자폐장애와 관련이 있다는 것이다. Kolevzon 등(2007)의 보고에 따르면, 자폐의 잠재적 위험 요인으로 고령부모(advanced paternal)와 임산부의 연령(maternal age), maternal immigration(임산부의 이민), growth restriction(제한된 발육), 신생아의 저산소증(newborn hypoxia) 등이 자폐의 잠재적 위험 요인으로 나타났다.

4) 신경해부학적 요인

자폐장애는 뇌간에서부터 대뇌피질까지 뇌의 전반에 걸쳐서 기능의 이상이 있는 것으로 보이지만, 연구자에 따라 내측두엽, 뇌간, 소뇌, 대뇌 좌반구 등 특정 뇌부위를 중요시한다(이정균 · 김용식, 2008). 즉 이러한 부분의 손상이 자폐적 증상에 해당하는 행동변화를 보이며, 주의력, 각성, 감각처리와 같은 기능에 장애를 초래한다. 또한 대뇌 좌반구의 손상이나 미성숙으로 인해 언어장애와 특정 인지결함을 초래한다. 김명아 외(2009)는 자폐장애에서 간질의 동반이 8~42%로 다양하게 보고되고 있으며, 대략 1/3에서 동반되는 것으로 알려져 있어 일반인에 비해 훨씬 높다고 하였다. 특히 심한 중증 간질이 동반되는 경우 언어 및 행동발달의 퇴보와 관련이 있을 것으로 추정하였다. 이와 같이 자폐장애의 간질과 뇌파의 손상은 자폐장애가 정신과적 문제라기보다는 신경학적인 문제임을 시사한다고 할 수 있다.

2. 자폐성장애의 출현율

자폐범주성장애의 출현율은 나라마다 상당히 달라 범주성이라는 개념 안에서 정확하게 특정 장애로 진단을 내리기가 쉽지 않다(김희규 외, 2010).

자폐성장애는 발병 연령, 병의 경과에 있어서 다소 다른 양상을 보이고 분류에 따라 유병률도 달라진다. 이중 자폐장애는 북미, 아시아, 유럽에서 실시한 역학조사의 결과 아동 10,000명당 2~13명으로 보고되고, DSM-IV에서는 아동 10,000명당 2~5명의 유병율을 제시하고 있다(이정균 · 김용식, 2008). 오늘날 자폐상장애의 출현율은 10,000명당 대략 60명 정도로 추정하고 있다(fombonne, 2003, Yeargin-Allsopp et al., 2003). 이는 자폐성장애의 진단기준이 다소 넓어지게 된 것, 진단 연령과 대중의 인식 변화, 환경적 원인으로 인한 자폐의 발생률이 실제적으로 증가된 것으로 예측되어질 수 있다(Kolevzon et al., 2007).

자폐성장애는 남아에서 3~5배 많이 발병하지만 여아에서 발병한 경우에는 지능저하가 더 심하고 인지장애의 가족력이 더 많다(이정균 · 김용식, 2008). 이는 자폐성장애 발병률이 여아에서보다 남아에서 더 많기 때문이라고 추측된다. 또한 영유아의 경우 DSM-IV나 ICD-10 진단 기준에 못 미치는 경우가 많아 자폐장애임에도 불구하고 진단이 어려운 경우가 많다. 이는 자폐행동 특성 중 상동증적 행동이 영유기에 시작되기는 하나 2~3세 연령에서는 훨씬 드물게 발견되며, 4~5세가 되어야 비로소 완연히 드러나게 되기 때문이다. 이러한 경우 자폐 선별검사도구로 아동기 자폐증 평정척도(Childhood Autism

Rating Scale, CARS)를 많이 사용하나, 이 경우 자폐아동의 행동이 각 영역에서 지체나 경증의 이상으로도 쉽게 자폐증으로 진단을 받게 되는 문제점을 지니고 있다(김명아 외, 2009).

2014년 특수교육 통계에 의하면 우리나라의 전체 특수교육 대상자 87,278명 중 자폐성장애학생 수는 9,334명으로 9.4%의 출현율을 보였다. 배치별 현황을 살펴보면 특수학교 3,531명, 일반학교 특수학급 5,113명, 일반학급 678명, 특수교육지원센터 12명으로 일반학교에 배치된 학생의 수가 가장 많았다(교육부, 2014).

Paragraph 04 자폐성장애의 진단과 판별

자폐성장애의 진단 준거는 DSM-IV에서는 3세 이전, DSM-5는 초기 발달시기(early developmental period)에 증상이 나타나야 한다. 그러나 부모들은 보통 자녀의 발달과 관련된 문제들을 자녀가 두 살 되기 전에 인식하며, 그럼에도 불구하고 많은 가족들은 진단을 받기 전까지 기다린다(Howlin and Asgharian, 1999; Goin-Kochel etal., 2006). 영유아기의 경우 감각 운동적 탐색의 토대가 되는 매우 중요한 시기이므로 발달기술 촉진을 위한 적극적 개입이 진행되어야 한다. 그렇지 못할 경우 자기 자극 행동이나 자해행위 등 부적절한 문제행동이 발현되기 때문에 발달이 퇴행되는 역기능 현상이 일어난다(Williamsen, Buielaar, Weijnen & England, 1998) 그러므로 영유아가 자폐와 관련된 특성이 나타나는 경우에는 가능한 빠른 시기에 선별하고 진단하여 대처하는 것이 중요하다고 할 수 있다.

자폐아동을 평가하기 위한 도구에는 평정척도, 관찰검목표, 진단, 면접 등이 있으며 사용되는 선별 및 진단도구는 다음과 같다.

1. 선별 및 진단도구

종 류	내 용
사회적 의사소통 설문지(SCQ)	만 2세 이상부터 성인을 대상으로 자폐스펙트럼장애를 선별한다. 하위영역으로 일생형 40문항, 현재형 40문항으로 구성되어 있으며 아동의 발달력과 현재행동에 대해 잘 알고 있는 부모나 양육자가 문항별로 '예' 또는 '아니오'로 평정한다. 하위영역별로 총점을 제공하며 일생형의 경우 15점 이상이면 자폐스펙트럼장애의 가능성이 있는 것으로 판단된다.
유아용 자폐증 체크리스트(CHAT)	사회적 의사소통 장애의 위험이 있는 18개월 유아를 판별한다. 건강전문가에게는 다섯 가지 항목에, 부모에게는 9개의 질문 항목에 답하도록 되어 있으며, CHAT에 통과하지 못한 아이는 약 1개월 후에 재검사를 받아야 한다. 만약 두 번째 CHAT에서도 통과하지 못할 경우 전문가에게 의뢰한다.
개정판-유아용 자폐증 체크리스트(M-CHAT)	N-CHAT의 23개 질문들 중 자폐 스펙트럼 장애의 진단 여부를 9개 항목으로 구분할 수 있다. 아이가 중요 항목에서 두 개 이상을 하지 못할 경우 M-CHAT에서 통과하지 못한 것으로 간주한다. 여기에서 통과하지 못한 아이는 발달평가를 위해 전문가에게 의뢰된다.
아동기 자폐증 평정척도(CARS)	만 2세 이상의 아동을 대상으로 실시된다. 15개의 항목으로 이루어져 있으며, 아동의 직접 관찰, 기록, 부모 보고를 통한 정보를 기초로 1~4까지 평정한다.
이화-자폐아동 행동발달 평가도구(E-CLAC)	만 1~만 6세 아동을 대상으로 행동발달 및 병리성 수준을 평가하기 위한 검사이다. 총 56문항으로 구성되어 있으며 아동의 일상생활을 잘 아는 보호자의 면담을 통해 실시된다. 결과는 발달문항과 병리문항별로 원형 사이코그램을 통하여 제시된다.
자폐증 진단 면접-개정판(ADI-R)	만 2세~성인을 대상으로 실시된다. 3개 영역(의사소통의 질적 이상, 사회적 상호작용의 질적 이상, 행동의 제한적 · 반복적 · 상동적 패턴)의 93문항으로 구성되어 잇다. 본 검사도구는 훈련을 받은 전문가가 실시한다.
자폐증 진단 관찰 스케줄(ADOS)	만 1세 이상~성인을 대상으로 실시한다. 총 4개의 모듈로 구성되어 있으며 각 모듈에는 활동과 등급으로 이루어져 있다. 이 검사는 훈련을 받은 전문가가 실시한다.
Gilliam 자폐증 평정척도(GARS)	자폐 스펙트럼 장애의 DSM-IV에 기초한 GARS는 상동행동, 의사소통, 사회적 상호작용, 발달상황 등 네 가지 하위검사로 구성되어 있다. GARS는 3세 이상의 개인용 진단과 판별에 유용하다.

한국자폐증진단검사(K-ADS)	만 3세~만 21세를 대상으로 실시된다. 세 개의 하위검사로 구성되어 있으며 각 14문항씩 총 42개 문항이다. 아동과 적어도 2주 이상 정규적으로 접촉해 온 부모, 교사, 치료사가 실시할 수 있다.
아스퍼거 증후군 진단척도(ASDS)	ASDS는 5~18세의 아스퍼거 증후군 아동을 판별하기위해 제작되었다. 아동과 친숙한 전문가들이 응답할 수 있는 50개의 예/아니오 문항으로 이루어진다.

Paragraph 05 자폐성장애의 특성

1. 영유아기의 특성

Baghdadli 등(2003)은 평균적으로 부모들이 아이가 17개월 되었을 때 문제를 인식한다고 하였다. 그러나 만 3세 미만의 자폐영유아는 발달 지체와의 구분이 분명하지 않아서 진단이 보류되거나, DSM-IV-TR이나 ICD-10의 진단기준에 못미치는 경우가 많아 자폐장애임에도 불구하고 진단이 어려워 조기진단을 늦추는 요인으로 작용하고 있다. 장애영유아의 적절하고 효과적인 조기 교육이 이루어지기 위해서는 조기선별과 진단이 반드시 이루어져야 할 것이다.

자폐성향이 있는 영유아시기의 특성을 종합해 보면 다음과 같다.

분 류	특 징
언어발달	옹알이나 첫말 표현이 늦거나 옹아리의 양상이 정상아와 다르다. 말귀를 못 알아듣는다. 발성, 몸짓 등과 같은 개별 행동에서의 결함이 나타난다.
사회성 영역	눈맞춤이 없다. 혼자 논다. 불러도 돌아보지 않는다. 미소를 짓지 않는다. 눈응시, 공동주의집중에 결함 및 문제를 보인다.

감각적 행동	사물을 핥는다. 차거나 뜨거운 것에 무감각하다. 소리를 안 듣기 위해 귀를 막는다.
운동영역	이상한 자세, 상동증적 행동을 보인다.

2. 인지적 특성

자폐성장애는 다양한 특성만큼 인지적 결함의 범위 및 정도가 매우 이질적이다. 특히 지능이 낮을수록 예후가 나쁘고 자해행동, 경련성 장애의 빈도가 높다. 그러나 자폐성장애는 다양한 특성만큼 지적 기능의 수준도 다양하다고 할 수 있다. 아스퍼거장애의 경우 사회성 발달의 문제가 있으나 심각한 언어와 지능의 발달에 지연이 없다. 그러나 농담, 추상적인 말과 같은 타인의 말을 이해하는 것이 다소 어렵다. 레트장애의 경우 정신지체를 보이며 점진적으로 더 심각한 신경학적 장애를 보이며 소아기 붕괴성 장애도 급격하게 심한 퇴행과 행동의 붕괴를 보이며 대부분 정신지체가 동반된다(이정균 · 김용식, 2008).

한국특수교육학회(2008)의 자폐성장애아동의 지능 및 학업성취 측면은 다음과 같다.

- 다양한 수준의 지적 기능을 보이며 70~80% 정도는 정신지체를 보임
- 지적 기능의 수준과는 상관없이 학급 및 학교생활 적응에 어려움을 보임
- 학업성취는 지적 기능의 수준 및 자폐적 특성에 의하여 영향을 받으며, 고도의 성취를 보이기도 함
- 특정 영역에서 뛰어난 능력이나 기술을 보이는 서번트 증후군(savant syndrome)을 보이기도 함

3. 언어적 특성

자폐성장애아동은 언어를 습득과정이나 특성에 있어서 일반아동과 큰 차이를 보인다. 일반적으로 일반아동은 언어를 이해하고 난 후 표현언어가 발달하

는 반면 자폐성장애아동의 경우 수용언어에 문제가 있어 보이나 언어를 습득하게 된다. 그러나 언어를 습득한 자폐아동들이라도 완전히 정상적인 언어를 사용하는 경우는 매우 드물다(강수균 외, 1999).

자폐성장애아동이 말을 할 경우 이중에서 약 80%정도가 반향어를 보이는 것으로 보고되었다. 반향어란 일반적으로 다른 사람이 말한 단어나 문장을 의미없이 반복하는 것으로 정의된다. 과거에는 반향어를 자폐아동의 문제행동의 일부 혹은 비기능적으로 인식하였으나 현재는 반향어가 특정한 기능(상호작용기능 : 의사소통 행위, 욕구표현, 유지 등)을 지닌 것으로 인식한다.

또한 자폐성장애아동은 구어뿐만 아니라 비구어 의사소통의 발달에도 어려움을 나타낸다. 비구어 의사소통은 사회적 상호작용을 형성하고 유지하는데 중요한 역할을 하는데, 비구어란 얼굴표정, 비구어적 발성, 자세, 동작, 몸짓을 의미한다. 일반적으로 자폐성아동은 원하는 것을 얻기 위해서 타인의 손을 끌어당기거나 몸짓을 하기도 하나 그에 따른 제스처, 얼굴표정, 눈맞춤 등에 어려움을 나타낸다(이소현 · 박은혜, 2006).

또한 자폐성장애아동은 적절한 의사소통적 신호를 특정 목적에 맞게 사용하는 능력인 기능적 의사소통에 결함을 보인다. 즉, 의사소통을 하고자 하는 의도는 지니고 있지만 그 의도를 사회적으로 적절한 방법으로 표현하는 데 문제를 지닌다는 것이다. 특히 자폐성 아동들은 단어를 기억하기 위한 전략으로 단어들 간의 의미론적인 공통 연상을 발견하고 사용하는 능력에 있어서 심한 결손을 보인다. 이러한 의미론적 구체성과 제한성은 여러 상황에 맞게 단어의 의미를 일반화시키는 능력에 있어서 심각한 장애를 초래한다고 볼 수 있다(추희영 · 강수균, 2007). 또한 자폐성장애아동은 화용론적 측면에서도 문제를 보이는데 예를 들어 대화 중 차례를 지키거나 주제를 따라가지 못하며, 혼잣말을 하거나, 말을 할 때 음성의 높이, 크기, 속도를 조절하지 못하는 등의 비정상적인 운율의 문제를 보인다.

한국특수교육학회(2008)의 자폐성장애아동 언어 및 의사소통 발달 특성은 다음과 같다.

- 말을 하지 못하거나 발달이 지체됨
- 말을 하지 못하는 경우 대체적인 수단으로 보완하고자 하는 시도가 없음
- 말을 하는 경우에도 사회적 의사소통의 기능으로 사용하지 못함
- 상동적이고 반복적인 형태로 언어를 사용하거나 특이한 언어를 사용함

4. 사회적, 정서적 특성

Kanner(1943)는 자폐증의 특징적인 증후를 사회성발달의 장애라고 설명하였다. 즉 자폐성장애아동은 사람이나 환경과 일반적인 방법으로 상호작용하는 것이 어렵다는 점이다. 발달초기의 자폐성장애아동의 부모들도 아동의 생후 1년 간의 발달이 정상이 아니었다고 보고한다. Baranek(1999)는 자폐아동과 발달장애아동, 정상아동을 9~12개월 때의 비디오 테이프를 분석하여 감각운동과 사회적 행동을 비교하였다. 분석한 결과 자폐아동들에게서 시각적 방향 정위가 부족하고, 타인이 자신을 만지는 것을 싫어하고, 자신의 이름이 호명되는 것에 반응이 늦었다. 또한 지나치게 물건을 빠는 경향이 있었다.

자폐성장애아동의 사회성발달 문제는 사회적 모방, 정서적 지각, 애착, 사회적 인지의 등의 특성으로 나타난다. 자폐성장애아동의 모방능력의 결함은 발달초기에 모방능력인 사회적 놀이(예 : 까꿍놀이)를 하는데도 나타난다. 이러한 모방능력의 결함은 이후 발달에 필요한 능력을 방해하는데, 상징놀이(예 : 병원놀이, 소꿉놀이 등), 추상적사고 및 언어발달, 공동관심, 타인의 정서에 대한 이해 등이 포함된다(Meltzoff & Gopnik, 1993). 또한 자폐아동의 정서적 이해 결함은 발달초기 부모와의 관계에 있어서도 미소를 짓거나 눈맞춤 하는 등 긍정적인 반응을 하는 일이 드물며 상호작용하는 대상(부모, 교사, 또래 등)과 물리적인 거리를 더 넓게 두어 친 사회적 행동을 덜 한다. 그러나 일부 연구자들은 자폐성장애아동들이 주요 양육자에게는 차별적인 반응을 보인다고 하였다.

자폐성장애아동의 놀이는 단순하고 반복적이며, 비기능적 · 비사회적인 것이 특징으로 예를 들어 블록, 인형, 색연필 같은 물건을 색별로, 형태별로 정렬했다가 흐트렸다가를 반복하거나 일렬로 줄을 세우기도 한다. 또한 특정

물건의 촉감이나 냄새에만 관심을 갖는 경우도 있다(이정규 · 김용식, 2008).

한국특수교육학회(2008)의 자폐성장애아동 사회정서적 특성은 다음과 같다.

- 사회적 상호작용을 위한 비구어적 행동(예 : 눈맞춤, 표정, 몸짓) 사용에 어려움을 보임
- 연령에 적합한 또래관계를 잘 형성하지 못함
- 즐거움, 관심, 성취 등을 다른 사람들과 나누려고 하지 않음
- 사회적 또는 정서적 상호성이 결여됨
- 발달 수준에 적절한 가상놀이나 사회적 모방놀이가 결여됨

5. 행동특성

자폐성장애아동은 반복적이고 상동적인 형태의 제한된 행동을 보이는 특성이 있다. 보이는 행동으로 손이나 목, 몸을 좌우로 흔들기, 불빛 쳐다보거나 쳐다보며 제자리 빙글빙글 돌기, 발가락 끝으로 걷기, 아무 물건이나 입에 넣기도 하며 한 가지 질문을 강박적으로 되풀이하기도 한다. 심한 행동형태로는 머리를 부딪치기, 살갗을 할퀴기, 손바닥이나 손등을 반복적으로 물기도 하며 머리카락을 뽑는 등 자해행위형태로 나타나기도 한다. 이러한 행동은 지루함이나 불안함을 나타내기 위한 의사소통적인 목적을 지닐 수도 있으며, 자신의 의식 수준을 조절하기 위한 기능을 하기도 한다(이소현 · 박은혜, 2010).

자폐성장애아동은 동일성을 고집하는데 예를 들어 같은 길로만 간다든지, 특정한 장난감과 같은 물건에 병적인 집착 혹은 애착을 보인다. 이러한 동일성이 어긋났을 경우 불안해하거나 화를 내기도 한다. 이 외에도 밤에 잠을 자지 못하는 수면문제, 모래, 풀, 연필심 등을 먹거나 먹은 음식을 뱉어내서 다시 먹기 등의 섭식문제, 유뇨증, 유분증 등이 자주 동반되기도 한다.

한국특수교육학회(2008)의 자폐성장애아동 행동발달 특성은 다음과 같다.

- 제한된 영역에 지나치게 강도 높은 독특한 관심을 보임
- 특정 비기능적인 일과나 의례적인 행동에 융통성이 없이 집착함
- 상동적이고 반복적인 움직임 습관을 보임
- 사물의 특정 부분에 대하여 지속적인 집착을 보임
- 자해행동, 공격행동, 탠트럼 등의 문제행동을 보이기도 함
- 감각 자극에 대한 처리 및 반응이 독특함

Paragraph 06 자폐성장애아동의 교육접근

자폐성장애아동은 다른 장애에 비해 나타나는 특성이 매우 이질적이며 독특하고 단일요인에 의해 나타나기 보다는 다른 장애와 함께 나타난다. 또한 자폐에 관해 분명하게 밝혀진 내용이 매우 적어 효과적인 치료 및 교육을 제공하는데 제한을 보인다. 자폐성장애의 예후는 약 만 5세 이전에 지능과 언어구사 능력이 얼마나 발달되어 있는가에 좌우되며, 가능한 빨리 진단하여 적절한 조기치료를 받게 하는 것이 필수적이다(이정균 · 김용식, 2008).

한국특수교육학회(2008)의 자폐성장애아동의 종합적인 교육 프로그램에 일반적으로 포함되는 요소는 다음과 같다(한국특수교육학회, 2008).

- 조기발견 및 조기개입
- 개별화된 교수 계획 및 운영
- 가족 지원
- 교사를 지원하는 행정적 지원체계
- 행동문제에 대한 기능적인 접근
- 학교–가정 간 협력
- 적절하게 훈련 받은 교사
- 사회성 및 의사소통기술을 강조한 교육과정
- 행동의 일반화 및 유지
- 전환계획 및 지원
- 프로그램의 구조화
- 체계적이고 계획적인 교수
- 통합교육을 통한 또래 상호작용 기회

자폐성장애아동의 교육적 접근으로 ① 사회적 의사소통, ② 문제행동수정, ③ 약물치료에 대하여 살펴보고자 한다.

1. 사회적 의사소통

자폐성장애아동의 사회적 의사소통 향상을 위한 교수방법으로 강화된 환경중심 언어중재(EMT: Enhanced Milieu Teaching), 중심축 반응훈련(PRT: Pivotal response Training), 보완대체 의사소통(Augmentatie and Alternative Communication: AAC) 등이 있다.

1) 강화된 환경중심 언어중재(김기옥, 2007)

Kaiser(1993)가 제시한 중재방법으로 아동의 언어를 촉진하기 위하여 물리적인 환경을 조절하고, 기능적인 맥락에서 언어를 사용하고 습득하도록 촉진하는 전략이다.

(1) 효과

이 전략은 물리적 환경의 조절을 통해 아동의 자연스러운 환경에서 언어를 습득할 수 있는 보다 많은 기회를 제공받는다. 그로 인해 사회적 의사소통 기술의 향상과 일반화에 효과적이다.

(2) 형태

이 모델은 환경을 조절하는 전략, 반응적 상호작용 전략, 환경언어중재 전략 등 세 가지 구성요소로 되어 있다.

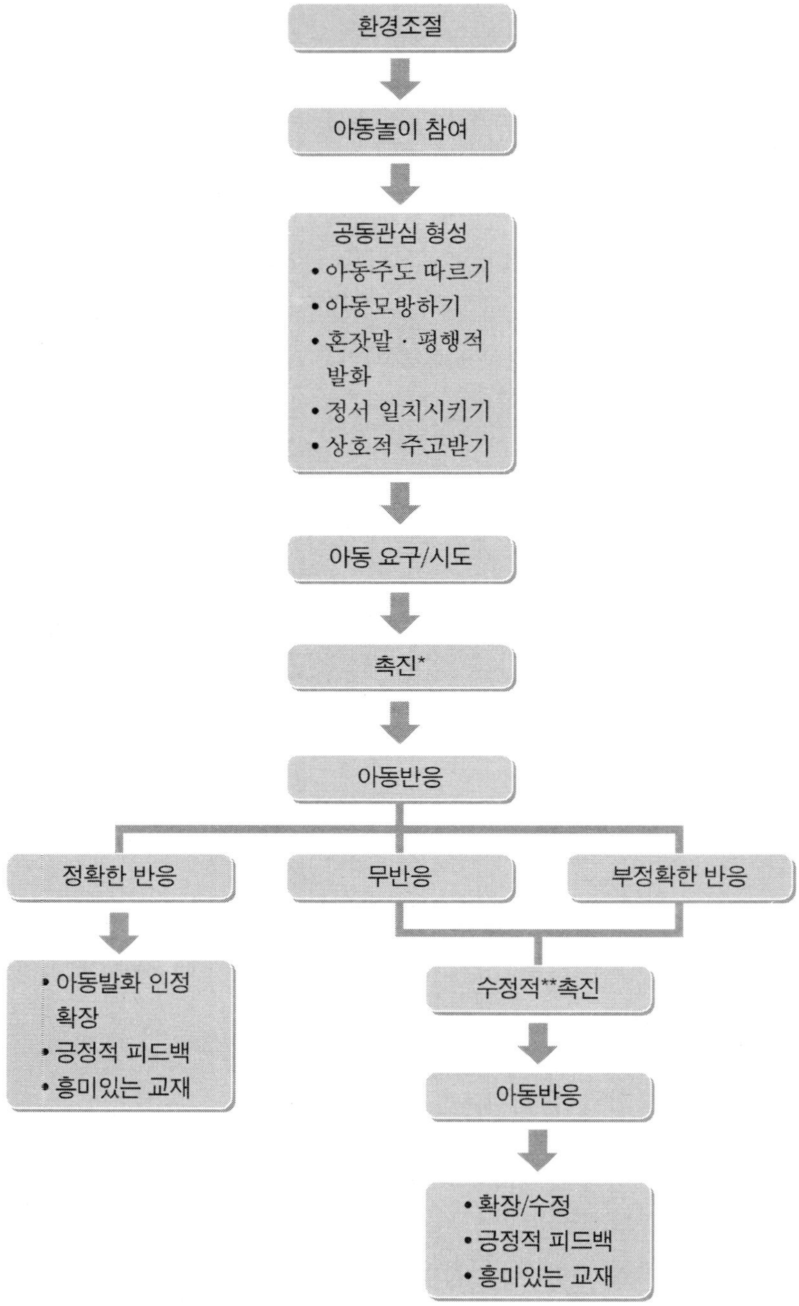

*촉진 = 요구, 시범, 시간지연 **수정 = 요구, 시범, 시간지연 : 반복

출처 : Kaiser, Hancock, Trent, Hancock, McAtee, Salmon, & Radovich, 2005에서 수정발췌.

[그림 10-1] 강화된 환경중심 언어중재 절차

출처 : 김기옥(2007). 통합상황에서 실시한 강화된 한경중심 언어중재. 특수교육 6(1), p. 109.

① **환경 조절 전략** : 언어 촉진을 위하여 물리적 상황을 제공한다. 예로 아동의 손이 닿지 않는 곳에 놀잇감, 흥미있어 하는 물건 등을 배치하여 요구하도록 유도하는 전략, 어긋나는 상황(하교 시 신발을 신을 때 짝이 다르게 하여 신발주기)을 만들어 의사소통적 반응을 유도하는 전략, 친숙한 과제에 중요한 요소를 빼기(무지개를 완성하도록 하는 과제에 한두 가지 크레파스 색 빼고 주기)들을 포함한다.

② **반응적 상호작용 전략** : 언어 학습을 위해 대화적 기초를 제공하는 것으로 발생한 상황에서 어떻게 반응하는 것이 좋은지 가르치기 위한 전략이다. 이때 교사는 아동이 비언어적 혹은 언어적 행동에 반응하는 방법들을 제시해 준다. 예로 아동 주도에 따르기, 공동 관심 형성하기, 정서 일치시키기, 상호적 주고받기, 시범보이기, 확장하기, 아동모방하기, 아동발화에 반응하기 등이 있다.

③ **환경언어중재 전략** : 기능적인 상황에서의 언어 산출을 위해 촉진을 제공한다. 즉 아동중심 시범, 선반응 요구—후시범, 시간지연, 우발학습의 절차에 따라 아동의 언어를 중재한다.

2) 중심축 반응훈련

중심축 반응훈련이란 다른 행동들의 긍정적인 변화를 가져오는 행동을 중심축 영역(pivotal area)으로 정하고 훈련절차를 만들어 중심축 반응 훈련이라고 명명하였다. 이 방법은 동기부여를 증진시키고 일반화를 강화하기 위해 개발된 기법이며(Koegel, O'Dell, & Koegel, 1987), 아동이 활동을 선택하도록 하고 아동의 정확한 반응과 적절한 시도에 대해 체계적인 강화를 제공한다(Stahmer, 1999). 또한 중심축 반응훈련은 중심축 행동을 선정하여 이를 중재함으로써 다른 부수적인 행동들에 긍정적인 효과를 가져오기 위한 중재방법이다. Koegel 등(1989)가 제시한 중심축 반응 절차는 다음과 같다.

· 아동이 스스로 선택하게 한다(Child choice).
· 다양한 단서(multiple cue)를 제시한다.

- 명확한 교수를 실시한다(Clear instruction).
- 후속적인 강화(Contingent), 시도강화(Reinforce Attempts)를 실시한다.
- 자연적인 강화를 제공한다.
- 차례 및 역할 바꾸기(Turn taking)을 포함한다.
- 유지과제(maintening tasks)와 획득 과제(acquiston tasks)를 번갈아 제시한다.

3) 보완대체 의사소통

자폐성장애아동은 청각적인 정보보다 시각적 정보에 의존해 더 잘 학습하는 것으로 알려져 있어 그림이나 상징으로 된 매체를 통해 학습하는 것은 아동의 자발적 요구 및 자발적 구어 사용 향상에 효과를 가져왔다(허은정, 2010).

(1) 효과

자폐성장애아동의 기능적 의사소통 능력과 더불어 구어산출 및 사회적 태도의 증가 등의 효과가 있었다.

(2) 형태

수화(sign language), 그림교환 의사소통체계(Picture Exchange Communication System: PECS), 음성출력 의사소통기구(Voice Output Communication Aid).

- **수화** : 농인사회에서 사용되는 제스처를 사용하는 시각적 언어로 다른 AAC 체계들과는 달리 휴대해야 할 외부 장치가 없고 자신의 신체 기능을 이용해 의사소통할 수 있는 이점을 가지고 있다.
- **그림교환 의사소통체계** : 요구, 명명, 언급을 목적으로 상징 그림(아동이 선호하는 칼라사진, 실물의 일부분, 미니어처 등)을 건네주는 의사소통 방법이다. 예로 아동이 갈증을 느낄 때 물이나 주스가 그려진 그림카드를 요구 수단으로 사용하며 이때 교사는 원하는 대상물을 제공하는 형식으

로 진행된다.

- **음성출력 의사소통기구** : 상징이나 활자, 음성출력 기구로 구성되어져 있는 도구체계로 원하는 내용을 녹음하여 사용할 수 있도록 구성되어 있으며 예로 칩톡, 테크톡, 빅맥 스위치 등이 있다(박은혜, 2000).

2. 문제행동 수정

자폐성장애아동들은 다양한 문제행동을 나타내 보이는데 이러한 행동들은 연령, 발달수준, 상황에 비추어 해석해야 한다. 최근에는 이러한 문제행동들은 없애야 할 대상이 아니라 그 자체로서 독특한 의미와 기능을 가지고 있는 하나의 표현이라고 본다. 즉 도움이나 관심을 요구하는 것, 지나치게 스트레스를 받는 상황이나 학업으로부터 벗어나는 것, 자기자극의 기능 등을 갖는다고 보고 있다. 자폐성장애아동이 갖는 문제행동 중 자해행동, 공격성, 강박행동에 대해 살펴보고자 한다.

1) 자해행동(self-injury behavior)

자폐성장애아동의 자해행동은 손을 깨무는 행동, 바닥이나 벽에 머리박기, 주먹으로 턱이나 이마 때리기, 자기 꼬집기 등 다양한 형태로 나타난다. 자해행동의 원인은 생리학적 원인, 심리학적 원인, 행동적 원인으로 분류될 수 있다(곽은미, 2009). 생리학적 원인은 중이염이나 래쉬－나이한 증후군(lesch-hryhan syndorme) 및 다른 유전적 증후군들과 같은, 기질적 감각자극을 필요로 하는 경우에 자해행동을 한다. 심리학적 원인으로 개인이 필요로 하는 자극이 충분히 제공되지 않을 경우, 자해행동을 함으로서 자극을 증가시킨다는 의견이다. 행동적원인은 자신이 원하는 반응을 이끌어 내거나, 과제회피, 동기부족, 내적 좌절감 등을 자해행동으로 표현하는 경우이다. 이러한 자해행동과 같은 문제행동인 타인과의 긍정적인 상호작용을 방해하며 자신 및 타인에게 상해도 입힐 수 있으므로 우선적이고 즉각적인 교육 목표가 되어야 한다.

자해행동의 감소를 위한 국내연구로는, 자폐성장애 만 8~9세 아동을 대상으로 감각운동 프로그램(예 : 스쿠터보드에 앉거나 엎드려서 미끄럼틀 타고 내려오기, 평균대 앞뒤로 걷기, 빗, 브러쉬, 매트 등으로 다양한 촉각 자극주기 등)을 실시하였다. 연구결과 손등을 깨물기, 벽과 바닥에 머리 박는 행동과 같은 자해행동의 빈도를 감소시키는데 효과가 있었다(서현태, 2006). 또한 만 10~11세 아동 3명을 대상으로 기능적 의사소통 훈련(요구하기, 회피하기, 거부하기 등의 의사소통 훈련 중재를 실시함)을 실시하였다. 연구결과 의사소통행동이 증가하였고 자해 및 공격적 행동이 감소되었다(원종례, 2001).

2) 공격성

자폐성장애아동의 공격성 행동은 신체적 공격, 사물에 대한 공격, 언어적인 공격으로 분류될 수 있다. 신체적인 공격이란 타인에게 상해를 입히거나 소유물에 해를 끼치는 행동으로 발로차기, 물기, 할퀴기 등이 포함된다. 사물에 대한 공격은 사물을 던지기, 부수기 등 행동이며, 언어적 공격은 모욕적인 표현하거나, 위협하기 등으로 나타날 수 있다(Bay, Hintiz, Perterson, & Quilitch, 1994). 앞서 설명한 바와 같이 이러한 문제행동은 또래 및 대인관계, 사회생활에 있어서 장기적인 문제를 주므로 체계적인 중재를 통하여 문제행동을 예방하거나 바람직한 행동으로 대체시켜 줄 필요가 있다.

공격행동의 감소를 위한 연구로는 박광용과 이재욱(2011)이 공격행동(상대방의 멱살을 잡거나 손톱으로 할퀴기), 자해행동(손으로 얼굴이나 머리, 몸통을 때리기), 이동지연행동(이동 중 주저앉기, 눕기)을 하는 중증자폐학생을 대상으로 긍정적 행동지원 효과를 살펴보았다. 이를 위해 연구대상학생의 문제행동의 기능평가를 하고 이를 근거로 선행 · 배경사건 중재, 대체기술 교수, 후소결과 중재, 생활방식 중재를 포함한 긍정적 행동지원을 적용하였다. 연구결과 자해행동빈도, 이동지연행동 시간, 공격행동 빈도가 급격히 감소되었고 연구종료 후에도 그대로 유지되었다. 긍정적 행동지원을 통한 연구결과는 자폐아동의 특성을 고려한 주도면밀한 기록과 관찰, 기능평가가 연구의 성과를 가져왔다. 또한 문제행동에만 초점을 두지 않은 자연스러운 상황에서의 중재가 적용되었다는 점이 중재의 유지에 도움이 되었다고 하였다. 또한 김경민과

배내윤(2011)이 실시한 아스퍼거 장애아동을 대상으로 감정 읽어주기(아동이 현재 느끼고 있는 감정에 대해 타인이 아동의 감정을 이해하고 말로써 표현해 주는 것)가 공격행동(또래를 손이나 발을 사용하여 때리기, 유리창 깨기, 벽이나 책상을 주먹으로 치기 등)을 감소시켰으며, 문제행동의 감소가 지속적으로 유지되었다. 그 외에도 공격행동의 감소를 위해 원예치료, 미술치료, 운동요법 등을 통하여 공격행동이 감소되었다고 보고하고 있다.

3) 강박적 행동

자폐성장애아동의 강박적 행동의 형태로 일상생활을 정해진 대로만 하려고 하며, 조금이라도 벗어나면 불안해하고 화를 낸다. 흔한 예로 매일 같은 음식만 먹고 마시거나, 물건을 반복적으로 정돈한다. 또한 같은 색깔로 된 옷을 입거나 다른 사람에게도 그 색깔만 입도록 주장하고, 일정한 장소에 반드시 일정한 물건을 진열해야 하며 학교를 같은 길로만 가려고 한다.

김숙희(2009)는 자폐성장애아동의 강박행동의 감소를 위해 상황이야기를 활용하였다. 연구결과 상황이야기 중재가 확인하는 행동, 과도한 손 씻기, 빈번한 정리정도하기 감소에 효과적인 것으로 나타났다. 상황이야기는 아동이 혼동할 수 있는 일상적인 사회적 상황에 대하여 아동이 이해할 수 있는 수준으로 짧게 구성하여 자신이 행동을 관리하고 전환할 수 있도록 돕는 것이다.

예로 표적행동 '과도하게 손을 씻는 것' 에 대하여 교사가 제시할 수 있는 상황이야기는 다음과 같다.

'과도한 손 씻기' 상황이야기
미술시간에 그림을 그리고 있습니다. ○○은 손에 크레파스가 묻어서 손을 씻으러 가고 싶습니다. ○○은 바로 손을 씻으러 가지 않고 쉬는 시간가지 기다려야 합니다. ○○은 수업시간에 손을 씻으러 가면 다른 친구에게 방해가 됩니다. ○○은 쉬는 시간에만 손을 씻으러 갑니다. 그러면 선생님께서 칭찬을 해 주십니다.

출처 : 김숙희(2009). 상황 이야기 중재가 자폐 아동의 강박행동 감소에 미치는 영향. 대구대학교. p. 31.

3. 약물치료

현대의 의학의 발달로 인해 사용가능한 약물은 많이 늘었지만 자폐성장애아동의 핵심증상을 치료하는 약물은 없으며 약물치료의 대부분이 자폐성장애아동의 동반증상의 완화에 초점이 맞추어져 있다(조인희 등, 2007). 약물치료를 받아야 하는 아동의 경우는 정신의학적 문제(예 : 불안, 강박증, 자해 행동 등)를 동반할 위험성이 매우 높거나 심각한 행동증상으로 인해 격리(예 : 보호시설)되어 있는 아동들의 주변환경과 접촉할 수 있는 기회를 높여주기 위해서이다. 또한 약물치료를 통하여 특수교육이나 다른 치료적 개입의 효과를 높일 수 있다(이정균 · 김용식, 2008).

약물치료의 표적이 되는 증상으로는 ① 공격성(aggression), 자해행동(self-injurious behavior), ② 과잉행동(hyperactivity), 집중력저하(inattention), ③ 불안(anxiety), 강박적 행동(obsessive/compulsive behavior), ④ 반복적이고 상동적인 행동(repetitive, stereotypic behavior), ⑤ 수면장애(sleep problem) 등이다(조인희 등 2007).

Paragraph 07 자폐성장애아동의 교육사례

일반학교에 재학 중인 은정이는 자폐스펙트럼장애로 진단받은 유아(61개월)이다. 특수교사는 은정이의 의사소통을 촉진시키는 것을 학습목표로 하였다.

이를 위해 특수교사는 첫번째로 유아의 언어적 특성을 분석하였다. 은정이의 수용언어 특성으로 이름을 불렀을 때 본인이 필요에 따라 고개를 돌릴 수 있다. 언어적 촉진에 따라 발성을 모방하나 단어의 앞 두음절만 정확하게 발성한다. 또한 익숙한 지시 따르기(예 : 쓰레기 버려주세요. 문을 닫아주세요. 밥을 먹으로 가요. 등)는 가능하나 '쓰레기'와 '쓰레기통', '밥'과 '먹다'의 의미를 따로 제시했을 때 알지 못한다. 표현언어 특성으로 뒷말을 따라하며, 발음이 불분명하여 친숙한 사람만 구별할 수 있다. 기타 특성으로 5분 이상 착석하여 활동하는데 어려움을 보이며, 잡지책과 같이 색이 많이 들어가는 종이를 좋아한다.

두번째로 교육을 위한 전략을 계획하였다. 자신의 필요에 따라 반응하며 착석에 문제가 있는 은정이를 위해 환경조성 전략을 사용하였다. 이를 위해 아동의 손이 닿지 않는 곳에 좋아하는 물건 두기, 신발의 짝을 다르게 하여 어긋나있는 상황 만들기, 필요한 단어를 반복적으로 들을 수 있는 기회를 제공하였다. 또한 흥미 있고, 자연스러운 상황에서 반복적으로 언어적 경험을 하도록 노출시켰다.

세번째로 교육전략의 효과를 높이기 위해 은정이의 흥미를 이용하였다. 예를 들어 은정이가 좋아하는 잡지책이나 색종이를 강화물로 사용하였다. 1학기가 지난 후 은정이는 상황에 따른 어휘습득이 늘었으며, 착석시간도 학기말에는 학기초에 비해 평균 4분에서 평균 7분 정도로 길어졌다.

Paragraph 08 자폐성장애아동 교육의 과제 및 전망

자폐성장애아동은 능력, 언어적 측면, 사회적 측면, 문제행동 측면 등 범위가 매우 광범위하나 장애아동의 특수성에 맞춰서 교육할 수 있는 포괄적인 전문화된 서비스는 없는 실정이다. 과거에 비해 대학기관 연구소, 관련 학과, 특수학교 및 특수학급, 사설치료실, 특수 어린이집 등이 많이 설립되어 특수교사, 치료사의 확보 등 양적증가는 가져왔다. 그러나 양적인 증가와 더불어 자폐성장애인의 특수성을 고려한 프로그램의 내실화에도 적극적인 역할과 책임감을 가져야 할 것이다.

자폐성장애인의 직업재활과 관련하여 직업은 단순히 생을 유지하기 위한 수단일 뿐만 아니라 자아실현을 위한 필수불가결한 요소이다. 이에 중증의 자폐성장애인도 직업을 가지고 인간다운 삶을 누리며 살아갈 권리가 있으며 예외가 될 수 없다. 이와 더불어 특수교육에 있어서 직업교육이 차지하는 비중이 점점 더 높아지고 있는 실정이다. 그러나 자폐성장애학생들이 학교 졸업 후 직업재활시설에 보호고용 상태로 머물러 있거나, 2차 산업에 지나치게 편중되어 있어 직업교육의 성과나 취업된 내용들을 살펴보면 매우 열악한 수준이다. 자폐성장애인이 가지고 있는 고유의 특성 때문에 어려움에 봉착할 수도 있겠지만, 학교에서 실시되는 직업교육에 있어서 장애학생들의 직업교육 형태나 내용이 조금 더 실제적이고 직업현장과 통합되는 교육기회를 가져 이들의 적응능력을 키워야 한다.

많은 연구들에서 조기 중재가 인지, 언어, 사회성, 자조기능 등의 발달을 가져오며 상동증과 자해행동 등 부적응적 행동의 감소 등의 강력한 효과를 제시하고 있다. 자폐성장애아동들은 대부분 다양한 문제행동을 보이며 이러한 문제행동들로 인하여 가족들이 많은 어려움을 겪기 때문에 행동 문제를 다룰 수 있도록 조기에 가족과 아동을 지원해야 한다. 조기 중재 서비스에는 자폐성장애아동의 특성, 발달과업에 따른 요구 등과 자폐성장애아동의 부모를 위한 교육의 기회가 제공되는 등 장애 영역에 맞는 전문성 있는 프로그램이 확보되어야 한다.

참고문헌

곽은미(2009). 비구어 자폐 범주성 장애 아동을 위한 음악-언어 통합치료의 가능성과 자해 행동 감소를 위한 중재법의 개발을 위한 제안. 통합치료연구 1(2). 161-166.

교육부(2014). 2014 특수교육 통계. 교육부.

김기옥(2007). 통합 상황에서 실시한 강화된 환경중심 언어중재. 특수교육 6(1). 97-121.

김명아 · 김성우 · 김영기 · 정희정(2009). 자폐스펙트럼 장애 환자에서의 뇌파상 이상소견 및 간질. 대한소아신경학회지 17(1). 58-69.

김숙희(2009). 상황이야기 중재가 자폐 아동의 강박행동 감소에 미치는 영향. 대구대학교 교육대학원 석사학위논문.

김희규 외(2010). 특수교육개론. 학지사. p. 235.

박광용 · 이재욱(2011). 긍정적 행동지원이 중증 자폐학생의 학교 내 장소 이동 중 문제행동에 미치는 효과. 재활복지 15(33). 173-201.

박은혜(2000). 자폐아동을 위한 보완 · 대체 의사소통의 활용. 특수교육학연구 35(2). 21-45.

서현태(2006). 감각운동 프로그램이 자폐성 장애아동의 상동행동과 자해행동에 미치는 영향. 한국 스포츠 리서치 17(1). 3-14.

원종례(2001). 기능적 의사소통 훈련이 자폐학생의 자해 및 공격적 행동에 미치는 효과. 언어청각장애연구 7(3). 252-272.

이성봉 · 방명애 · 김은경 · 박지연(2014). 정서 및 행동장애(2판). 학지사.

이소현(2005). 자폐 범주성 장애. 시그마프레스.

이정균 · 김용식(2008). 정신의학. 일조각.

정대영(2009). 행동기능평가와 긍정적 행동지원. 양서원.

조수철 외(2011). 자폐장애. 학지사.

조인희 · 유한익 · 손정우 · 유희정 · 구영진 · 정운선 · 안동현 · 안정숙(2007). 전반적 발달장애의 한국형 치료 권고안 : 약물치료. 소아청소년정신의학 18(2). 109-116.

추희영 · 강수균(2007). 페스트 맵핑 프로그램이 자폐아동의 언어이해력에 미치는 효과. 재활과학연구 25(1). 1-10.

허은정(2010). 그림교환 의사소통 체계(PECS) 프로그램이 자폐아동의 요구하기, 자발적 발화 및 눈맞춤에 미치는 효과. 정서행동장애연구 26(3). 179-208.

홍강의(1993). 자폐장애-자폐장애의 본질과 개념변천에 관한 고찰-. 소아 · 청소년정신의학 4(1). 3-26.

Abidin, R. R.(1990). Rarenting Stress Index (PSI): Manual Pediatirc. Charlottesville. BA: Pediatric Psychology Press.

American Psychiatric Association(2000). Diagnostic and Statistical Manual of Mental Disorders, 4th-TR, (DSM-IV-TR), Washington DC.

Baghdadli, A., Picot, M. C., Pascal, C., Pry, R. & Aussilloux, C.(2003). Relationship between Age of recognition of First Disturbances and Severity in Young children with Autism. European Child & Adolescent Psychiatry 12(3), 122-127.

Bay, Hintiz, A. K., Perterson, R. R., & Quilitch, H. R.(1994). Cooperative games: A way to modify aggressive and cooperative behaviors in young children. Journal of Applied Behavior Analysis, 27, 436-446.

Fombonne, E.(2003). The Prevalence of autism. Journal of the American Medical association 289, 87-98.

Goin-Kochel, R. P., Mackintosh, B. G. & Myers, B.(2006) How Many doctors Does it Tke to Make an Autism Spectrum diagnosis? Autism 10(5), 439-451.

Harkan, L. & Richard, P.(1978). The Story of an Outcast Child, Published by Random House. p. 188.

Howlin, P. & Mooere, A.(1997) Diagnosis of Autism. Autism 1(2), 135-162

Koegel, R. L., O'Dell, M. C., & Koegel, L. K.(1987). A natural language teaching paradigm for nonverbal autistic children. Journal of Autism and Developmental Disorders, 17, 187-00.

Koegel, R. L., Schreibman, L., Good, A., Cerniglia, L., Murphy, C., & Koegel, L. K.(1989). How to teach pivotal behaviors to children with autism: A training manual. Santa Barbara: University of California, Santa Barbara.

Kolevzon, a., gross, R. & Reichenberg, A.(2007). Prenatal and Perinatal Risk Factors for Autism; A Review and Integration of findings. Archives of Pediatrics & Adolescent Medicine 161, 326-333.

Minshew, N. J., Johnson, c., & Luna, B.(2001). The cognitive and neural basis of autism: A isoder of complex information processing and dysfunction of neocortical system. In l. M., Gilidden(Ed.). International Review in mental

Retardation, 23, 111-138.

Rutter, M.,(1968). Concepts of Autism: a review of research. Jchild Psychol Psychiatry, 9(1).

Stahmer, A. C.(1999). Using pivotal response training to facilitate appropriate play in children with autistic spectrum disorder. Journal of Child Language Teaching and Therapy, 15, 29-0.

Williamsen-Swinkel SH, Buitelaar JK, Weijnen FG, van England h. Timing of social gaze behavior in children with a pervasive developmental disorder. J Autism Dev Disord 1998; 28; 199-210

Yeargin-allsopp, M., rice, C., Karapurkar, t., Doernberg, N., Boyle, C. & Murchy, C.(2003). Prevalence of Autism in a US Metropolitan area. Journal of the American Medical Association 89, 49-55.

생각해 볼 문제

01 「장애인 등에 대한 특수교육법」에 제시된 자폐성장애의 정의를 설명하시오.

02 전반적 발달장애의 하위범주를 나열하고 각 범주에 따른 특징을 두 가지씩 제시하시오.

03 「장애인 등에 대한 특수교육법」 별표에서 제시하고 있는 자폐성장애아동의 선별검사 및 진단, 평가도구 네 가지를 설명하시오.

04 고기능 자폐와 아스퍼거 장애의 차이점을 설명하시오.

05 선별검사를 통해서 발달지체가 의심되는 영 · 유아를 발견했을 경우 우선적으로 고려해야 할 사항을 설명하시오.

06 자폐아동의 반향어의 종류와 기능을 설명하시오.

07 자폐성장애아동의 사회적 능력을 향상하기 위한 방법을 찾아보고, 수업이 시작하고 끝났을 때 인사를 하는 방법을 모르는 자폐성장애아동이 있다면 이 아동을 위해 할 수 있는 방안을 제시하시오.

08 자폐성장애아동이 성인되어 구직을 한다고 가정할 때, 이들의 강점을 잘 살릴 수 있는 직업을 제시하고, 그들이 직업에 적응할 수 있도록 과제분석을 하시오.

Chapter 11

학습장애아동 교육

학습장애라는 장애 영역은 1969년 미국 주 정부에 의해 특수 교육의 새로운 장애범주로 인정된 이래 최근까지 특수교육대상학생의 절반가량이 이에 속할 정도로 높은 비중을 차지하고 있다. 학습장애(Learning Disabilities)란 용어는 1963년 미국 시카고에서 개최된 부모들의 모임에서 Samuel Kirk가 처음으로 사용하였다. 그러나 이 용어가 사용되기 오래 전부터 학습장애아동들은 다양한 용어들로 지칭되며 초기 학자들의 관심의 대상이 되어 왔다.

이 장에서는 학습장애아동 교육의 역사, 학습장애의 정의와 분류, 학습장애의 원인과 출현율, 학습장애의 진단과 판별, 학습장애의 특성, 학습장애아동의 교육방법, 학습장애아동의 교육사례 등을 중심으로 살펴보고자 한다.

Paragraph 01 학습장애아동 교육의 역사

1. 미국 학습장애아동 교육의 역사

미국의 학습장애의 역사는 공식적으로는 Kirk가 학습장애라는 명칭을 사용하면서부터 시작되었다고 할 수 있다. 왜냐하면 1963년 Samuel Kirk가 학습장애라는 용어를 사용하면서 학부모와 여러 전문가들도 학습장애라는 용어를 사용하기 시작했기 때문이다. Kirk는 감각장애아동 또는 정신지체와 다른 말하기, 언어, 읽기, 쓰기, 셈하기 그리고 다른 학교 교과목에서 어려움을 보이는 아동들을 분류하기 위해 학습장애라는 용어를 사용한 것이다.

학습장애는 능력–성취 불일치 방법으로 진단 및 평가되면서 그 영역이 보다 구체화되고 확장되기에 이른다. 이를 가능하게 했던 학자는 Bateman이었다. Kirk의 지도학생이었던 Bateman은 Monroe가 학습장애아동을 진단하기 위해 처음으로 사용한 능력과 잠재력의 불일치 개념을 다시 강조하면서 능력–성취 불일치 모형을 학습장애 진단에 활용하기 시작하였다(Hallahan

& Mercer, 2002).

능력—성취 불일치 모형의 타당성은 1970년대 초기 Rutter와 Yule의 Wight 섬의 연구에서 이루어졌다. 연구자들은 웩슬러 지능 검사와 읽기 검사를 실시하고, 이들 점수를 회귀공식으로 조정한 후, 지능 검사 결과와 읽기 점수가 표준오차가 2 이하인 집단을 특정 읽기 지체 집단으로 그리고 지능 검사 결과와 읽기 점수가 표준오차 2 이내인 집단을 일반 읽기 부진아동으로 정의하였다. 그리고 이들 두 집단의 잔차 점수의 분포를 검사하면서 일반 읽기 부진아동의 읽기 점수의 분포에서 낮은 점수대의 분포에 새로운 분포가 있다는 것을 발견하게 되었다. 따라서 이와 같은 결과는 읽기에 어려움이 있는 두 집단이 서로 다르다는 것을 나타내는 것이라고 하였다. 이후, 이들의 연구는 능력—성취 불일치 모형을 지지하는 연구로 인용되어 왔다(Fletcher 등, 2003).

1975년 드디어 미국 연방정부는 위와 같은 능력—성취 불일치 타당성 연구에 힘을 입어 학습장애에 대해 관심을 가지고 학습장애의 정의와 진단 및 평가 방법에 대한 연구를 진행하여 학습장애를 독자적인 특수교육 범주로 인정하게 되었다.

그리고 1977년 미국 연방정부는 지금까지 사용되고 있는 특정 학습장애의 정의를 내리고 구체적으로 학습장애를 진단하기 위해 "연령과 이전의 교육 경험을 고려하고, 하나 또는 그 이상의 영역에서의 성취 수준이 아동에게 기대되는 성취 수준의 50% 또는 그 이하일 때" 심각한 불일치를 보인다는 공식을 제시하였다(Hallahan & Mercer, 2002).

2. 한국 학습장애아동 교육의 역사

국내에서는 1994년에 「특수교육진흥법」에 학습장애가 특수교육 범주에 처음으로 포함된 이래 한국정서행동장애아교육학회 등에서 학습장애에 대한 연구가 이루어져 왔다.

2000년, 서울대학교 사범대학에 협동과정 특수교육전공이 설치된 후로 학습장애에 대한 연구들이 본격적으로 이루어졌다고 할 수 있다. 그리고 2003년에는 김동일 · 이대식 · 신종호(2003)의 『학습장애아동의 이해와 교육』이라는 학습장애 전문서적이 출간되기도 하였다.

이후 2004년 7월 3일에는 한국학습장애학회가 창립되었으며 학습장애연구가 보다 본격적으로 이루어져오고 있다(http://www.korealda.or.kr). 예를 들어 한국학습장애학회에서는 학습장애의 정의와 진단 및 평가 방법에 대한 미국의 이론을 국내 학습장애 진단 및 평가에도 반영하게 되었다. 또한 중재반응모형에 대한 연구를 기반으로 학습장애의 정의 및 진단 · 평가 방법에 대해서도 변화를 이루어내었다.

Paragraph 02 학습장애의 정의와 분류

학습장애의 정의는 크게 미국의 학습장애 정의와 국내의 학습장애 정의로 구분될 수 있다.

1. 미국의 학습장애 정의

미국의 학습장애에 대한 정의는 학습장애와 관련된 단체나 학회마다 서로 다양한 정의를 내놓고 있다. 따라서 미국 교육부에서는 이들 학습장애 정의를 참고하여 다음과 같은 학습장애 정의를 제시하였다.

'특정 학습장애'는 구어 또는 문어의 이해나 사용에 관련된 하나 혹은 그 이상의 기본적인 심리 과정에서의 장애로 듣기, 말하기, 쓰기, 철자 및 산술 능력의 손상을 발현시킨다. 지각장애, 뇌손상, 미소 뇌기능 손상, 난독증, 발달적 실어증 등을 포함한다. 시각, 청각 혹은 운동감각장애나 정신지체, 정서장애 또는 환경적, 문화적, 경제적 결손에 따른 학업문제를 보이는 아동은 포함하지 않는다(김동일 외, 2003 재인용).

이 외에도 학습장애의 정의로는 Kirk의 정의, Bateman의 정의 그리고

NJCLD의 정의 등이 있다.

NJCLD의 정의는 사회적 기술까지도 학습장애의 구성 요소로 포함시켜야 한다는 주장으로 그 내용은 다음과 같다.

학습장애는 듣기, 말하기, 읽기, 쓰기, 추리 또는 수학 능력, 또는 사회적 기술의 획득과 사용상에 유의한 어려움을 나타내는 이질적 장애집단을 통칭하는 일반적인 용어이다. 이 장애는 개인에게 내재하는 것으로 중추신경계 장애 때문인 것으로 추정된다. 학습장애가 다른 장애 상태(예 : 감각손상, 정신지체, 사회적 · 정서적 혼란), 사회 · 경제적인 영향(예 : 문화적 차이, 불충분한 혹은 부적절한 교수, 정신 · 유전적인 요인들) 그리고 주의력결핍 과잉행동장애와 함께 발생하고 이 모든 것이 학습문제를 유발할 수 있다고 해도 학습장애는 이런 조건이나 영향의 직접적인 결과는 아니다(김동일 외, 2003 재인용).

2. 국내 학습장애 정의

국내의 학습장애 정의로는 「특수교육진흥법」 상의 정의와 「장애인 등에 대한 특수교육법」 상의 정의를 들 수 있다. 그리고 이 외에도 학습장애 전문가들이 미국의 학습장애 정의를 참고하여 다양한 학습장애 정의를 제시하였다.

1994년에 「특수교육진흥법」에서 학습장애 범주를 처음으로 특수교육 영역에 포함시키고 학습장애 정의를 제시하였는데 그 내용은 다음과 같다.

「특수교육진흥법」(1994년)의 학습장애 정의

셈하기, 말하기, 읽기, 쓰기 등 특정한 분야에서 학습상 장애를 지니는 자

「특수교육진흥법」 대신에 2008년에 「장애인 등에 대한 특수교육법」으로 새로 제정되면서 학습장애 정의는 다음과 같이 변경되었는데 그 내용은 다음과 같다.

「장애인 등에 대한 특수교육법」(2008년)의 학습장애 정의

개인의 내적 요인으로 인하여 듣기, 말하기, 주의집중, 지각, 기억, 문제 해결 등의 학습기능이나 읽기, 쓰기, 수학 등 학업 성취 영역에서 현저하게 어려움이 있는 사람

3. 미국과 국내 학습장애 정의의 차이점과 논의

지금까지 미국의 학습장애 정의와 국내의 학습장애 정의에 대해 살펴보았다. 위에서 살펴본 바와 같이, 미국의 학습장애 정의는 기본적 심리 과정의 어려움(예 : 중추신경계 문제), 기초학습기능에서의 어려움(예 : 말하기 · 듣기 등), 제외준거(예 : 감각장애 · 정신지체 및 환경적 요인 등 제외)를 포함하고 있다. 그리고 미국에서는 1997년에 학습장애 정의를 제시한 이래 학습장애 정의가 변하지 않고 있다.

하지만 이와 달리 국내 학습장애의 정의를 보면 크게 내적 요인에 의한 학습 기능 문제를 보이는 사람과 학업 영역에서의 어려움을 보이는 사람으로 구분하고 있다. 그리고 미국의 학습장애 정의와 다른 점은 말하기 · 듣기 영역이 제외되어 있으며 환경적인 요인과 같은 제외 준거를 구체적으로 제시하고 않고 있다는 점이다.

국내 학습장애 정의에서는 내적 요인이 무엇인지 구체적으로 밝히지 않고 있다는 점과 이러한 내적 요인이 원인이 되어 학업 영역에 어려움을 보이는 아동이 학습장애인지 내적 요인과 상관없이 학업 성취영역에서만 어려움이 있으면 학습장애인지에 대한 명확한 제시를 하지 못하고 있다는 점이다. 특히, 현저한 어려움이라고 했을 때, 이와 같은 학업 성취 영역에서 현저한 어려움이 어느 정도인지를 명확하게 제시하지 못하고 있다는 점이다.

따라서 미국은 물론 국내에서도 학습장애의 정의에 대한 끊임없는 논쟁과 이를 통한 학습장애 진단 및 평가 방법에 대한 다양한 연구들이 이루어져 오고 있다. 예를 들어 미국은 물론 국내에서도 학습장애 진단 및 평가 방법을 중재반응모형과 불일치 모형을 절충한 방법을 통해 학습장애를 진단 및 평가하자는 주장이 제기되고 있다(김동일 · 정광조, 2008).

Paragraph
03 학습장애의 원인과 출현율

지금까지 학습장애의 정의에 대해 살펴보았다. 미국의 학습장애 정의에 따르면 학습장애의 원인은 학습장애 정의에서 나타난 바와 같이 내적 요인인 기본적인 심리과정(중추신경계의 손상 또는 감각 손상 등)으로 볼 수 있다.

하지만 국내의 경우에는 외적 요인인 환경 요인(사회 경제적 지위, 문화적 차이, 불충분한 교수 등)에 의한 학습장애는 포함하지 않는다는 명확한 규정이 제시되어 있지 않다.

1. 학습장애의 원인

그렇다면 학습장애의 원인은 무엇인가? 이에 대해서는 크게 환경적 원인인가? 아니면 신경생물학적인 원인인가? 크게 구별될 수 있다.

학습장애의 역사로 보면 학습장애의 원인은 먼저 신경생물학적인 원인으로 이해하였다. 즉 뇌의 역할에 대한 규명과 이에 따른 읽기 등의 문제는 뇌의 문제로 이해한 것이다. 예를 들어 대표적인 것인 뇌의 좌반구의 브로커 영역의 문제가 언어 실어증의 원인이 된다는 것이 바로 학습장애를 신경학적으로 이해한 대표적인 예이다.

하지만 학습장애를 신경생물학적 원인으로 이해하자는 주장은 설득력을 얻지 못하고 있다. 왜냐하면 뇌의 해부를 통해 뇌에 기능적인 문제가 있다는 객관적인 증거를 제시할 수 없었기 때문이다. 그리고 행동주의와 환경주의 영향으로 학습장애의 원인을 신경학적으로 이해하자는 주장은 수그러들었다.

1990년대에 들어서면서 학습장애의 원인을 신경생물학적으로 이해하자는 주장은 다시 설득력을 얻게 되었다. 뇌의 구조를 촬영할 수 있는 PET(Positron Emission Tomography)와 MRI(Magnetic Resonance Imaging) 등이 개발되었기 때문이다. 이와 같은 뇌영상 촬영 방법과 학습장애인에 대한 사후검시 등을 통해 뇌의 구조를 볼 수 있게 되면서 학습장애 원인을 신경생물학적으로 이해하려는 연구들이 급증하게 되었다(김동일 외, 2003).

학습장애가 신경생물학적 원인이라는 증거를 제시한 연구들은 크게 좌반구와 우반구의 반대적 비대칭성, 언어관련 영역의 신경세포 이상 그리고 좌반구와 우반구를 연결하는 뇌량의 크기의 차이를 들고 있다(김동일 외, 2003).

예를 들어 좌반구와 우반구의 반대적 비대칭성과 관련해서는 학습장애를 지닌 아동들과 그렇지 않는 아동들의 뇌를 촬영한 결과, 학습장애아동들이 일반아동에 비해 우반구의 측두엽 부분이 좌반구의 측두엽보다 크다는 것이다. 그리고 언어관련 영역의 신경세포 이상과 관련해서는 학습장애가 있는 성인들의 대뇌 피질 중에서 언어와 관련된 영역에서 비정상적인 신경세포들이 많이 발견되었다는 점이다. 마지막으로 뇌량의 크기의 차이와 관련해서는 난독증을 가지고 있는 학습장애아동들은 뇌량 전반부의 크기가 상대적으로 작다고 하였다(김동일 외, 2003).

이와 같이 미국에서는 학습장애의 원인을 최근에는 신경생물학적 원인으로 보는 것이 큰 흐름이지만 아직도 학습장애의 원인을 환경적인 원인으로 보는 견해도 존재하고 있다. 그리고 국내에서는 학습장애의 원인을 신경생물학적 원인으로 보고 있지만 동시에 환경적인 원인도 고려하고 있다.

2. 학습장애 출현율

1) 미국의 학습장애 출현율

미국에서는 특수교육을 받는 모든 장애아동 중에서 학습장애 범주가 차지하는 비율은 52%를 차지한다. 즉 1977년 797,213명에서 1997년에는 2,259,000명으로 증가하였다.

2) 국내의 학습장애 출현율

국내에서는 특수교육을 받는 모든 장애아동 중에서 학습장애 범주가 차지하는 비율은 3.9%에 불과하다. 즉 전국적으로 3,362명의 아동들이 학습장애로 진단되어 특수교육을 받고 있다(교육부, 2014).

Paragraph 04 학습장애의 진단과 판별

학습장애 진단 및 평가 방법으로는 크게 능력-성취 불일치 모형과 중재반응모형이 있다.

1. 능력-성취 불일치 모형

능력-성취 불일치 모형은 '불일치' 개념을 통해 학습장애를 진단 및 평가하는 방법이다. 즉 표준화된 지능검사와 표준화된 학업성취검사(읽기, 쓰기, 수학 등)를 실시하고 두 검사에서 불일치가 발생했을 때 학습장애로 진단하는 것이다. 여기서 '불일치' 개념은 다음과 같다.

(1) 아동의 연령 및 능력 수준에 적합한 학습 경험이 제공되었음에도 불구하고 아동이 다음에 열거된 영역 중에서 하나 이상의 영역에서 동일 연령 및 능력과 동등하게 성취하지 않았거나, (2) 다음 중 하나 이상 영역에서 성취와 지적 능력 간에 심각한 불일치가 있다고 판단하는 경우로 ① 구어(언어) 표현, ② 듣기 이해, ③ 쓰기 표현, ④ 기본적 읽기 기술, ⑤ 읽기 이해, ⑥ 수학 계산, 또는 ⑦ 수학 추리(김동일 외, 2003 재인용) 등이다.

'심각한 불일치'를 결정하는 방법에는 여러 가지 방법이 있지만 쉽게 적용할 수 있는 방법은 학년 수준 편차와 표준점수 방법이다.

학년 수준 편차는 가장 단순하면서도 간단한 불일치 정도 결정 방법이다. 예를 들어 표준화된 학업성취검사 결과 나타난 학업성취검사 수준(예 : 검사 연령 등)과 실제 학년 수준을 비교하는 것이다. 여기서 유의미한 차이는 일반적으로 학년 수준보다 2~3년 뒤처지는 경우를 말한다.

표준점수 방법은 지적 능력과 학업 성취를 직접 비교하는 것이다. 예를 들어, 표준화된 지능검사 결과를 나타난 능력(IQ)과 표준화된 학업성취도 검사 결과인 성취(예 : 표준점수는 평균(M) = 100, 표준편차(SD) = 15의 값을 갖는 표준화된 검사)를 비교하여 능력과 성취 간에 표준편차가 2이상 차이가 나는 경우를 심각한 불일치로 본다(김동일 외, 2003 재인용).

2. 저성취와 학습장애 논쟁

능력-성취 불일치 모형에 의해 학습장애를 진단하게 되면서 학습장애아동 수는 극적으로 증가하게 되었다. 따라서 특수교육이 양적으로 크게 확대되는 결과를 가져오게 되었다. 하지만 많은 학습장애아동들이 특수교육 서비스를 받게 되면서 학습장애 진단의 정확성에 대한 의문이 제기되기 시작하였다.

몇몇 학자들은 불일치 방법을 통해 학습장애로 진단된 아동들과 저성취 아동(기초학습부진)을 비교하는 연구를 진행하였다. 연구 결과, 저성취 아동들과 학습장애아동들은 다른 집단이 아닌 동질 집단이라는 결론을 제기하였다. 이를 통해 미국에서는 저성취와 학습장애 논쟁이 불붙기 시작하였다. 그리고 그 결론은 학습장애는 저성취와 다르다는 것이 다수설이지만 아직도 논쟁은 해결되지 않고 진행 중이라고 할 수 있다(김동일 외, 2003).

3. 중재반응모형

능력-성취 불일치 모형에 대한 비판과 저성취와 학습장애에 대한 논쟁이 이루어지면서 중재반응모형이 등장하게 되었다. 중재반응모형은 용어 그대로 '중재에 대해 반응하지 않는 아동'을 학습장애로 진단 및 평가하자는 것이다.

아래 [그림 11-1]과 그것에 대한 설명에서 나타난 바와 같이 Tier 1(일반교육), Tier 2(방과 후 수업) 그리고 Tier 3(특수교육)에서 효과적인 중재를 제공하였음에도 불구하고 반응을 보이지 않는 아동들을 학습장애로 진단하는 방법이다.

여기서 중재는 연구에 기반한 효과적인 중재이며 집중적으로 제공되는 중재를 의미한다. 그리고 반응하지 않는다는 것은 교육과정중심측정에 따라 이중-불일치를 보이는 경우를 말한다.

중재반응모형의 구체적인 모습은 다음 [그림 11－1]과 같다.

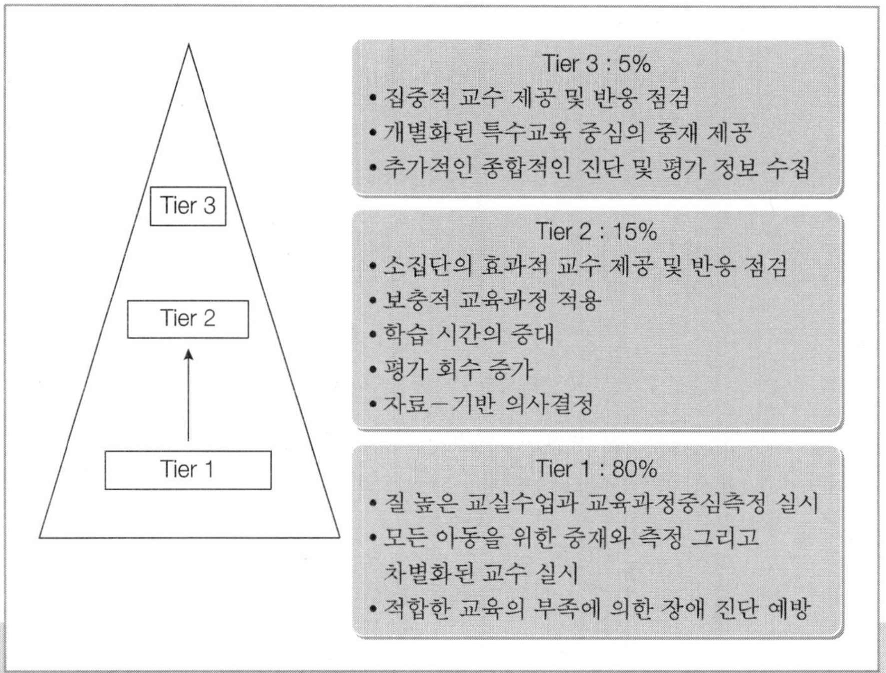

[그림 11-1] 중재반응모형의 3층(Tier) 모형

출처 : Mellard & Johnson, 2008.

[그림 11－1]에서 볼 수 있듯이 중재반응모형은 3개의 Tier(층)로 구성되어 있고 일반교육과 특수교육이 함께 통합되어 있다. 그리고 각 Tier에서는 평가 및 지속적 모니터링과 효과적인 읽기 교수프로그램이 적용된다. 예를 들어 Tier 1은 일반교사가 일반교실에서 모든 아동들을 대상으로 읽기 선별(screening) 검사를 실시하고 이에 따라 해당되는 읽기 기술을 지도한다. 하지만 대부분의 일반교사들은 학습장애아동에게 효과적인 읽기 기술 등 읽기 지도 방법에 대해 전문성이 부족하기 때문에 학교에서는 일반교사들이 교실 전체의 아동들에게 효과적인 읽기 교수 및 교육과정 중심 측정(CBM)을 이용

한 지속적 모니터링을 실시할 수 있도록 일반교사에 대한 읽기 전문성 향상을 위한 연수를 지속적으로 제공한다. 연수 내용은 교육과정중심측정(CBM 검사)과 증거-기반 읽기 교수(예를 들어 직접교수법 읽기프로그램 등)를 제공한다.

Tier 2는 Tier 1에서 이루어진 증거－기반의 효과적인 읽기 교수에 무(無)반응을 보이는 아동들을 대상으로 일반교사나 특수교사 등이 이들 아동들에게 BASA 읽기 검사(김동일, 2000)와 같은 교육과정중심 측정 검사를 실시한다. 그리고 이 결과에 따라 읽기 능력 수준이 같은 아동들을 소집단으로 구성하여 매주 3회 이상 20분씩 읽기 보충 또는 교정 프로그램을 제공한다. 그리고 BASA 읽기 검사 등의 교육과정중심 측정(CBM) 방법을 활용한 지속적 모니터링을 최소 매주 1회 이상 2달에 걸쳐 실시한다. 그리고 데이터 결과를 통해 반응과 무(無)반응에 대한 의사결정을 한다.

Tier 3은 Tier 2에서 이루어진 증거 기반의 효과적인 읽기 교수에 반응하지 않는 아동들을 대상으로 특수교사는 이들 아동들을 일대일의 개별화된 수업 또는 1 : 3의 소그룹으로 맞춤식 읽기 수업을 제공한다. 아동들에게는 초기 읽기 기술을 효과적인 학습할 수 있도록 명시적 교수나 직접교수 읽기 교수 프로그램을 제공한다. 그리고 BASA 읽기 검사와 같은 교육과정중심 측정(CBM) 방법을 활용한 지속적 모니터링을 최소 매주 3회 이상 2달 정도 실시한다. 그리고 데이터를 통해 반응과 무(無)반응에 대한 의사결정을 한다.

Paragraph 05 학습장애의 특성

학습장애라는 용어가 만들어진 이래 많은 학자들은 학습장애의 존재에 대해 찬성하는 사람들과 반대하는 사람들로 나뉘어 논쟁을 벌여 왔다. 학습장애 존재를 부정하는 대표적인 주장은 학습장애와 저성취(기초학습부진) 아동과 차이가 없다는 것이다. 즉 불일치 결정 방법을 적용하면 학습장애와 기초학습부진아동들은 구분이 되지 않는다는 것이다. 하지만 학습장애가 존재한다고 믿는 학자들은 학습장애 고유의 특성이 있다고 주장한다. 그렇다면 학습장애아동의 특성은 무엇인가?

1. 평균의 지능과 기초학습기능 영역에서의 기대 이하의 심각한 저성취

학습장애아동들은 평균의 지능을 보이지만(적어도 지능 70 이상), 읽기, 쓰기, 셈하기 등의 특정 영역에서 기대 이하의 심각한 불일치를 보인다. 예를 들어, 지능이 평균인 중학교 1학년 아동이 듣기 · 말하기, 읽기 그리고 쓰기의 기초학습기능영역에서는 초등학교 3학년 이상의 수준을 보이지만 셈하기(수학)에서는 유치원 수준보다 낮은 능력을 보이는 아동이 있다. 이 아동은 교사가 8 다음에 어떤 숫자가 오느냐? 질문에 대답을 하지 못하고 손가락으로 세어야만 대답을 할 수 있다. 물론 이 중학생은 의사소통이나 신체적인 부분에서는 전혀 어려움이 없다.

2. 적응행동 및 감각능력 정상

학습장애아동은 적응행동에 심각한 어려움을 보이는 정신지체와 달리 적응행동에 큰 어려움을 보이지 않는다. 그리고 학습장애아동은 감각능력에서도 정상적인 수행을 보여 다른 감각장애(예 : 시각장애, 청각장애 등)와 구별이 된다. 하지만 학습장애아동은 미세한 뇌의 손상으로 특정 영역에서 심각한 어려움을 보일 수 있다. 예를 들어 난독증을 가진 학습장애아동은 시각에 큰 어려움이 없지만 특정 영역에서 감각장애를 보인다. 즉 이들 아동들은 글자를 읽을 때 '아' 글자가 'ㅏ 0'로 읽혀진다(김동일 외, 2003).

3. 기초학습기능에서의 어려움에 따른 교과 학습에서의 어려움

학습장애아동들은 기초학습기능인 듣기 · 말하기, 읽기, 쓰기, 셈하기에서 어려움을 보인다. 특히 학습장애의 80%가 특정 읽기 학습장애로 읽기의 어려움이 교과 학습의 어려움으로 이어진다.

4. 학습장애 고유의 특성

학습장애는 다시 전반적인 학습장애와 특정 학습장애로 구분이 될 수 있다. 전반적인 학습장애는 듣기 · 말하기, 읽기, 쓰기, 셈하기 영역에서 전반적인 어려움을 보이는 경우를 말한다. 그리고 특정 학습장애는 읽기와 같이 특정 영역에서만 어려움을 보이거나 쓰기와 수학과 조합해서 어려움을 보이는 경우를 말한다.

1) 읽기 학습장애아동의 특성

학습장애의 가장 대표적인 특성은 난독증과 같은 읽기 장애이다. 예를 들어 학습장애아동들은 글자를 소리내어 읽지 못하는 어려움을 보인다. 그리고 소리내어 읽더라도 정확하게 발음을 하지 못하거나 유창하게 읽지 못한다. 또, 읽은 내용에 대해 그 의미를 이해하지 못한다. 따라서 학습장애 읽기를 연구한 학자들은 학습장애의 읽기 장애를 음운인식능력장애, 초기 읽기 기술, 해독장애, 읽기 유창성 장애 그리고 읽기 이해장애로 세분하여 연구를 진행하여 왔다.

유치원 수준의 읽기 학습장애의 가장 독특한 특성은 음운인식능력 장애이다. 그리고 초등학교 수준에서 읽기 학습장애의 가장 독특한 특성은 읽기 유창성 장애로 볼 수 있다. 예를 들어 현재 학습장애 진단 및 평가 방법인 중재반응모형에서는 읽기 유창성을 가지고 읽기 학습장애 여부에 대한 의사결정을 하고 있다.

2) 수학 학습장애아동의 특성

수학 학습장애아동들은 수세기와 사칙연산 등에서 어려움을 보인다. 따라서 일상생활에서 돈 계산, 시계보기 등의 어려움으로 환경에 적응하는데 어려움을 보인다. 또한 이와 같은 수세기와 사칙연산에서의 어려움 수학 학습,

특히 수세기에서 어려움을 보임에 따라 이후 사칙연산과 같은 수학 학습에서 상당한 어려움을 보이게 된다. 예를 들어 학습장애아동들은 덧셈에서 손가락을 이용한 수세기 수준에 머물러 있으며 뺄셈에서는 상당한 어려움을 보이게 된다.

3) 쓰기 학습장애아동의 특성

쓰기 학습장애아동들은 '철자법'에서 상당한 어려움을 보일 수 있다. 즉 맞춤법에 맞게 글을 쓰지 못하여 다른 사람들이 읽고 이해할 수 없다.

그리고 '철자법'과 함께 완성된 글의 형태가 다른 사람들이 알아보기 힘들게 쓰는 등의 특성을 보일 수 있다. 예를 들어 맞춤법에 맞게 썼지만 글씨의 형태가 알아보기 힘들게 쓰거나 너무 크거나 너무 작은 형태로 글을 쓰는 특성을 보일 수 있다.

마지막으로 쓰기 학습장애아동들은 작문에서 어려움을 보인다. 예를 들어 일기 등과 같은 작문을 하는 경우에 글의 내용이 너무 짧거나 문법과 맞지 않아 이해하기 힘든 형태로 작성을 한다.

4) 사회성에서의 어려움

학습장애아동들 중에는 사회성에 어려움을 보이는 아동들이 많이 있다. 따라서 미국에서는 이들 아동들도 학습장애 범주에 넣어야 한다는 주장이 있지만 사회성 영역은 아직 학습장애 범주로 인정받지 못하고 있다.

학습장애아동들의 사회성 어려움은 크게 두 영역으로 나뉠 수 있다. 하나는 학습장애아동들이 사회적 인지 능력의 어려움과 사회적 기술의 어려움이다. 예를 들어 학습장애아동들은 다른 사람들의 마음과 생각을 읽고 그에 따라 말을 하고 행동을 조절하는 능력에 어려움을 보인다. 이외에도 먼저 다가가서 말 건네기, 인사하기, 비난에 견디기 등에 대인관계 형성 및 유지에 필요한 사회적 기술이 부족하다. 다른 하나는 부정적인 문제행동이다. 예를 들어 학습장애아동들은 부정적인 말을 많이 하거나 산만한 행동 등의 문제행동으로 인해 다른 아동들로부터 거부당하거나 소외되기 쉽다.

5. 학습장애의 이질성과 공존성

학습장애는 읽기 장애, 쓰기 장애, 수학 장애 등으로 세분된다. 여기서 학습장애 이질성이라는 것은 학습장애를 가진 한 아동은 다른 것은 모두 정상 범위에 있지만 읽기에서만 평균 이하의 성취를 할 수 있고, 또 다른 학습장애 아동은 읽기와 쓰기에서만 평균 이하의 성취를 할 수 있다는 의미이다.

그리고 학습장애는 주의력결핍과잉행동장애 등과 같은 범주와 공존을 할 수 있다. 예를 들어 학습장애의 40%가 주의력결핍과잉행동장애와 공존하는 것으로 알려져 있다.

Paragraph 06 학습장애아동의 교육방법

학습장애아동의 교육방법은 크게 교육적 접근 방법과 실제 교과 지도 방법으로 나누어 볼 수 있다.

1. 교육적 접근 방법

학습장애아동에 대한 교육적 접근 방법으로는 크게 행동주의적 접근 방법과 인지주의적 접근 방법으로 구분할 수 있다.

1) 행동주의적 접근 방법

(1) 기본 가정

행동주의는 아동의 '관찰 가능한 행동'에 관심을 가지고 풍부한 자극을 제공하는 것과 그에 대한 아동의 반응을 조절함으로써 아동의 행동을 변화시켜 나가는 방법이다. 예를 들어 풍부한 자극으로는 학교 환경, 교실 환경 등을 변화시키는 것과 교사의 행동과 언어 등을 변화시키는 방법으로 활용할 수 있다. 그리고 아동의 반응을 조절하는 것은 아동이 자극에 대해 바람직한 행동을 보이는 경우에는 칭찬과 강화물 등을 제공하는 것이고 아동의 바람직하지 못한 행동에 대해서는 무시 또는 벌을 제공하는 것이다.

(2) 명시적 교수법

행동주의를 교수–학습 방법에 적용한 것은 명시적 교수법이다. 명시적 방법은 교사가 아동들에게 가르치고자 하는 내용을 명시적으로 제시하여 아동들이 쉽고 빨리 배울 수 있도록 하는 방법이다. 그리고 교사는 아동의 행동을 관찰하고 바람직한 행동에 대한 강화를 제공하여 학습을 증가시킨다.

(3) 직접교수법

직접교수법(Direct Instruction)은 명시적 교수와 달리 Engelman 등이 현장연구를 통해 모든 교사들이 아동들에게 쉽게 적용할 수 있도록 개발한 상업용 교재를 말한다. 예를 들어 유아, 기초학습부진아동 그리고 학습장애아동의 읽기 프로그램을 널리 알려진 미국의 Reading Mastery는 직접교수법을 적용한 읽기 프로그램의 하나이다(김동일 외, 2003).

Engelman 등의 직접교수는 명시적 교수법과 같이 행동주의 관점을 취하고 있다. 따라서 직접교수법에서는 교사의 행동과 과제분석을 중시한다. 예를 들어, 교사의 교수 행동을 분석하여 아동이 가장 효과적으로 학습할 수 있도록 읽기 과제에서 '대본' 제시, '신호' 사용, '교재' 사용 그리고 강화 및 동기에 대해 특별한 접근을 하고 있다(정광조, 2006).

상품화된 직접교수법은 Engelmann과 Carnine 등이 교사들이 유아와 학령기 아동의 학습부진아동 및 학습장애아동을 대상으로 쉽고도 효과적으로 읽기, 쓰기, 수학 등 교과 교육을 실시할 수 있도록 직접교수법의 교육과정을 개발한 것을 말한다.

Adams와 Engelmann(1996)은 직접교수에 대해 첫째, 직접 교수는 아동 중심 교수의 상대적인 측면이 강조된 단순한 의미의 교사 중심의 교수가 아니고, 둘째, 직접교수는(DI) Rosenshine(1986)과 Stallings(1987)의 직접교수(di)와 다르며, 마지막으로 직접교수는 Rosenshine(1986)과 Stallings(1987)의 직접교수(di)도 1966년에 Siegfried Engelmann과 그의 동료들에 근거한 것이며, 이들에 의해 개발된 DISTAR 등의 60개가 넘는 프로그램이 직접교수(DI)라고 하였다. 또한 Adams와 Carnine(2003)은 직접교수(DI)를 'Siegfried Engelmann과 그의 동료들이 만들어 출판한 교육과정'으로 정의를 하고 있다. 즉 Siegfried Engelmann과 그의 동료들이 만든 직접교수(DI)만이 직접교수(DI)라는 것이다. 그리고 Carnine은 직접교수를 Siegfried Engelmann과 그의 동료들에 의해 개발된 프로그램으로 정의한다. 즉 Siegfried Engelmann과 그의 동료들에 의해 개발되어 교재로 출판된 것만이 직접교수라는 것이다.

2) 인지주의적 접근 방법

(1) 기본 가정

인지주의는 아동의 기존의 지식, 생각, 마음 그리고 동기 등에 관심을 가지고 교사와 아동의 대화를 통해 아동의 인지와 행동을 변화시켜 나가는 방법이다. 예를 들어 교사는 아동과 대화를 통해 수업에 대한 계획, 참여 방법 그리고 평가 방법 등에 대한 합의를 하고 수업을 진행한다.

(2) 초인지 교수법

초인지 교수법은 학습장애아동들의 읽기 이해 교육에 가장 많이 활용되고 그 효과도 높은 교육적 방법이다.

초인지는 인지적 작용의 모든 양상을 그 대상으로 하거나 또는 그러한 양상을 조정하는 지식이나 인지활동인 것으로 '인지에 관한 인지'로 불리어 왔다. 이와 같은 초인지는 상위인지적 지식과 상위인지적 감찰과 조정을 말한다. 여기서 상위인지적 지식이란 인지적인 일과 관련하여 아동들이 습득한 세상사에 관한 지식을 말한다. 예를 들어 인물에 관한 지식과 과제에 관한 지식 그리고 전략에 관한 지식이 여기에 해당된다. 그리고 상위인지적 감찰과 조정이란 지금 하고 있는 인지적 활동에 대한 정보나 그 활동의 진척상황을 알려주는 것이다(Flavell et al., 1983).

김옥기(1988)는 초인지는 원래 학습자 자신에 대한 지식, 과제에 대한 지식, 전략에 대한 지식 그리고 실행 과정에서의 통제라고 하였으며 초인지는 초인지 인식과 실행 통제로 구성되며 이를 통해 아동은 환경에 대한 이해력과 통제력을 가지게 된다고 하였다.

정광조(1999)도 초인지는 학습자가 자신에 대한 지식, 배경 지식, 인지과정에 대한 지식, 인지전략에 대한 앎과 통제, 인지과정을 계획 · 평가 · 수정 · 점검하는 활동적 측면에 대한 앎과 통제, 인지활동에 관련된 느낌 그리고 정의적 상태에 대한 앎과 통제라고 하였다. 그리고 이와 같은 초인지는 학습장애아동들의 읽기 이해 능력을 향상시키는데 효과적이다(정광조, 2006).

(3) 전략적 교수법

전략교수법은 Desher 등이 Kansas 대학의 학습 연구 센터에서 개발한 것으로 학습장애아동을 위한 인지전략 관련 연구들을 종합하여 개발한 것이다. 전략교수법의 요소에는 획득요소, 저장요소 그리고 능력에 대한 증명과 표현요소가 있다. 예를 들어 획득요소는 아동들이 교재로부터 새로운 정보를 배울 수 있도록 돕는 학습전략을 말한다. 그리고 저장요소는 아동들이 새로 배운 정보를 조직하고 저장하며 쉽게 인출할 수 있도록 돕는 학습전략을 말한다. 마지막으로 능력에 대한 증명과 표현 요소에는 아동들이 과제를 완성하고 시험을 보고 글로 배운 내용을 표현할 수 있도록 돕는 학습전략을 말한다.

그리고 이와 같은 세 가지 요소는 다음 8단계 교수 절차(The Eight-Stage Instructional Sequence)를 사용하여 학습이 되도록 지도한다.

① 단계 1 : 사전검사 및 약속

사전검사 단계는 전략과 관련된 아동의 현재 능력을 결정하고 배워야 할 전략을 아동이 기꺼이 배울 수 있도록 하기 위한 것이다. 이를 위해서 교사는 아동이 특정 전략을 통해 도움을 받을 수 있는지 여부를 결정할 뿐만 아니라 이미 아동이 배운 전략에 대해서도 고려를 한다. 그 다음에는 전략을 배우면 얻게 될 효과, 특히 시험보기와 교재를 이해하는 등의 실제 생활에서 도움이 된다는 내용에 대해 이야기를 한다. 마지막으로 아동으로부터 전략을 배우겠다는 약속을 받아내고 교사는 아동이 전략을 배울 수 있도록 돕겠다는 약속을 한다.

② 단계 2 : 설명(Describe)

설명 단계에서 교사는 아동에게 전략에 대해 상세하게 설명을 해 준다. 예를 들어 자기 말로 바꾸기 전략(Paraphrasing Strategy)에서는 아동에게 문단을 읽도록 하고, 중심 문장과 보조 문장이 무엇인지 질문을 하도록 하며 자신의 말로 중심 내용과 세부 내용을 말하도록 한다. 이 과정에서 교사는 아동과 각 단계에 대한 토론을 하며 자기 조절을 강조하며 전략이 어떻게 아동 자신의 학습과 수행을 개선하게 될 것인지에 대해 깨달을 수 있도록 한다.

③ 3단계 : 시범(Model)

시범 단계에서 교사는 큰 소리로 아동에게 인지 전략을 설명한다. 교사는 전략의 인지적 측면을 설명하기 위해 큰 소리로 말하기(think alouds)를 사용한다. 예를 들어 교사는 단계에서 아동들이 전략을 사용할 때 아동이 무엇을 생각해야 하는지를 큰 소리로 말해 주는 것이다. 그리고 교사는 내현적 사고와 외현적 행동을 동시에 시범을 보인다. 교사의 시범이 끝난 다음에는 아동들은 전략을 내현적 및 외현적 과정에 따라 점진적으로 사용하도록 한다.

④ 4단계 : 구두 연습(Verbal Practice)

구두 연습 단계는 아동의 전략 절차에 대해 이해하고 기억하도록 하기 위한 것이다. 구두 연습을 위해서는 두 가지 방법이 사용된다. 하나는 언어 정교화이고 다른 하나는 전략 단계에 대해 암송하기이다. 예를 들어 언어 정교화는 전략의 목적, 어떻게 전략이 도움이 되는지 그리고 전략을 사용할 때 포함되어야 하는 과정이 무엇인지를 질문하고 설명하도록 하는 것이다. 그리고 전략 단계 암송하기는 아동이 전략 단계를 기억할 수 있도록 100% 정확하게 빠른 속도로 전략의 단계를 말할 수 있도록 하는 것이다.

⑤ 5단계 : 통제된 연습과 피드백

통제된 연습(Controlled Practice) 단계는 아동이 배운 전략을 연습할 수 있도록 실제 학년 수준에서 약간 쉬운 교재와 숙제에 배운 전략을 적용할 수 있도록 기회를 제공하는 것이다. 이 단계를 통해 아동은 전략에 대한 절차적 기법에 대해 집중을 하게 되고 전략을 다른 과제에 적용하게 되면서 자신감과 유창감을 얻을 수 있게 된다. 교사는 점진적으로 단순하고 쉬운 과제에서 복잡하고 어려운 과제를 제시한다. 그리고 이 모든 단계에서 교사는 아동의 수행에 대해 피드백을 제공한다.

⑥ 6단계 : 진보된 연습과 피드백

진보된 연습(Advanced Practice) 단계는 아동이 배운 전략을 연습할 수 있도록 실제 학년 수준에 맞는 교재와 숙제를 제시함으로써 아동이 도전감과 실제 아동의 요구에 부합하도록 하는 것이다. 이 단계에서는 교사는 처음에는 아동들에게 어떻게 전략을 수행해야 하는지에 대한 강조하다가 점차 배운 전략을 실제 생활 및 실제 학년 수준에서 요구하는 문제에 적용할 수 있도록 강조하도록 해야 한다. 그리고 이 과정에서 교사는 피드백을 통해 아동에 대한 도움을 제공해야 한다.

⑦ 7단계 : 사후검사 및 일반화를 위한 약속

사후검사 및 일반화를 위한 약속 단계는 아동으로 하여금 배운 전략을 완전학습을 하였는지를 확인하고 아동으로 하여금 배운 전략을 새로운 상황에 기꺼이 적용하겠다는 약속을 하게 하는 것이다. 이를 위해 교사는 사후검사를 실시하고 아동이 완전학습을 하였으면 칭찬을 해주고 그렇지 않으면 추가적인 연습을 실시하고 다시 사후검사를 다시 실시한다. 그 다음에는 아동과 교사는 장소와 상황 그리고 시간에 따라 배운 전략을 일반화하겠다는 약속을 한다.

⑧ 8단계 : 일반화

일반화 단계는 아동이 배운 전략을 교실 상황 외에 실제 상황에 적용하도록 하는 것이다. 일반화 단계는 4개의 세부 단계가 있다. 오리엔테이션, 활동, 적응 그리고 유지의 단계이다. 오리엔테이션 단계에서 교사는 아동들에게 일반화의 개념에 대해 소개를 하고 전략을 일상적인 생활에 적용하는 것이 얼마나 중요한지에 대해 설명을 한다. 그리고 난 후 아동들은 언제, 어디서, 어떻게, 왜 전략을 사용해야 하는지를 결정하게 된다. 활동 단계에서 교사는 아동들에게 일반화가 요구되는 과제를 주고 아동들의 수행을 점검한다. 적응 단계에서는 아동들이 배운 전략을 사용할 때 아동들로 하여금 그들이 사용한 인지 전략을 다양하게 생각해 보도록 하는 것이다. 교사는 아동들이 새롭고 다양한 상황에 맞는 전략으로 바꾸고 이에 적응하도록 지도한다. 마지막으로 유지 단계는 전략의 사용에 대해 주기적으로 점검하는 것이다.

2. 교과 지도 방법

학습장애아동을 위한 교과 지도는 국어, 수학 등 여러 교과별로 다양하게 이루어질 수 있다. 하지만 특수학급에서 학습장애아동을 위한 교과 지도는 읽기, 쓰기, 수학 등 기초학습기능에 초점을 두고 이루어질 필요가 있다. 그리고 학습장애아동들이 기초학습기능이 향상되면 그 다음에는 통합학급이나 일반교실에서 실제 교과를 배울 수 있도록 하는 것이 필요하다. 이 장에서는 특수학급에서 실시되어야 하는 읽기, 수학, 쓰기를 중심으로 나누어 설명하고자 한다.

1) 읽기

학습장애아동에 대한 읽기 지도 방법은 크게 음운론적 인식, 해독, 유창성, 이해로 구분하여 적용할 수 있다. 왜냐하면 읽기 능력의 발달이 음운론적 인식, 해독, 유창성 그리고 이해로 발달하기 때문이다. 즉 유아기에는 음운인식 능력이 요구되며, 학령 초기에는 해독 그리고 그 이후에는 유창성과 이해로 발달한다.

(1) 음운론적 인식

음운론적 인식은 학습장애아동들이 문자와 문자가 갖고 있는 소리를 아는 능력이라 할 수 있다. 예를 들어 나의 경우에 아동들은 '나'의 문자가 'ㄴ'과 'ㅏ'로 구성되어 있다는 것을 아는 능력이다.

학습장애아동들이 읽기에 어려움을 보이는 이유는 이와 같은 음운인식능력에 어려움을 보이기 때문이다.

(2) 해독

해독은 학습장애아동들이 음운인식 능력과 문자 지식을 활용하여 문자를 소리 내어 읽는 것을 말한다. 예를 들어 '나'의 경우에 '나'라고 소리 내어 읽는 능력을 말한다. 실제로 학습장애아동들 중 많은 아동들이 학령 초기에 이와 같은 해독에 어려움을 보이는 경우가 많다.

(3) 이해

이해는 학습장애아동들이 문자를 소리 내어 읽은 후, 그 의미를 이해하는 것을 말한다. 예를 들어 한 문장 또는 한 문단의 글을 읽은 후, 글의 내용에 대해 언제, 어디서, 무엇을, 어떻게, 왜? 의미에 대해 아는 능력을 말한다.

학습장애아동들의 경우에는 대부분 이와 같은 읽기 이해 능력에 어려움을 보이는 경우가 많다. 특히 어휘의 문제가 글을 이해하는 데 어려움으로 작용할 수 있다. 또 맥락적 및 배경적 지식과 경험의 부족이 읽기 이해에 어려움으로 작용할 수 있다.

(4) 상품화된 교재를 이용한 읽기지도방법

학습장애아동을 위한 읽기지도 방법으로는 BASA(기초학습기능수행평가체제) 읽기 검사를 이용하여 학습장애아동의 읽기를 지도하는 방법이 있다. BASA 읽기 검사를 이용한 읽기지도방법은 먼저 BASA 기초선 검사를 통해 읽기 유창성 수준의 기초선을 확인한 후, 이를 통해 오류분석을 실시하고 기초선에서 1년간 목표선을 설정한 후, 이를 바탕으로 IEP를 작성하여 지도하는 것이다(김동일, 2000).

학습장애아동을 위한 읽기지도는 상품화된 교재 중에서 증거-기반의 효과가 검증된 교재를 이용하여 지도하는 것이 필요하다. 미국의 경우에는 학습장애 특성과 요구에 적합한 교재로 직접교수법 읽기지도가 이용되고 있다. 특히, 직접교수법 읽기는 증거-기반의 효과적인 읽기지도 방법으로 검증되었다. 국내에서도 직접교수법 읽기를 이용한 한글읽기 지도방법이 적용되었다(정광조, 2006).

2) 수학

수학 지도 방법에는 다양한 방법이 적용될 수 있다. 여기서는 특정 수학 학습에 어려움을 겪는 수학 학습장애에 대한 방법을 제시하고자 한다. 학습장애아동의 수학 지도는 크게 CBM 자료를 이용한 목표 구조의 활용, 교육과정과 수업의 재조직, 구체적으로 수세기 지도 그리고 덧셈과 뺄셈지도로 이루어진다.

(1) CBM 자료를 이용한 목표 구조의 활용

교육과정중심측정 수학 평가를 이용하여 특수교육대상 아동이 현재 자신의 진전 정도가 어느 정도인지를 알게 했을 때 특수교육대상 아동의 성취도는 향상이 된다. 특히 매일 교육과정중심측정을 통해 수학 평가를 하게 되면 특수교육대상 아동의 수학 능력은 향상이 된다. 예를 들어 기초학습기능수행

평가체제 수학 검사를 이용하면 아동들의 사칙연산 능력을 향상시키는데 도움이 된다. 특히 도표를 이용하여 매일 평가한 결과를 기록하게 하면 아동들의 자기 점검을 통한 동기 유발 등을 통해 학업성취도가 향상이 된다. 물론 강화물을 적절하게 활용하면 더 효과가 있다(김동일, 2000; 김동일 외, 2003).

(2) 교육과정 수정과 수업의 재조직

교육과정 수정과 수업의 재조직을 위한 주요 원리는 다음과 같다. 첫째, 학습자들에게 전달하고자 하는 주요 개념(Big Ideas)을 명료화한다. 둘째, 각종 학습전략이나 인지전략을 활용할 경우에는 필요성, 효과 그리고 활용 방법을 학습자들에게 명확한 시범을 보인다. 셋째, 교사는 학습자에 대한 지원을 줄여서 학습자 스스로 학습을 해 나갈 수 있도록 한다. 넷째, 학습하고자 하는 개념이나 아이디어와 관련이 있는 다른 여러 교과목의 내용들을 의미 있고 요령있게 통합시킨다. 다섯째, 본 내용을 학습하는 데 필수적인 사전 배경 지식을 확인 준비시킨다. 마지막으로 복습은 누가적으로 자주, 다양한 유형의 과제를 가지고 충분하게 시킨다(김동일 외, 2003).

(3) 수세기 지도

특정 수학 학습장애아동에게 가장 먼저 지도할 수 있는 것은 수세기이다. 수세기를 구체물을 세는 것, 숫자를 보고 읽는 것 그리고 손가락을 이용하여 세는 법 등 다양한 방법이 적용될 수 있다. 참고로 특정 학습장애아동들의 대부분은 손가락을 이용하여 수를 세는 것에 어려움을 보인다. 따라서 자신의 손가락을 이용하여 10까지 세는 훈련을 시키는 것은 이후 덧셈과 뺄셈을 지도할 때에도 매우 효과적인 방법이 될 수 있다.

참고로 수세기는 수세기 판을 이용하여 수를 세도록 할 수 있다. 그리고 기탄 수학의 자료를 활용하여 건너뛰면서 수 세기 등의 학습활동을 할 수 있다. 또한, 화폐나 시계 등을 활용하여 수세기를 일상생활의 문제에 적용하여 해결하도록 지도하는 것이 필요하다. 그리고 실제로 아동들이 수세기의 중요성을 깨닫거나 일상생활에서 수학적 지식이 얼마나 중요한지를 알도록 수학적 과제를 제시하는 것이 필요하다.

(4) 덧셈과 뺄셈 지도

학습장애아동에게 덧셈과 뺄셈을 지도하기 위해서는 구체물을 이용하여 덧셈과 뺄셈을 배울 수 있도록 지도하는 것이 필요하다. 처음에는 구체물을 이용하여 덧셈을 지도하다 그 다음에는 손가락을 이용하여 지도한다.

손가락을 이용한 덧셈이 가능해지면 반구체물을 이용한 덧셈이 이루어지도록 한다. 그리고 반구체물을 이용한 덧셈이 숙달되면 암산을 통해 덧셈을 할 수 있도록 반복한다. 특히, 덧셈은 5 이하의 수, 10 이하의 수 그리고 20 이하의 수 등으로 아동들의 체계적으로 덧셈을 할 수 있도록 지도할 필요가 있다. 그리고 전자계산기를 이용하여 덧셈에 대한 검산을 하도록 하면 전자계산기 사용법을 동시에 가르칠 수 있다. 뺄셈도 이와 같은 방법을 통해 지도한다. 그리고 시중에 나와 있는 상업용 교재를 활용한다.

특정 학습장애에 대한 덧셈과 뺄셈 지도는 단순한 덧셈과 뺄셈 지도 외에 실제 상황과 맥락을 이용하여 지도하는 것이 추가로 요구된다. 그렇지 않으면 학습장애아동들이 수학에 대한 흥미를 잃어버릴 수가 있다.

실제 상황과 맥락을 이용한 덧셈과 뺄셈은 화폐카드와 물건 스티커를 이용한 역할놀이를 통해 실제 화폐를 제시하고 물건을 구입하는 활동을 통해 이루어질 수 있다. 그리고 이 과정에서 전자계산기도 함께 이용하도록 지도한다. 그리고 일반화를 위해 가정에서 부모님과 함께 실제 쇼핑에 대한 계획을 세우고 실제 물건을 사도록 하는 기회를 제공하도록 한다.

Paragraph 07 학습장애아동의 교육사례

1. 사례 1

○○○는 초등학교에서부터 특수교육 대상자로 선정되어 온 남자 아동이다. 외모나 대화하는 부분에서는 전혀 특수학급 아동으로 여겨지지 않는 아동이었다. 그래서인지 초등학교 6학년까지는 특수학급에서 교육을 받지 않았는데 중학교에 오면서 특수교육 대상자 정신지체로 선정되어 왔다고 했다. 지능이 정상이고 신체적인 어려움이나 의사소통의 어려움 그리고 대인관계에서도 큰 어려움이 없어서(오히려 더 뛰어난 부분이 있었다. 예를 들어 의사소통이나 대인관계는 아주 뛰어났으며 음악도 잘했다) 개별반에서 따로 교육과정중심측정을 이용한 진단 및 평가를 실시하였다.

김동일(2000)의 BASA 읽기와 수학 교육과정중심측정을 실시한 결과, 읽기 유창성 수준에서는 3학년 이상으로 정상 범위에 속했으나 수학에서는 초등학교 1학년 수준에서도 가장 낮은 수준을 보였다. 따라서 능력-성취 불일치 준거에 따라 학습장애로 재진단을 하여 학습장애 특성에 맞은 특수교육서비스를 제공하였다.

특수교육서비스 제공을 위해 비형식적인 검사로 읽기 이해를 진단한 결과, 읽기 이해에서 어려움이 존재하여 중학교 1학년 때부터 지속적으로 읽기 이해에 대한 교육을 실시하였다.

○○○는 수학시간과 영어시간에만 개별반으로 내려왔다. 따라서 ○○○에 대한 교육은 수학과 영어로 진행되었다. 하지만 읽기 이해에 어려움이 있었기 때문에 영어 시간에 개별반에서 기초적인 읽기 이해를 위한 전략을 지도하고 이를 일반교실 국어 시간에 수업에 참여하여 교육을 받도록 하였다. 예를 들어, 읽기 이해는 교재를 읽고 모르는 단어를 확인한 후, 그 의미를 찾는 방법으로 교육을 하였다. 그리고 그 교재의 문단과 문단 수준에서 의미를

교사가 직접 설명해 주는 방법을 적용하였다. 그리로 초인지 접근을 통해 읽은 내용에 대한 이해 점검과 이를 설명하는 방법을 적용하였다.

수학은 손가락을 이용하여 수세기를 통해 덧셈과 뺄셈을 지도하였다. 그리고 이 외에도 전자계산기를 이용하여 덧셈과 뺄셈을 하도록 하였다. 곱셈 지도를 위해 구구단을 매일 외우고 점검하도록 하였다. 그리고 이를 매일 교육과정중심측정을 통해 평가하고 진전도를 기록하였다.

○○○는 중학교를 졸업할 때까지 수학에서는 초등학교 2학년 수준까지 향상되기는 하였지만, 수학에서의 어려움은 크게 개선되지 않았다. 하지만 읽기 이해 부분에서는 계속적인 독서와 개별반 및 일반학급에서의 교육을 통해 상당한 수준으로 향상되었다.

이 아동의 경우에는 학부모의 열정적인 지원과 관심을 통해 일반계 상업고등학교에 입학하여 잘 적응하면서 고등학교 3학년까지 다니고 있다.

2. 사례 2

○○○는 중학교 3학년 남자 아동이다. 중학교 1학년 때는 읽기, 쓰기 그리고 수학 학습부진아동으로 선정되어 교육을 받아왔다. 학습의 어려움으로 또래들로부터 고립되기도 하였지만 친구관계나 교사와의 관계는 큰 문제가 없었다. 하지만 계속적으로 일반교사들이 이 아동의 학습에서의 어려움으로 보고하여 왔다. 특히 중학교 3학년이 되어서도 읽기와 쓰기에 계속적인 어려움을 보여 왔다. 이에 특수교사는 이 아동이 학습장애아동인지 아닌지를 BASA 읽기 검사를 통해 진단 및 평가를 한 후(이 아동은 읽기 유창성 검사에서 계속적으로 읽기 해독의 오류와 유창성 수준이 향상되지 않는 어려움을 보임), 읽기 학습장애아동으로 진단하여 특수교육서비스를 제공하였다. 특수교육서비스는 개별반(특수학급)에서 읽기 유창성 지도와 쓰기 지도 그리고 알파벳 외우기 등을 지도하였다.

이 아동의 경우에는 고등학교 일반계 상업고등학교로 진학하였지만 적응에 어려움을 보여 결국은 친한 친구가 있는 인문계 고등학교로 전학을 가서 지내고 있다.

참고문헌

교육부(2014). 2014 특수교육 통계. 교육부.

김동일(2000). 기초학습기능 수행평가체제 읽기 검사. 학지사.

김동일 · 이대식 · 신종호(2003). 학습장애아동의 이해와 교육. 학지사.

김동일 · 정광조(2008). 불일치모형과 중재반응모형을 넘어서 : 학습장애의 진단을 위한 새로운 통합모형의 제안을 중심으로. 정서 · 행동장애 연구. 24(1). pp. 133-161.

김옥기(1988). 초인지 · 인지 전략과 수행간의 관계. 중앙대학교 박사학위 청구논문.

정광조(1999). 파워포인트를 이용한 초인지전략 수업이 중등특수학급 학생의 학업성취 및 읽기인식능력에 미치는 효과. 단국대학교 석사학위 청구논문.

정광조(2006). 직접교수(DI) 원리를 적용한 한글읽기프로그램의 효과 연구. 서울대학교 박사학위 청구논문.

정광조(2006). 파워포인트를 이용한 초인지전략수업의 효과에 관한 연구. 특수교육학연구. 41(3). pp. 55-75.

Adams, G. L. & Carnine, D.(2003). Direct Instruction. IN Swanson, H. L., Harris, K. R., & Graham, S.(2003). *Handbook of Learning Disabilities*, NY: Guilford Press.

Adams, G. L., & Engelmann, S.(1996). *Research on Direct Instruction: 25 years Beyond DISTAR*. Seattel: Educational Achievement Systems.

Carnine, D. W., Sillbert, J. & Kameenui, E. J.(1997). *Direct Instruction Reading*. Prentice Hall.

Flavell, J. H.(1983). The curriculum disabled child. *Topics in Learning and Learning disabilities*, 3, pp. 37-48.

Fletcher, J. M., Morris, R. D., & Lyon, G. R.(2003). *Classification and definition of learning disabilities: An integrative perspective*. in Swanson, H. L., Harris, K. R., & Graham, S.(2003).

Hallahan, D. P., & Mercer, C. D.(2002). *Chapter I: Learning disabilities: Historical perspectives*. In Bradley, R., Danielson, L. & Hallahan, D. P.(2002). *Identification of learning disabilities: Research to practice*. Lawrence Erlbaum

Associates, Inc.

Mellard, D. F., & Johnson, E.(2008). RTI : A practitioner's guide to implementing response to intervention. Corwin press & NAESP.

Rosenshine, B.(1986). Synthesis of research on explicit teaching. *Educational Leadership*, 43, 60-69.

Stallings, J.(1987). *Longitudinal findings for early childhood programs: Focus on Direct Instruction*. ERIC 297 874, 10p.

Swanson, H. L., Harris, K. R, & Graham, S.(2003). *Handbook of Learning Disabilities*. The Guilford Press.

생각해 볼 문제

01 학습장애는 정신지체와 어떤 차이가 있는지 설명하시오.

02 능력-성취 불일치 모형과 중재반응모형의 차이에 대해 설명하시오.

03 학습장애의 배치는 어떻게 해야 하는지 설명하시오.

04 학습장애의 이질성은 어떤 의미이며, 교육에 주는 시사점은 무엇인지 설명하시오.

05 학습장애의 진단과 관련된 쟁점은 무엇인지 설명하시오.

Chapter 12

영재아동 교육

이 장에서는 영재아동 교육의 역사, 영재의 정의와 분류, 영재의 원인과 출현율, 영재의 진단과 판별, 영재아동의 특성, 영재아동의 교육방법, 영재아동의 교육사례, 영재아동 교육의 과제 및 전망 등을 중심으로 살펴보고자 한다.

Paragraph 01 영재아동 교육의 역사

국내에서는 영재 교육이 이질집단 속에서 속진의 방법을 통해 이루어지다가 영재학교와 영재학급을 통한 분리교육으로 발전되어 가고 있다. 그렇다면 과연 영재 교육은 이질집단 속에서의 속진을 통한 방법이 효과적인가? 아니면 영재학교와 영재학급과 같은 분리교육이 효과적인가? 이와 같은 질문에 대한 답은 국·내외 영재교육의 역사를 통해 살펴 볼 수 있을 것이다.

1. 미국의 영재교육 역사

미국 영재교육은 초기에는 속진을 허용하는 방법으로 영재아동을 교육하였다. 그러다 1916년 메사추세츠의 Worcester에서 영재를 위한 특수학교가 처음으로 개교하였다. 그리고 같은 해 로스엔젤레스와 신시내티에서 영재를 위한 특수학급인 '기회학급(opportunity class)'이 만들어졌다. 이후 1926년에 이르러서는 미국의 2/3의 대도시에서 영재교육 프로그램이 실행되었다. 하지만 대공항 이후 경제적인 문제와 교육에서 평등교육이 강조되면서 영재교육에 대한 관심이 줄어들게 되었다.

이 과정에서 Lewis Terman은 1,528명의 영재를 판별하여 그들을 종단 연구를 한 '천재에 대한 유전적 연구'를 통해 영재교육의 아버지라는 칭호를 얻게 되었다. 이 연구의 결론은 유전과 환경의 효과가 불분명하다는 것이며 대부분의 영재아동들은 환경이 좋은 곳에서 자랐다는 점이다. 그리고 영재아동들은 지적으로 우수할 뿐만 아니라 심리적, 사회적으로 그리고 신체적으로도 보통 사람들보다 건강하였다는 점이다. 또한 영재아동의 경우에는 속진을 한 경우가 효과적이며, 가족의 가치관과 교육수준이 성공에 결정적인 역할을 한다고 하였다.

Terman이 영재교육의 아버지라고 한다면 Leta Hollingworth는 영재교육의 양육자라고 할 수 있다. Hollingworth는 50명의 아동을 IQ 평균이 165인 아동과 145인 아동으로 구분하여 연구를 수행한 결과, 상위 1%(IQ 130~180)가 영재이고 이들 영재는 성인이 되어서도 영재성을 발휘한다고 하였다. 따라서 이들 아동들은 조기에 판별해서 교육을 해야 한다고 주장하였다. 또한 Hollingworth는 영재아동은 정서적으로 매우 나약하므로 정서교육이 필요하다고 하였다(이경화 외, 2005).

이에 따라 미국에서는 영재교육이 분리교육으로 발전되었지만 최근에 와서는 다시 통합교육을 통해 영재교육이 이루어지고 있다.

2. 국내의 영재교육 역사

국내에서도 월반제도를 통해 영재아동을 교육하여 왔다. 그리고 그 이후에는 예술과 체육 분야에서 영재교육을 먼저 시도하였다. 예를 들어 1953년 서울예술고등학교 등이 개교하였다.

1980년대 들어서는 과학고등학교가 개설되면서 과학 영재에 대한 교육이 실시되었다. 예를 들어 1983년부터 1989년까지 전국에 7개의 과학고등학교가 설립되었다. 이 외에도 외국어 영재교육의 일환으로 부산외국어고등학교를 비롯하여 전국에 15개의 외국어고등학교가 설립되었다.

1998년부터는 과학기술부의 지원으로 전국 8개 대학교에서 대학 부설 과학영재교육이 설치되었다. 그리고 2000년 「영재교육진흥법」이 통과되고 2003년 「영재교육진흥법」 시행령이 통과되면서 현재는 영재교육이 초등학교에서 영재 학급 그리고 중 · 고등학교에서는 학교 단위에서의 영재학급 및 영재교육원 운영이 이루어지고 있다.

구체적으로 2001년 카이스트 부설 한국과학영재학교가 국내 처음으로 영재학교로 개교를 하였으며, 2009년에는 서울과학고등학교가 서울과학영재학교로 명칭을 바꾸는 등 전국의 시 · 도에 영재학교가 설립되어 영재교육을 실시해 오고 있다.

Paragraph 02 영재의 정의와 분류

영재의 정의는 크게 미국의 영재아 정의와 국내의 영재아 정의로 구분하여 살펴보면 다음과 같다.

1. 미국의 영재 정의

미국 교육부에서는 영재아를 다음과 같이 정의하고 있다.

'영재'와 '재능아'는 유치원, 초등학교 그리고 중등학교에서 일반지능, 특수한 학업 적성, 창의적 혹은 생산적 사고, 리더십, 시각 및 공연예술 영역에서 우수한 수행 능력을 보여주는 증거를 제공할 정도로 잠재력이 있거나 실제로 잠재력을 소유한 아동으로 판별된 아동으로 일반 정규학교에서 제공되는 활동이나 서비스가 아닌 특별한 서비스나 활동이 요구되는 아동을 의미한다(The Gifted and Talented Children's Education Act(1978) (PL. 95~56).

2. 국내의 영재 정의

국내 「영재교육진흥법」 제2조에서는 영재를 다음과 같이 정의하고 있다.

'영재'란 재능이 뛰어난 사람으로서 타고난 잠재력을 계발하기 위하여 특별한 교육이 필요한 사람을 말한다.

그리고 「영재교육진흥법」 제5조 영재교육대상자의 선정의 내용은 다음과 같다.

① 영재교육기관의 장은 다음 각 호의 어느 하나의 사항에 대하여 뛰어나거나 잠재력이 우수한 사람 중 해당 교육기관의 교육 영역 및 목적 등에 적합하다고 인정하는 사람을 영재교육대상자로 선발한다. 1. 일반 지능, 2. 특수 학문 적성, 3. 창의적 사고 능력, 4. 예술적 재능, 5. 신체적 재능, 6. 그 밖의 특별한 재능

② 영재교육기관의 장은 제1항에 따른 영재교육대상자를 선발할 때 저소득층 자녀, 사회적 취약 지역 거주자 등 사회적 · 경제적 이유로 잠재력이 충분히 발현되지 못한 영재를 선발하기 위하여 별도의 선발절차를 마련하는 등의 조치를 할 수 있다.

③ 제1항 및 제2항에 따른 영재교육대상자의 선발기준 및 선발절차 등 필요한 사항은 대통령령으로 정한다.

「영재교육진흥법」 시행령에서 제시하고 있는 영재교육대상자 선정기준에 대한 내용은 다음과 같다.

「영재교육진흥법」 제12조(영재교육대상자의 선정기준 등)

① 영재교육대상자는 영재교육기관의 교육영역 및 목적에 적합하고, 교육내용을 이수할 능력이 있다고 인정되는 다음 각 호의 어느 하나에 해당하는 자로 한다.〈개정 2006. 12. 21〉

1. 표준화된 지능검사, 사고력검사, 창의적 문제해결력검사 그 밖의 소정의 검사 · 면접 또는 관찰의 방법에 따라 특정교과 또는 특정분야에서 일정수준 이상의 뛰어난 재능 또는 잠재력이 있다고 인정되는 자
2. 실기검사 그 밖의 소정의 검사 · 면접 또는 관찰의 방법에 따라 예술적 · 신체적 분야에서 일정수준 이상의 재능 또는 잠재력이 있다고 인정되는 자

② 제1항에도 불구하고 사회 · 경제적 이유로 잠재력이 발현되지 못한 다음 각 호의 자로서 영재교육기관의 교육영역 및 목적에 적합하고, 교육내용을 이수할 능력이 있다고 인정되는 자는 영재교육대상자로 선발될 수 있다.〈개정 2006. 12. 21, 2008. 10. 14〉

1. 「국민기초생활 보장법」 제5조에 따른 수급권자의 자녀
2. 「도서 · 벽지 교육진흥법」 제2조에 따른 도서 · 벽지에 거주하는 자
3. 「장애인 등에 대한 특수교육법」 제15조에 따른 특수교육 대상자
4. 행정구역상 읍 · 면 지역에 거주하는 자
5. 그 밖에 사회 · 경제적 이유로 교육기회의 격차가 발생하였다고 인정되는 자

Paragraph

03 영재의 원인과 출현율

1. 영재의 원인

영재의 원인은 무엇보다 유전과 환경 간의 논쟁이다. Terman은 그의 연구에서 영재의 원인은 무엇보다 가족의 사회 · 경제적 지위와 학력으로 제시하였다.

2. 영재 출현율

1) 미국의 영재 출현율

미국에서는 영재 출현율을 학령기 아동의 3%에서 5%로 추정하고 있다(Sisk, 1987). 하지만 실제로 영재아동을 진단 및 평가하는 방법의 제한점과 특별히 문화적 그리고 언어적 다양성에 따라 실제보다는 낮게 나타날 수 있다(Cohen, 1994). 그리고 미국의 경우에는 주마다 영재교육을 강조하거나 강조하지 않는 등의 정책적인 차이가 있어 실제로 정확한 영재아동의 출현율을 추정하기는 쉽지 않다(Swassing, 1992).

2) 국내의 영재의 출현율

국내에서는 영재교육을 받는 아동은 대략 학령기 아동의 1%에 해당되는 아동으로 보고 있다. 구체적으로 서울특별시교육청은 2011년 기준으로 전체 학령 아동 1,230,549명 중에서 영재아동으로 선정된 아동이 15,853명으로 전체 아동 중에서 1.29%의 아동이 영재아동으로 선발되어 교육을 받고 있다고 하였다(서울특별시교육청, 2012).

Paragraph 04 영재의 진단과 판별

영재는 개인지능검사, 집단지능검사, 성취도 검사, 창의성 검사, 교사지명, 학부모지명 그리고 아동지명으로 진단 및 판별될 수 있다(이경화 외, 2005). 본 절에서는 영재의 진단 및 판별에 대해 Renzulli의 재능자원 판별계획과 실제 서울특별시 중부교육지원청에서 실시하고 있는 영재의 진단 및 판별 방법에 대해 제시하고자 한다.

1. Renzulli의 재능자원 판별계획

Renzulli의 재능자원 판별계획은 '넓은 그물망'을 던지면 다양한 영재와 재능아를 낚을 수 있을 것이라는 가정을 내포하였으며 다섯 단계로 되어 있다.

1) 1단계 : 검사점수에 의한 지명

재능자원 집단의 약 50% 정도는 표준화된 지능검사와 성취도검사를 통하여 선별하며 이중에서 상위 8% 이내의 점수를 얻은 학생은 더 이상 평가하지 않는다.

2) 2단계 : 교사지명

1단계 점수에서 선발된 학생들을 대상으로 교사들이 높은 창의성, 높은 동기, 독특한 흥미나 재능 또는 특수한 영역에서의 뛰어난 수행, 잠재성 등을 고려하여 학생을 지명한다.

3) 3단계 : 다양한 기준으로 지명

영재판별 위원회의 판단에 따라 자기지명, 부모 지명, 또래 지명, 창의성 검사 결과 등과 같이 다양한 기준으로 지명한다.

4) 4단계 : 특별지명

현재의 교사가 아동에 대한 편견으로 인한 오류를 피하기 위해서 지명된 학생 명단을 모든 교사들이 볼 수 있도록 한다.

5) 5단계 : 활동정보를 바탕으로 지명

하나의 주제나 연구 분야 또는 독립적인 프로젝트 수행에 큰 관심을 보이는 재능자원 학생을 기술하는데 사용된다.

2. 국내의 영재의 진단 및 판별 방법

국내에서 영재의 진단 및 판별 방법은 학교 단위에서의 집중 관찰을 통한 방법과 교육청 단위에서의 창의적 문제 해결력 수행 관찰을 통한 방법을 통해 이루어지고 있다. 다음 내용은 ㅇㅇ시 ㅇㅇ교육지원청에서 실시되고 있는 진단 및 평가 방법이다.

전형 단계	주관 기관	선발 과정	선발 방법 및 일정
1단계	단위학교	집중관찰 대상자 선정	가. 집중 관찰 대상자 선정 －기한 : 2011. 9. 21(수)까지 －절차 : 담임 또는 교과담당교사가 선정 나. 당해 학교급에서 영재교육원(방과 후 영재학급 포함) 수료자 및 2011학년도 재학 중인 자는 별도의 선정 과정 없이 신청만으로 집중관찰대상자가 될 수 있음 ※ 집중관찰 대상자로 선정된 후 타교로 전학하는 아동은 집중관찰대상자 자격을 상실함

2단계	단위학교	학교장 추천		가. 집중관찰 대상자 집중 관찰 1단계에서 선정된 아동들을 대상으로 9월~11월 사이에 관찰위원 선생님들이 집중 관찰을 실시함 나. 영재교육 적격자 추천 –기한 : 2011. 11. 25(금)까지 –방법 : 1단계에서 선정된 아동 중에서 집중 관찰 실시 결과를 바탕으로 단위학교 영재추천위원회 심의를 거쳐 지역교육지원청 영재교육원에 학교장이 추천함 ※ 과학 분야는 지원서 작성 시 ① 지망 학교를 반드시 표기, ② 지망 학교는 본인이 원할 경우 표기 ※ 음악분야는 지원서 작성 시 세부전공을 기재 다. 지원서 접수 –기간 : 2011. 11. 29(화)~12. 1(목) 10 : 00~15 : 00 –장소 : ㅇㅇ교육지원청 중등교육지원과(2층)
3단계	ㅇㅇ교육 지원청	창의적 문제 해결력 수행 관찰	수학 과학 정보 분야	가. 창의적 문제해결력 수행 관찰 –일시 : 2011. 12. 17(토) 15 : 00~16 : 30(90분) –장소 : 수학–ㅇㅇ중, 과학–ㅇㅇ여중, 정보–ㅇㅇ여중 –내용 : 과제수행 과정 및 산출물 관찰 나. 정원의 1.5배수 선발 다. 과학분야는 ① 지망을 우선으로 하고, 미달 시 ② 지망 지원자 중 성적순으로 선발 라. 3단계 전형 합격자(4단계 대상자) 발표 : 2011. 12. 20(화) 10 : 00, 우리교육지원청의 홈페이지
			음악 분야	가. 창의적 문제해결력 수행 관찰 –일시 : 2011. 12. 17(토) 15 : 00~18 : 00(180분) –장소 : ㅇㅇ중학교 –내용 : 과제수행 과정 및 산출물 관찰 나. 정원의 1.5배수 선발 다. 3단계 전형 합격자(4단계 대상자) 발표 : 2011. 12. 20(화) 10 : 00 우리교육지원청의 홈페이지

4단계	ㅇㅇ교육 지원청	면접	수학 과학 정보 분야	3단계 전형 합격자를 대상으로 인성면접 -일시 : 2011. 12. 22(목) 16 : 00~ -장소 : ㅇㅇ중
			음악 분야	3단계 전형 합격자를 대상으로 인성면접 -일시 : 2011. 12. 22(목) 16 : 00~ -장소 : ㅇㅇ중
5단계	ㅇㅇ교육 지원청	선정심사위원회 심의 및 최종합격자 발표		가. 선정심사위원회 심의(※ 아동들은 참석하지 않음) -일시 : 2011. 12. 28(수) 10 : 30~ -장소 : ㅇㅇ교육지원청 교육협의회실 -내용 : 최종 및 예비합격자 선정 적격 여부 심의 나. 합격자 선정은 3단계 점수를 100% 반영하여 선발함 단, 면접에서 부적격 판정을 받으면 탈락됨 ※ 동점자 처리 기준 : ㅇㅇ시교육청 미래인재교육과 3단계 점수 동점자 처리기준에 따름 다. 최종 합격자 발표 : 2011. 12. 30(금) 10 : 00(예정) 우리교육지원청 홈페이지

Paragraph 05 영재아동의 특성

영재아동의 특성을 지적, 정의적 특성으로 구분하여 살펴보면 다음과 같다(이경화 외, 2005).

1. 지적 영재의 특성

1) 언어 및 사고력

지적 영재는 조숙한 언어 및 사고력을 보인다. 예를 들어 Binet는 영재아동은 생활연령과 비교해 볼 때 높은 정신연령을 지니고 있다고 하였다. 그리고

Silverman은 영재아동이 고도의 인지능력을 보이는 비동시적 발달을 한다고 하였다. Holingworth는 입학 전 글을 읽을 수 있다고 하였다. 결론적으로 지적 영재아들은 조숙한 언어능력, 우수한 독해력 및 실용적인 어휘와 다양한 주제에 대한 정보, 추상적인 개념 파악이 쉽게 된다고 할 수 있다. 또한 일찍부터 쓰기를 시작한다고 할 수 있다.

2) 논리적 사고력

영재아동은 사고가 빠르고 논리적이며, 호기심이 많고, 동기가 강하다. 그리고 질문 능력, 인과관계 이해력, 수렴적인 문제 해결력, 지구력, 통찰력 등이 우수하다.

3) 수학 및 예술적 능력

수학 영재들은 독특한 계산 방법을 사용하며 미술 영재들은 시각적 기억력 탁월, 특유한 방법과 창의성을 활용하여 문제를 해결하며 세상을 개념적으로 보기 보다는 모양과 시각적 특징으로 조망한다. 또한 음악 영재는 1~2세에 나타나는데, 음악적 구조에 대한 민감성, 이해력, 표현적인 특성으로 어린아이 시기에 음악적 소리를 듣고 매료된다. 예를 들어 바이올린 연주자이자 신동인 모차르트는 음악을 들으며 전율과 눈물을 흘렸다고 한다.

4) 동기, 지구력, 흥미

영재들은 높은 동기와 배움에 대한 욕구가 높아 이해력 및 논리력의 수준이 높고 이들을 결합하여 고차원적인 성취를 한다. 예를 들어 영재아동이 제안한 주제나 프로젝트의 질적 수준은 대단히 높고 복잡하다.

3. 영재의 정의적 특성

1) 사회적 기술, 개인적 적응, 자아개념

Terman은 영재아동들은 정신건강이 매우 양호하다고 하였다. 그리고 Hollingworth은 IQ 140~160의 아동들은 사회적으로 잘 적응하고 친구도 많은 경향이 있다고 하였다. 하지만 IQ 180 이상의 아동들은 일반 아동과 차이가 너무 많이 나서 사회적 적응에 어려움이 있다고 하였다. 따라서 이들 아동들에게는 정서교육(상담)이 반드시 필요하다고 하였다.

영재아동들은 학문적 자아개념이 높은 편이며 초등학교에서는 여자 아동, 고등학교에서는 남자 아동들의 자아개념이 더 긍정적이라고 하였다.

또한 영재아동들은 일반적으로 적응을 잘하고, 자아개념이 높으나 종종 문제행동을 나타낸다고 하였다. 영재아동들이 보이는 문제행동은 사회적 거부, 고독, 차별성, 낯설음, 우울함, 지루함, 냉담, 학교에 대한 실망, 강박적이고 신경질적인 완벽주의, 스트레스, 모든 면에서 우수해야 한다는 고민, 형제자매 간의 불화, 청소년기의 섭식장애 등이다.

2) 독립심, 자신감, 내적 통제

영재아동들은 또래들과 비교했을 때 부모나 교사의 긍정적인 피드백, 학교에서의 성공 경험 등으로 인해 자신감이 높고 독립심이 강한 성격을 갖고 있다. 또한 내적 통제가 높아 실패를 건설적으로 활용한다. 예를 들어 실패의 원인을 노력과 능력의 부족으로 보기 때문에 더 열심히 노력한다. 즉 실수를 통해서 많은 것을 학습한다.

3) 선호하는 학습, 수업, 사고, 표현양식

영재들이 선호하는 학습양식은 교사에 의한 동기 유발, 스스로 동기화, 구조화, 구조화 되지 않고 융통성이 요구되는 과제, 관찰자, 참여자, 다양한 지각통로를 이용해서 학습, 책임감이 높고, 조용한 환경이나 혼자 혹은 다른 영재와 함께 학습하는 것을 선호한다.

영재들이 선호하는 수업양식은 독자적 공부, 멘터제, 프로젝트, 역할놀이, e－러닝, 게임, 학습센터, 현장학습, 협동학습, 또래교수, 소집단토론, 설명, 토론 및 강의이다.

영재들의 사고양식은 입법적 기능(자신만의 규칙 창안), 행정적 기능(계획에 따라 일을 수행), 사법적 기능(아이디어, 규칙, 절차를 비교하고 평가)이다.

그리고 영재들은 표현양식으로 쓰기, 구두, 조작, 토론, 전시, 극화, 미술 그리고 그래픽을 선호한다.

4) 유머 감각

영재들은 신속한 사고력, 관계 파악 능력, 자신감, 사회적 적응성으로 인해 뛰어난 유머감각을 갖게 된다.

5) 도덕적 사고 및 동정심

영재들은 다른 사람의 권리를 인정, 이해하고, 감정을 잘 이해한다. 즉 발달이 빠른 아동일수록 자기 중심적인 사고를 적게 하는 경향이 있다. 또한, 사회문제에 많은 관심을 가진다(쓰레기 문제, 저소득층, 노인, 정치 등).

Hollingworth은 일반아동들이 자신의 방식에 따르도록 하거나 자신이 원하지 않는 과제를 회피하기 위해 '건전한 속임수'를 사용하여 청소년 비행과 범죄로 발전할 수 있다고 하였다.

하지만 영재들은 학교에서 문제행동을 덜 일으키며 공정, 동정, 정직, 동일한 기준에 따라 사람을 평가하는 경향이 있다고 하였다.

4. 창의적 영재의 특성

1) 창의성과 지능

지능이 높은 아동과 창의성이 높은 아동 모두 학업 성취도가 높았지만, 교사들은 지능이 높은 아동을 더 좋아한다. 그리고 어느 정도의 지능은 창의적 생산에 필요하나 일정한 수준(IQ 120)에 이르면 관계가 없다. 특히 지능보다 심리적 특성이나 환경(인내력, 사회적 환경, 운)이 더 중요한 요인이 된다.

따라서 IQ만을 근거해서 영재교육 대상자를 선발하거나 교사에 의해 판별할 경우 창의적인 아동이 누락될 수 있다. 교실에서는 지능이 높은 지적 영재들이 돋보이지만 사회적으로는 창의적 영재들이 우리 사회에 더 큰 기여를 할 가능성이 크다.

2) 성격과 창의적 특성

영재들은 높은 에너지와 동기를 가지고 있다. 예를 들어 충동적, 과잉행동, 열정, 흥분, 자발성, 지속력, 인내력, 모험성, 제시된 과제 이상을 수행하려는 의지, 성취와 인정에 대한 욕구가 높다.

또한 영재들은 위험을 감수하여 새로운 것에 대한 시도, 결과가 다른 것을 개의치 않음, 실패와 거부에 대한 두려움이 없다.

마지막으로 영재들은 자신감, 독립심, 지속성, 호기심, 비관행성, 새로운 것에 대한 흥미, 유머 등으로 인해 부정적인 성격 특성을 갖기도 한다.

5. 국내 교육현장에서 제시하고 있는 영재아동의 특성

서울특별시교육청에서 제시하고 있는 영재아동의 특성은 실제 교사가 학교 현장에서 집중관찰을 할 때 사용하고 있는 관찰 척도를 통해 알아 볼 수 있다. 그 내용은 다음과 같다.

구 분	관찰 내용	점 수
일반능력	· 또래 아이들보다 풍부한 어휘력을 구사한다.	5 4 3 2 1
	· 새로운 정보에 대한 이해가 빠르다.	5 4 3 2 1
	· 어떤 상황이나 현상에 대한 인과관계를 빨리 파악한다.	5 4 3 2 1
	· 자신의 생각을 논리적으로 표현한다.	5 4 3 2 1
	소 계	
리 더 십	· 분명한 삶의 목적과 사명의식을 가지고 있다.	5 4 3 2 1
	· 자신의 능력을 믿으며 스스로를 자랑스럽게 여긴다.	5 4 3 2 1
	· 모둠활동을 할 때 다른 친구들과 뜻을 잘 맞추면서 한다.	5 4 3 2 1
	소 계	
학업적성	· 지원하는 분야에 대한 호기심이 강하다.	5 4 3 2 1
	· 지원하는 분야와 관련된 배경 지식이 다양하고 풍부하다.	5 4 3 2 1
	소 계	
창 의 성	· 어떤 상황이 발생되면 다양한 아이디어를 산출해 낸다.	5 4 3 2 1
	· 주어진 문제에서 다양한 시각으로 방법을 찾아 해결한다.	5 4 3 2 1
	· 문제를 해결하기 위해 산출한 아이디어나 자료를 논리적으로 분석하고 추론한다.	5 4 3 2 1
	소 계	
합 계		
[일화 기록 및 종합 의견]		

Paragraph 06 영재아동의 교육방법

영재아동의 교육방법은 크게 속진과 심화학습으로 나누어지며, 이를 설명하면 다음과 같다(이경화 외, 2005).

1. 속진

속진은 학업 내용을 더 빨리 학습하도록 하는 것으로써 해당 아동의 학년 수준보다 더 상위의 교육과정을 제공하는 것이다. 즉 일반적으로 제공되는 교육과정의 내용보다 내용의 폭과 범위를 확장하여 다양한 교육 경험을 제공하는 것이다.

속진과 관련된 314개의 연구 메타 분석 결과, 모든 속진제가 학업적으로 유의미한 이점이 있다고 하였다. 그리고 속진제가 사회화와 심리적 적응에 문제가 있다는 증거는 없으며 월반과 시험에 의한 학점이수는 사회적 관계에 도움이 되며 멘터제는 자아개념 향상에 도움이 된다.

효과적인 속진제로는 초등학생의 경우에는 조기입학, 월반, 무학년제, 교육과정 압축이 있다. 그리고 중학생의 경우에는 월반, 학년압축, 동시 등록제, 과목별 월반, 교육과정 압축을 들 수 있으며, 마지막으로 고등학생의 경우에는 동시 등록제, 과목별 월반, AP(상급학년 배치)제, 멘터제, 시험에 의한 학점이수, 대학에 조기입학 등을 들 수 있다.

그러나 속진제는 다음과 같은 문제점이 있을 수 있다. 첫째, 자신보다 더 나이든 아동들과의 사회적 상호작용의 문제, 둘째, 아동기에 반드시 경험해야 할 것을 경험하지 못하는 문제, 셋째, 교과 외 활동에 거의 참여할 수 없는 문제, 넷째, 과도한 학업적 요구, 스트레스 유발, 심신적 탈진, 반항과 정서적 불안정의 원인의 문제, 다섯째, 경쟁에 잘 대처하지 못하고 학업 수행에 어려움을 보이는 문제, 여섯째, 리더십 경험이 부족해지고 리더십 발달에 어려움을 보일 수 있는 문제, 일곱째, 자만과 오만의 태도를 형성하고 유지하게 될 수 있는 문제, 여덟째, 속진에서 제외된 자녀 부모들의 분노의 문제 그리고 마지막으로 일부 부모들이 자녀들의 상태를 고려하지 않고 무리하게 조기 입학시키려고 하는 문제점이 있을 수 있다.

1) 유치원 및 초등학교 조기입학

(1) 조기입학

조기입학은 영재의 높은 에너지, 열정, 호기심, 상상력, 지적 요구 등을 수용해주는 속진 전략이 될 수 있다. 조기 입학의 대표적인 예로는 캘리포니아 주립대의 운영을 들 수 있다. 이 대학에서는 14세 이상으로 워싱턴 대학 입학 예비시험 혹은 학업적성시험(SAT)에서 언어 영역이나 수학 영역에서 상위 20% 이내 그리고 다른 영역은 상위 50% 이내에 속하는 아동들의 경우에 조기 입학을 허용해 준다. 처음에는 중 · 고등학교에 재학하며 시간제로 참여하다가 이후에는 종일제로 참여하게 된다.

조기입학의 장점으로는 더 포괄적인 학습 경험과 도전감, 전문가들과 상호작용 할 수 있는 기회 제공, 학교교육 기간을 1~2년 단축함으로서 장래 설계에 더 많은 시간과 융통성 갖게 된다는 점 그리고 직업 세계에 더 일찍 들어갈 수 있도록 자신감을 형성해 준다는 점이다.

(2) 월반

월반의 장점은 조숙한 초등학생의 학습을 가속화하고 비용면에서 효과적이라는 점이다. 그리고 해당 분야에 대한 지적인 도전감 제공 및 사회적으로 잘 적응된 아동들과의 관계를 지속적으로 유지하도록 해 준다는 점이다.

하지만 부정적 시각으로 월반을 한 아동들은 중요한 기초기술(basic skill)을 습득하지 못한다는 점이다. 또한, 동료들과의 적응에 문제가 있을 수 있다. 월반과 관련된 문제점을 감소하기 위해서는 먼저 아동의 IQ가 130 이상이어야 하며, 초등학생은 능력에 상관없이 한 번에 한 학년만 월반하게 하고, 기초기술 진단 후 미숙한 기술을 습득할 수 있도록 교사, 상담가, 또래들의 도움(사회성에 문제 있는 영재들의 적응을 위해)을 제공해 주어야 한다.

2. 심화학습

심화학습으로는 개별학습과 개별프로젝트 및 토요일 프로그램과 여름방학 프로그램이 있다.

1) 개별학습과 개별프로젝트

개별학습은 영재아동에게 개별적인 능력과 수준에 적합한 개별화된 교육과정을 제시하는 것이다. 그리고 개별적으로 프로젝트를 제시하여 수행하도록 하는 것이다.

2) 토요일 프로그램 및 방학 프로그램

토요일 프로그램은 영재아동이 일반 교과 시간에는 일반 아동들과 수업을 함께 하다가 토요일에 영재교육 프로그램에 참여하도록 하는 것이다. 예를 들어 서울특별시교육청의 경우에는 중학교 아동들의 영재교육은 학교 단위 영재교육원에서 토요일 프로그램을 이용하여 영재교육을 실시하고 있다.

여름방학 프로그램은 영재아동이 여름방학이나 겨울방학에 영재교육 프로그램에 참여할 수 있도록 하는 것이다. 마찬가지로 중학교 단위의 영재교육원에서는 영재아동들이 토요일프로그램과 방학 프로그램에 참여하여 교육을 받도록 하고 있다.

Paragraph 07 영재아동의 교육사례

영재아동의 교육사례로 영재교육원의 가능성-'영재교육다움'에 대한 내용을 살펴보면 다음과 같다.

1. 생각을 키우는 교육

ㅇㅇ영재교육원에서는 Whitehead의 교육목적(아동의 자기 능력 계발을 북

돋아 주고 이끌어 주는 것)과 A영재 교육원의 교육목표(사고하는 힘, 지식을 익히는 것이 아니라 활용하는 방법을 체득케 함)를 일치시켰다.

예를 들어 답을 알려주지 않고 실험을 통해 결과를 보고 그것을 통해서 학생들 스스로 유추해내는 수업방식 의 일종인 깊이 파고드는 수업(학교나 학원 수업과 다른 점)을 진행하였다. 그리고 지도교수가 말하는 수업 목표는 수업을 통해 학생들이 진실로 아는 것은 무엇을 의미하는지, 지식과 상식은 어떻게 구분되는지, 진정한 과학적 태도란 무엇인지에 관해 이해할 수 있도록 하는 것이다.

이를 통해 영재교육 아동들이 지각하는 가장 발전된 부분은 사고력, 창의력, 과학적 탐구능력의 향상이다.

2. 차별화된 교육

위 ㅇㅇ영재교육원에서는 학습환경의 차별화로 다양한 실험이 가능한 대학 시설과 대학의 우수한 인력을 활용하였다. 이 과정에서 과학을 눈과 머리로만 생각하는 것이 아닌 손으로 느끼고 체험하며 작지만 실제적 성취를 경험하게 해주므로 학생들이 자연스럽게 관련분야에 익숙하게 되는 계기가 마련되도록 하였다.

교사변인으로 풍부한 지식과 지적경험, 과학적 사고방식을 지닌 교수와 학생들의 상호작용을 통해 지식의 전달, 사고하는 방법의 습득을 넘어 하나의 역할 모델로 작용하도록 하였다.

수업진행 방식은 친구, 조교, 교수와 한 가지 주제를 가지고 실험하고 토론(지나치게 많은 것을 가르치지 마라. 가르쳐야 할 것은 철저히 가르쳐라—수업 진행의 원칙)하도록 하였다.

3. 자신감을 키우는 교육

낮은 자기 효능감을 가지고 있는 영재들에게는 사회 · 정서프로그램을 제공하였다. 왜냐하면 영재들의 낮은 자기효능감은 영재아동이 일반교육에서 영재성을 인정받지 못하여 지적으로 도전받지 못하는 경우, 이런 문제에서 파생되는 우울감, 거친 행동으로 문제아로 취급을 받는 경우, 자신의 능력보다 성취가 매우 낮은 미성취 영재일 경우 문제가 될 수 있기 때문이다.

이에 ○○영재교육원에서는 영재아동들이 자신의 가치에 대해 긍정적으로 생각하는 계기를 마련하며 나는 할 수 있다는 자신감을 얻게 하였다. 또 이 과정에서 영재들만 모인 집단에서 자만감으로 가득 찬 아동도 자신의 한계와 열등감을 경험하면서 겸허함을 배울 수 있도록 하였다. 또한 영재교육원에서의 조별활동을 통해 참을성과 협동심을 자연스럽게 배울 수 있도록 하였다.

4. 만남의 교육

○○영재교육원에서는 영재들에게 인맥형성의 중요성으로 교수와 친구들과의 만남을 통해 지속적으로 관심사와 정보를 공유할 인적 인프라를 구축하도록 하였다.

5. 진로와 방향을 설정하는 교육

○○영재교육원에서는 자신이 이루려는 목표를 달성하기 위해 일찍부터 철저하게 준비하도록 하였다. 그리고 교수의 역할 모델로 과학자가 되려는 학생들에게 과학으로 진로를 결정하게 되는 결정적인 촉매제가 되도록 하였다.

Paragraph 08 영재아동 교육의 과제 및 전망

영재교육은 초기에 영재 교육과정 프로그램 및 인지적인 특성에 집중하여 연구되던 것이 영재의 성향이나 사회 정서적 분야, 부모, 교사 변인 등 점차적으로 주제가 다양화되고 다각적인 관점으로 연구가 이루어지고 있다.

그리고 영재교육 연구가 초기에 비해 확산, 확대되는 방향으로 이루어지면서 다양한 접근과 다각적인 관점으로 발전되고 있다.

영재교육이 보다 발전하기 위해서는 첫째, 다각적인 접근방법에 따른 연구가 필요하다. 영재교육 연구가 주제 및 대상, 영역에 이르기까지 다각도로 다양해져서 영재와 영재교육과 관련한 연구의 폭과 범위가 넓어져야 한다. 둘째, 중 · 장기적 종단 연구 수행이 필요하다. 셋째, 영재교육 효과성 연구가 필요하다. 영재교육이 그 소기의 목적대로 창의적인 아동들을 선발하여 그들의 창의성 계발에 기여하고 있는가를 장 · 단기적 분석을 통해 살펴보아야 한다. 넷째, 교사의 전문성 신장 방안에 관한 연구다. 영재교사들을 위한 자격증 제도 도입과 승진 가산점 부여 등 제도적인 주제를 포함하여 영재교사 연수의 효과성 및 효율성 분석, 유능한 영재교사 변인의 분석 그리고 영재교사의 전문성 신장 방안의 탐색 등의 연구가 필요하다. 다섯째, 영재교육과 일반교육의 연계 방안에 관한 연구다. 영재교육이 현재와 같이 일반교육과 분리된 시스템으로 운영되는 방안과 함께 일반교육 내에서 영재교육이 성공적으로 구현될 수 있는 방안 역시 집중적으로 연구되어야 한다. 여섯째, 영재교육과정과 프로그램의 이론적 모형 개발 연구다. 우리의 교육적 상황, 교실환경과 우리 영재아동들의 특성과 정서에 보다 적합한 프로그램 모형이나 이론적 틀을 개발하고 연구하려는 노력과 투자가 필요하다(송인섭 · 한기순 2008).

참고문헌

송인섭 · 한기순(2008). 한국 영재교육의 새로운 지평. 학지사.

이경화 · 최병연 · 박숙희(2005). 영재교육. 박학사.

Cohen, L. M.(1994). Meeting the needs of gifted and talented minority language students. *Teaching Exceptional Children, 26(1)*, 70-71.

Gary A, Davis., & Sylvia, B. Rimm(2004). Education of the Gifted and Talented. Allyn & Bacon.

Sisk, D.(1987). Creative teaching of the gifted. New York: McGraw-Hill.

Swassing, R. H.(1992). Gifted and talented students. In W. L. Heward & M. D. Orlansky(Eds.), *Exceptional Children*(4th., pp. 451-487). New York: Merrill, an imprint of Macmillan Publishing Company.

생각해 볼 문제

01 영재의 정의와 관련된 쟁점은 무엇인지 설명하시오.

02 영재의 진단은 어떤 절차를 거쳐 이루어지는지 설명하시오.

03 영재교육은 심화가 효과적인지 속진이 효과적인지 설명하시오.

04 국내 영재교육의 현황과 문제점은 무엇인지 설명하시오.

05 국내 영재교육의 실제는 무엇인지 설명하시오.

Part 3

Understanding Exceptional Children

특수아동 교육의 실제

Chapter 13

보조공학

보조공학 서비스(assistive technology service)란 보조공학 기기를 선택, 획득, 사용할 수 있도록 직접적으로 지원하는 서비스이다. 특수교육에서 보조공학의 역할은 평등한 정보접근, 자세유지, 의사소통을 지원하는 것이다. 특수교육 관련 서비스에 대해서는 「장애인등에 대한 특수교육법」 제2조 제2항에서 규정하고 있다. 동법 제2조 제2항에 의하면 특수교육 관련 서비스 중 물적 서비스로 '보조공학기기지원', '학습보조기기지원', '통학지원', '정보접근지원' 등을 지원하도록 규정하고 있으며, 동법 제21조에서도 통합교육의 이념을 실현하기 위하여 노력하여야 하며, 일반학교의 장은 '학습보조기기'의 지원 등을 포함한 통합교육계획을 수립 · 실행하여야 한다고 규정하고 있다. 또한 동법 제28조 제4항에 의하면 "각급 학교의 장은 특수교육 대상자의 교육을 위하여 필요한 장애인용 각종 교구, 각종 학습보조기, 보조공학기기 등의 설비를 제공하여야 한다."고 규정하고 있다.

이 장에서는 보조공학의 이해, 웹 접근성, 유니버설 디자인 등을 중심으로 살펴보고자 한다.

Paragraph 01 보조공학의 이해

1. 보조공학의 정의

미국의 2004년 「장애인교육법」(Individuals with Disabilities Education Act: IDEA)에서는 보조공학을 모든 특수교육서비스를 위한 기초를 제공하는 것으로 정의하고 있다. 「장애인교육법」의 보조공학에 대한 정의는 보조공학 장치(보조공학 기기, assistive technology devices)와 보조공학 서비스(assistive technology service)의 두 가지로 구성되어 있다. 동법에서는 보조공학 장치를 "장애아동의 기능을 향상시키고 유지, 증진시키기 위해 사용되는 도구로서, 상업적으로 구입이 가능하거나 개조할 수 있으며, 주문 제작이 가능한 모든 소재, 기구 또는 생산체계"라고 정의하고 있다. 그리고 보조공학 서비스는 "장애아동이 보조공학 장치를 선택, 획득, 사용하는 것을 직접적으로 도와주는 모든 서비스"를 말한다(Amy et al. 2008; 정동훈 역, 2011).

또한 보조공학은 장애학생들의 학습이나 생활을 돕도록 고안된 다양한 유형의 서비스와 장치들을 말한다. 이것은 기계적 · 전자적 기반의 장치, 비기계적 · 비전자적 기반의 장치, 특수하게 고안된 교수자료, 서비스, 전략들을 모두 포함하는 개념이다. 보조공학은 장애를 가진 학생을 보조하고, 환경에 더 접근 가능하게 만들며, 경쟁력과 독립성을 향상시키고, 삶의 질을 향상시키는 것을 목적으로 한다(김동일 외 3인, 2010).

이와 같은 정의에 의하면 장애학생을 위한 보조공학은 적용범위가 매우 다양하고 광범위하다. 따라서 특수교육에서 보조공학을 잘 활용하는 것은 장애학생들의 삶을 획기적으로 향상시킬 수 있다.

2. 보조공학의 활용

장애아동 개개인의 특성에 맞는 적절한 보조공학의 활용을 위해서는 ① 장애아동의 능력과 필요에 대한 인식, ② 다방면에 걸친 평가, ③ 장애아동의 필요성에 따른 적합한 기기의 선택, ④ 시험 사용기간을 통해 기능을 확인한 후에 구매, ⑤ 재정보조에 대한 지식, ⑥ 구매 후에 필요한 사항들에 대한 조사를 고려해야만 한다.

보조공학은 매우 단순한 도구에서 첨단장비에 이르는 다양한 기기들을 사용하여 장애를 가진 사람들이 자신들이 속한 가정, 학교, 직장 그리고 사회 속에서 좀 더 독립적이고도 적극적인 생활을 이루어 가도록 돕는다.

손을 사용하지 장애아동은 스위치 또는 화면상의 키보드를 이용하여 컴퓨터를 작동할 수 있고, 언어장애가 있는 아동은 휴대용 기계장치를 이용하여 대화할 수 있으며, 이동이 불편한 장애아동은 이를 위해 고안된 기계장치를 이용하여 이동을 용이하게 할 수 있다. 이외에도 보조공학 기기라고 불리는 다양한 기계장치를 이용하는 예는 얼마든지 볼 수 있다.

보조공학 기기들은 그 종류와 쓰임새가 매우 광범위해서 사용목적에 따라 혹은 기기별 특성에 따라 여러 방법으로 분류될 수 있으며 보조공학의 활용분야는 일상생활, 의사소통, 신체의 유지와 균형, 여행과 이동, 환경 조정, 교육과 훈련, 여가생활 등에 따라 나누는 것이 일반적이다(윤점룡 외 12인, 2005).

보조공학 기기들이 이처럼 다양한 것은 장애학생들의 욕구, 장애정도와 특성 등이 그 만큼 다르기 때문이다.

보조공학의 활용에 따른 상세한 혜택은 다음과 같다(김남진 · 김용욱, 2010).

첫째, 장애학생이 가지고 있는 능력을 전반적으로 지원, 확대할 수 있고, 이러한 지원과 능력의 확대는 장애에 대한 보상 혹은 장애를 상쇄시킬 수 있다.

둘째, 장애학생들의 학습, 일상 및 여가생활, 직업 및 직장 관련 활동 등에서 필요한 관련과제들을 수행하기 위한 대안적인 방법들을 제공한다. 여기서 대안적 방법이란 손상된 인지적, 신체적 능력을 대신하는 새로운 방법으로, 보조공학은 시각적 손상에 대한 대안으로 청각적인 방법을 통해 보상해 줄 수 있다.

셋째, 장애학생의 기능적인 측면의 지원뿐만 아니라 대인관계와 같은 사회생활에도 긍정적인 영향을 제공한다. 기능적 측면의 지원은 정서적 · 정의적 측면에서 영향을 미치므로 장애학생들은 대인관계 형성에 보다 적극적일 수 있다.

넷째, 자신이 원하는 여가활동을 할 수 있는 가능성을 제공한다. 자신의 신체적인 이유뿐만 아니라 여가활동을 하는 데 필요한 시설 및 설비 그리고 장치의 부족으로 인해 여가활동이 제한적이었던 장애학생들에게 보조공학은 여가활동의 가능성을 제공해 줄 수 있다.

다섯째, 장애학생의 교수－학습 활동을 확대할 수 있고, 내용의 다양성을 기대할 수 있다. 상대적으로 학습을 위한 상호작용의 과정에서 소외되었던 장애학생들은 보조공학의 지원을 통해 다양한 활동에의 참여가 가능하게 되었다.

여섯째, 장애학생의 생활에 대한 전반적인 지원뿐만 아니라 사회문화적인 폭도 확장시켜 준다. 보조공학을 이용한 이동성의 제약 극복은 다양한 환경과의 상호작용 기회를 제공함과 더불어 사회문화적인 참여의 폭도 확장시켜 준다.

일곱째, 학습과 생활의 효율성 제공과 함께 신체적인 발달에도 긍정적인 영향을 준다. 학습에 있어서 보조공학의 활용은 보다 효과적이고 효율적인 환경을 제공해 줄 뿐만 아니라 소근육운동, 시지각협응능력, 잔존능력의 극대화와 같은 신체적인 부분의 발달에도 긍정적인 기여를 한다.

여덟째, 인지적인 결함이 있는 학생에게도 일상생활에서의 장애 및 제한적인 요소들을 보상해 주어 독립생활을 영위할 수 있도록 해 주며, 타인에 대한 의존성을 줄일 수 있는 가능성을 제공한다.

Paragraph 02 웹 접근성

최근 블로그, 싸이월드, 트위터 등 소셜 미디어를 필두로 하는 소셜 네트워크 서비스(Social Network Service: SNS)가 급속도로 확대되어 인터넷이 온라인상의 사회적 관계형성을 위한 교류공간으로 부각되고 있다. 그리고 그 인터넷을 이용하는 사용자 계층도 장애인, 노인, 외국인 등 다양화되고 있다. 이러한 이용자의 다양화와 SNS 등 정보전달 매체의 온라인화는 정보습득의 격차를 초래하였다. 온라인을 통해 제공되는 다양한 서비스는 일상생활 깊숙이 침투되어 있지만 모든 사람이 평등하게 제공받는 것은 아니다. 인지적 · 신체적 특성뿐만 아니라 사회적 · 경제적 · 물리적 환경으로 인해 근본적으로 웹을 사용하는데 어려움을 가지고 있어 참여조차 못하는 경우가 있다. 이러한 어려움으로 온라인상에서 사람과 관계를 맺고 유지할 수 있는 기회조차 잃게 되고 정보공유에서도 소외되거나 자아감 · 소속감의 상실, 정보고립 등의 상태에 처할 수가 있다.

따라서 웹 사이트의 효과적인 운영 및 성과 창출을 위해서는 기술 중심적(technology-oriented)관점에서 벗어나 배려있는 문화 중심적(culture-oriented) 관점으로 전환이 필요하다(현준호, 2008). 이는 기술과 시스템 중심의 사고에서 벗어나 사람과 이용편의성 중심의 사고 전환으로 장애인 · 노인 등을 포함한 모든 사람이 어떠한 환경에서도 쉽게 웹 사이트에 접근하여 원하는 정보를 획득할 수 있도록 서비스를 제공하는 것이 사회보장 · 정보보장의 관점에서도 매우 중요하다.

1. 웹 접근성의 정의

웹의 창시자인 팀 버너스 리(Tim Berners-Lee)는 웹의 힘은 그 보편성(universality)에 있으며, 장애에 구애 없이 모든 사람이 접근할 수 있도록 제공해야 한다고 강조하고 있다[W3C, http://www.w3.org/WAI.(검색일 : 2010.2)]. 이는 비록 접근성 준수가 장애인에게 가장 혜택이 많이 돌아가는 것은 사실이지만, 접근성이란 장애인뿐만 아니라 고령자 등 모든 사람이 정보통신기기나 서비스를 손쉽게 활용할 수 있도록 제작하는 것을 강조하는 것이다.

〈표 13-1〉 정보통신접근성 및 웹 접근성의 정의

구 분	출 처	정 의
정보통신 접근성	장애인 · 노인 등의 정보통신접근성 향상을 위한 권장지침	정보통신기기, 소프트웨어 및 콘텐츠와 정보통신 서비스 등 정보통신 제품과 정보통신서비스를 활용하고자 하는 사람에게 자유로운 접근과 이용을 보장(2002.1 정보통신부 고시)
	ISO(International Standards Organization)	다양한 능력, 숙련, 요구, 취향을 가진 개인들이 정보에 접근할 수 있도록 하는 글로벌 요구사항(ISO 13497, 1997)
	Benyon(2001)	장비와 물리적 접근(Physical access to equipment)과 모든 잠재적 사용자들을 위한 하드웨어와 소프트웨어 조작의 적합성(Operational suitability)

웹 접근성	W3C WAI & Thatcher, et. al.(2002)	장애를 가진 사람들도 웹을 이용할 수 있도록 보장하는 것으로, 장애를 가진 사람들이 웹 콘텐츠를 인식하고 운영하고, 이해하고, 기술에 상관없이 이용할 수 있도록 견고하게 웹 콘텐츠를 만드는 것
	Wikipedia(2008)	표준 브라우저뿐만 아니라 다양한 사용자 에이전트(User Agent)를 사용하는 사람들이 웹 페이지에 접근하기 쉽게 만드는 것
	Microsoft(2002)	접근성이란 접근을 가능하게 만드는 것으로 모든 사용자들이 제품과 서비스를 사용할 수 있도록 만드는 것
	Fujitsu(2010)	환경, 설비, 기기. 소프트웨어, 서비스 등 장애인 · 고령자 등 다양한 사람들이 이용하기 쉽게 하고자 하는 사상 및 이용편의성의 정도
	Hitachi(2010)	비장애인뿐만 아니라 장애인 · 고령자 · 어린이 등 지금까지 웹의 이용대상으로서 그다지 고려되지 않은 사람들도 이용할 수 있도록 만든 웹사이트
	현준호 외(2006)	웹 접근성이란 어떤 사용자(장애인, 노인 등), 어떤 기술환경에서도 전문적인 능력 없이도 웹사이트에서 제공하는 모든 정보에 접근하고 이용할 수 있도록 보장하는 것

웹 접근성의 개념에 대해서는 다양하게 논의되고 있어 〈표 13-1〉과 같이 웹 접근성에 대한 정의를 정리할 수 있다. 여기에서는 웹 접근성이란 어떠한 사용자(장애인, 노인 등을 포함), 어떠한 기술환경 하에서도 전문적인 능력 없이도 웹 사이트에서 제공하는 모든 정보에 접근하고 이용할 수 있도록 보장하는 것으로 정의한다(Jim Thatcher & Mark Urban. et al. 2002; 현준호 외, 2006).

2. 해외 웹 접근성 동향

웹 기술의 발전이 가속화됨에 따라 웹에 접근하지 못하는 사용자가 늘어나, 다양한 범주에서 웹사이트와 관련된 소송사건[1)]이 발생하였다. 이에 대한 대응으로 법 · 제도적 장치가 필요하게 되었으며, 국제적으로는 1994년 세계적인 정보사업체, 비영리기관, 정부기구 등이 웹 기술 표준을 마련하기 위한 협의 기구인 W3C (World Wide Web Consortium)를 결성하였다. 1997년 EC(European Commission)의 주도로, W3C 산하의 조직된 분과로서 WAI(Web Accessibility Initiative)를 만들어 웹의 접근성 지침 WCAG(Web Content Accessibility Guideline)1.0을 제정하였으며, 이를 개정하여 2008년 12월에 WCAG 2.0 권고안을 발표하였다. WCAG 2.0의 구성은 인지가능성, 운영가능성, 이해가능성, 견고성 등 네 가지 원칙에 따른 12개의 세부지침을 제시하고, 각 지침에 대하여 61개의 달성목표를 설정하고 있다. 각 국가에서는 이 WCAG 2.0을 기준으로 웹 접근성과 관련하여 법 · 제도를 개정하고 있다.

미국 법무부는 1996년 9월 「장애인법」(American with Disabilities Act: ADA)의 적용범위를 웹(인터넷)으로 확대한다는 규정[2])을 발표하였다. 1998년 재활법 508조에서 "미 연방정부 소속기관은 과도한 부담(undue burden)이 되지 않는다면, 장애인이 사용할 수 없는 전자 및 정보기술을 개발, 조달, 사용, 유지하지 못한다."라는 법에 근거하여 2000년 8월 7일부터 미 연방정부 기관의 모든 웹사이트는 보편적으로 설계해야 하며, 그렇지 못할 경우 소송을 제기할 수 있도록 하였다. 이 규정에 따라 웹 접근성을 지키지 않은 정보통신 기기, 소프트웨어, 웹 저작물은 미국 정부에 납품할 수 없게 되어 전 세계

---

1) 대표적인 예로서, 1999년 6월 호주의 시각장애인 Mcguire는 올림픽 입장권 예약을 위해 점자를 이용하려 하였으나, 실질적으로 이용할 수 있는 정보는 거의 없었다. 이에 대해 시드니 올림픽 조직위원회를 상대로 호주의 「장애인 차별 금지법」(Disability Discrimination Act, DDA) 주관 기관인 인권 및 평등 보장 위원회(Human Rights and Equal Opportunity Commission, HREOC)에 소송을 제기한 사건이다. 이 사건을 계기로 호주의 국민들에게 제품, 서비스, 편의시설 등을 온라인으로 제공할 때는 DDA를 준수해야 한다는 것을 인식시키게 되었다. 그 밖의 주요소송사건으로 소프트웨어 접근성 문제로 미국시작장애인협회와 텍사스주 근무 시각장애인이 Oracle을 제소(2002), 대체텍스트 제공이 미흡하다는 이유로 미국 B. Sexton 씨가 대형소매업체 Target사를 대상으로 소송(2006), 비디오 중계서비스를 통하여 신용카드발급신청을 거부했다는 이유로 미국청각장애인협회가 워싱턴 뮤추얼 사 상대 진정 제기(2007), 고려대 김기창 교수는 다른 브라우저로 금융결제 불가능을 이유로 금융결제원을 상대로 손해배상소송(2007) 등을 들 수 있다.

2) ADA의 영향이 미치는 기관들은 인쇄물, 오디오, 인터넷 등의 어떤 툴을 사용하든지 상관없이 효과적인 정보를 제공할 의무가 있다. 특히 프로그램, 상품, 서비스를 이용하기 위해서 인터넷을 필수적으로 사용해야 하는 기관의 경우에는 다양한 접근 수단을 마련하여 효과적인 정보제공에 대한 준비를 철저히 해야 한다.

정보통신제품과 서비스 제공업자에게 지대한 영향력을 미치고 있다.

일본은 WCAG 1.0을 기초로 하여 웹 접근성 평가 툴(J-WAS)을 개발하여 2001년 4월 이후 구축되는 모든 웹페이지의 접근성 보장을 위해 적용하도록 하였다. 또한 정보통신분야에 있어서 접근성 확보를 위해 일본공업규격(Japanese Industrial Standards: JIS)에서 "고령자·장애자 등 배려 설계지침－정보통신에 있어서의 기기, 소프트웨어 및 서비스"(2004년 6월)가 제정되었다[3]. 그리고 일본 「공업표준화법」에 따라 정부기관에 납품하는 기업은 이를 준수하도록 되어 있다. 이 가운데 세부규격의 하나로 웹 콘텐츠 접근성규격 JIS X8341-3 : 2004가 포함되어 있다. JIS X8341-3은 2009년도부터 WCAG 2.0을 기반으로 개정이 이루어지고 있다.

3. 국내 웹 접근성 동향

우리 나라의 경우 2002년 1월 "장애인 · 노인 등의 정보통신접근성 향상을 위한 권장지침"(정보통신부)을 제정하여 정보취약계층을 위한 정보접근성 보장을 위한 노력을 진행하기 시작하였다. 2009년에는 「국가정보화기본법」이 제정되어 국가기관 등의 웹 사이트에 대하여 장애인 · 고령자 등의 정보접근 및 이용을 보장하기 위하여 웹 사이트의 접근성 실태조사, 접근성 표준화 및 기술개발 지원, 접근성 보장을 위한 교육 및 컨설팅을 수행하도록 규정하고 있다(동법 제32조, 시행령 제31조). 또한 WCAG 2.0을 기준으로 국가표준인 "인터넷 웹 콘텐츠 접근성 지침 1.0"을 "한국형 웹 콘텐츠 접근성 지침 2.0"(Korean Web Content Accessibility Guideline 2.0, KWCAG 2.0, 단체표준)으로 개정하였다. 2008년 4월에는 「장애인 차별금지 및 구제에 관한 법률」이 시행되어 전자정보를 이용하고 접근하는데 정당한 사유 없이 장애인에게 불리

---

3) 일본의 "고령자 · 장애인 등 배려설계지침"은 기본규격으로서 ISO/IEC Guide71을 2003년도에 JIS Z 8071로 JIS화하였다. 그 섹터규격으로서 정보통신에 있어서의 기기, 소프트웨어 및 서비스와 관련하여 공통지침이 되는 JIS X8341-1 : 2004를 제정하고, 세부규격으로서 정보처리장치에 관한 규격(JIS X8341-2 : 2004), 웹콘텐츠에 관한 규격(JIS X8341-3 : 2004), 전기통신기기에 관한 규격(JIS X8341-4 : 2005), 사무기기에 관한 규격(JIS X8341-5 : 2005)을 제정하였다. 현재는 조작성, Universal Design, 생활용품 등에 관한 규격을 추진 중이다. 한편, JIS Z8071 : 2003 ISO/IEC Guide71은 우리 나라 표준규격 KS A ISO/IEC Guide71과 동일한 것이다.

한 결과를 초래하는 차별행위를 해서는 안 된다고 규정하고 있으며(동법 제4조, 제20조), 이를 어겨 손해를 끼치는 경우 손해배상의 의무도 규정(동법 제46조)하고 있어, 웹 사이트의 정보접근성 보장을 명문화하고 있다. 또한 웹 사이트의 접근성을 보장하기 위하여 각급 기관별 단계적 적용범위를 규정하여 2009년부터 2015년까지 모든 단체 및 법인까지 적용범위를 정하고 있다(동법 시행령 제14조 제1항).

〈표 13-2〉 한국형 웹 콘텐츠 접근성 지침 2.0의 구성

구 분	주요내용	적용대상
인식의 용이성 (Perceivable)	모든 콘텐츠는 사용자가 인식할 수 있어야 한다. · 장애 유무 등에 관계없이 사이트에서 제공하는 모든 콘텐츠를 인식할 수 있도록 콘텐츠를 제공하는 것을 의미 · 대체텍스트, 멀티미디어, 대체수단, 명료성 등 세 가지 지침으로 구성	시각, 청각 장애인 및 색각 이상자 등
운용의 용이성 (Operable)	사용자 인터페이스 구성요소는 조작 가능하고 내비게이션을 할 수 있어야 한다. · 장애 유무 등에 관계없이 웹 사이트에서 제공하는 모든 기능들을 운용할 수 있게 제공하는 것을 의미 · 키보드 접근성, 충분한 시간제공, 광과민성 발작 예방, 쉬운 내비게이션의 네 가지 지침으로 구성	시각, 지체, 지적 장애인 및 광과민성 반응자 등
이해의 용이성 (Understandable)	콘텐츠는 이해할 수 있어야 한다. · 장애 유무 등에 관계없이 웹 사이트에서 제공하는 콘텐츠를 이해할 수 있도록 제공하는 것을 의미 · 가독성, 예측 가능성, 콘텐츠의 논리성, 입력 도움의 네 가지 지침으로 구성	시각, 지체, 지적 장애인 등
기술적 진보성 (Robust)	웹 콘텐츠는 미래의 기술로도 접근할 수 있도록 견고하게 만들어야 한다. · 기술에 관계없이 웹 사이트에서 제공하는 콘텐츠를 이용할 수 있도록 제공하는 것을 의미 · 문법준수, 웹 애플리케이션 접근성의 두 가지 지침으로 구성	모든 장애인

우리 나라는 정부주도의 웹 접근성 준수에 대한 홍보와 표준화를 추진하고 있으나, 민간차원에서의 정보접근성에 대한 인식은 여전히 미비한 것으로 나타나고 있다(한국정보문화진흥원, 2006). 이러한 현상 속에서 한국정보화진흥원에서는 2005년부터 각 기관별 웹 접근성 준수실태를 조사하고 있다(행정안전부, 2011). 조사결과 아직도 웹 접근성 준수는 미비한 실정이지만 매년 개선되고 있음을 알 수가 있다.

〈표 13-3〉「장차법」에 따른 웹 접근성 편의제공의 단계적 범위

구 분	내 용
2009년	· 공공기관 · 국 · 공 · 사립특수학교 · 특수학급이 설치된 국 · 공립학교 · 장애전담 보육시설 · 종합병원 · 사회복지시설(사회복지관 등) · 장애복지시설(요양 및 재활시설 등)
2010년	· 국립문회예술단체, 박물관, 미술관 · 국립중앙도서관, 공공도서관
2011년	· 국공립유치원 · 초 · 중 · 고 · 대학교 · 보육시설(100인 이상) · 일반병원, 치과, 한방병원(입원 30인 이상)
2012년	· 민간종합공연장(1,000석 이상) · 영화관(300석 이상)
2013년	· 사립유치원 · 평생교육시설, 연수기관 · 직업훈련기관(1,000㎡ 이상) · 보육시설(100인 이하) · 입원 30인 이하 병원 · 모든 법인
2015년	· 민간종합공연장 및 소공연장(300석 미만) · 영화관(300석 미만) · 사립박물관 · 미술관

특히 2006년부터는 실태조사의 평가영역을 확대하여 공공기관 뿐만 아니라 민간부문의 웹 접근성 실태를 파악하여 민간부문의 웹 접근성 제고에 일조할 수 있게 되었다. 2010년 실태조사에서는 「장차법」에 의해 2009년부터 2011년까지 웹 접근성 준수가 의무화 되어 있는 (준)공공기관, 민간단체를 포함하여 722개 웹 사이트를 대상으로 실시한 결과 평균 86.9점으로 매년 웹 접근성이 개선되는 것으로 나타났다.

〈표 13-4〉 연도별 웹 접근성 실태조사 결과

단위 : 점(기관수)

구 분	2005년	2006년	2007년	2008년	2009년	2010년	증 감
중앙행정기관	72.3 (56)	81.8 (58)	88.2 (57)	90.6 (46)	92.5 (48)	94.6 (47)	+2.1
입법 · 사법 · 헌법기관	72.2 (4)	82.7 (4)	86.6 (4)	89.5 (4)	93.1 (4)	94.7 (4)	+1.6
광역지방자치단체	71.6 (16)	81.8 (16)	86.8 (16)	91.6 (16)	93.9 (16)	97.0 (16)	+3.1
전자정부	77.1 (1)	78.4 (1)	74.0 (19)	80.3 (20)	82.2 (19)	87.1 (19)	+4.9
기초지방자치단체			77.6 (230)	83.3 (230)	91.8 (232)	96.2 (230)	+4.4
공공기관 등				74.6 (101)	84.2 (98)	86.5 (95)	+2.3
국공립대학교				72.1 (52)	74.9 (20)	79.0 (20)	+4.1
기타(포털 · 방송국 등)				80.4 (34)	–	–	–
특수학급이 설치된 학교					70.7 (20)	83.1 (20)	+12.4
문화예술단체					81.0 (20)	83.0 (20)	+2.0
공공도서관					73.6 (20)	84.4 (20)	+10.8

종합병원					80.0 (20)	80.9 (20)	+0.9
복지시설					79.6 (20)	80.4 (20)	+0.8
한방병원						73.7 (20)	신규
치과병원						74.3 (22)	신규
일반병원						83.5 (20)	신규
유치원						76.1 (19)	신규
중학교						77.7 (20)	신규
고등학교						76.6 (20)	신규
민간기관(은행 등)						68.1 (50)	신규
소 계	72.2 (77)	81.8 (79)	79.8 (326)	81.0 (503)	83.3 (517)	86.9 (722)	+0.3

출처 : 국가정보화백서, 2011.

주 : 1) 연차별로 추가된 부분은 장차법의 시행으로 2009~2011년까지 웹 접근성 준수가 의무화된 기관(〈표 13-3〉 참조) 중 표본 추출하여 실태조사를 실시한 결과이다.

4. 웹 접근성 평가도구

웹 접근성 평가에는 다양한 프로그램이 개발되어 사용되고 있다. 여기에서는 우리 나라에서 개발·보급되어 사용되고 있는 평가도구를 소개하고자 한다.

KADO-WAH 2.0(Web Accessibility Helper 2.0)은 웹 페이지의 접근성제공 여부를 국내외 접근성 지침에 따라 자동적으로 점검한 후에 그 문제점을 보고서로 제공하고 수정을 지원하여 웹 디자이너 및 프로그래머들이 쉽게 접근성 있는 웹 페이지를 제작할 수 있도록 도와주는 프로그램이다. 접근성 평기기준은 인터넷 웹 콘텐츠 접근성 지침 1.0, W3C의 WCAG 1.0 그리고 「미국재활법」 제508조의 1194.22(웹 상의 정보나 어플리케이션) 지침을 적용하고 있다. 특징으로서는 각종 지침을 기준으로 평가가 가능하며, 다수의 페이지 및 폴더별 평가, 접근성 미비 위치 및 통계자료를 포함한 평가보고서, 접근성 미비부분에 대한 수정기능 등을 제공하고 있다. 이 평가도구는 한국정보화진흥원 웹 접근성 연구소(http://www.wah.or.kr)에서 누구나 다운로드하여 사용할 수 있으므로 국내 웹 접근성의 기반환경 조성에 기여하고 있으며 웹 접근성에 대한 인식제고에도 큰 영향을 주고 있다.

WAMS(Web Accessibility Managemenrt System, (주)케익소프트, http://www.cakesoft.net)은 웹사이트의 접근성 및 호환성을 종합적으로 평가, 개선할 수 있으며 상시적으로 자동관리할 수 있는 웹 접근성 관리시스템으로 기업형 솔루션이다. 주요기능으로서 웹 접근성 Validator와 웹 호환성 Validator가 있다. 웹 접근성 Validator는 웹 접근성 평가 시 사용되는 웹 접근성 가이드라인(IWCAG 1.0, WCAG 1.0 등)에 대해 기계적으로 검출해 내는 방법이 타당성 있는 평가기준으로 구체화되었다. 사이트 트리 파서 또는 겟링크를 통하여 웹 사이트의 링크를 추출하고, 유효한 URL인지 확인하여 URL을 페이지 단위로 수집한다. 이를 페이지 단위로 평가기준을 적용하여 자동평가하여 결과를 보고서 형태로 제시한다. 웹 호환성 Validator는 웹 브라우저의 호환성을 준수하기 위한 CSS, HTLM 표준문법검사 도구를 현행에 맞추어 사용자가 이해하기 쉽도록 하고 있다. 또한 웹 페이지에 개인 주민등록번호, 이메일 주소, 전화번호 등 개인정보유출에 대한 정보를 검사할 수 있으며, 자동평가 결과를 주기적으로 보고(다양한 보고형태를 제공, 사용자 커스터마이징 가능)하고 오류로 발생되는 부분을 추적하여 수정할 수 있도록 지원하는 시스템이다.

5. 웹 접근성 평가인증

웹 접근성 인식 제고 및 자발적인 참여를 유도하기 위해 웹 접근성 품질마크 제도를 운영하고 있다. 이 품질 마크는 웹사이트의 접근성에 대한 적합도를 심사하여 모두 통과한 웹사이트에 대해 품질마크 인증위원회 최종결의로 인증마크를 부여한다(행정안전부, 2011). 현재 품질마크를 시행하고 있는 기관은 한국웹접근성인증평가원(www.wa.or.kr), 주식회사 웹와치(www.webwatch.or.kr), (사)한국시각장애인연합회 한국웹접근성평가센터(www.kwacc.or.kr) 등을 들 수 있다.

우리 나라는 웹 접근성 준수율은 아직 미흡하지만, 법 · 제도의 시행으로 그 유효성과 웹 접근성에 대한 인식이 확산되는 계기가 되었다. 또한 웹 접근성 향상을 위하여 지속적인 모니터링과 보다 면밀한 평가가 이루어져야 하며, 웹 접근성 교육 및 홍보를 통한 인식개선과 정책개선에 노력해 나가야 할 것으로 본다.

지식정보화시대를 살아가는 우리들에게 정보화로부터의 배제(e-Exclusion)가 아닌 정보에의 참여(e-Inclusion)를 실현하기 위해서도 정보접근성(e-Accessibility)은 더욱 필요하게 될 것이다. 모든 사람이 쉽게 이용할 수 있는 웹 사이트를 제공하기 위해서는 서로가 조금씩 불편을 감수하면 더욱 편리한 웹 접근성이 실현될 수 있다.

Paragraph 03 유니버설 디자인

유니버설 디자인이란 능력이나 나이에 관계없이 다양한 사용자가 쉽게 사용할 수 있는 환경 및 제품을 생성하기 위한 설계에 대한 접근방법(Ronald, 1998)을 의미하는 것으로 보편성(universality)에 초점을 두고 있다. 어린이, 장애인, 노인, 성인뿐만 아니라 다양한 계층과 문화권이 다른 모든 사람이 편리하게 사용할 수 있는 환경과 제품창조를 추구하기 때문에(이성태, 2005; Carter & Partry, 1992), 사용자층이 확대된다.

〈표 13-5〉 유니버설 디자인의 네 가지 원리

원 리	내 용
1. 기능을 지원하는 디자인 (supportive design)	기능상 필요한 도움을 제공하고 도움이 사용자에게 불필요한 어떠한 부담도 야기해서는 안 된다.
2. 수용 가능한 디자인 (adaptable design)	제품이나 환경이 다양하게 변하는 대다수의 사람들의 요구를 충족시켜 주어야 한다.
3. 접근 가능한 디자인 (acceptable design)	장애물이 제거된 상태를 의미하는 것으로 많은 사람들에게 방해가 되거나 위협적인 물리적 환경을 변화시킬 수 있도록 한다.
4. 안전한 디자인 (safety-oriented design)	안전한 디자인은 건강과 복지를 증진시킨다. 개선적이고 예방적인 것이다. 물리적, 심리적 위험을 자각하고 다룰 수 있어야 한다.

이 개념의 원리는 〈표 13-5〉와 같이 네 가지 원리와 코넬(B. R. Connel), 메이스(R. Mace) 등의 유니버설 디자인 주창자가 제시한 일곱 가지 원리인 동등한 사용(equitable use), 사용상의 융통성(flexibility in use), 간단하고 직관적인 사용(simple and intuitive use), 인지할 수 있는 정보(perceptable information), 오류에 대한 포용력(tolerance for error), 적은 물리적 노력(low physical effort), 접근과 사용을 위한 크기와 공간(size and space for approach and use)으로 구성되어 있다(www.design.ncsu.edu:8120/cud). 그러나 유니버설 디자인을 구현하는 데에는 기술적, 경제적 어려움이 따른다. 즉 유니버설 디자인을 위해 제품에 추가적인 기능을 부가해야 하는데 가격상승의 요인이 되기도 하고 미적 요소를 희생하기도 한다. 따라서 유니버설 디자인이 100% 지키기 어려운 경우가 많다. 또한 유니버설 디자인을 지키려는 의지가 있더라도 이를 구현할 수 있는 기술이 개발되어야 하는 한계가 있다.

참고문헌

김남진 · 김용욱(2010). 특수교육공학. 학지사.

김동일 외 3인(2010). 특수교육학개론. 학지사.

윤점룡 외 12인(2005). 장애학생의 이해와 교육. 학지사.

이성태(2005). 유니버설 디자인 선행연구 동향 분석에 관한 연구-도입기부터 2003년까지를 중심으로-. 경성대학교 대학원 석사학위 논문.

한국정보문화진흥원(2006). 2006 웹 접근성 인식실태 조사. 한국정보문화진흥원.

행정안전부(2011). 2011 국가정보화백서. 행정안전부.

현준호(2008). 전자정부 사이트의 웹 접근성 준수현황 및 제고방안. 전자정부 포커스 30. 한국정보사회진흥원. 25-37.

현준호 · 김종곤 · 김병초(2006). 국내외 금융 사이트의 웹 접근성 실태에 관한 연구. 한국경영정보학회 추계학술발표대회. 336-342.

Amy G. Dell, Deborah A. Newton, Jerry G. Petroff.(2008). *Assistive Technology in .the Classroom: Enhancing the School Experiences of Students with Disabilities*,. Merrill: Pearson Education(정동훈 역. 2011. 특수교육 보조공학. 시그마프레스).

Benyon, D., A. Crerar & A. Wikinson. A.(2001). "Individual Difference and Inclusive Design." pp. 21-46 in Constantine Stephanidis (ed.). User Interfaces for All: Concept, Methods, and Tools. Mahwah, NJ.: Lawrence Erlbaum Associates, Inc.

Carter, S. M. & Partry, D. M.(1992). Universal design and office accommodations-creative and integrated to ADA, FM Journal, January/February, 1992.

Fujitsu. "FUJITSUのアクセシビリティに対する考え方", http://jp.fujitsu.com/accessibility/(검색일 : 2010. 2.)

Hitachi. アクセシビリティガイドライン http://www.hitachijoho.com/policy/web-accessibility.html.(검색일 : 2010. 2.)

Jim Thatcher, Mark Urban. et al.,(2002). "Constructing Accessible Web Sites".

Glasshaus.

Microsoft Corporation(2002). “Accessible Technology in Today's Business-case studies for success.” Microsoft Press.

Ronald L. Mace(1998). *Design for the 21st Century: An International Conference on Universal Design*, FAIA.

Wikipedia. “Web Accessibility.” http://en.wikipedia.org/wiki/Web_accessibility, 2008.(검색일 : 2010. 2.)

W3C, http://www.w3.org/WAI.(검색일 : 2010. 2)

생각해 볼 문제

01 보조공학 활용에 따른 이점을 기술하시오.

02 보조공학의 활용을 위해 고려해야 할 사항을 기술하시오.

03 웹 접근성의 정의를 기술하시오.

04 유니버설 디자인의 네 가지 원리를 기술하시오.

Chapter 14

전환교육

전환교육이란 장애학생들이 학교생활을 마치고 성인 사회의 생활로 옮아가는 과정을 순조롭게 하기 위해 마련하는 교육 모형으로 다음의 세 가지 조건을 갖추어야 한다. 첫째, 중등 이후 교육, 직업교육, 취업(지원 고용 포함), 평생교육, 성인 서비스, 자립 생활, 지역사회 활동에 참여하는 데 필요한 기술과 기능을 가르치는 결과 중심의 교육이어야 한다. 둘째, 반드시 학생 개개인의 욕구나 기호, 취미를 반영한 교육이어야 한다. 셋째, 필요에 따라서는 중증 장애인의 일상생활 기능과 직업 기능 평가를 포함하는 교육을 해야 한다.

이 장에서는 전환교육 관련 용어의 정의, 전환교육의 모델, 전환과정의 지원 전략, 장애학생 전환교육의 실태, 전환교육의 과제 및 전망 등을 중심으로 살펴보고자 한다.

Paragraph 01 전환교육 관련 용어의 정의

1. 전환의 개념

전환(transition)이란 한 조건과 상태가 다른 조건과 상태로 변화하는 과정과 결과를 말한다. 전환은 나이에 따라 성숙해 가며 겪는 변화에 대처하기 위한 수직적 전환(예 : 유아기에서 초등학교로의 전환)과 상황과 환경의 변화에 따라 대처하기 위한 수평적 전환(예 : 분리에서 통합으로, 병원에서 가정으로 전학, 이사, 이직 결혼 등)으로 나눌 수 있다. 그리고 전환이라는 용어가 교육적 환경 내에서의 각기 다른 과정을 지칭할 때도 사용되지만, 또한 전환은 학생의 졸업 후 적응을 용이하게 하는 과정의 의미로도 사용된다(조인수, 2005). 초 · 중등학교까지 배운 경험과 지식을 토대로 지역사회로 성공적으로 전환시키기 위해서 전환교육서비스가 요구된다.

Halpern(1994)은 특수아협회(Council for Exceptional Children)에서 전환

을 다음과 같이 정의하였다. 전환이란 주로 학생으로서 행동하는 것에서 지역사회에서 인정되고 있는 성인의 역할로 가는 지위상의 변화이다. 이러한 성인 역할이란 취업, 고등학교 졸업 후 상급 교육기관으로의 진학, 가정 형성 및 유지, 지역사회에의 적절한 참여 그리고 만족스러운 개인적 및 사회적 관계 경험 등을 포함한다. 전환의 기초는 이른 시기에 시작할수록 긍정적이다. 전환계획은 14세 이전에 시작되어야 하며, 학생은 그와 같은 계획에 최소한의 책임만 맡도록 해야 한다.

위의 내용을 다음과 같이 정리할 수 있다. 첫째, 각 개별 학생들은 다양한 성인 역할에 대비해야 한다. 취업은 그 중의 하나에 불과하다. 둘째, 협력과 의사소통은 전환계획 작업에 필수적이다. 셋째, 수업이나 계획수립을 통한 전환 노력은 조기에 시작될 필요가 있다. 넷째, 학생이 자신의 전환계획과정에서 핵심역할을 할 수 있도록 능력과 힘을 갖도록 하는 데 중점적인 노력이 필요하다.

2. 직업

직업이란 '생계를 위하여 사회성원이 각자의 역량을 발휘하여 일정한 일에 지속적으로 종사하는 사회활동'이다. 이러한 직업은 생계보장 외에도 사회적 지위, 나아가 자아실현의 의미가 있다. 이런 직업이 유지되고 형성되기 위해서는 생계유지, 인간개성의 발휘, 사회인으로서 책임이 동시에 충족되어야 한다. 사실상 장애인에게 직업이라는 것은 소명적인 일을 찾는 것이기 때문에 장애 정도와 관계없이 직업교육과 직업재활의 대상이 된다. 특히 장애인은 사회 안에서 독립적인 생활을 영위하기 위한 수단이므로 자신의 존재 가치에 대한 바탕으로 비장애인보다 직업에 대하여 더 큰 의미를 가지게 된다. 장애인도 비장애인과 더불어 사회적 분담과 역할을 다하여 생활하고 자신의 능력과 적성에 따라 일을 하여, 자아를 실현할 수 있는 기회를 바로 '직업활동'을 통해 영위해야 하는 것은 당연한 것이다(김종인 외, 2004).

3. 전환교육의 개념

전환교육은 장애학생이 학교교육을 마치고 생산적이고 자립적인 성인생활을 할 수 있도록 학령기동안 성인생활 적응에 필요한 다양한 교육 프로그램과 지원서비스를 제공하는 것으로서 특수교육의 궁극적인 목적을 효과적으로 이루기 위한 방안으로 그 중요성이 강조되고 있다(박정식, 2005, Siltington, Clark, & Kolestoe, 2000; Wehman, 1996). 그리고 1990년 개정 미국 「장애인교육법」(Individuals with Disabilities Education Act, PL 101-476)에서 정의한 전환교육서비스는 장애아동의 교육적 욕구에 맞는 결과 중심의 교육과정으로써, 장애아동이 학교에서 직업훈련, 지원고용을 포함하는 통합된 직업적응, 계속적인 성인교육과 서비스, 독립적인 생활, 통합된 사회생활 등을 포함하는 성인사회로 잘 적응하도록 돕는 종합적인 교육활동이다. 그리고 조인수(2002)는 장애학생의 전환교육은 장애인의 의존도를 줄이고 지역사회서비스에 참여할 수 있는 자립생활능력과 사회생활, 직업생활 모두를 고려하고 동시에 학교, 지역사회서비스 기관, 민간단체, 가족들의 효율적인 협력체제를 유도함으로써 지역사회통합 및 개인적인 삶의 질 개선에 중요한 역할을 하고 있는 장애학생을 위한 진로교육의 총체적인 서비스활동이라고 하였다.

〈표 14-1〉 전환교육과 유사개념비교

구 분	개 념	내 용
직업교육	미국 「직업교육법」 (Vocational Rehabilitation Act: VRA)	개인적 기술과 태도의 획득, 의사소통의 기술, 고용 가능기술, 포괄적이고 특정한 직업 기능과 기술, 진로계획과 평생학습을 위한 기초와 장애아동의 비판적 사고와 문제해결 기술개발을 지원하는 역할을 한다.
	정동영의 정의	장애아동의 기초생활능력 성장과 심신의 조화로운 발달을 도모하고, 진로개척 능력을 개발하며, 장애 극복 의지를 길러 건전한 사회인의 자질을 함양하는 데 중점을 두어야 한다.

진로교육	정철영의 정의	개인이 진로를 선택하고 선택한 진로에 적응하고 발달하도록 하는 데 초점을 둔 교육으로서 각 개인이 자기 자신과 일의 세계를 인식 및 탐색하여 자기 자신에게 적합한 일을 선택하고, 선택한 일을 잘 수행할 수 있도록 취학 전부터 시작하여 평생 동안 학교, 가정, 사회에서 가르치고 지도하고 도와주는 활동이다.
전환교육	미국 「장애인 교육법」(IDEA)	전환교육 서비스는 장애아동을 위한 종합적인 교육활동으로 장애아동이 학교를 떠나 성인생활을 적응하는 것을 돕는 성과 중심의 교육과정(outcome-oriented process)이다. 이는 성인 생활 영역에서의 고등교육, 학교에서 직업훈련, 지원고용을 포함하는 통합된 직업적응, 계속적인 성인 교육과 서비스, 자립적인 생활과 지역사회 참여 등을 포함한다.
	조인수의 정의	장애인의 의존도를 줄이고 지역사회서비스에 참여할 수 있는 자립생활능력과 사회생활, 직업생활 모두를 고려하고 동시에 학교, 지역사회서비스 기관, 민간단체, 가족들의 효율적인 협력체제를 유도함으로써 지역사회통합 및 개인적인 삶의 질 개선에 중요한 역할을 하고 있는 장애학생을 위한 진로교육의 총체적인 서비스활동이다.

출처 : 강병호 · 이유훈 · 김영일(2003) 재구성.

전환교육과 관련된 「장애인 등에 대한 특수교육법」 내용은 제23조(진로 및 직업교육의 지원)이다. ① 중학교 과정 이상의 각급학교의 장은 특수교육대상자의 특성 및 요구에 따른 진로 및 직업교육을 지원하기 위하여 직업평가 · 직업교육 · 고용지원 · 사후관리 등의 직업재활훈련 및 일상생활적응훈련 · 사회적응훈련 등의 자립생활훈련을 실시하고, 대통령령이 정하는 자격이 있는 진로 · 직업교육을 담당하는 전문 인력을 두어야 한다. ② 중학교 과정 이상의 각급학교의 장은 대통령령이 정하는 기준에 따라 진로 및 직업교육 실시에 필요한 시설 · 설비를 마련하여야 한다. ③ 특수교육지원센터는 특수교육 대상자에게 효과적인 진로 및 직업교육을 지원하기 위하여 대통령령이 정하는 바에 따라 관련기관과의 협의체를 구성하여야 한다. 즉 우리 나라는 중학교이후부터 전환교육을 실시하도록 하였다.

장애학생의 성공적인 성인기 적응과 삶의 질을 높일 수 있는 전환 프로그램은 학교와 지역사회환경의 통합을 최대화하는 것을 목표로 해야 한다(김정권, 2004; McDonnell, Buckner & Ferguson, 1996; Wehman, 1995, 1996). 그리고 전환교육의 실효를 거두기 위해서는 장애학생의 개별적인 욕구와 흥미, 관심이 반영된 개별화전환계획 및 개별화교육계획 개발과 실행에 부모참여, 교육의 향상과 서비스 선택사항들에 대한 의견 표명이 요구된다(조인수, 2002).

4. 진로교육

진로교육은 아동에게 성인생활에 필요한 준비를 갖추게 하는 것이다. 진로교육은 유치원에서부터 시작하되 유치원과 초등학교과정에서는 진로를 인식하게 하고, 중학교과정에서는 진로를 탐색하게 하며, 고등학교 과정에서는 진로를 준비하게 하고, 고등학교 과정과 그 이후에는 진로를 배치해야 한다고 본다(Hursh & Kerns, 1988). 이러한 입장에서 보면 진로교육은 직업교육보다 넓은 의미이며, 직업교육은 진로교육의 하위영역이라 볼 수 있다.

직업교육도 진로교육과 마찬가지로 아동에게 보다 큰 사회에 참여할 수 있게 준비시키는 것이다. 그러나 직업교육은 아동이 유능한, 고용될 수 있는, 임금을 받을 수 있는 자로서 직무시장에 들어갈 수 있게 준비시키는 데 초점을 맞춘다.

성인생활의 모든 영역과 관련된 의사결정을 위한 진로교육은 진로인식, 탐색, 준비, 전문화 등의 단계로 진행된다. 첫째, 진로인식 단계(초등학교)는 삶의 의미와 문제방향에 관한 초보적인 인식을 하는 진로선택, 결정의 기초를 다지는 단계이다. 둘째, 진로탐색 단계(중학교)는 자신의 적성과 소질, 흥미, 능력에 적합한 한두 가지 직업영역을 선택하고 탐색하는 단계이다. 셋째, 진로준비 단계(고등학교)는 직업세계의 객관적인 정보를 수집, 분석하는 단계이다. 넷째, 진로전문화 단계(대학교)는 전문적인 직업분야에 대한 지식, 기술을 준비시키고 개발, 발전시킬 수 있도록 하는 단계이다.

5. 전환교육의 현실

학교를 졸업한 후 사회의 다양한 재활기관에서 어떤 서비스를 받으며 그 결과 어떠한 성과를 획득하게 되었는지 검토하는 것은 특수교육을 받은 장애인이 학교 내에서의 교육과 졸업 이후의 관련기관의 연계 및 그 결과를 이해하는 데 매우 중요하다(박희찬, 1995). 고등학교를 졸업한 많은 장애학생들은 정상적인 성인생활을 하지 못하고 있다. 즉 학교에서 특수교육을 마쳤지만 사회로 정상적으로 전환되지 않은 상태 즉 지역사회에서 계속적인 부적응상태로 놓여 있다. 특수학교를 졸업하는 많은 장애학생들은 학교 졸업 후 직업을 갖지 못하고 다시 가정이나 시설로 돌아오는 의존적이고 고립된 생활을 하고 있다(곽준기, 2006). 특히 지적능력과 적응기술에 제한성을 가지고 있는 발달장애학생들의 삶의 질은 더욱 심각한 상황이다(오길승, 2003). 그러므로 학령기 이후에도 발달장애 성인학습자를 포함한 장애 성인들에게 계속교육 성격으로 평생교육을 진행해야 한다고 본다. 즉 중등교육 이후의 교육과 고용기회 및 서비스들이 계속적으로 언급되어야 한다(Kohler et al., 1994). 그리고 전환교육의 시기를 학령기 교육 이후로 확장하는 노력이 필요하다. 특히 발달장애 성인학습자에게는 일생 모든 시간 동안 유의미한 전환을 위해서 지역사회일원이 될 수 있도록 끊임없는 지원과 관심이 요구된다. 고등학교 졸업 이후의 직업과 기술학교를 위한 고등학교에서의 준비, 지역사회대학, 4년제 대학과 종합대학, 대학원과 직업교육, 군사 혹은 산업 및 회사에서 제고되는 교육과 훈련, 성인교육, 개인적 혹은 직업적 계속교육(평생교육)을 포함한다(오은영, 2009).

급변하는 지식기반사회에서 하나의 교육에만 의존하기에는 사회적 요구와 변화가 너무 빠르다. 인지적 결함이 있는 발달장애 성인학습자들은 이러한 교육과 훈련이 없다면 지역사회에서 정상적인 역할수행이 어려울 것이다. 그러므로 전환교육의 계속교육은 발달장애 성인학습자와 가정 그리고 지역사회를 하나로 통합하는 데 크게 기여할 것으로 보인다.

Paragraph 02 전환교육의 모델

전환과정의 중요성이 언급된 이후 장애학생의 전환과정을 지원하는 다양한 모형들이 개발되어 왔다. 이 모형들은 대부분 장애학생들의 학교 졸업 이후의 성인생활 적응을 지원하는 내용과 정도에 따라 그 특성이 규정된다. 어떤 모형은 학교 졸업 이후의 성인생활 적응을 위하여 특별한 지원을 제공하지 않는 반면, 어떤 모형은 특별한 지원을 일시적 또는 지속적으로 제공한다.

1. Will의 다리-전환교육모델

1984년 미국 특수교육 및 재활서비스국(Office of Special Education and Rehabilitation Service; OSERS)의 차관보인 Will(1984)은 고등학교와 고용과의 다리연결을 강조하는 전환모델을 제시하였다(WILL, 1984). 이 모델 3개의 서비스 다리연결내용은 특수 서비스 없이 고용으로 전환(예 : 고등교육), 시간 제한적 서비스와 함께 고용으로 전환(예 : 직업재활), 지속적인 서비스와 함께 고용으로 전환(예 : 보호고용)이다.

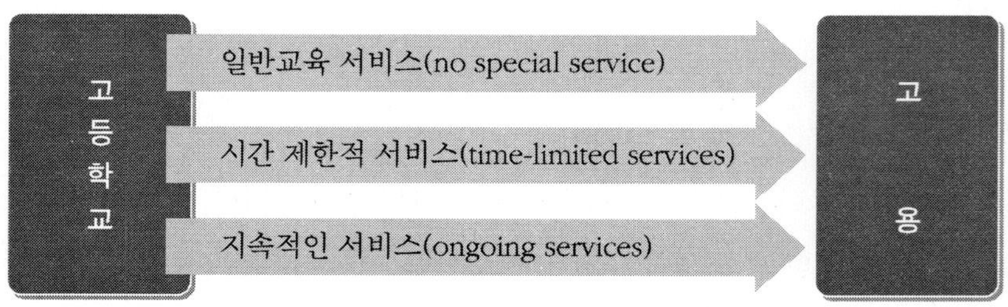

[그림 14-1] Will의 가교모델

출처 : Will, M. (1984). *OSERS programming for the transition of youth with disabilities: Bridges from school to working life*. Washington, DC: U. S. Department of Education, Office of Special Education and Rehabilitation Services.

Will의 모형에서 특별한 서비스가 없는 전환과정은 장애학생이 특별한 서비스를 받지 않고 비장애학생들이 제공받는 서비스와 동일한 서비스를 받는 과정이다. 그리고 제한된 시간의 서비스라는 전환과정은 학교 졸업 이후 장애학생의 고용을 위하여 일정 기간의 직업훈련을 제공하는 과정을 의미이며, 지속적인 서비스를 제공하는 전환과정은 장애학생의 고용을 위하여 학교에서부터 계속 지원을 제공하는 과정을 의미한다. 그러므로 장애학생들은 전환과정에서 각자의 능력과 요구에 따라 선택하는 과정이 다를 수 있으며, 지원을 받는 내용도 다를 수 있다. 장애학생들의 학교생활에서 성인생활로의 전환은 지원을 요구하는 정도에 따라 지원내용이 개인마다 다를 뿐만 아니라, 그 경로 또한 차이가 난다. 즉 장애학생들의 전환경로는 중등학교에서 직접 고용으로 전환하는 경로 선택할 수도 있고, 중등학교에서 고등교육으로 전환하는 경로를 선택할 수도 있다.

2. Rojewski의 전환교육모델

Rojewski(1992)는 학습장애학생들의 전환경로에 따라 전환형태를 구분하여 그림 [그림 14-2]와 같은 전환모형을 제안하였다.

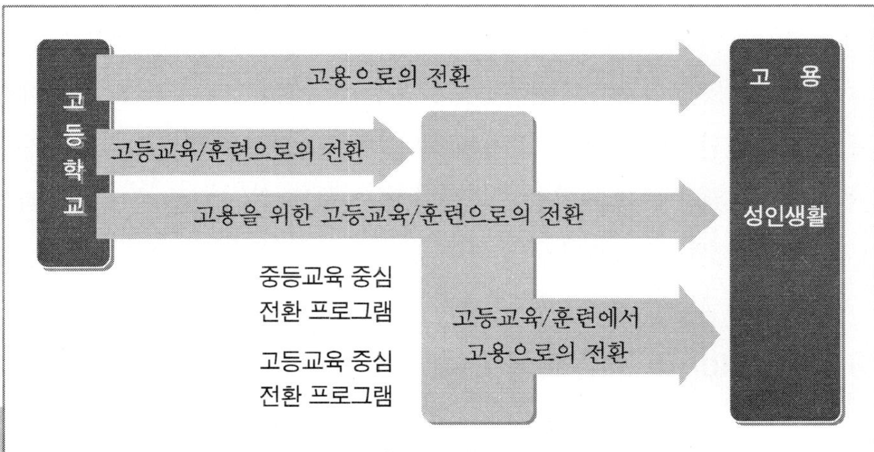

[그림 14-2] 학습장애학생의 전환형태

출처 : Rojewski, J. A.(1992). Key components of model transition services for students with learning disabilities, Learning Disability Quarterly, 15, p. 140.

Rojewski(1992)의 모형은 중등교육 이후의 다양한 교육과 훈련형태를 고려하여 전환과정을 고등학교에서 고용으로의 전환, 고등학교에서 고등교육/훈련으로의 전환, 고등학교에서 고용을 위한 고등교육/훈련으로의 전환 및 고등교육/훈련에서 고용으로의 전환이라는 네 가지 형태로 구분하였다.

첫째, 중등학교에서 고용으로의 전환과정은 중등교육 이후 훈련이나 고등교육의 참여를 요구하지 않아 중등학교에서 모든 진로/직업을 위한 준비를 완료하여야 하는 전환과정이다. 둘째, 중등학교에서 고등교육/훈련으로의 중등학교 수준에서 이루어지던 고등교육을 위한 지원은 중단한다. 그러나 고용을 위한 지원은 다양한 방법으로 계속 이루어진다. 따라서 이 과정에서는 책임의 전이 및 고등교육이나 훈련을 위한 성인 서비스 제공자들의 확인과 등록 등의 지원이 계속 이루어진다. 셋째, 중등학교에서 고용을 위한 고등교육/훈련으로의 전환과정은 중등교육의 단계에서 시작하여 고등교육/훈련을 통하여 지속되며 고용과 함께 종료된다. 넷째, 고등교육/훈련에서 고용으로의 전환과정은 고등교육 환경에 들어온 이후부터 시작하여 고용과 함께 종료되는 과정이다. 이러한 장애학생들의 전환과정은 네 개 모두 학업 지원, 진로 개발 및 직무 배치에 대한 지원을 요구한다.

장애학생들의 학교생활에서 성인생활로의 전환은 중등교육의 단계부터 이루어져 고용이나 고등교육으로 연결될 수도 있고, 고등교육의 단계부터 이루어져 고용과 연결될 수도 있다. 중등교육의 단계에서 이루어지는 전환은 고용, 고등교육 및 성인생활로의 전환과정을 모두 지원하지만, 고등교육의 단계에서 이루어지는 전환은 고용과 성인생활로의 전환과정을 지원한다. 따라서 장애학생들의 전환과정에 대한 지원은 학생의 능력과 특성, 선호를 바탕으로 적절한 과정을 선택하여 이루어져야 한다.

3. Sitlington의 전환교육모델

Sitlington(2010)의 전환교육 모델이 추구하는 변화는 다음의 세 가지로 요약될 수 있다. 첫째, 교육과정 내용보다 지식과 기술의 결과에 초점을 맞춘다는 것이다. 둘째, 전환을 인생에서 단 한 번이 아닌 전 생애에 걸쳐 일어나는 것으로 파악했다는 것이다. 셋째, 전환과정에서 협력적이고 상호의존적인 노력을 문제해결 과정의 필수적인 요건으로 보았다는 것이다(박현숙, 2004). 이 모델은 각각의 시기에 적절한 교육적 기준 및 생활 결과와 관련된 전환계획이 요구됨을 보여주고 있다.

Paragraph 03 전환과정의 지원전략

장애학생들의 학교생활에서 성인생활로의 전환은 의도적인 성과를 산출하는 과정이다. 학교는 의도적인 성과의 산출을 위하여 학생들의 전환과정을 계획적으로 지원하여야 한다. 이런 지원은 학교의 중요한 책무의 하나이다. 그 동안 학교는 학생들이 학교 교육을 받는 동안만 책임을 지는 경향이 있었다. 그러나 학교는 학생들의 학교 졸업 이후 성인생활의 적응을 지원하는 책임도 져야 한다.

첫째, Brown, Halpern, Hasazi 및 Wehman(1987)은 학생 참여, 부모 참여, 기관간 협력, 지역사회 중심 교수, 임금 고용 기회를 전환계획의 구성요소로 주장하였다. 이들의 주장과 같이 장애학생의 학교생활에서 성인생활로의 전환과정은 고용기술 교수와 지역사회기술 교수의 강화, 직장경험의 확대, 자기결정 교육과정의 도입, 가족참여의 보장, 관련기관의 협력 등을 통하여 지원하여야 한다.

장애학생들의 학교 졸업 이후 고용을 위하여 요구되는 투입요인들은 많다. 직업관련 행동과 기술, 직무탐색 및 특정 직업기술 등은 모두 학생이 원하는 고용을 위하여 요구되는 투입요인들이다. 고용주들은 기본적인 기술을 학습할 수 있는 학습능력, 읽기 · 쓰기 · 셈하기 등의 학업기술, 말하기와 듣기 등의 의사소통기술, 문제해결과 창조적 사고 등의 적응기술, 자아개념과 동기 등과 같은 발달기술, 대인관계 · 팀 협력 · 협상능력 등의 집단 효율성 기술 등을 요구한다(Carnevale et. al., 1990).

둘째, Morgan, Moores, McSweyn 및 Sazberg(1992)는 장애학생의 전환과정은 지역사회 기술을 개발하는 교수에 초점을 맞추고, 성인 서비스 프로그램의 배치를 확인하며, 이용할 수 있는 기회와 서비스의 최적 혼합을 확립하여야 한다고 주장하였다.

셋째, Benz, Yovanoff 및 Doren(1997)은 장애학생을 위한 학교에서 직장으로의 프로그램은 진로탐색과 상담, 높은 성취 표준에 초점을 맞춘 학업적 · 직업적 교수, 구조화된 다양한 직장경험 등을 포함하여야 한다고 주장하였다. 고용기술 교수는 진로 탐색 및 개발과 관련된 활동에 초점을 맞춰 특정 직업교육과정과 직장 경험을 강조하는 교수를 의미한다. 이런 교수는 학교와 직장을 통하여 전달되며, 직업 관련 행동, 일반기술 및 특정 직업기술의 개발을 위하여 학교와 직장의 경험을 연결한다(Horne & Thuli, 1997).

넷째, Destefano, Heck, Hasazi 및 Furney(1999)는 장애학생들의 학교 졸업 이후 성인생활을 위하여 지역사회 관련 기관과 부모의 참여를 보장하고, 학교교육의 부분으로 이루어지는 직장과 지역사회의 경험을 제공하며, 기업과 고등교육기관의 협력, 자기주장을 강조하는 교육과정을 마련하고, 고용과 진로의 이점을 안내하여야 한다고 주장하였다.

Paragraph 04 장애학생 전환교육의 실태

장애학생의 교육은 장애성인의 생활을 준비하고, 성인생활의 토대를 마련하는 교육이다. 장애학생들의 교육이 제대로 이루어져야만 이들이 학교 졸업 이후 성인생활에 제대로 적응할 수 있다. 이를 위한 우리 나라 장애학생의 전환과정 지원 실태를 고등교육, 직업교육, 직업훈련, 사회적응교육의 지원 실태 등으로 구분하여 살펴보면 다음과 같다.

1. 장애학생의 직업교육 지원 실태

장애학생들의 직업교육을 주로 담당하는 기관은 특수학교이다. 현재 우리 나라의 특수학교는 학생들의 학교 졸업 이후 직업적, 경제적 자립과 독립생활을 위하여 중학교와 고등학교 과정 및 전공과 과정에서 직업교육을 실시하고 있다.

2000년 현재 우리 나라의 129개 특수학교들 가운데 고등학교 과정을 설치한 특수학교는 110개교이고, 전공과를 설치한 특수학교는 24개이다(교육부, 2000). 이들 학교는 모두 과정별로 지역의 실정과 학생의 욕구에 적합한 직업교육과정을 편성 · 운영하고 있다.

제7차 특수학교 기본 교육과정(1998c)은 중학부의 경우 연간 1,088~1,156시간의 교육과정 운영시간 중 340시간(29.41~31.25%)을 직업교과에 배당하도록 규정하고 있고, 고등부의 경우 1,156~1,224시간의 교육과정 운영시간 중 408시간(33.33~35.29%)을 직업교과에 배당하도록 규정하고 있다. 이는 전체 교육과정 운영시간의 $\frac{1}{3}$내외를 직업교과에 배당하도록 한 규정으로 직업교육을 그만큼 강조하고 있음을 나타내어 준다.

장애학생들의 중등교육 과정에서 직업교육은 학교 졸업 이후 경제적 자립과 사회복귀를 위하여 강조되어야 하는 영역이다. 특히 현대사회는 산업의 발달로 직업이 전문화되고 분업화되어 직업수행의 폭이 좁아짐으로써 장애인의 직업적 수행능력은 넓어지고 있으며, 재활의학의 발달로 보조장구의 개발과 사용이 용이해져 장애인은 자기의 기술을 마음껏 발휘할 수 있게 되었다(정봉도, 1999). 이런 시대적 배경은 장애학생의 교육에서 직업교육의 필요성과 중요성을 더욱 확대하여야 하는 요인이 된다.

현재 우리 나라 특수학교의 직업교육은 지체부자유학교의 경우 목공 · 목각과 컴퓨터 직종을 중심으로 교육과정을 운영하고 있으며, 청각장애학교의 경우 목공 · 목각, 공예미술, 봉제, 자수 등의 직종으로 교육과정을 운영하고 있고, 시각장애학교의 경우 1학년은 해부 · 생리 · 안마를 중심으로, 2학년은 한방 · 침구 · 전기치료 · 안마 중심으로, 3학년은 진단 · 병리 · 이료임상 · 실기실습을 중심으로 교육과정을 운영하고 있다. 그리고 정신지체학교의 경우도예, 목각 · 목공, 조립, 수예 · 수직을 중심으로 교육과정을 운영하고 있다(한국장애인고용촉진공단, 1998a). 그러나 이러한 특수학교의 직업교육 종목은 그 결과가 고용과 연결되지 않는다는 문제를 지니고 있다.

특수학교에서 직업교육을 받고 졸업하는 학생들의 취업률이 저조한 원인은 여러 가지로 추측된다. 특수학교의 직업교육 시설 미비, 전문교사의 부족, 고용현장과의 연계부족, 비현실적인 직종 등이 그 원인이 된다(정봉도, 1999; 강위영, 1994; 조인수, 2000). 그러나 가장 큰 원인은 비현실적인 직종과 직업교육 방법이다. 현재의 직종들은 직업태도나 습관, 직업기초기술 등 직업전교육을 위한 직종이 대부분으로 고용과 직접 연결되지 않고, 직업교육 방법도 학교중심의 교육으로만 이루어져 고용과 연결되지 않는다. 그러므로 장애학생들의 직업교육을 효율화하기 위해서는 직종의 선정과 직업교육의 방법에서부터 변화를 도모하여야 한다.

또한 특수학교 전공과의 직업교육도 고등부 직업교육과 거의 유사한 내용과 방법으로 이루어지고 있다(한국장애인고용촉진공단, 1998a). 특수학교의 전공과는 전문기술교육을 실시하기 위하여 설치한 과정(「특수교육진흥법」 제21조)인데, 특별한 전문기술교육을 시도하지 못하고 고등부의 교육과정과 거의 유사한 형태로 교육과정을 운영하고 있다는 것은 간과할 수 없는 문제점으로 지적되어야 한다. 그러므로 특수학교 전공과의 직업교육도 장애학생들의 고용에 기여하지 못하며, 학생들의 욕구도 충족시켜 주지 못하는 것으로 나타나고 있다(한국장애인고용촉진공단, 1998a). 이는 시급히 개선되어야 할 과제이다.

현재 우리 나라 장애학생들의 직업교육은 직종의 비현실성, 현장실습 기회의 부족, 직업과 관련된 전문교육의 부족 등의 문제점을 지니고 있는 것으로 나타나고 있다. 그동안 특수학교의 직업교육은 직접 고용과 연결되는 내용의 교육보다는 작업태도, 작업습관, 작업준비기능 등의 직업준비교육에 강조점을 두어 왔다. 그러므로 이런 현상이 나타나고 있다고 볼 수 있는데, 학교의 직업교육과 고용의 연결을 강조하는 전환교육의 입장에서는 현재의 특수학교 직업교육은 그 내용과 방법을 전반적으로 바꿀 필요가 있다고 진단할 수 있다.

2. 장애학생의 직업훈련 지원 실태

직업훈련이란 근로자가 산업현장에서 직무수행에 필요한 능력을 갖추게 하는 활동으로 직무를 감당하며, 산업현장에서 요구되는 생산능력을 확보할 수 있는 능력을 훈련하는 활동이다. 이를 위하여 직업훈련은 직업과 관련된 지식, 기능 및 기술, 태도 등의 교육을 행함으로써 직무수행에 필요한 능력수준을 획득하고 근로자의 행동변화를 유발하는 훈련으로 정의되어야 한다.

우리 나라의 직업훈련은 「직업교육훈련촉진법」에 의하여 이루어지며, 이 법에 의하여 장애인은 고령자, 생활보호대상자 및 비진학청소년 등과 더불어 우선 직업교육훈련의 대상이 된다. 또한 「직업교육훈련촉진법」 시행령은 직업교육훈련과정의 훈련대상은 정원의 30% 범위 안에서 보건복지부장관, 서울특별시장, 광역시장 또는 도지사가 노동부 장관과 협의하여 추천하는 우선 직업훈련 대상자에 장애인을 포함하여야 한다고 규정하고 있다. 그러나 1993년부터 1995년까지 공공직업훈련원에서 직업훈련을 받고 그 과정을 수료한 장애인은 96명에 불과하다(한국장애인고용촉진공단, 1997). 이는 15~39세의 장애인 중 직업훈련을 희망하는 장애인이 약 53,935명이라는 조사결과(한국장애인고용촉진공단, 1997)에 비하여 너무 미미한 수로 장애인에 대한 공공직업훈련이 확대되어야 함을 나타내어 준다.

공공직업훈련원 외에 우리 나라의 장애인 직업훈련기관은 인정직업훈련원, 이용시설, 근로시설, 수용시설 등이 있다. 이들 기관의 수는 1997년 현재 인정직업훈련원 4개소, 장애인 이용시설 25개소, 장애인 근로시설 6개소, 장애인 수용시설 98개소이다(한국장애인고용촉진공단, 1997). 이 중 인정직업훈련원에는 2급 기능사 양성 훈련과정이 개설되어 이 과정을 수료하는 경우 2급 기능사 자격의 취득이 가능하고, 2급 기능사 이상의 자격증 취득을 원하는 장애인은 일반 공공직업훈련원에서 훈련을 받아야 한다. 우리 나라 장애인 직업훈련원으로 대표적인 기관은 일산직업전문학교이다. 이 학교는 1993년 이후 매년 210명 이상의 장애인이 입학하여 90% 정도가 수료하며, 수료생의 89% 내외가 기능사 2급 자격증을 취득하여 취업하고 있다(한국장애인고용촉진공단, 1997). 그러나 2급 기능사 이상의 자격증 취득과정에 대한 장애인의 직업훈련 결과는 제대로 보고되지 않고 있다.

장애인은 학교교육을 통한 직업교육 외에 직무의 탐색이나 유지를 위하여 직업훈련을 받아야 한다. 그러나 우리 나라 장애인들의 경우 직업훈련을 받은 기회는 거의 허락되지 않는다. 기회가 허락된다고 하여도 감각장애나 신체장애인이 주 대상이고 정신지체와 같은 발달장애인은 대상에서 제외된다. 그러므로 장애인들의 전환을 위하여 모든 장애인을 대상으로 직업훈련의 기회를 확대하는 일이 우선되어야 하며, 그 내용이나 방법도 개선하여야 한다.

3. 장애학생의 사회적응교육 지원 실태

특수교육은 장애학생의 사회적응을 돕는 일상생활능력, 사회성, 의사소통, 자기결정과 자기주장, 직업활동능력 등을 주요 내용으로 한다. 그 이유는 장애학생들의 부족한 생활능력과 적응능력 때문이다. 특수교육은 정신적, 신체적, 심리적 장애로 인하여 독특한 교육적 욕구를 지니고 있는 학생들을 대상으로 그들의 생활능력을 신장하여 생활의 안정을 도모하고, 사회적응능력을 길러 사회에 참여하여 통합되도록 하는데 그 목적이 있다. 이와 같은 입장에서 우리 나라의 특수학교는 정신지체나 정서장애와 같이 일반학교 교육과정을 따라갈 수 없는 학생들을 위하여 일반학교 교육과정과는 다른 기본교육과정을 편성 · 운영하고 있다. 시각장애, 청각장애, 지체부자유학교는 통합교육을 위하여 국민공통기본 교육과정을 도입하지만, 정신지체와 정서장애학교는 기본교육과정을 적용하여 학생의 발달단계에 따른 기능적 생활기술 교육을 강화하도록 하고 있다(교육부, 1998).

장애학생, 특히 발달지체학생들을 위한 교육의 주요 목표는 신변자립 처리능력 등의 생활능력과 사회적응능력을 길러주는데 주안점을 두지 않을 수 없다. 이런 면에서 특수학교의 기본교육과정은 주요 생활활동 영역별로 학생들의 생활능력과 사회적응능력을 함양하기 위하여 생활 속에서 일어날 수 있는 여러 장면을 학습과제로 가져와서 실제 생활과 관련된 내용을 학습활동으로 설정할 것을 강조하고 있다(교육부, 1999).

장애학생들의 생활능력과 사회적응능력의 신장을 위하여 도입되어야 하는 내용과 방법은 기능적 생활기술과 지역사회 중심 교수이다(정동영 · 김영환 · 김부용, 1996; 윤광보, 1997; 박승희, 1997; 박은혜, 1997). 기능적 생활기술이란 생존을 위하여 자신이 해결하지 못하면 다른 사람이 대신 해결해 주어야 하는 기술이다. 장애학생들의 경우 사회적응을 위하여 습득해야 할 기술들은 다양하다. 그러나 많은 기술들 중에서 성인생활을 위한 기술들을 먼저 습득하여야 한다. 그렇게 되어야만 성인생활에 적응하게 된다. 이런 원리를 강조하는 것이 기능적 생활기술의 교육이다(정동영 · 김영환 · 김부용, 1996).

성인생활에 필요한 기술들은 직장, 가정, 지역사회, 건강, 여가생활을 위한 기술이 된다. 이러한 기술들은 모두 지역사회의 실제를 통하여 습득되어야 한다. 교실이라는 구조화된 환경이 아니라, 기술들이 실제 활용되는 지역사회의 활동을 통하여 습득되어야 한다. 그렇게 습득되어야만 실제 생활에 일반화되고 유지된다. 그러므로 기능적 생활기술들은 기술들을 사용할 지역사회의 실제적인 맥락에서 지도하여야 한다. 이것이 지역사회 중심 교수이다(박은혜, 1997; 정동영, 1999).

Paragraph 05 전환교육의 과제 및 전망

첫째, 장애학생들은 고용을 위해서는 이동능력, 일에 대한 책임감 및 여러 가지 사회기술 등도 투입요인이 된다. 그러므로 장애학생들의 전환과정을 지원하기 위해서는 다양한 진로와 훈련을 탐색하고, 직장활동을 직접 경험하며, 특정 직무기술과 일반적 직무기술을 학습하고, 작업관련 행동과 기술을 습득하며, 특정 직업기술을 획득할 수 있는 교육과정과 고용기술의 교수를 통하여 지원을 받아야 한다.

둘째, 고용기술 교수의 강화 외에 장애학생의 전환과정을 지원하는 다른 방안은 지역사회 기술 교수의 강화이다. 지역사회 기술 교수는 기술의 일반화와 유지를 위하여 지역사회 현장을 통하여 교수를 하여야 한다는 입장이다. 장애학생들의 전환과정에서 학교와 관련하여 제기되는 하나의 비판은 교실 활동의 불완전함이다. Brown, Halpern, Hazai 및 Wehman(1987), Edgar (1988) 등에 의하면 교육의 수월성 운동은 장애학생들에게 도움이 되지 않는다고 한다. 왜냐 하면 교육의 수월성, 즉 학업능력의 강조는 자연적인 환경에서 실제적인 기능적 생활기술 교수의 요구를 간과하기 때문이다.

셋째, 장애학생들은 기능적 생활기술의 습득을 위하여 지역사회 중심교수를 요구한다(Falvey; 1986). 장애학생을 위한 교육과정은 지역사회를 기초로 하지 않는 한 어떤 교육과정이라 하더라도 효과를 제대로 거두지 못한다(김영환, 1998). 장애인들이 직면하는 고용의 실패는 고용기술의 부족에도 원인이 있지만, 이들이 실제 작업 현장이나 지역사회 생활 현장에 노출된 경험이 거의 없다는 데도 원인이 있다. 그러므로 장애학생들의 전환과정은 지역사회의 모든 측면을 경험할 기회의 보장 및 지역사회의 실제 생활을 통하여 일상생활과 고용에 필요한 기술을 직접 습득하도록 하는 지역사회 중심 교수를 통하여 지원되어야 한다.

넷째, 장애학생들의 전환과정의 지원을 위해서는 이들의 직장경험을 확대하여야 한다. 직장경험의 확대는 학교중심의 교수와 활동만이 아니라 직장중심의 교수와 활동을 통하여 지원을 하여야 한다는 요구이다. 학교중심의 교수와 활동은 진로탐색과 학업기술 등의 교육목표를 학생들에게 제공하는 반면, 직장중심의 교수와 활동은 직장과 지역사회의 참여를 강조한다. 직장중심 학습경험은 작업환경이나 모형화된 직장환경을 기초로 한 도제, 인턴 등의 활동과 현장 직무훈련을 통하여 이루어진다. 직장경험은 직무훈련과 고용경험을 학생에게 보장한다. 장애학생에게 직장경험을 제공하기 위하여 학교는 기업과 의사소통 체계를 확립하고 연계하는 체제를 구축하여야 한다. 장애학생들의 학교생활에서 성인생활로의 전환과정에서 학교와 직장의 연계를 필요로 하는 이유는 다음과 같다(Blalock & Patton, 1996).

① 지역사회의 기업은 특수교육과 직업교육의 교육과정을 결정하는 학교 관리자들을 도와준다. 기업의 구성원들은 학교의 교육과정이 학생의 직

업계획과 결과에 유용한 이유를 밝혀주기를 요구한다. 학교 관리자들은 이 요구를 반영하여 직업 교육과정을 마련하여야 하며, 기업은 이 과정에서 학생이 필요로 하는 모든 종류의 직업 및 산업의 형태에 대한 훈련환경을 제공할 수 있다.

② 학생들은 직업의 다양함을 인식하고 적절한 직업을 탐색하여야 하며, 직업현장에서 교육을 받아야 한다. 이 때 지역사회 내의 기업은 학생들을 위한 적절한 직업교육 환경이 된다.

③ 기업은 학교를 떠난 이후 학생이 일할 장소이기 때문에 기업과 학교는 학생들의 성공적인 직업배치를 위하여 상호 이해하고 협력하여야 한다. 이를 위하여 학교는 고용주들과 장애인의 능력 및 그들의 능력 제한에 대하여 의사소통을 하여야 한다.

다섯째, 장애학생들의 전환과정을 지원하는 방법은 자기결정 교육과정의 적용 확대이다. 장애인의 자기결정은 1960년대와 1970년대의 정상화, 독립생활, 장애 권리운동(Nirje, 1969; Wolfensberger, 1972) 및 1980년대의 자기주장/자립운동(Driedger, 1989; Ward, 1996)을 토대로 한다. 자기관리(self-governance)를 위한 권리로 언급되는 자기결정은 자신의 삶에 대한 통제를 권리로 고려하는 장애 권리 주장에 의하여 인정을 받았다(Nirje, 1972; Williams, 1989). 이런 맥락으로 자기결정과 권한강화는 대체하여 이용할 수 있는 용어이다. Rappaport(1981)는 권한강화를 사회운동과 관련된 용어로 인정하고, 이를 장애인의 가능성을 촉진하는 행동을 기술하는데 이용하였다. 장애인의 자기결정을 위한 최초의 요청은 Nirje(1972)의 정상화 원리에 의하여 나타났다. 정상화의 원리는 장애인이 정상적인 경험을 통하여 권리를 부여받는 조건을 하나의 측면으로 한다. 그러므로 장애인의 선택 소망, 욕망, 열망은 그에게 영향을 미치는 행동으로 가능한 많이 고려하여야 한다.

참고문헌

강병호 · 이유훈 · 김영일(2003). 특수교육기관의 직업교육 운영내실화방안. 국립특수교육원.

강위영(1994). 중증 장애인의 고용기회 확대 방안. 중증 장애인 고용의 과제와 전망. 한국장애인고용촉진공단 '94 장애인 고용촉진 세미나 자료집. 5-17.

곽준기(2006). 뇌성마비인 전환교육 과정과 결과에 관한 연구. 단국대학교 대학원 박사학위논문.

박정식(2005). 특수학교 전환교육 실행수준과 촉진방안. 대구대학교 대학원 박사학위논문.

박희찬(1995). 정신지체 및 지체부자유 고등부 졸업생의 직업실태분석. 이화여자대학교. 제2회 이화특수교육학술대회자료. 91-113.

오길승(2003). 직업재활 분야에서 본 현행 특수직업교육의 문제점과 앞으로의 개선 및 협력방안. 한국직업재활학회. 연차학술대회자료집. 7-52.

오은영(2009). 천안 · 아산지역 특수학급의 진로 및 직업(전환)교육에 대한 교사와 부모의 인식비교연구. 나사렛대학교 재활복지대학원 석사학위논문.

정동영(1998). 장애학생의 지역사회 참여를 위한 전환전략 탐색. 특수교육연구. 5. 129-152.

정동영(1999). 정신지체아동을 위한 기능적 교육과정. 단국대학교 특수교육연구소(편). 정신지체아동 교육의 이론과 실제. 도서출판 특수교육.

정봉도(1999). 특수학교 직업교육의 과제와 대책. 초등특수교육연구. 창간호. 1-19.

조인수(2002). 장애인 삶의 질 향상을 위한 전환교육과 서비스. 대구대학교 출판부.

조인수(2005). 정신지체아교육. 대구대학교 출판부.

한국장애인고용촉진공단(1998a). 특수학교 고등부 졸업예정자 실태조사 보고서.

한국장애인고용촉진공단(1998b). 장애인 고용동향. 한국장애인고용촉진공단.

Benz, M. R., & Halpern, A. S.(1987). Transition service for secondary students with mild disabilities: A statewide perspective. *Exceptional Children*, 53, 507-514.

Blalock, G., & Patton, J. R.(1996). Transition and students with learning disabilities:

Creating sound futures. *Journal of Learning Disabilities*, 29(1), 7-16.

Brown, L., Halpern, A., Hasazi, S., & Wehman, P.(1987). From school to adult living: A forum on issues and trends. *Exceptional Children*, 53, 546-554.

Carnevale, A. P., et. al.(1990). *Workplace basics: The essential skills employers want. In the ASTD best pracities series: Training for a changing workforce(1st ed.).* San Fransisco: Jossey-Base.

DeStefano, L., Heck, D., Hasazi, S., & Furney, K.(1999). Enhancing the implementation of the transition requirements of IDEA: A report on the policy forum on transition. *Career Development for Exceptional Individuals*, 22(1), 85-100.

Edgar, E., Levine, P., Levine, R., & Dubey, M.(1988). *Washington state follow-along studies 1983-87: Students in transition (final report).* Unpublished manuscript.

Falvey, M.(1986). Community based instruction. Baltimore: Paul H. Brookes.

Horne, R., & Thuli, K(1997). *Ideas and Strategies for Including youth with disabilities in school to work programs.* Washington DC, Academy for Educational Development,

Morgan, R. L., Moore, S. C., McSweyn, C. A., & Salzberg, C. L.(1992). Transition form school to work: Views of secondary special educators, *Education and Training in Mental Retardation, December*, 315-323.

Sitlington, P., Frank, A., & Carson, R.(1990). *Iwoa statewide follow-up study: Adult adjustment of individuals with mild disabilities one year after leaving school.* Des Moines: Iowa Department of Education.

생각해 볼 문제

01 「장애인 등에 대한 특수교육법」에서 각급학교의 장에게 진로 및 직업교육을 위하여 실시해야 할 훈련 세 가지를 기술하시오.

02 Will의 다리–전환교육모델에서 고등학교에서 고용으로 가는 과정의 서비스 종류를 세 가지 기술하시오.

03 Rojewski의 전환교육모델의 특징과 한계점을 기술하시오.

04 Sitlington의 전환교육모델의 특징과 한계점을 기술하시오.

05 장애학생들이 학교졸업 이후 성인생활의 적응을 위한 지원전략 세 가지 이상을 기술하시오.

06 Rojewski의 전환교육모델에서 제시한 전환유형 네 가지를 기술하시오.

07 미국 「장애인교육법(IDEA)」 상의 전환교육의 개념을 기술하시오.

찾아보기

저자소개

profile...

조홍중

❖Tsukuba University 교육학 석사, 박사

❖전남대학교 특수교육학부 교수

조주희

❖Tsukuba University 교육학 석사, 박사(수료)

❖전남대학교 교육학 박사

❖전남대학교 특수교육학부 강사

박선희

❖대구대학교 교육학 석사, 박사

❖대구한의대학교 중등특수학과 교수

김경열

❖숭실대학교 교육학 박사

❖광신대학교 사회복지학부 교수

강정화

❖조선대학교 교육학 석사, 박사

❖조선대학교 사범대학 특수교육학과 강사

정광조

❖서울대학교 교육학 석사, 박사

❖성균관대학교 사범대학 교육학과 겸임교수

(제3판) 특수아동의 이해

＊2013년 3월 10일 초판 발행 ＊2014년 2월 25일 제2판 발행 ＊2015년 2월 15일 제3판 인쇄 | 2015년 2월 25일 제3판 발행
＊발행인 : 문일중 ＊발행처 : **일문사** ＊저자 : 조홍중 · 조주희 · 박선희 · 김경열 · 강정화 · 정광조 ＊서울시 구로구 개봉2동 262-20번지 1층 ＊전화 : (02) 2683-8337
＊팩스 : (02) 2683-3277 ＊인터넷 홈페이지 : http://www.ilmoonsa.co.kr ＊이메일 주소 : dabin106@nate.com
＊등록 : 2005년 7월 26일 제12-429호 ＊ISBN 978-89-92550-25-3

값 20,000원